Die Kodifikation des Transparenzgebots in § 307 BGB

Osnabrücker Schriften zum

UNTERNEHMENS- UND WIRTSCHAFTSRECHT

Herausgegeben von Andreas Fuchs,
Markus Stoffels und Dirk A. Verse

Band 6

PETER LANG
Frankfurt am Main · Berlin · Bern · Bruxelles · New York · Oxford · Wien

Tim Gero Joppich

Die Kodifikation des Transparenzgebots in § 307 BGB

Die Prinzipien der Transparenzkontrolle unter besonderer Berücksichtigung der Arbeitsvertragskontrolle

PETER LANG
Internationaler Verlag der Wissenschaften

Bibliografische Information der Deutschen Nationalbibliothek
Die Deutsche Nationalbibliothek verzeichnet diese Publikation in der Deutschen Nationalbibliografie; detaillierte bibliografische Daten sind im Internet über <http://www.d-nb.de> abrufbar.

Zugl.: Bonn, Univ., Diss., 2008

D 5
ISSN 1865-6964
ISBN 978-3-631-59087-4

www.peterlang.de

Vorwort

Die vorliegende Arbeit ist von der Rechts- und Staatswissenschaftlichen Fakultät der Rheinischen Friedrich-Wilhelms-Universität Bonn im Sommersemester 2008 als Dissertation angenommen worden. Rechtsprechung und Literatur sind bis Mai 2008 berücksichtigt.

Die Idee zu dieser Arbeit ist in mehreren Gesprächen mit meinem Doktorvater, Professor Dr. Markus Stoffels, über die Integration des AGB-Gesetzes in das BGB im Rahmen der Schuldrechtsmodernisierung 2001 entstanden. Für diese und zahlreiche weitere wertvolle Anregungen sowie für das Vertrauen und den Freiraum, eigene Wege gehen zu können, bin ich ihm überaus dankbar. Herrn Professor Dr. Gregor Thüsing danke ich für die zügige Anfertigung des Zweitgutachtens.

Herzlich danke ich weiter Herrn Professor Dr. Ulrich Preis für die sehr lehrreiche Zeit als wissenschaftlicher Mitarbeiter, die mich vor allem juristisch aber auch persönlich geprägt hat.

Die Erstellung dieser Arbeit wurde durch ein Stipendium der Konrad-Adenauer-Stiftung e.V. gefördert, wofür dieser mein besonderer Dank gilt.

Ganz herzlich danken möchte ich schließlich all denjenigen, die mich auf unterschiedlichste Weise bei der Erstellung dieser Arbeit unterstützt haben. Besonders hervorzuheben sind hier meine Familie sowie Pia Heuschmid, deren freundschaftlicher Unterstützung ich mir stets sicher sein konnte.

Köln, im Oktober 2008 Tim Gero Joppich

Inhaltsübersicht

Inhaltsverzeichnis

Einleitung

„(...) Deshalb wird das Transparenzgebot jetzt ausdrücklich angesprochen. Damit ist keine inhaltliche Änderung, sondern lediglich eine Klarstellung des ohnehin von der Rechtsprechung stringent angewandten Transparenzgebots verbunden (...)"

Dieses Zitat findet sich auf Seite 153 der Bundestagsdrucksache 14/6040 vom 14.05.2001, der Begründung zum Entwurf des Gesetzes zur Modernisierung des Schuldrechts, welches dann am 01.01.2002 in Kraft trat. Diese Begründung sowie die Norm, auf die sie sich bezieht, § 307 Abs. 1 Satz 2 BGB, sind Ausgangspunkt und Gegenstand der vorliegenden Untersuchung. Der Gesetzgeber entschied sich im Zuge der Schuldrechtsreform, das so genannte Transparenzgebot im Recht der Allgemeinen Geschäftsbedingungen gesetzlich festzuschreiben. So bestimmt § 307 Abs. 1 Satz 2 BGB seitdem:

„Eine unangemessene Benachteiligung kann sich auch daraus ergeben, dass die Bestimmung nicht klar und verständlich ist."

Dieser Satz, der den Begriff „Transparenz" nicht einmal verwendet, soll ausweislich der oben zitierten Begründung lediglich ein in der Rechtsprechung stringent angewandtes Gebot wiedergeben. Eine materiell-rechtliche Änderungen der bestehenden Rechtslage, so wie sie in diesem Fall durch die Rechtsprechungspraxis geprägt sein soll, ist durch diese Ergänzung der gesetzlichen Generalklausel der Inhaltskontrolle von Allgemeinen Geschäftsbedingung hingegen nicht bezweckt. Bereits dies wirft Fragen auf. Was genau beinhaltet dieses bislang gesetzlich nicht geregelte Gebot? Genauer gefragt: Handelt es sich um ein Gebot mit feststehendem Inhalt oder eher um ein richterrechtliches Prinzip der Vertragskontrolle, dessen inhaltliche Konkretisierung und Ausprägung noch Gegenstand der laufenden Rechtsentwicklung in Rechtsprechung und Wissenschaft ist? In beiden Fällen wäre der Ansatz des Gesetzgebers, mit der Kodifizierung dieses „Gebots" keine eigene inhaltliche Gestaltungsmacht auszuüben, im Ergebnis zutreffend. Im ersten Fall bleibt jedoch zu prüfen, ob die nunmehr Gesetz gewordene Fassung des Gebots den bisherigen richterrechtlichen Vorgaben entspricht. Im zweiten Fall ist zu prüfen, welche neuen Impulse für die inhaltliche Präzisierung des Prinzips von dessen Kodifizierung ausgehen.

Beiden Ansätzen ist indessen eine Fragestellung gemeinsam, und zwar die nach dem Inhalt dessen, was in dem einleitend wiedergegebenen Zitat aus der Bundestagsdrucksache 14/6040 als „Transparenzgebot“ bezeichnet wird, einem Begriff, der selbst keinen Eingang in die Gesetzessprache gefunden hat. Auch wenn dieser Begriff bereits teilweise früher in der instanzgerichtlichen Rechtsprechung zum AGB-Recht Verwendung gefunden hat[1], ist er jedoch erst seit den Urteilen des BGH zur so genannten nachschüssigen Tilgungsverrechnung beim Hypothekenkredit[2] sowie zur Wertstellungspraxis im Giroverhältnis[3] in das breite Bewusstsein gelangt[4]. Seitdem war das AGB-rechtliche Transparenzgebot nicht nur Gegenstand zahlreicher weiterer gerichtlicher Entscheidungen, sondern auch mehrfach wissenschaftlicher Untersuchungen[5].

Dieses von der Rechtsprechung seitdem in etlichen Entscheidung weiterentwickelte Gebot fand dann 1993 Aufnahme in die Richtlinie 93/13 EWG des Rates über missbräuchliche Klauseln in Verbraucherverträgen, und zwar in Art. 4 Abs. 2 und Art. 5 Satz 2 der Richtlinie, in denen jeweils verlangt wird, dass eine Klausel klar und verständlich sein soll. Bei der Umsetzung dieser Richtlinie 1996 wurde dieses Erfordernis jedoch weder in § 24a AGBG noch an anderer Stelle des Gesetzes ausdrücklich erwähnt. Der Grundsatz der Transparenz fand sich dennoch bereits an verschiedenen Stellen des Gesetzes zur Regelung des Rechts der Allgemeinen Geschäftsbedingungen (AGBG). So garantierten die Einbeziehungskontrolle in § 2 Abs. 1 AGBG und das Verbot überraschender Klauseln ein Mindestmaß an Transparenz[6]. Dass sich die so bezeichnete Transparenzkontrolle aber insbesondere seit den Urteilen des Bundesgerichtshofs zu den Zinsberechnungsklauseln[7] innerhalb des § 9 Abs. 1 AGBG zu einem festen Bestandteil der Inhaltskontrolle entwickelt hatte, genügte dem Gesetzgeber, um einen Umsetzungsbedarf zu verneinen[8]. Dies galt allgemein als EG-rechtlich unbedenklich, da die deutschen Gerichte ja weitgehend das Transparenzgebot beachteten und es überhaupt erst diese deutsche

---

1 Z.B. LG Mannheim 08.10.1986, WuM 1987, S. 317–317.

2 BGH 24.11.1988, BGHZ 106, S. 42 (49 ff.).

3 BGH 17.01.1989, BGHZ 106, S. 264 ff.

4 Vgl. hierzu insbesondere *Köndgen*, NJW 1989, S. 943 ff.

5 *Evermann*, Die Anforderungen des Transparenzgebots an die Gestaltung von Allgemeinen Versicherungsbedingungen, 2002; *Kreienbaum*, Transparenz und AGB-Gesetz, 1998; *Hebestreit*, Transparenz im AGB-Recht der Bundesrepublik Deutschland?, 1995; *Schäfer*, Das Transparenzgebot im Recht der Allgemeinen Geschäftsbedingungen, 1992.

6 *Staudinger*, WM 1999, S. 1546 (1549); *Heinrichs*, FS Trinkner (1995), S. 157 (158 ff.) m.w.N.

7 BGH 24.11.1988, BGHZ 106, S. 42 (49 ff.); BGH 17.01.1989, BGHZ 106, S. 264 ff.

8 Vgl. BT-Drucks. 13/2713 Begründung II 3a am Ende.

Rechtsprechung war, die als Vorbild und Grundlage für die Schaffung des Art. 5 der Richtlinie 93/13/EWG diente[9].

Im Jahr 2001 entschied der EuGH allerdings, dass eine etwa bestehende nationale Rechtsprechung, die innerstaatliche Rechtsvorschriften in einem Sinn auslegt, der als den Anforderungen der Richtlinie 93/13/EWG entsprechend angesehen wird, nicht die für das Erfordernis der Rechtssicherheit notwendige Klarheit und Bestimmtheit aufweist[10]. Das gemeinschaftsrechtliche Transparenzgebot bedurfte nach der Auffassung des EuGH also als detaillierte und wesentliche Richtlinienvorschrift einer Transformation in eindeutiger und klarer Weise, die nicht anders zu verwirklichen ist als durch einen Legislativakt[11]. Dem kam der Gesetzgeber dann im Rahmen der Schuldrechtsmodernisierung wie beschrieben nach[12].

Ziel der vorliegenden Arbeit ist es, die Kodifikation des Transparenzgebots in § 307 BGB daraufhin zu untersuchen, ob es sich bei ihr tatsächlich, wie vom Gesetzgeber angenommen, „nur" um gesetzgewordene Rechtswirklichkeit handelt, oder ob hierdurch nicht ein laufender Prozess inhaltlicher Konkretisierung eines richterrechtlich begründeten Rechtsprinzips neue Impulse erhält.

Hierzu wird zunächst eine Bestandsaufnahme und Analyse der bisherigen Bestimmungsansätze des Transparenzgebots gemacht. Dies dient zum einen der Beantwortung der Frage, ob es sich bei dem AGB-rechtlichen Transparenzgebot tatsächlich um ein dogmatisch einheitlich gefestigtes Rechtsinstitut handelt. Zum anderen werden hierdurch die wesentlichen dogmatischen Kernfragen dieses Kontrollinstituts ermittelt.

Es ist aber bereits durch die Kodifikation des Transparenzgebots im Rahmen der Inhaltskontrolle vorgezeichnet, dass einer der entscheidenden Ansatzpunkte zum Verständnis der Transparenzkontrolle deren Verhältnis zur materiellen Angemessenheitskontrolle sein wird. Dies betrifft beispielsweise die auch vor der Kodifikation des Transparenzgebots vielfach diskutierte Frage, ob die Intransparenz ein völlig eigenständiger Grund sein kann, eine Klausel für unwirksam zu erklären, oder ob die Intransparenz stets zu einer bereits vorhandenen materiellen Benachteiligung hinzutreten muss. Ausgehend davon ist zu analysieren, ob materielle Angemessenheit und Intransparenz auf einem einheitlichen Benachteiligungsbegriff aufbauen. Dabei ist nicht nur die national-rechtliche Entstehung dieses Rechtsinstituts zu würdigen, sondern überdies

9 *Pfeiffer/Schinkels*, in Schuldrechtsreform und Verbraucherschutz, 2001, S. 133 (170).
10 EuGH 10.05.2001, NJW 2001, S. 2244 f.
11 So schon zuvor *Staudinger*, WM 1999, S. 1546 (1550).
12 BT-Drucks. 14/6040, S. 153 und BT-Drucks. 14/7052, S. 188.

auch dessen europarechtliche Verankerung in Art. 5 S. 1 der Richtlinie 93/13 EWG.

Es gilt jedoch nicht nur, die materielle Angemessenheitskontrolle von der Transparenzkontrolle abzugrenzen, sondern insgesamt die Stellung der Transparenzkontrolle im System der AGB-Kontrolle zu analysieren. Dies betrifft insbesondere das Verhältnis der Transparenz- zur Einbeziehungskontrolle, zu den allgemeinen Grundsätzen der Auslegung von Allgemeinen Geschäftsbedingungen sowie zur spezifischen Unklarheitenregel des § 305c Abs. 2 BGB. Dies dient aber nicht nur einer systematischen Standortbestimmung, sondern insbesondere auch dazu, Anwendungsbereich und Gegenstand der Transparenzkontrolle zu ermitteln. Darüber hinaus wird geprüft, ob es neben den AGB-rechtlichen Regelungen weitergehende Informations- oder Aufklärungspflichten gibt, die den Verwender Allgemeiner Geschäftsbedingungen treffen können.

In einem nächsten Schritt werden dann die Kriterien bestimmt, anhand derer die Intransparenz einer Regelung in Allgemeinen Geschäftsbedingen festgestellt werden kann. Hierbei kommt es wiederum entscheidend darauf an, ob bereits mit der Beantwortung der Frage, ob eine intransparente Regelung vorliegt, automatisch die Frage nach der Unwirksamkeit dieser Regelung mitbeantwortet wird, oder ob stattdessen weitere Prüfungsschritte erforderlich sind, um eine Unwirksamkeit der Bestimmung in Folge ihrer Intransparenz begründen zu können.

Nach Ermittlung dieser Prüfungskriterien der Transparenzkontrolle wird weiterhin erörtert, ob diese Kriterien zu modifizieren sind, sofern eine Klausel aus einem Verbrauchervertrag überprüft wird. Dies betrifft insbesondere einen individualisierten Prüfungsmaßstab, die Berücksichtigung individuellen Wissens wie auch individueller Verständnismöglichkeiten. Gleichsam als Gegenstück dazu muss umgekehrt gefragt werden, ob die allgemeinen Kriterien der Transparenzkontrolle nicht auch im unternehmerischen Geschäftsverkehr anzupassen sind.

Ein weiterer Schwerpunkt dieser Arbeit liegt in der Bestimmung der Grundsätze der Transparenzkontrolle im inhaltskontrollfreien Bereich. Bereits aus der grundsätzlichen Ausdehnung der Transparenzkontrollen über die Grenzen der Inhaltskontrolle hinaus lassen sich wiederum wesentliche Aussagen für das Verhältnis dieser Kontrollinstitute zueinander gewinnen. Darüber hinaus stellt sich aber die Frage, nach welchen Kriterien solche Klauseln zu kontrollieren sind, die an sich der materiellen Angemessenheitskontrolle entzogen sind. Daneben wird in diesem Bereich aber auch ein besonderer Fokus auf die Rechtsfolgen derartiger Bestimmungen gelegt. Vergegenwärtigt man sich, dass es unter anderem um die Kontrolle von in Formularverträgen enthaltenen

Hauptleistungspflichten geht, wirft dies die Frage auf, ob die gesetzlich angeordnete zwingende Unwirksamkeit intransparenter Hauptleistungsbestimmungen stets die adäquate Rechtsfolge ist.

Der letzte Teil dieser Arbeit ist schließlich der Klauselkontrolle im Bereich des Arbeitsrechts gewidmet.

Eine der wesentlichen materiellen Änderungen im Rahmen der Integration des AGB-Rechts in das Bürgerliche Gesetzbuch im Zuge der Schuldrechtsmodernisierung stellt die teilweise Aufgabe der Bereichsausnahme für das Arbeitsrecht in § 310 Abs. 4 BGB dar. Das AGB-Recht findet nunmehr gemäß § 310 Abs. 4 S. 1 BGB nur auf Tarifverträge sowie Betriebs- und Dienstvereinbarungen keine Anwendung. Vorformulierte Arbeitsverträge sind hingegen unter der Einschränkung des § 310 Abs. 4 S. 2 BGB, wonach die im Arbeitsrecht geltenden Besonderheiten angemessen zu berücksichtigen sind, voll der Inhaltskontrolle gemäß den §§ 307 ff. BGB unterworfen. Dies wird im letzten Teil dieser Arbeit zum Anlass genommen, die gefunden Ergebnisse an ausgewählten Bereichen der Arbeitsvertragskontrolle in der praktischen Anwendbarkeit zu überprüfen.

Erster Teil: Dogmatische Grundlagen der Transparenzkontrolle

§ 1 Allgemeine Bedeutung der Kodifizierung

Auch wenn es sich bei der Kodifizierung des Transparenzgebots nicht um eine gesetzgeberische Neuschaffung, sondern um die gesetzliche Fixierung eines durch richterliche Rechtsfortbildung entwickelten und in der Literatur überwiegend anerkannten Aspekts der AGB-Kontrolle handelt, hat jedoch bereits dieser legislative Akt als solcher eine Reihe nicht zu unterschätzender Auswirkungen auf das gesamte AGB-Recht.

I. Generelle Bedeutung kodifizierten Rechts

Zunächst ist festzuhalten, dass das Transparenzgebot allein durch seine gesetzliche Kodifizierung eine Aufwertung erfahren hat. Die Höherwertigkeit des Gesetzesrechts gegenüber dem Richterrecht ergibt sich aus der überlegenen Qualität der vom demokratisch legitimierten Gesetzgeber geschaffenen Norm, die letztlich erst einen universellen Geltungsanspruch begründet[13]. Eine derartige normative Verbindlichkeit kommt dem Richterrecht nicht zu, das keinen Normgehalt außerhalb des pflichtgemäßen, allein von der Richtigkeitsüberzeugung getragenen Gesetzesverständnisses des einzelnen Richters besitzt[14]. Hierin liegt auch der Kern des grundsätzlichen Streites, ob eine Richtlinienumsetzung auch durch eine gefestigte Rechtsprechung möglich ist[15], den der EuGH mit dem bezeichneten Urteil[16] zu Gunsten einer Umsetzung durch Gesetzesrecht entschieden hat. Dies bestätigt auch die mit einer Kodifikation verbundene, beziehungsweise von ihr vorausgesetzte Zielsetzung des Zugewinns an Legitimation, Transparenz und Rechtssicherheit[17], denen sich auch der Gesetzge-

---

13 *Schumacher*, NZM 2003, S. 13 (14).
14 *Esser*, FS v.Hippel (1967), S. 95 (113 f.).
15 Vgl. hierzu nur *Weick*, JZ 2002, S. 442 (444).
16 EuGH 10.05.2001, NJW 2001, S. 2244 f.
17 So etwa *H.Heinrichs*, Gutachten und Verhandlungen des 60. Deutschen Juristentags, 1994, Band I (Vorschläge) und Band II (mit Diskussion), K 189, K 191; *Dauner-Lieb*, Kodifikation von Richterrecht, in Beiträge zum Symposium Zivilrechtswissenschaft und Schuldrechtsreform in Regensburg, 2000, S. 305 (306 f.).

ber ausweislich seiner Begründung verpflichtet sah[18]. Für das Transparenzgebot bedeutet dies zunächst eine Aufwertung durch eine gesteigerte Legitimation sowie einen gestärkten Geltungsanspruch.

II. Universeller Geltungsanspruch

Zwar entsprach es auch bisher überwiegender Ansicht, dass das aus § 9 Abs. 1 AGBG hergeleitete Gebot klarer und verständlicher Klauselgestaltung in allen Bereichen der Vertragsgestaltung mittels Allgemeiner Geschäftsbedingungen gleichermaßen zu gelten hatte, jedoch hat sich dessen Bedeutung innerhalb der verschiedenen Vertragstypen unterschiedlich entwickelt. So ist die aus § 9 Abs. 1 AGBG hergeleitete Transparenzkontrolle im Bank- und Kreditwesen schon früh etabliert gewesen[19], in dem Bereich Allgemeiner Versicherungsbedingungen hat es sich hingegen erst in den letzten Jahren verstärkt durchgesetzt[20], und im Mietrecht ist beispielsweise erst unter dem Eindruck der Regelungen der §§ 307 Abs. 1 S. 2 und Abs. 3 S. 2 BGB eine grundlegende Diskussion über die Transparenzkontrolle von Klauseln in Formularmietverträgen entstanden[21]. Diese verzögerte Entwicklung ist gerade im AGB-Recht nicht ungewöhnlich, da hier zum einen das Denken insbesondere der Verwender sehr stark nach Vertragstypen kategorisiert ist und zum anderen bestehende Klauseln tendenziell erst unter dem Druck einer spezifischen Rechtsprechung oder eben einer klaren gesetzlichen Regelung überprüft, beziehungsweise umgestellt werden.

In diesem Zusammenhang ist zudem auf die Ausdehnung des Anwendungsbereichs des Rechts der Allgemeinen Geschäftsbedingungen auf Arbeitsverträge durch den im Rahmen des Schuldrechtsmodernisierungsgesetzes neu gefassten § 310 Abs. 4 BGB hinzuweisen. In Folge dieser Neuregelung sind zahlreiche typische Arbeitsvertragsklauseln auf den Prüfstand gestellt worden, und es hat eine breite Auseinandersetzung der Arbeitsrechtswissenschaft[22] mit dem Thema der Vertragsgestaltung im Arbeitsrecht vor dem Hintergrund der

---

18 BT-Drucks. 14/6040, S. 153 ff.; BT-Drucks. 14/7052, S. 188.

19 Seit: BGH 24.11.1988, BGHZ 106, S. 42 (49 ff.) (Tilgungsverrechnungsklausel); BGH 17.01.1989, BGHZ 106, S. 264 ff. (Wertstellungsklausel); dazu *Köndgen*, NJW 1989, S. 943 ff.

20 *Basedow*, VersR 1999, S. 1045 (1049).

21 *Heinrichs*, NZM 2003, S. 6 ff.; *ders.*, WuM 2002; S. 643 ff.; *Kappus*, NZM 2002, S. 761 ff.; *ders.*, NJW 2003, S. 322 ff.; *Pfeilschifter*, WuM 2002, S. 73 ff.; *Schumacher*, NZM 2003, S. 13 ff.

22 Überblick bei Ulmer/Brandner/Hensen/*Fuchs*, § 307 BGB, vor Rn. 414.

Kontrolle Allgemeiner Arbeitsbedingungen (AAB) nach den §§ 305 ff. BGB gegeben. Dabei stand jedoch das in § 307 Abs. 1 S. 2 und § 307 Abs. 3 S. 2 BGB erstmals kodifizierte Transparenzgebot, das heißt das Gebot klarer und verständlicher Klauselgestaltung, bisher kaum im Mittelpunkt des Interesses.

Dies hat im Wesentlichen zwei Gründe. Zum einen ist die Wahrnehmung dieser Kodifizierung als Neureglung bereits durch den Gesetzgeber selbst erheblich reduziert worden, indem dieser explizit keine Änderung der bisherigen Rechtsprechung[23] sondern lediglich die Klarstellung eines bereits angewandten Rechtsprinzips bezweckte[24]. Eine ausdrückliche gesetzliche Regelung war erst dadurch notwendig geworden, dass der EuGH eine Umsetzung des europarechtlichen Transparenzgebots aus Art. 4 Abs. 2 und Art. 5 S. 1 der Richtlinie 93/13/EWG über missbräuchliche Klauseln in Verbraucherverträgen durch eine etwa bestehende nationale Rechtsprechung, die innerstaatliche Rechtsvorschriften richtlinienkonform auslegt, für nicht ausreichend erachtete[25].

Zum anderen ist die eingeschränkte Aufmerksamkeit, die das Transparenzgebot in der bisherigen arbeitsrechtlichen Diskussion erfahren hat, darauf zurückzuführen, dass es noch nicht als eigenständige Prüfungskategorie in Erscheinung getreten ist. Das BAG hat zwar beispielsweise bei der Vereinbarung auflösender Bedingungen verlangt, dass diese hinreichend bestimmt ausgestaltet ist[26]. Ebenso spielt das Bestimmtheitskriterium bei der Kontrolle freiwilliger Sonderzuwendungen eine Rolle[27]. Jedoch hat die Transparenzkontrolle im Arbeitsrecht bei weitem nicht die Bedeutung erfahren, wie dies insbesondere in den letzten Jahren im AGB-Recht der Fall war[28]. Von daher ist es auch kaum verwunderlich, dass die Transparenzkontrolle überwiegend nur als ein zusätzlicher Aspekt der Angemessenheitskontrolle verstanden wird[29].

---

23 Vgl. nur BGH 24.11.1988, BGHZ 106, S. 42 (49); BGH 06.10.1999, NJW 2000, S. 515 (519).

24 BT-Drucks. 14/6040, S. 153 und BT-Drucks. 14/7052, S. 188.

25 EuGH 10.05.2001, NJW 2001, S. 2244 f.

26 BAG 27.10.1988, NZA 1989, S. 643.

27 BAG 22.12.1970, AP Nr. 2 zu § 305 BGB Billigkeitskontrolle; vgl. dazu auch *Preis*, Vertragsgestaltung, 1993, S. 326.

28 Vgl. zur Entwicklung in der Rechtsprechung nur den Überblick bei *Basedow*, VersR 1999, S. 1045 (1049).

29 So z.B. *Gotthardt*, Arbeitsrecht nach der Schuldrechtsreform, 2003, Rn. 269.

III. Kodifikationsidee

Schließlich ist aber neben der erhöhten Legitimation und dem universellen Geltungsanspruch im AGB-Recht auch von einer inhaltlichen Bedeutung der Kodifikation des Transparenzgebots für dieses auszugehen. Die Kodifizierung von Richterrecht setzt als Verwirklichung gesetzgeberischer Gestaltungsmacht voraus, dass die vorhandene judikative[30] Praxis in ihren wesentlichen Grundzügen überprüft und auf dieser Basis entweder akzeptiert, modifiziert, ergänzt oder auch verworfen wird. Das Ergebnis dieser Prüfung muss in der Kodifikation dann nachvollziehbar und subsumtionsfähig niedergelegt werden[31]. Dies erscheint hinsichtlich der Entstehungsgeschichte der §§ 307 Abs. 1 S. 2 und Abs. 3 S. 3 BGB indessen mehr als fraglich. Bedurft hätte es hierfür eines überzeugenden dogmatischen Konzepts für die inhaltliche Konkretisierung der Transparenzkontrolle[32], um die zumindest bekannten Problemkreise einer systematisierten Lösung zuzuführen. Betrachtet man dementsprechend die Frage des Verhältnisses von „*Intransparenz*" zur „*unangemessenen Benachteiligung*", welches für ein klares Prüfungsprogramm unbedingt zu bestimmen gewesen wäre, so muss man feststellen, dass sich der Gesetzgeber gerade auf diesem Gebiet jeglicher gestalterischer Verantwortung entzogen hat. Die gesetzgewordene Fassung des § 307 Abs. 1 S. 2 BGB, nach der eine unangemessene Benachteiligung auch aus einer unklaren und unverständlichen Klausel resultieren „*kann*", enthält entgegen der Ansicht einiger Autoren[33] keine Klärung in diesem Punkt. Zwar ist der Tatsache, dass der Regierungsentwurf noch vorsah, bei einer vorliegenden Intransparenz im Zweifel von einer Unwirksamkeit der Klausel auszugehen[34], zu entnehmen, dass der Gesetzgeber einer derart weitgehenden Lösung eine Absage erteilt hat. Er hat aber – und das ist der entscheidende Punkt – mit der generalklauselartigen Kann-Formulierung kein bewusstes inhaltliches Alternativmodell zur Verfügung gestellt. Vielmehr hat er sich in seiner Begründung auf die stete Rechtsprechung, die Europäische Richtlinie 93/13/EWG sowie auf das Verhältnis der Inhaltskontrolle zur Auslegungsregel des § 305c Abs. 2 BGB berufen[35]. Insofern ist im Folgenden zunächst zu überprüfen, in-

---

30 *Picker*, AcP 183 (1983), S. 369 (517 ff.); ebenso *Dauner-Lieb*, Kodifikation von Richterrecht, in Beiträge zum Symposium Zivilrechtswissenschaft und Schuldrechtsreform in Regensburg, 2000, S. 305 (307).

31 *Dauner-Lieb*, Kodifikation von Richterrecht, in Beiträge zum Symposium Zivilrechtswissenschaft und Schuldrechtsreform in Regensburg, 2000, S. 305 (307).

32 So bereits *Staudinger*, WM 1999, S. 1546 (1550).

33 *Artz*, JuS 2002, S. 528 (529); *Koch*, WM 2002, S. 2173 (2175).

34 BT-Drucks. 14/6040, S. 154.

35 BT-Drucks. 14/7052, S. 188.

wieweit diesen Hinweisen Konkretisierungen für das Transparenzgebot des § 307 Abs. 2 S. 2 BGB entnommen werden können.

1. Rechtsprechung

Seinen Ursprung hat das Transparenzgebot in der Rechtsprechung des BGH gefunden.

a) Definition

Der BGH definiert das aus § 9 Abs. 1 AGBG abgeleitete Transparenzgebot wie folgt:

> „(...) Danach ist der Verwender von Allgemeinen Geschäftsbedingungen entsprechend den Grundsätzen von Treu und Glauben verpflichtet, Rechte und Pflichten seines Vertragspartners möglichst klar und durchschaubar darzustellen. Dabei kommt es nicht nur darauf an, daß die Klausel in ihrer Formulierung für den durchschnittlichen Vertragspartner verständlich ist. Vielmehr gebieten Treu und Glauben auch, daß die Klausel die wirtschaftlichen Nachteile und Belastungen so weit erkennen läßt, wie dies nach den Umständen gefordert werden kann. (...)"[36].

Dieser Definition lässt sich jedoch nicht entnehmen, ob der Verstoß gegen die beschriebenen Verpflichtungen bereits für sich genommen eine unangemessene Benachteiligung im Sinne des § 9 Abs. 1 AGBG darstellt, oder ob hierfür weitere Voraussetzungen erforderlich sind. Dabei führt es auch nicht weiter, dass dieser Definition nach ein Verstoß gegen das Transparenzgebot gleichbedeutend mit einem Verstoß gegen die Gebote von Treu und Glauben ist, an die auch die Generalklausel der Inhaltskontrolle anknüpft. Der Grund für eine Unwirksamkeit nach § 307 Abs. 1 S. 1 BGB liegt nämlich allein in einer unangemessenen Benachteiligung, deren Maßstäbe anhand der Gebote von Treu und Glauben näher zu konkretisieren sind[37]. Damit stellen zwar das Transparenzgebot sowie das Verbot einer unangemessenen Benachteiligung Ausformungen des gleichen Grundsatzes dar, eine Aussage ihres Verhältnisses zueinander ist hierin aber noch nicht enthalten, sondern bedarf einer gesonderten Herleitung.

---

36 BGH 08.11.1997, BGHZ 136, S. 394 (401); seitdem ebenso BGH 24.03.1999, BGHZ 141, S. 137 (143); BGH 09.05.2001, NJW 2001, S. 2013; BGH 12.06.2001, NJW 2001, S. 2636.

37 Bamberger/Roth/*Schmidt*, § 307 BGB, Rn. 19 ff.; Erman/*Roloff*, § 307 BGB, Rn. 3; Ulmer/Brandner/Hensen/*Fuchs*, § 307 BGB, Rn. 97.

b) Intransparenz und unangemessene Benachteiligung

Die Rechtsprechung ist also daraufhin zu untersuchen, wie sie das Verhältnis von Intransparenz zu dem Verbot unangemessener Benachteiligung begründet.

aa) Intransparenz als Kriterium der Interessenabwägung

In dem ersten Annuitätenurteil[38] hat der BGH den Verstoß gegen das Transparenzgebot innerhalb der Unangemessenheit der zu kontrollierenden Vertragsklausel geprüft. Dazu führte er aus:

> „(...) Wenn eine Nebenabrede ihre preiserhöhende Wirkung nicht hinreichend erkennbar werden läßt, sondern sie verschleiert, kann gerade das den Ausschlag geben, die Regelung als eine unangemessene Benachteiligung des Kunden zu bewerten. (...)“[39].

Der BGH stellt also zunächst den benachteiligenden Inhalt einer Klausel fest. In der anschließenden Interessenabwägung wird dann das Interesse des Kunden an einer möglichst transparenten Darstellung dieses Nachteils miteinbezogen. Diese Vorgehensweise orientiert sich an dem klassischen Verständnis der Generalklausel des § 307 Abs. 1 Satz 1 BGB (damals § 9 Abs. 1 AGBG), wonach erst die materielle Benachteiligung einer Klausel die Unangemessenheitsprüfung, die in einer Abwägung der gegenseitigen Interessen besteht, eröffnet[40]. Hierin ist aber gleichzeitig ein Bruch mit der bisherigen Dogmatik der Inhaltskontrolle angelegt. Denn das Interesse des Kunden an einer transparenten Formulierung kann nur schwerlich mit dem Interesse an dem nachteiligen Inhalt der Klausel abgewogen werden, wie es die klassische Prüfung einer unangemessenen Benachteiligung eigentlich erforderte. Wie sollten formelle Gesichtspunkte materielle Nachteile ausgleichen können? So beschränkten sich die Ausführungen des BGH im Weiteren[41] auch darauf, das Interesse des Kunden an möglichst klarer und verständlicher Darstellung dem Interesse des Verwenders an der konkreten Gestaltung der Klausel gegenüberzustellen, was insbesondere die Ausführungen zu den Möglichkeiten und Schwierigkeiten einer transparenteren Formulierung zeigen[42]. Damit ist die inhaltliche Benachteiligung der Klausel genau genommen aber nur noch Voraussetzung einer Transparenzkontrolle mit einer dann eigenständigen Zumutbarkeitsabwägung.

---

38 BGH 24.11.1988, BGHZ 106, S. 42 ff.

39 BGH 24.11.1988, BGHZ 106, S. 42 (49).

40 Vgl. *Kreienbaum*, Transparenz und AGB-Gesetz, 1998, S. 251.

41 BGH 24.11.1988, BGHZ 106, S. 42 (50 f.).

42 BGH 24.11.1988, BGHZ 106, S. 42 (51).

Weitere Konsequenz dieser Vorgehensweise ist, dass sich das aus dem damaligen § 9 Abs. 1 AGBG abgeleitete Transparenzgebot inhaltlich auf das Interesse des Vertragspartners an der Klarheit und Verständlichkeit ausschließlich der benachteiligenden Wirkungen von Klauseln in Allgemeinen Geschäftsbedingungen beschränkt.

bb) Intransparenz als unangemessene Benachteiligung

In späteren Urteilen hat der BGH bei der Beurteilung der Unwirksamkeit einer Klausel dann aber nur noch auf deren Intransparenz abgestellt, die für sich genommen bereits zu einer unangemessene Benachteiligung führe[43]. Ohne weitere Begründung geht der BGH in diesen Fällen davon aus, dass die zur Unwirksamkeit führende, also unangemessene, Benachteiligung unmittelbar in dem Verstoß gegen das Transparenzgebot selbst liegt. Außerhalb der Transparenz liegende Interessen finden in dieser Abwägung keine Berücksichtigung mehr. Vielmehr prüft der BGH erst, nachdem er die Unwirksamkeit auf Grund einer benachteiligenden Intransparenz festgestellt hat, den Regelungsgehalt der betreffenden Klausel auf eine inhaltliche unangemessene Benachteiligung[44]. Dabei hat er es teilweise sogar für möglich gehalten, dass die mit der Klausel bezweckte Regelung inhaltlich zu sachgerechten Ergebnissen führt[45]. Diese Tendenz zeigt, dass das Transparenzgebot innerhalb des § 9 Abs. 1 AGBG eine eigenständige Bedeutung gewonnen hat.

aaa) Benachteiligung durch Intransparenz

Diese Konstruktion der benachteiligenden Intransparenz setzt jedoch notwendigerweise auch einen eigenen Nachteil voraus. Diesen hat der BGH in den vorbenannten Urteilen[46] indessen nicht gesondert begründet, sondern stets stillschweigend vorausgesetzt. Worin der durch mangelnde Transparenz hervorgerufene Nachteil für den Vertragspartner zu sehen ist, lässt sich hingegen anderen Urteilen entnehmen.

---

43 BGH 22.11.1995, NJW 1996, S. 456; ebenso BGH 08.10.1997, BGHZ 136, S. 394 (402); BGH 24.03.1999, VersR 1999, S. 710; BGH 12.06.2001, NJW 2001, S. 2636.

44 Besonders deutlich BGH 22.11.1995, NJW 1996, S. 456 II.1.c) bb) und BGH 05.11.1998, BGHZ 140, S. 11 (25): „*Darüber hinaus...*“.

45 BGH 22.11.1995, NJW 1996, S. 456.

46 Vgl. Fn. 44.

bbb) Erschwerung der Rechtsdurchsetzung

Ein Nachteil durch Intransparenz hat seinen Ursprung in dem vom BGH schon vor dem ersten Annuitätenurteil[47] aus § 9 Abs. 1 AGBG abgeleiteten Irreführungsverbot. Danach sind Klauseln, welche die Rechtslage des Vertragspartners unzutreffend darstellen, indem sie auf Grund ihrer Formulierung die Gefahr begründen, dass dieser von der Durchsetzung bestehender Rechte abgehalten wird, unwirksam[48]. Dabei hat der BGH sogar Klauseln für unwirksam erklärt, deren eigentlicher materieller Regelungsgehalt in der grundsätzlich unbedenklichen Einräumung zusätzlicher Rechte gegen den Verwender bestand, also inhaltlich gerade einen Vorteil begründete[49].

Unklar war jedoch zunächst, ob es sich bei dem Irreführungsverbot um eine Ausprägung des Transparenzgebots[50] handelte oder ob es eine eigene Kategorie unangemessener Benachteiligungen darstellte. Zwar berief sich der BGH ohne nähere Begründung auf das für Allgemeine Geschäftsbedingungen insgesamt geltende Transparenzgebot[51], dogmatisch überzeugender ließen sich die zu Grunde liegenden Fallgestaltungen jedoch dem allgemeinen zivilrechtlichen Täuschungsverbot zuordnen. Es ging nämlich nicht um einen unklaren oder unverständlichen Regelungsgehalt der überprüften Klauseln selbst, sondern darum, dass abseits dieser Regelungen liegende Rechte, zumeist gesetzlich unabdingbare Ansprüche des Vertragspartners gegenüber dem Verwender[52] oder Dritten[53], verschleiert wurden. Die Förderung der Transparenz des gesamten AGB-Klauselwerks muss daher als Reflexwirkung des Irreführungsgebots verstanden werden und stellt keine eigenständige Ausprägung des Transparenzgebots dar[54].

Unabhängig von der dogmatischen Einordnung des Irreführungsverbots findet sich die Feststellung, dass die Beeinträchtigung der Rechtsdurchsetzungsfähigkeit des Vertragspartners als Nachteil im Sinne des § 9 Abs. 1

47 BGH 24.11.1988, BGHZ 106, S. 42 ff.

48 BGH 26.11.1984, BGHZ 93, S. 29 ff.; BGH 23.03.1988, BGHZ 104, S. 82 ff.; BGH 05.11.1998, BGHZ 140, S. 25 ff.

49 Sog. Garantiekarten: BGH 23.03.1988, BGHZ 104, S. 82 (91).

50 Für diese Einordnung schon *Baums*, ZIP 1989, S. 7ff.; *ders.* WM 1987, Sonderbeilage 2, S. 13 ff.

51 Vgl. nur BGH 23.03.1988, BGHZ 104, S. 82 (92).

52 Z.B. der Anspruch auf fristlose Kündigung aus § 627 Abs. 1 BGB bei einer Laufzeitverlängerungsklausel in einem Partnerschaftsvermittlungsvertrag BGH 05.11.1998, BGHZ 140, S. 25.

53 Z.B. die gegen den Verkäufer bestehenden Gewährleistungsansprüche bei einer vom Hersteller gegebenen Garantiezusage BGH 23.03.1988, BGHZ 104, S. 82 ff.

54 So *Kreienbaum*, Transparenz und AGB-Gesetz, 1998, S. 162.

AGBG zu bewerten ist, aber auch im Rahmen der hier diskutierten Transparenzkontrolle. So hielt es der BGH immerhin für möglich, dass diese Beeinträchtigung auch infolge des unklaren Regelungsgehalts einer Klausel in Allgemeinen Geschäftsbedingungen eintreten kann[55]. Infolge der Intransparenz wird demnach die Rechtsstellung des Kunden in vielen Fällen derart beeinträchtigt, dass er von einer Rechtsbeanspruchung oder -verteidigung absehen wird[56]. Hier wird nochmals deutlich, dass die betreffenden Klauseln nicht auf ihre inhaltliche, sondern lediglich auf ihre informelle Benachteiligung hin überprüft werden und bereits letztere zu einer Störung des materiellen Äquivalenzverhältnisses führen kann.

ccc) Freie Entscheidung am Markt

Als einen weiteren, gerade durch Intransparenz hervorgerufenen, Nachteil hat der BGH unlängst die Beeinträchtigung des Kunden bei der Entscheidung für den Vertragsschluss anerkannt, indem er die Vertragsbedingungen eines Anbieters von Lebensversicherungen daraufhin überprüfte, ob sie dem Kunden die Informationen boten, die einen Vergleich unterschiedlicher Angebote – auch von anderen Versicherungsunternehmen – ermöglichten[57]. Dies bedeutet umgekehrt, dass aus der Intransparenz selbst der Nachteil des Verlusts von Marktchancen erwachsen kann[58].

c) Fazit

Diese Ausführungen verdeutlichen, dass sich das Transparenzgebot zu einem eigenständigen Rechtsinstitut innerhalb der Inhaltskontrolle entwickelt hat[59]. Sie zeigen aber auch, dass diese Entwicklung keineswegs als abgeschlossen betrachtet werden kann. Der ursprüngliche Gedanke der Transparenz als zu berücksichtigendes Interesse des Vertragspartners innerhalb der Angemessenheitsprüfung einer materiell benachteiligenden Klausel ist als klares dogmatisches Gerüst des Transparenzgebots nicht nur verwässert, sondern in der Spruchpraxis des BGH nicht mehr existent. Darüber hinaus ist aber nach wie vor unklar, in welchem Verhältnis das formelle Kriterium der Transparenz zu dem materiellen Gehalt der Klausel steht. So wird beispielsweise der Grad der

55 BGH 23.11.1994, BGHZ 128, S. 54 (60/61).

56 BGH 17.03.1999, VersR 1999, S. 697 ff.; OLG Stuttgart 28.05.1999, VersR 1999, 832 ff.

57 BGH 09.05.2001 (IV ZR 138/99), NJW 2001, S. 2013 und BGH 09.05.2001 (IV ZR 121/00), NJW 2001, S. 2016.

58 So schon *Köndgen*, NJW 1989, S. 945 ff.

59 *Römer*, NversZ 1999, S. 97 (103).

inhaltlichen Benachteiligung einer Klausel immer noch als Maßstab für die Anforderung an die Transparenz der Formulierung herangezogen[60].

2. Richtlinie 93/13/EWG

Neben der Kodifizierung des Transparenzgebots als richterrechtlich entwickeltes und gefestigtes Kontrollinstitut stützt sich die Begründung des Rechtsausschusses weiterhin darauf, dass es sich um die Umsetzung europarechtlicher Vorgaben handele. Die Richtlinie 93/13/EWG gebe jedoch gerade nicht vor, dass ein Verstoß gegen das in Art. 5 S. 1 der Richtlinie enthaltene Transparenzgebot zwingend zur Unwirksamkeit der betreffenden Klausel führe[61]. Diese Auffassung wird dadurch gestützt, dass das europarechtliche Transparenzgebot außerhalb der Missbrauchskontrolle des Art. 6 der Richtlinie 93/13/EWG geregelt ist und von daher keine entsprechende Rechtsfolgenanordung enthält. Damit obliegt es aber den Mitgliedstaaten nach Art. 8 der Richtlinie, das Ziel der Vermeidung intransparenter Klauselgestaltung konform mit der nationalstaatlichen Kontrollregelung umzusetzen. Die Richtlinie gibt in diesem Fall mit anderen Worten lediglich den minimalen Schutzumfang des Verbrauchers vor, nicht jedoch ein verbindliches Kontrollsystem zur Bestimmung und Sanktionierung intransparenter Klauseln. Dies bleibt Aufgabe des nationalen Gesetzgebers. Insofern ist der Verweis auf europarechtliche Vorgaben hinsichtlich der inhaltlichen Konkretisierung des § 307 Abs. 1 S. 2 BGB irrelevant und dient allenfalls dazu, das nach wie vor zu bestimmende System der Transparenzkontrolle als konform mit dem europarechtlich geforderten Schutzniveau zu deklarieren.

3. Abgrenzung zu § 305c Abs. 2 BGB

Erkennbarer Kernpunkt der Kritik des Rechtsausschusses an der zunächst angestrebten Zweifelsregelung innerhalb des § 307 Abs. 2 BGB war der Hinweis auf die dadurch in ihrem Anwendungsbereich zu stark eingegrenzte Unklarheitenregel des § 305c BGB[62]. Dabei betrifft dieser Begründungsansatz genau genommen zwei Punkte. Denn die Frage, wie eine intransparente aber materiell lediglich vorteilhafte Klausel zu behandeln ist, stellt sich auch dann, wenn die Intransparenz nicht aus einer Mehrdeutigkeit im Sinne von § 305c Abs. 2 BGB resultiert. Zum anderen muss der Anwendungsbereich des § 305c Abs. 2 BGB

---

60 BAG 26.05.1993, BB 1993, S. 1659 (1661).
61 BT-Drucks. 14/7052, S. 188.
62 BT-Drucks. 14/7052, S. 188.

grundsätzlich gegenüber der Transparenzkontrolle des § 307 Abs. 1 S. 2 BGB abgegrenzt werden, denn es kann nicht ernsthaft angenommen werden, dass die Unklarheitenregel ausschließlich zur Regelung mehrdeutiger Bevorteilungen bestimmt ist.

a) Intransparenz materiellrechtlich vorteilhafter Klauseln

Zurückgehend auf eine Argumentation von *Wolf*[63] soll demnach die inhaltliche Benachteiligung der intransparenten Klausel Grundvoraussetzung für eine Unwirksamkeit nach § 307 Abs. 1 S. 2 BGB sein, um so sicherzustellen, dass eine zwar unklare und unverständliche Regelung, die den Vertragspartner aber zumindest in ihrer kundenfreundlichsten Auslegung bevorteilt, aus Verbraucherschutzgesichtspunkten wirksam bleibt, um ihn nicht auf Grund der Intransparenz auf die für ihn ungünstigere gesetzliche Regelung verweisen zu müssen. Entsprechend wurde diese Gesetzesbegründung in der Literatur vielfach als legislative Entscheidung in dem Streit um die dogmatische Einordnung der Transparenzkontrolle in die Inhaltskontrolle bewertet[64]. Bei näherer Betrachtung erscheint dieser Schluss jedoch etwas voreilig. Zunächst ist festzuhalten, dass das Erfordernis einer inhaltlichen Benachteilung als Voraussetzung der Kontrolle nach §§ 307 ff. BGB der hergebrachten Struktur der Inhaltskontrolle entspricht. Dementsprechend hat bereits *von Hoyningen-Huene*[65] darauf hingewiesen, dass eine Transparenzkontrolle auf Grund der Filterfunktion des logisch vorrangig zu prüfenden § 8 AGBG (jetzt § 307 Abs. 2 S. 1 BGB) nur bei einer materiellrechtlichen Benachteiligung in Frage kommen könne. Es handelt sich bei der Forderung nach dem Bestehen eines materiellen Nachteils also in erster Linie um ein methodisches Argument. Für die inhaltliche Konkretisierung der Transparenzkontrolle ist dessen Aussagekraft hingegen beschränkt, was bereits dadurch verdeutlicht wird, dass zur Beurteilung der Unwirksamkeit der intransparenten Klausel überwiegend auf die Benachteiligung abgestellt wird, die gerade durch die Intransparenz und nicht durch den Regelungsinhalt der Klausel entsteht[66]. Dieser Nachteil besteht aber gerade unabhängig von dem Vorliegen einer inhaltlichen Benachteiligung, also auch bei rein vorteilhaf-

---

63 Wolf/Horn/Lindacher/*Wolf*, § 9 AGBG, Rn. 146; ebenso *Präve*, VersR 1999, S. 837.

64 Bamberger/Roth/*Schmidt*, § 307 BGB, Rn. 43; *Artz*, JuS 2002, S. 528 (529); *Koch*, WM 2002, S. 2173 (2175).

65 *v.Hoyningen-Huene*, FS Trinkner (1995), S. 179 (189).

66 Wolf/Horn/Lindacher/*Wolf*, § 9 AGBG, Rn. 146; *Koch*, WM 2002, S. 2173 (2175); *a.A. v. Hoyningen-Huene*, FS Trinkner (1995) S. 179 (189), der den Grad der materiellen Benachteiligung als Maßstab für die Transparenzanforderung nehmen will.

ten Klauseln[67]. Eine intransparente Klausel kann unabhängig von ihrem Regelungsgehalt dazu führen, dass der Vertragspartner weniger Rechte wahr- oder mehr Pflichten auf sich nimmt, als ihm gebühren[68].

Darüber hinaus ist aber nach der im Rahmen des Schuldrechtsmodernisierungsgesetzes erfolgten Neugestaltung des § 307 BGB auch die Richtigkeit des methodischen Argumentes als solches in Frage zu stellen. § 307 Abs. 3 S. 2 BGB sieht nämlich nunmehr auch eine Transparenzkontrolle preis- und leistungsbestimmender sowie deklaratorischer Klauseln vor, also von Klauseln, auf die der Begriff der materiellen Benachteiligung überhaupt nicht anwendbar ist. Ausgehend von der Einheitlichkeit der Transparenzkontrolle innerhalb des § 307 BGB, wofür bereits die etwas komplizierte Verweisungstechnik von § 307 Abs. 3 S. 2 und Abs. 1 S. 2 BGB spricht, bedeutet dies, dass der Anwendungsbereich der Transparenzkontrolle weiter reicht als der der Inhaltskontrolle, weswegen auch einschränkende Voraussetzungen der Inhaltskontrolle nicht ohne weiteres zu Bestandteilen der Transparenzkontrolle gemacht werden können.

b) Abgrenzung zu § 305c Abs. 2 BGB

Schließlich ist noch auf das Argument einzugehen, der Anwendungsbereich des § 305c Abs. 2 BGB dürfe durch eine zu umfassende Transparenzkontrolle nicht völlig ausgehöhlt werden. Unzweifelhaft findet das Transparenzgebot in mehreren AGB-rechtlichen Vorschriften seine Verwirklichung. Dass es hierbei zwischen den Vorschriften der Einbeziehungs- und denen der Inhaltskontrolle zu keinen Überschneidungen kommen kann, ist ebenso evident. Im Übrigen sind wirksam einbezogene AGB-Klauseln wie alle vertraglichen Regelungen grundsätzlich auslegungsfähig und gegebenenfalls auch -bedürftig. Dies folgt mit Blick auf das Transparenzgebot schon daraus, dass dem verständigen Durchschnittskunden ein gewisses Maß an eigener Anstrengung zugemutet werden kann, den Regelungsgehalt einer Klausel zu bestimmen, ohne dass hierdurch die betreffende Klausel automatisch als intransparent zu bewerten wäre[69]. Nicht mehr zumutbar ist es hingegen für den Kunden, sich zwischen mehreren gefundenen Auslegungsergebnissen entscheiden zu müssen, da er dann das Risiko einer Fehleinschätzung trüge. Insoweit bestimmt § 305c Abs. 2 BGB, dass in diesen Fällen das jeweils kundenfreundlichste Auslegungsergebnis

67 *Kreienbaum*, Transparenz und AGB-Gesetz, 1998, S. 257; *a.A.* Bamberger/Roth/ *Schmidt*, § 307 BGB, Rn. 43.

68 Vgl. *Brandner*, FS Locher (1990), S. 317 (319), der diesen Grundsatz jedoch nur für nicht unangemessen benachteiligende Klauseln formuliert.

69 Staudinger/*Coester*, § 307 BGB, Rn. 196 m.w.N.

maßgebend sei. Damit nimmt der Gesetzgeber hinsichtlich der durch die Mehrdeutigkeit einer Klausel eingetretenen Intransparenz selbst eine Klärung vor. Ob neben § 305c Abs. 2 BGB ebenfalls § 307 BGB auf die betreffende Klausel anwendbar ist, kann insofern durchaus in Frage zu stellen sein, denn hinsichtlich der Intransparenz infolge der Mehrdeutigkeit der Klausel ist das gesetzliche Auslegungsergebnis des § 305c Abs. 2 BGB als bindend anzusehen[70]. Im Hinblick auf die Verständlichkeit des gefundenen und zu Grunde gelegten Auslegungsergebnisses indiziert aber bereits die Anwendbarkeit von § 305c Abs. 2 BGB hinreichende Transparenz, da diese voraussetzt, dass die verschiedenen Auslegungsvarianten dem Durchschnittskunden erkennbar und insoweit also für sich genommen auch verständlich sind[71]. Dies zeigt bereits, dass es andere systematische Ansatzpunkte gibt, das Verhältnis von § 305c Abs. 2 BGB zu § 307 Abs. 1 S. 2 BGB zu bestimmen. Auf diese sollte auch zurückgegriffen werden, da selbst dann, wenn man im Rahmen des § 307 Abs. 1 S. 2 BGB eine materielle Benachteiligung voraussetzte, das Verhältnis zwischen Unklarheitenregel und Transparenzkontrolle für den praktisch relevantesten Bereich mehrerer benachteiligender Auslegungsmöglichkeiten bestimmt werden müsste. Es kann wohl kaum der Zweck des § 305c Abs. 2 BGB sein, ausschließlich für die in der Praxis äußerst selten vorkommenden Fälle der Mehrdeutigkeit einer rein vorteilhaften Klausel eine Regelung zu enthalten. Bei der Abgrenzung hat von daher nicht dieser Ausnahmefall im Vordergrund zu stehen, zumal derartige außergewöhnliche Unbilligkeiten, sollten sie bei einer systemgerechten Abgrenzung nach wie vor nicht restlos ausgeschlossen werden können, über andere Institute zufrieden stellend lösbar sind. In diesen Fällen bietet sich entweder eine geltungserhaltende Reduktion zu Gunsten des Kunden oder die Möglichkeit, dem Verwender die Berufung auf die Unwirksamkeit der Klausel unter Hinweis auf § 242 BGB zu versagen, an. Demnach können aus dem Konkurrenzverhältnis zu § 305c Abs. 2 BGB und dem berechtigten Anliegen, diesem einen Anwendungsbereich gegenüber der Transparenzkontrolle zu erhalten, noch keine zwingenden Rückschlüsse für die Ausgestaltung des Transparenzgebots in § 307 Abs. 1 S. 2 BGB gezogen werden.

---

70 Ähnlich *Evermann*, Die Anforderungen des Transparenzgebots an die Gestaltung von Allgemeinen Versicherungsbedingungen, 2002, S. 188; *Prölss*, VersR 2000, S. 1441 (1445).

71 Ulmer/Brandner/Hensen/*Ulmer*, § 305 BGB, Rn. 86; *Kreienbaum*, Transparenz und AGB-Gesetz 1998, S. 64.

IV. Fazit

Zusammenfassend ist festzustellen, dass die Kodifikation des Transparenzgebots – berücksichtigt man das Anliegen und die Begründung des Gesetzgebers – zunächst nicht die erwartete und erforderliche Klärung der dogmatischen Konkretisierung desselben gebracht hat. Ganz im Gegenteil harrt das AGB-rechtliche Transparenzgebot nach wie vor der inhaltlichen Konkretisierung. Geändert hat sich indessen die Ausgangslage, auf der eine derartige Konkretisierung vorzunehmen ist. So ist in der Auseinandersetzung das bisher stets zu berücksichtigende Legitimationserfordernis einer Transparenzkontrolle im Rahmen der Inhaltskontrolle auf Grund der gesetzlichen Regelung entfallen. Dies macht die hierzu gewonnenen Erkenntnisse keineswegs obsolet, ändert aber ihren Charakter dahingehend, dass sie nunmehr als teleologische und gegebenenfalls historische Kriterien für eine Bestimmung des Gesetzesinhalts heranzuziehen sind. Des Weiteren hat sich die dogmatische Bandbreite insoweit verengt, als dass Lösungen außerhalb der Inhaltskontrolle des § 307 Abs. 1 BGB wegfallen.

Schließlich hat die Bestimmung des Inhalts und der Reichweite von § 307 Abs. 1 S. 2 BGB jetzt vom konkreten Gesetzeswortlaut sowie der Gesetzessystematik aus zu erfolgen; an die Stelle der bisherigen prinzipiengestützten Rechtsfortbildung tritt die notwendig andersartige Rechtsauslegung.

Dies bedeutet wohl die weitreichendste Änderung in der methodischen Auseinandersetzung mit dem Transparenzgebot.

§ 2 Dogmatische Grundlagen der Transparenzkontrolle in § 307 Abs. 1 S. 2 BGB

§ 307 Abs. 1 S. 2 BGB legt fest, dass

> „sich eine unangemessene Benachteiligung auch daraus ergeben kann, dass die Bestimmung nicht klar und verständlich ist".

Damit hat der Gesetzgeber zunächst die grundlegende Entscheidung getroffen, das Transparenzgebot systematisch in der Inhaltskontrolle zu verorten. Das entspricht insofern der bisher herrschenden Meinung, die bereits vor der Neuregelung des § 9 AGBG im Rahmen der Schuldrechtsmodernisierung Transparenzgesichtspunkte im Rahmen der Inhaltskontrolle berücksichtigte, da der Einbeziehungskontrolle sowie der Unklarheitenregel kein abschließendes

Transparenzgebot zu entnehmen war[72]. Damit haben sich zumindest diejenigen Auffassungen gesetzlich erledigt, die den Gesichtspunkt der Transparenz ausschließlich der Einbeziehungskontrolle zuwiesen[73].

Zu erörtern bleibt indessen, in welchem Verhältnis das Gebot klarer und verständlicher Klauselgestaltung zur Inhaltskontrolle steht. Grundsätzlich bieten sich hierfür drei Lösungsmodelle an.

I. Meinungsstand in der Literatur

1. Transparenz als Angemessenheitskriterium

Die wohl restriktivste Interpretation des § 307 Abs. 1 S. 2 BGB geht dahin, in der Intransparenz der Klauselgestaltung lediglich ein – wenn auch besonders gewichtiges – Kriterium der Angemessenheitskontrolle zu sehen. Bei der im Rahmen des § 307 Abs. 1 S. 1 BGB vorzunehmenden Interessenabwägung stellte die Intransparenz der Klausel einen zu Lasten des Verwenders sprechenden Umstand dar[74]. Für diese Ansicht soll nunmehr insbesondere die systematische Stellung der Regelung in § 307 Abs. 1 S. 2 sprechen[75]. Folge dieses Verständnisses ist es, dass eine Transparenzkontrolle auch nur bei Klauseln vorgenommen werden kann, die einen wie auch immer gearteten materiell nachteiligen Regelungsgehalt aufweisen[76].

2. Intransparenz als unangemessene Benachteiligung

Die wohl herrschende Meinung in der Literatur sieht hingegen in der Intransparenz selbst einen Nachteil im Sinne des § 307 Abs. 1 S. 1 BGB[77]. Die-

72 So zum AGBG: Erman/Hefermehl/*Werner*, (10. Auflage), § 9 AGBG, Rn. 19; Staudinger/*Coester*, § 9 AGBG, (13. Aufl.) 1998, Rn. 122; Wolf/Horn/Lindacher/*Wolf*, § 9 AGBG, Rn. 144; *Kreienbaum*, Transparenz und AGB-Gesetz, 1998, S. 230 ff.

73 *Benedict*, NJW 2000, S. 190 (191); *Pflug*, AG 1992, S. 1 (17).

74 *Basedow*, VersR 1999, S. 1045 (1049); ähnlich *Schäfer*, Das Transparenzgebot im Recht der Allgemeinen Geschäftsbedingungen, 1992, S. 167.

75 *Gotthardt*, Arbeitsrecht nach der Schuldrechtsreform, 2002, Rn. 269.

76 Bamberger/Roth/*Schmidt*, § 307 BGB, Rn. 43; *Artz*, JuS 2002, S. 528 (529).

77 Staudinger/*Coester*, § 307 BGB, Rn. 174 ff.; Wolf/Horn/Lindacher/*Wolf*, § 9 AGBG, Rn. 149; *Heinrichs*, FS Trinkner (1995), S. 157 (162); *von Hoyningen-Huene*, FS Trinkner, 1995, S. 179 (189f.); *Köndgen*, NJW 1989, S. 943 (950); *Präve*, VersR 2000, S. 138 (143); *Prölss*, VersR 2000, S. 1441 (1452).

ser Nachteil soll zum einen in dem Verlust von Marktchancen liegen[78] und zum anderen darin, dass durch eine intransparente Klauselgestaltung der Kunde der Gefahr ausgesetzt werde, bestehende eigene Rechte nicht wahrzunehmen, beziehungsweise vor vermeintlich bestehenden Rechten des Verwenders zu kapitulieren[79]. Soweit allerdings auf dieser dogmatischen Grundlage eine zusätzlich inhaltliche Benachteiligung der in Rede stehenden Klausel gefordert wird, um so lediglich vorteilhafte Regelungen nicht zu Lasten des Kunden für unwirksam erklären zu müssen[80], liegt hierin, wie bereits oben ausgeführt[81], ein nicht zu rechtfertigender logischer Bruch, da sich eine Benachteiligung durch Intransparenz und durch den Regelungsinhalt dogmatisch nicht auf einer Ebene zusammenfassen lässt. Damit kann dem einen Aspekt aber entweder nur die Funktion einer zwingenden Begleitvoraussetzung zukommen, was im Falle der zusätzlichen inhaltlichen Benachteiligung aus bereits angeführten Gründen abzulehnen ist. Oder aber ein Aspekt geht als Abwägungskriterium in dem anderen auf, was im Ergebnis wiederum entweder auf die erstgenannte Auffassung hinausläuft, die die Intransparenz als Angemessenheitskriterium innerhalb der Inhaltskontrolle verortet, oder was im umgekehrten Fall nicht darauf schließen ließe, dass es sich notwendigerweise um ein zwingendes Kriterium zur Bestimmung der Benachteiligung durch Intransparenz handele. Somit ist diese Auffassung konsequenterweise darauf zu reduzieren, dass alleine in dem Nachteil durch Intransparenz eine nach § 307 Abs. 1 S. 1 BGB zu bewertende unangemessene Benachteiligung liegen kann[82], was dann zumindest auch vom Grundsatz her die Transparenzkontrolle inhaltlich rein vorteilhafter Klauseln umfasst[83].

---

78 BGH 09.05.2001 (IV ZR 138/99), NJW 2001, S. 2013 und BGH 09.05.2001 (IV ZR 121/00), NJW 2001, S. 2016; Staudinger/*Coester*, § 307 BGB, Rn. 175; *Köndgen*, NJW 1989, S. 943 ff.; ablehnend *Schäfer*, Das Transparenzgebot im Recht der Allgemeinen Geschäftsbedingungen, 1992, S. 161 ff.

79 Staudinger/*Coester*, § 307 BGB, Rn. 178; *Schäfer*, Das Transparenzgebot im Recht der Allgemeinen Geschäftsbedingungen, 1992, S. 165 ff.; *Heinrichs*, FS Trinkner (1995), S. 157 (162); *Koller*, FS Steindorff (1990), S. 667 (670 ff.); *Prölls*, VersR 2000, S. 1441 (1452).

80 Wolf/Horn/Lindacher/*Wolf*, § 9 AGBG, Rn. 146; *Horn*, WM 1997, Sonderbeilage Nr. 1, S. 1 (20); im Ergebnis wohl auch *Schäfer*, Das Transparenzgebot im Recht der Allgemeinen Geschäftsbedingungen, 1992, S. 165 ff.

81 S.o. unter Erster Teil, § 2. III. 3. a).

82 So Staudinger/*Coester*, § 307 BGB; Rn. 175; *Stoffels*, AGB-Recht, Rn. 562; *Prölls*, VersR 2002, S. 1441 (1452).

83 *Römer*, NVersZ 1999, S. 93 (104).

3. Transparenzkontrolle als eigenständige Kategorie

Einer neueren Ansicht zufolge soll die Transparenzkontrolle eine völlig eigenständige Kategorie darstellen, die innerhalb der Generalklausel des § 307 Abs. 1 BGB als formale Benachteiligung neben der inhaltlichen Angemessenheitskontrolle steht[84]. Infolgedessen bedürfe es für die Transparenzkontrolle generell nicht mehr der Begründung einer Benachteiligung, sei es durch den Regelungsinhalt oder sei es durch die Intransparenz als solche[85]. Begründet wird die Annahme einer eigenständigen Kontrollkategorie im Wesentlichen damit, dass die Zielrichtung der Transparenzkontrolle ganz anders als die der Inhaltskontrolle nach hergebrachtem Verständnis darin liege, mittels einer gesicherten Informationsmöglichkeit hinsichtlich der sich aus den Allgemeinen Geschäftsbedingungen ergebenden Rechte und Pflichten die Entscheidungsmacht des Kunden und damit den Wettbewerb insgesamt zu stärken[86]. Darüber hinaus spreche auch das in Art. 4 Abs. 2 und Art. 5 S. 1 der Richtlinie 93/13/EWG normierte Transparenzgebot, das als eigenständiges Kontrollinstrument konzipiert sei und für jeden Fall der Intransparenz eine zwingende Sanktionswirkung verlange, für die Interpretation des § 307 Abs. 1 S. 2 BGB als eigenständige Kontrollkategorie[87].

II. Analyse der dogmatischen Ansätze und des Wortlauts des § 307 Abs. 1 S. 2 BGB

Diese Lösungsmodelle sind zunächst auf ihre Vereinbarkeit mit dem Wortlaut des § 307 Abs. 1 S. 2 BGB hin zu untersuchen, wobei es zwei Aspekte zu beachten gilt. Soweit der Wortlaut bestimmt, dass die Unklarheit und Unverständlichkeit einer Klausel lediglich eine unangemessene Benachteiligung darstellen kann, setzt das Gesetz zum einen voraus, dass eine nicht näher bestimmte Kategorie von Klauseln den Vertragspartner trotz Intransparenz bindet[88]. Ein Unwirksamkeitsautomatismus, wie ihn noch die Zweifelsregelung des Regie-

---

84 *Evermann*, Die Anforderungen des Transparenzgebots an die Gestaltung von Allgemeinen Versicherungsbedingungen, 2002, S. 59 ff.; *Kreienbaum*, Transparenz und AGB-Gesetz, 1998, S. 253 ff.; AGB-Klauselwerke/*von Westphalen*, Transparenzgebot, Rn. 24.

85 So ausdrücklich *Evermann*, Die Anforderungen des Transparenzgebots an die Gestaltung von Allgemeinen Versicherungsbedingungen, 2002, S. 67.

86 *Kreienbaum*, Transparenz und AGB-Gesetz, 1998, S. 257.

87 *Evermann*, Die Anforderungen des Transparenzgebots an die Gestaltung von Allgemeinen Versicherungsbedingungen, 2002, S. 62

88 *Thode*, NZBau 2002, S. 360 (365).

rungsentwurfs vorsah[89] und ausdrücklich beabsichtigte, soll dadurch ausgeschlossen werden.

Zum anderen hat der Gesetzgeber einen sanktionswürdigen Verstoß gegen das Transparenzgebot an den Begriff der unangemessenen Benachteiligung im Sinne von § 307 Abs. 1 S. 1 BGB geknüpft.

1. Transparenz als Angemessenheitskriterium

Qualifiziert man die Intransparenz als Angemessenheitskriterium, so ergeben sich zwei Möglichkeiten, intransparente Klauseln nicht dem Unwirksamkeitsverdikt unterfallen zu lassen. Zum einen können materiell nicht benachteiligende Klauseln bereits überhaupt keiner Transparenzkontrolle unterzogen werden und zum anderen entscheidet erst ein umfassender Abwägungsprozess darüber, ob eine unangemessene Benachteiligung gegeben ist. Dabei ist es durchaus denkbar, dass die Intransparenz auf Grund anderer, zu Gunsten des Verwenders sprechender Umstände nicht ausreicht, die Klausel insgesamt für unwirksam zu erklären. Damit ist dieser Ansatzpunkt mit dem Wortlaut des § 307 Abs. 1 S. 2 BGB grundsätzlich vereinbar.

a) Direkter Interessenvergleich

Bedenken ergeben sich indessen hinsichtlich der Legitimität, die formale Gestaltung einer Klausel zum Kriterium für die Unangemessenheit ihres Regelungsgehalts zu machen. Hierzu bedarf es eines überzeugenden Nachweises, dass die Intransparenz den materiellen Nachteil der Regelung dahingehend verstärkt, dass dieser im Ergebnis als unangemessen zu bewerten ist. Dieser Nachweis ist deshalb erforderlich, da nach diesem Ansatz gerade die Intransparenz der ausschlaggebende Faktor für die Unangemessenheit sein kann, wenn die materielle Benachteiligung für sich genommen unterhalb der Schwelle der unangemessenen Benachteiligung liegt. Anderenfalls bedürfte es eines Rückgriffs auf das Kriterium der Intransparenz nicht, es sei denn, man ginge soweit zu sagen, dass umgekehrt auch die besondere Transparenz einer Klausel deren an sich unangemessen benachteiligende Regelung in der Gesamtwürdigung als angemessen erscheinen lassen kann.

Ein derartiger innerer Wirkungszusammenhang lässt sich indessen nur schwer aufzeigen. Die Interessenabwägung hinsichtlich des materiellen Klauselgehalts konzentriert sich im Wesentlichen auf die vertragliche Risikoverteilung – dem Gleichgewicht der Rechte und Pflichten – und orientiert sich dabei

89 BT-Drucks. 14/6040, S. 154.

an der „Richtigkeit" des Ausgleichs, wie sie als Ergebnis individuellen, privatautonomen Aushandelns vom deutschen Privatrecht regelmäßig erwartet wird[90]. In einer rein an der Austauschgerechtigkeit orientierten Interessenbilanzierung spielt die formale Klauselgestaltung jedoch naturgemäß keine Rolle, da sie selbst keine unmittelbaren Rechte oder Pflichten begründen kann. Bei dem Gebot der transparenten Klauselgestaltung handelt es sich vielmehr um eine einseitige Pflicht des Verwenders.

b) Summierungseffekt

Damit kann sich ein Wirkungszusammenhang zwischen Intransparenz und materieller Benachteiligung nur dadurch ergeben, dass zwei unterschiedliche Arten der Benachteiligung des Vertragspartners zu einer Gesamtbenachteiligung addiert werden, die dann in ihrer Kumulation unangemessen ist. Eine derartige gegenseitige Summierungswirkung verschiedener, für sich genommen nicht unangemessener Benachteiligungen ist allgemein anerkannt[91]. Dies setzt allerdings notwendig voraus, dass es sich bei einer intransparenten Klauselgestaltung bereits für sich genommen um eine Benachteiligung des Vertragspartners handelt, die dieser Theorie zufolge aber alleine nie ausreichen soll, eine Klausel nach § 307 Abs. 1 S. 1 BGB für unwirksam zu erklären.

c) Stellungnahme

Ein solcher Ansatz lässt sich jedoch dogmatisch nicht konsequent begründen. Geht man nämlich davon aus, dass nur die durch den Regelungsgehalt bewirkte Äquivalenzstörung das Bezugsobjekt der Interessenabwägung bildet, müssen Transparenzerwägungen generell unbeachtlich bleiben, da sie auf den objektiven Regelungsgehalt einer Klausel keine Auswirkungen haben. Erkennt man hingegen die oben beschriebene Summierungswirkung von Intransparenz und inhaltlicher Benachteiligung an, so kann das Erfordernis eines materiellen Nachteils allenfalls als systematischer Anknüpfungspunkt für eine Inhaltskontrolle verstanden werden. Hierbei handelt es sich indessen nur um eine vermeintlich zwingende Systematik, da sie die Benachteiligung durch den Regelungsgehalt als alleinige Kontrollvoraussetzung bestimmt, im Kontrollergebnis aber eine Benachteiligung durch die gesamte Klauselgestaltung genügen lässt,

---

90 Staudinger/*Coester*, § 307 BGB, Rn. 95.

91 BGH 18.09.1967, BGHZ 48, S. 264 (267); BGH 26.10.1996, BGHZ 127, S. 245 (251) Ulmer/Brandner/Hensen/*Fuchs*, § 307 BGB, Rn. 155; Staudinger/*Coester*, § 307 BGB, Rn. 139.

sich also gerade auf eine unangemessene Benachteiligung auf Grund verschiedener Ursachen stützt. Bezugspunkt der unangemessenen Benachteiligung ist also die gesamte Wirkung der zu überprüfenden Klausel.

Das Erfordernis eines materiell nachhaltigen Gehalts kann damit aber nur noch auf die Erwägung gestützt werden, dass die Intransparenz für sich genommen keine ausreichende Ursache für eine unangemessene Benachteiligung im Sinne des § 307 Abs. 1 S. 1 BGB darstellt, sondern dies erst durch das Hinzutreten eines materiellen Nachteils möglich ist. In diesem Falle hätte sich die Ausgangslage dahingehend verkehrt, dass nunmehr die materielle Benachteiligung ein – unverzichtbares – Unangemessenheitskriterium für die benachteiligende Wirkung der Intransparenz wäre. In dieser Konstellation sprechen auch keine Einwände dagegen, den Regelungsgehalt in die Bewertung der Folgen der Intransparenz direkt mit einzubeziehen, da die Intransparenz naturgemäß dort schwerer wiegt, wo besonders relevante, beziehungsweise folgenreiche Regelungen nicht klar und verständlich sind.

Die Notwendigkeit einer zusätzlichen inhaltlichen Benachteiligung resultierte aus einem Vorgriff in die Interessenabwägung, wonach die Grenze der Unangemessenheit grundsätzlich nicht erreicht werden kann, wenn der Regelungsgehalt die benachteiligende Wirkung der Klausel nicht in irgendeiner Weise verstärkt. Dieser Vorgriff ist jedoch nicht zwingend und bedarf daher eines weiteren konkreten Nachweises.

d) Fazit

Intransparenz kann die inhaltliche Benachteiligung als solche nicht verstärken, sie ist von daher kein Kriterium der Angemessenheitskontrolle.

Zu einer materiellen Benachteiligung kann die Intransparenz als eigenständige Benachteiligung hinzutreten, so dass die Wirkung der Klausel insgesamt als unangemessen benachteiligend zu bewerten ist. Damit stellt die Intransparenz aber einen eigenständigen Anknüpfungspunkt für die unangemessene Benachteiligung dar.

Eine inhaltliche Benachteiligung ist schließlich nur dann zwingendes Erfordernis für die Unwirksamkeit einer Klausel, wenn nachzuweisen ist, dass die benachteiligende Wirkung der Intransparenz ansonsten grundsätzlich nicht als unangemessen gewertet werden kann.

2. Unangemessene Benachteiligung durch Intransparenz

Etwas problematischer gestaltet sich hingegen die diesbezügliche dogmatische Analyse desjenigen Ansatzes, der die unangemessene Benachteiligung in der

Intransparenz als solcher erblickt. Zwar wird auch hierbei methodisch das Erfordernis der unangemessenen Benachteiligung als unabdingbare Voraussetzung für die Unwirksamkeit einer intransparenten Klausel verstanden, allerdings werden dessen Grundsätze in zweierlei Hinsicht deutlich modifiziert.

a) Unangemessenheit als zwingende Folge der Benachteiligung durch Intransparenz

Zunächst wird die Unangemessenheit nicht gesondert festgestellt, sondern als logische Folge der Intransparenz unwiderleglich vermutet[92]. Damit stellt die Rechtsfolge der Unwirksamkeit bei einer festgestellten Intransparenz den Regelfall dar, was im Ergebnis eher der vom Gesetzgeber verworfenen Zweifelsregelung entspricht. Versuche, die derart weitreichende Vermutungswirkung durch zusätzliche Kriterien, wie zum Beispiel das Erfordernis einer zusätzlichen materiellen Benachteiligung, einzuschränken und so der „Kann-Regelung" des § 307 Abs. 1 S. 2 BGB gerecht zu werden, sind hingegen, wie gesehen, kaum in Einklang mit der Dogmatik dieses Ansatzes zu bringen[93]. Auf Basis der Annahme, dass eine Intransparenz notwendig auch eine unangemessene Benachteiligung darstellt, verbleibt lediglich die Möglichkeit, Raum für eine bestimmte Kategorie intransparenter aber bindender AGB-Klauseln zu schaffen, indem die Kriterien der Klarheit und Verständlichkeit für bestimmte Fallgruppen oder aber auch einzelne Fälle unterschiedlich bemessen werden. In diesem Sine wäre Intransparenz mit Unwirksamkeit gleich zu setzen, wobei alleine dem Begriff der Intransparenz generalklauselartiger Charakter zukäme. Geht man allerdings vom Wortlaut des § 307 Abs. 1 S. 2 BGB aus, so legt dieser es eher nahe, die Feststellung der Intransparenz von der der Unwirksamkeit zu trennen. Daraus kann aber noch nicht geschlossen werden, dass die Annahme einer (unangemessenen) Benachteiligung durch Intransparenz unvereinbar mit der gesetzlichen Regelung ist. Zum einen gilt es nämlich, noch die Indizwirkung, beziehungsweise deren Unwiderleglichkeit zu untersuchen, zum anderen stellt der gesetzgeberische Wille (subjektiv-historische Gesetzesauslegung) nicht das einzig maßgebende, aber das wohl schwächste Kriterium der Gesetzesauslegung dar, da dieser nur bei anderweitig nicht behebbaren Auslegungszweifeln herangezogen werden sollte[94]. Darüber hinaus bildet zwar der Wortlaut die äußerste Grenze der Auslegung[95], jedoch wäre eine regelmäßig festzustellende unangemessene Benachteiligung durch Intransparenz noch vom weiteren Wortlaut der

---

92 *Stoffels*, AGB-Recht, 2003, Rn. 560 und 562.

93 S.o. Erster Teil, § 1 I. 2.

94 *Larenz/Wolf*, Allgemeiner Teil des Bürgerlichen Rechts, 9. Aufl. 2004, § 4, Rn. 40 f.

95 Ganz h.M., vgl nur *Larenz/Wolf*, Allgemeiner Teil des Bürgerlichen Rechts, 9. Aufl. 2004, § 4, Rn. 37.

„Kann-Regelung" umfasst, denn diese enthält keine Aussage über ein bestimmtes Regel-Ausnahme-Verhältnis. So stellt es keine Auslegung gegen den Wortsinn dar, eine Kann-Formulierung teleologisch schwerpunktmäßig in eine bestimmte Richtung zu interpretieren, insbesondere dann nicht, wenn es sich wie bei § 307 Abs. 1 BGB um eine Generalklausel handelt.

b) Benachteiligung durch verbraucherlenkendes Verhalten

Eine weitere Besonderheit dieses Lösungsansatzes ergibt sich aus dessen Verständnis der unangemessenen Benachteiligung im Sinne von § 307 Abs. 1 S. 1 BGB. Mit dem unbestimmten Rechtsbegriff der unangemessenen Benachteiligung sollte ausgedrückt werden, dass die vertragliche Regelung eine erhebliche Äquivalenzstörung zwischen den Interessen des Verwenders und denen seines Vertragspartners bedeutet[96]. Bei einer Benachteiligung durch Intransparenz liegt die Äquivalenzstörung hingegen in dem vom Klauselverwender verursachten Verhalten des Vertragspartners, sei es, dass dieser mangels klarer und verständlicher Gestaltung es unterlässt, die vorformulierten Regelungen einem Marktvergleich zu unterziehen, sei es, dass er infolge der Intransparenz bestehende Rechte nicht wahrnimmt oder vermeintlich bestehende Pflichten erfüllt. Dieses für ihn nachteilige Verhalten des Vertragspartners ist dann regelmäßig als unangemessen zu bewerten, weil es zum einen dem Verwender über dessen formale Gestaltungsmacht zurechenbar ist und sich zum anderen bei einer generell möglichen Interessenabwägung keine allgemein berücksichtigenswerten Interessen des Verwenders anführen lassen, seiner Vertragsgestaltung eine derart lenkende Wirkung zu geben[97]. Man könnte in diesem Sinne überspitzt von einer „psychisch vermittelten" Äquivalenzstörung sprechen. Dass es hierbei nicht auf eine tatsächlich erfolgte Benachteiligung ankommt, ergibt sich aus dem Verständnis des § 307 Abs. 1 S. 2 BGB als Generalklausel, wonach bei der Interessenfeststellung und -abwägung eine generalisierende, typisierende Betrachtungsweise geboten ist, so dass auch eine abstrakte Gefährdung ausreicht[98]. Damit ist aber der unbestimmte Rechtsbegriff der unangemessenen Benachteiligung um eine neue Art der Äquivalenzstörung erweitert. In Anbetracht der Funktion des § 307 Abs. 1 S. 1 BGB als nicht subsumtionsfähige Generalklausel, dessen Anwendung stets eine Konkretisierung der allgemeinen Wertungsvorgaben für einen bestimmten Lebenssachverhalt oder Sachverhalts-

---

96 Soergel/*Stein*, § 9 AGBG, Rn. 6 und 13; Ulmer/Brandener/Hensen/*Fuchs*, § 307 BGB Rn. 107; Wolf/Horn/Lindacher/*Wolf*, § 9 AGBG, Rn. 50 und 100.

97 *Kreienbaum*, Transparenz und AGB-Gesetz, 1998, S. 258; *Koch*, WM 2002, S. 2173 (2175); *von Westphalen*, NJW 2002, S. 12 (17).

98 H.M., vgl. nur *Stoffels*, AGB-Recht, 2003, Rn. 562.

gruppe bedeutet[99], handelt es sich um eine zulässige Auslegung des § 307 Abs. 1 S. 1 BGB[100], die sich nunmehr zusätzlich auf § 307 Abs. 1 S. 2 BGB stützen kann und insoweit auch nicht mehr als ergänzende Auslegung verstanden werden müsste.

c) Fazit

Damit ist für diesen Ansatz Folgendes festzuhalten:

Die Intransparenz selbst stellt eine Benachteiligung im Sinne des § 307 Abs. 1 S. 2 BGB dar und ist damit auch der Anknüpfungspunkt für eine extensiv verstandene Inhaltskontrolle nach § 307 Abs. 1 BGB. Es bedarf insoweit keines Rückgriffs mehr auf den materiellen Gehalt der Klausel.

Eine festgestellte Intransparenz ist auf Grund einer vorweggenommenen Interessenabwägung auch stets unangemessen benachteiligend im Sinne von § 307 Abs. 1 S. 1 BGB.

Eventuell erforderliche Einschränkungen erfolgen damit im Wege einer restriktiven Auslegung der unbestimmten Rechtsbegriffe „klar“ und „verständlich“.

3. Transparenz als eigenständige Kontrolle innerhalb des § 307 Abs. 1 BGB

Am weitesten von der bisherigen Dogmatik zur unangemessenen Benachteiligung entfernt sich der Ansatz, der in der Transparenzkontrolle ein völlig eigenständiges, der Inhaltskontrolle gleichgestelltes Kontrollinstitut sieht[101].

a) Schutz des Informationsinteresses des Vertragspartners

Hiernach wird die durch Intransparenz bedingte Informationsasymmetrie als formelle Benachteiligung der hergebrachten materiellen Äquivalenzstörung gleichgestellt. Dadurch wird der Wortsinn des § 307 Abs. 1 S. 2 BGB um eine ganz andere Auslegungsvariante erweitert. Dieser könnte so zu verstehen sein, dass das Gesetz selbst den Begriff der unangemessenen Benachteiligung um ein weiteres Kriterium ergänzt. Methodisch ginge es also nicht darum, die Intransparenz der unangemessenen Benachteiligung zuzuordnen, sondern genau

---

99 Staudinger/*Coester*, § 307 BGB, Rn. 9.

100 Staudinger/*Coester*, § 307 BGB, Rn. 175; *Kreienbaum*, Transparenz und AGB-Gesetz, 1998, S. 242; *Stoffels*, AGB-Recht, 2003, Rn. 562.

101 *Evermann*, Die Anforderungen des Transparenzgebots an die Gestaltung von Allgemeinen Versicherungsbedingungen, 2002, S. 59 ff.; *Kreienbaum*, Transparenz und AGB-Gesetz, 1998, S. 253 ff.; AGB-Klauselwerke/*von Westphalen*, Transparenzgebot Rn. 24.

umgekehrt den Begriff der unangemessenen Benachteiligung um die Intransparenz zu erweitern. Die Kann-Formulierung entspräche somit einer Art Rechtsfolgenanordnung für die Intransparenz. Nur so ließe es sich begründen, dass ohne Rückgriff auf die Kriterien der unangemessenen Benachteiligung eine Unwirksamkeit intransparenter Vertragsklauseln angenommen werden kann.

Ziel einer so verstandenen Transparenzkontrolle ist demnach weniger die nachträgliche Korrektur von Äquivalenzstörungen im vertraglichen Verhältnis, sondern die allgemeine Stärkung der Stellung des Vertragspartners gegenüber dem Verwender durch eine umfassende Kenntnisnahmemöglichkeit des Vertragspartners von den Vertragsinhalt gewordenen Klauseln.

b) Interessenabwägung

Schließlich soll aber das Urteil, eine Klausel sei intransparent, das Ergebnis einer Abwägung der Interessen der Vertragsparteien an der Deutlichkeit und Verständlichkeit einer Klausel sein[102]. Die dogmatische Herleitung einer derartigen Interessenabwägung bleibt indessen weitestgehend unklar. Jedenfalls soll sie explizit nicht der Dogmatik des § 307 Abs. 1 S. 1 BGB entnommenen sein, sondern sich vielmehr aus der Auslegungsbedürftigkeit der unbestimmten Rechtsbegriffe „klar" und „verständlich" ergeben[103]. Somit soll die Bestimmung der Intransparenz bereits die Wertung enthalten, ob ein berechtigtes Informationsbedürfnis seitens des Vertragspartners durch die Klauselgestaltung verletzt wurde. Eine derart festgestellte Intransparenz führt dann zwingend ohne weitere Abwägungen zu einer Unwirksamkeit der fraglichen Klausel.

c) Fazit

Nach diesem Ansatz liegt bereits in der durch die Intransparenz der Klausel hervorgerufenen Informationsasymmetrie eine Benachteiligung des Vertragspartners.

Da dessen Informationsinteresse durch § 307 Abs. 1 S. 2 BGB absolut geschützt ist, bedarf es insoweit keines weiteren Rückgriffs auf eine potentielle materielle Wirkung der Intransparenz.

Die Bestimmung der Intransparenz enthält bereits eine Abwägung der Interessen hinsichtlich der geforderten Klarheit und Verständlichkeit der Klausel.

---

102 *Kreienbaum*, Transparenz und AGB-Gesetz, 1998, S. 259.
103 *Kreienbaum*, Transparenz und AGB-Gesetz, 1998, S. 258.

III. Kritische Würdigung

Die Analyse der drei herrschenden Ansichten zum Verständnis des nunmehr in § 307 Abs. 1 S. 2 BGB normierten Transparenzgebots hat zunächst ergeben, dass jeweils die intransparente Klauselgestaltung eigenständiger Ansatzpunkt für eine Kontrolle ist. Ein wesentlicher Unterschied besteht jedoch in der Charakterisierung der Transparenzkontrolle. Der Ansatz, der in der Intransparenz einer Klausel eine eigenständige Benachteiligungskategorie im Sinne des § 307 Abs. 1 S. 1 BGB sieht, setzt die Transparenzkontrolle über eine erweiterte Anwendung der hergebrachten Grundsätze der Inhaltskontrolle um. Demgegenüber etabliert die Auffassung von einer verselbstständigten Transparenzkontrolle eine vollkommen neue Kontrollform von Allgemeinen Geschäftsbedingungen. Deren Standort in § 307 Abs. 1 BGB ist dann nur noch historisch bedingt, da der Transparenzgedanke bereits vor seiner Kodifizierung aus dem alten § 9 Abs. 1 AGBG entwickelt wurde. Zudem ist die Rechtsfolge die identische, nämlich die Unwirksamkeit der Klausel, nachdem sie formell korrekt in den Vertrag einbezogen wurde.

Dieser Unterschied in dem Verständnis der Transparenzkontrolle kann sich insbesondere bei deren weiterer Konkretisierung hinsichtlich des Inhalts und der Methode auswirken, so dass bereits an dieser Stelle eine Entscheidung zu erfolgen hat.

1. Wortlautargument

Zunächst sprechen bereits der Wortlaut und die Entstehungsgeschichte des § 307 Abs. 1 S. 2 BGB dafür, die Transparenzkontrolle systematisch der Inhaltskontrolle zuzuordnen. Zum einen wird die Unklarheit und Unverständlichkeit einer Klausel ausdrücklich als möglicher Fall der unangemessenen Benachteiligung bezeichnet. Eine Verweisung auf diesen Leitbegriff der Inhaltskontrolle wäre hingegen nicht zwingend erforderlich gewesen, wenn für den Fall der Intransparenz lediglich die Rechtsfolge der Unwirksamkeit hätte angeordnet werden sollen. Zur Etablierung einer von der Inhaltskontrolle gänzlich gelösten Transparenzkontrolle hätte sich systematisch überzeugender ein eigener Absatz, beziehungsweise ein eigener Paragraph angeboten, in dem unklare und unverständliche Klauseln unmittelbar für unwirksam erklärt worden wären. Darauf hat der Gesetzgeber aber bewusst verzichtet, er hat auf diese Möglichkeit nicht einmal in der ursprünglich wesentlich engeren Version des Regierungsentwurfs[104] zurückgegriffen. Selbst die zunächst vorgesehene Zweifelsregelung[105] orientierte sich an dem Begriff der unangemessenen Benachteiligung.

Von daher erscheint es insgesamt zunächst überzeugender, § 307 Abs. 1 S. 2 BGB im Sinne der bestehenden Systematik der AGB-Kontrolle auszulegen und das Transparenzgebot über den Begriff der unangemessenen Benachteiligung zu verwirklichen, also im Rahmen der Inhaltskontrolle.

2. Funktion der Inhalts- und Transparenzkontrolle

Die Integration der Transparenzkontrolle in die Inhaltskontrolle setzt jedoch zwingend voraus, dass deren jeweilige Zwecke und Funktionen harmonisiert werden können. Dies bedeutet zunächst, dass eine integrierte Transparenzkontrolle nicht den grundlegenden Prinzipien der Inhaltskontrolle widersprechen darf. Dies wird im Folgenden zu prüfen sein.

a) Grundlagen der Inhaltskontrolle

Das Privatrecht des BGB basiert auf dem Prinzip der Privatautonomie, das heißt der freien Selbstgestaltung der Rechtsverhältnisse durch den einzelnen nach seinem Willen[106]. Demgegenüber zeichnet sich die Inhaltskontrolle dadurch aus, dass sie eben diese private wirtschaftliche Selbstbestimmung hoheitlich durch die Richtigkeitsvorstellungen einer Kontrollinstanz substantiell ersetzt[107]. Von daher bedarf die Inhaltskontrolle einer besonderen vertragstheoretischen Legitimation.

aa) Der Gedanke der Richtigkeitsgewähr

Auf *Schmidt-Rimpler*[108] geht der mittlerweile von nahezu allen Legitimationsansätzen übernommene[109] Grundgedanke zurück, dass dem privaten Vertragsschluss eine Richtigkeitsgewähr immanent sei, die bei einem idealtypisch funktionierenden Vertragsmechanismus nicht nur dem subjektiven Gerechtigkeitsempfinden, sondern auch objektiv einer im Wesentlichen gerechten Ordnung entspreche. Damit ist der Begriff der materialen Vertragsgerechtigkeit von vor-

---

104 BT-Drucks. 14/6040, S. 154.
105 BT-Drucks. 14/6040, S. 154.
106 *Flume*, Allgemeiner Teil der Bürgerlichen Rechts II, § 1, 1, S. 1.
107 Staudinger/*Coester*, § 307 BGB, Rn. 5; Wolf/Horn/Lindacher/*Wolf*, Einl. Rn. 4; *Schmidt*, ZIP 1987, S. 1505 (1506); *Hönn*, JZ 1983, S. 677 (679).
108 *Schmidt-Rimpler*, AcP 147 (1941), S. 149; *ders.*, FS Raiser (1974), S. 1 (3ff.).
109 *Stoffels*, AGB-Recht, 2003, Rn. 82.

neherein durch die Konsensfähigkeit des Verhandlungsergebnisses bestimmt. Er orientiert sich daran, was zwei vernünftige Rechtsgenossen bei identischen Voraussetzungen vereinbart hätten und enthält insoweit keine inhaltlichen Vorgaben[110].

Aus diesem Gedanken folgt zunächst, dass die Privatrechtsordnung vorrangig das Funktionieren des Vertragsmechanismus sicherstellen muss, um auf die interne Kontrolle durch die Vertragspartner vertrauen zu können. Dieser Vertragsmechanismus ist dadurch gekennzeichnet, dass die Vertragsparteien grundsätzlich eine ähnlich starke Verhandlungsmacht besitzen, um so ihre gegenseitigen Interessen in einem gerechten Ausgleich wahren zu können[111], das heißt sie müssen beide die gleichen Chancen haben, effizient auf den Inhalt des Vertrages Einfluss zu nehmen. Die Vertragsparität kann dabei von einer Vielzahl externer Faktoren beeinflusst werden, die im Ergebnis zu wirtschaftlichen, sozialen oder intellektuellen Ungleichgewichtlagen führen[112]. So hat bereits *Flume* festgestellt, dass es „das ewige Dilemma der Privatautonomie sei, dass diese immer wieder durch ungleiche Machtverteilung in Frage gestellt wird“[113]. Diese Machtgefälle werden sich weder dem Grunde nach beseitigen lassen, noch kann ihr Durchschlagen auf die Vertragsschlusssituation und damit auf den Vertragsmechanismus allein durch verfahrensregelnde Vorschriften beseitigt werden. Insoweit bedarf der Kerngedanke der Richtigkeitsgewähr des Vertragsmechanismus gewisser modifizierender Erweiterungen.

bb) Vertragsfreiheit und Wettbewerb

In diesem Sinne hat *Schmidt-Rimpler* selbst vorgeschlagen, den Vertragsmechanismus durch den Wettbewerbsgedanken zu flankieren[114]. Ein freier Wettbewerb eröffnet den Marktteilnehmern Wahlmöglichkeiten und fördert so zum einen ihre Entscheidungsfreiheit in erheblichem Maße, zum anderen übt er dadurch einen ständigen tendenziellen Druck auf die Anbieter aus, die Konditionen zu Gunsten potentieller Abnehmer zu verbessern[115]. Insofern bilden

---

110 *Schapp*, Methodenlehre des Zivilrechts (1998), S. 10 ff. (19); *Canaris*, AcP 200 (2000), S. 273 (283).

111 Allgemeine Ansicht: BVerfG 07.02.1990, NJW 1990, S. 1469 (1470); Wolf/Horn/ Lindacher/*Wolf*, Einl. AGBG, Rn. 4; Soergel/*Stein*, Einl. AGBG, Rn. 3; *Fastrich*, Richterliche Inhaltskontrolle im Privatrecht, S. 216 ff.; *Wolf*, Rechtsgeschäftliche Entscheidungsfreiheit und vertraglicher Interessenausgleich, 1970, S. 72; *Schmidt-Rimpler*, AcP 157 (1941), S. 130 (157).

112 *Coester-Waltjen*, AcP 190 (1990), S. 1 (19) m.w.N.

113 *Flume*, Allgemeiner Teil der Bürgerlichen Rechts II, § 1, 1, S. 7.

114 *Schmidt-Rimpler*, FS Raiser (1974), S. 1 (17 ff.).

115 *Canaris*, AcP 200 (2000), S. 273 (293).

Marktwirtschaft und Wettbewerb mit die wichtigsten und effizientesten Instrumente zur Zähmung oder Neutralisierung der Macht einzelner Privatrechtssubjekte[116]. Dabei basiert die marktwirtschaftliche Ordnung ebenfalls darauf, dass eine hoheitliche Festlegung inhaltlicher Ziele fehlt und stattdessen primär auf die interne gegenseitige Kontrolle der freien Kräfte am Markt vertraut wird.

b) Vertragsfreiheit und Inhaltskontrolle

Darüber hinaus sind aber solche Konstellationen, in denen eine interne Kontrolle des Vertragsmechanismus versagt, nicht allein durch prozedurale Mittel auszuschließen. Versagt der Vertragsmechanismus, so muss die Vertragsgerechtigkeit im Wege externer – also hoheitlicher – Kontrolle gewahrt werden, da anderenfalls das Prinzip freier Selbstbindung durch Verträge selbst beschädigt würde[117]. Denn dort, wo es infolge systemimmanenter Unzulänglichkeiten zu einem typischen Risiko nicht konsensfähiger und damit nicht gerechter Vertragsinhalte kommt, wird das Vertrauen in die Ordnungsfunktion des Vertrages nachhaltig erschüttert. Insoweit kommt dem Staat tatsächlich eine übergreifende Verantwortung für eine gerechte Privatrechtsordnung zu[118]. Versagt demnach die Richtigkeitsgewähr in einem abgrenzbaren Bereich generell und nachhaltig und kann dieses Versagen nicht durch Verfahrensvorschriften kompensiert werden, muss der Vertragsinhalt von anderer Stelle auf seine Richtigkeit hin überprüft und gegebenenfalls korrigiert werden.

Maßstab dieser Kontrolle, die die private Selbstbestimmung dann substantiell ersetzt[119], kann mangels inhaltlicher Vorgaben wie gesehen nur der typisierte Wille zweier verständig handelnder Vertragspartner sein. Die Inhaltskontrolle ersetzt also den fehlerhaften Vertragsmechanismus dadurch, dass sie ihn für die Abschlusssituation durch eine neutrale Instanz auf abstrakter Ebene idealtypisch durchführt. Weichen die Ergebnisse voneinander ab, wird die Selbstbindung der Parteien durch hoheitlichen Eingriff aufgehoben.

Dabei kann nicht bereits jedwede Abweichung einen derartigen Eingriff in die Privatautonomie rechtfertigen. Dies folgt schon daraus, dass die vertragliche Richtigkeitsgewähr nicht den optimalen, sondern den konsensfähigen Interessenausgleich zum Ziel hat. Darüber hinaus kann es nicht Zweck der Inhaltskontrolle sein, den Vertragsparteien jedes Risiko aus eigener Nachlässigkeit oder Unüberlegtheit zu nehmen[120]. In dem Maße, in dem die Inhaltskontrolle

---

116 *Canaris*, AcP 200 (2000), S. 273 (293).
117 *Stoffels*, AGB-Recht, 2003, Rn. 82.
118 *Fastrich*, Richterliche Inhaltskontrolle im Privatrecht, S. 54 f.
119 Staudinger/*Coester*, § 307 BGB, Rn. 5.
120 BGH, ZIP 1997, S. 282 (285); BGH BB 1984 S. 941 (942).

geminderte Selbstverantwortlichkeit schützt, führt sie durch das erzeugte Vertrauen in ihr Eingreifen zu einer Minderung des Verantwortungsgefühls[121].

c) Kontrolle Allgemeiner Geschäftsbedingungen

Der Vertragsschluss unter Einbeziehung von Allgemeinen Geschäftsbedingungen dient dazu, die Vertragsverhandlungen auf wenige wesentliche Fragen zu reduzieren und gleichzeitig dem Vertrag die vom Verwender gewünschte inhaltliche Gestaltung zu geben. Dadurch weicht diese Form des Vertragsschlusses erheblich vom sonstigen Vertragsmodell ab[122]. Sie verzichtet auf das Aushandeln einzelner Vertragsbedingungen und weist die diesbezügliche Gestaltungsmacht einseitig einer Partei zu. Zwar stellt sich die Einbeziehung von Allgemeinen Geschäftsbedingungen an sich als Ausübung der Vertragsfreiheit dar, da § 307 Abs. 2 BGB insoweit das Einverständnis des Vertragspartners verlangt und ihm damit die zumindest theoretische Möglichkeit verschafft, von seiner Verhandlungsmacht Gebrauch zu machen. Allerdings ist dieses Einverständnis in der Rechtswirklichkeit typischerweise stark beeinträchtigt und mithin faktisch nur schwach fundiert[123].

Die generelle Zulässigkeit der Verwendung von Allgemeinen Geschäftsbedingungen wird ganz überwiegend mit deren Rationalisierungseffekten und dem insoweit bestehenden dringenden praktischen Bedürfnis des modernen Rechtsverkehrs begründet[124]. So vereinfachen sie den Abschluss und die reibungslose Abwicklung moderner Massengeschäfte. Weiterhin können sie in gesetzlich nicht geregelten Bereichen eine einheitliche Vertragsordnung für sämtliche vom Verwender geschlossenen Verträge dieses Typus aufstellen.

Demgegenüber geht die Verwendung von Allgemeinen Geschäftbedingungen aber mit einer Reihe von Risiken für die Entscheidungsfreiheit des Vertragspartners einher. Diese sind überwiegend durch die situative, das heißt organisatorische und intellektuelle Überlegenheit des Verwenders begründet[125]. Während der Verwender die Vertragsbedingungen in seinem Sinne bereits im

---

121 Staudinger/*Coester*, § 307 BGB, Rn. 5.

122 Wolf/Horn/Lindacher/*Wolf*, Einl. AGBG, Rn. 3 ff; *Kreienbaum*, Transparenz und AGB-Gesetz, 1998, S. 209.

123 *Canaris*, AcP 200 (2000), S. 273 (321).

124 Vgl. Begründung zum Regierungsentwurf BT-Drucks. 7/3919, S. 9; *Köndgen*, NJW 1989, S. 943 (949).

125 Erman/*Roloff*, Vor § 305–310 BGB, Rn. 2; *Fastrich*, Richterliche Inhaltskontrolle im Privatrecht, S. 91; *Kreienbaum*, Transparenz und AGB-Gesetz, 1998, S. 212; *Stoffels*, AGB-Recht, 2003, Rn. 83; *Coester-Waltjen*, AcP 190 (1990), S. 1 (23f.); *Lieb*, AcP 178 (1978), S. 196 (201).

Vorfeld in aller Ruhe und regelmäßig mit fachkundiger Hilfe gestalten kann, wird sein Vertragspartner mit diesen erst in der konkreten Abschlusssituation konfrontiert. In dieser Situation wird er in aller Regel damit überfordert sein, die Regelungen ihrem Inhalt und ihrer Bedeutung nach gänzlich zu erfassen sowie mit seinen eigenen Interessen abzugleichen und gegebenenfalls Änderungsvorschläge zu unterbreiten. Zum einen lohnt sich dieser Aufwand aus seiner Sicht für ein einzelnes Rechtsgeschäft kaum, zum anderen ist sein Augenmerk in der konkreten Vertragsschlusssituation verstärkt auf die regelmäßig aushandelbaren Hauptleistungspflichten des Vertrages gerichtet. Darüber hinaus ist die Bereitschaft des Verwenders von Allgemeinen Geschäftsbedingungen, über diese im Einzelnen zu verhandeln, praktisch gleich null, da es im Ergebnis sämtlichen Interessen, die er mit diesen verfolgt, zuwiderliefe. Insbesondere bei Massengeschäften ist er auch wirtschaftlich nicht darauf angewiesen, auf ausnahmsweise von Kunden vorgetragene Änderungswünsche einzugehen.

Diese Ungleichgewichtslage wird noch dadurch verschärft, dass bei der Verwendung Allgemeiner Geschäftsbedingungen auch der Wettbewerbsgedanke versagt. Die typischerweise in Allgemeinen Geschäftbedingungen geregelten Neben- und Zusatzbedingungen werden vom Vertragspartner häufig nicht zur Kenntnis genommen beziehungsweise vernachlässigt, da seine Aufmerksamkeit psychologisch und ökonomisch bedingt überwiegend auf den Preis, beziehungsweise die vertragliche Hauptleistung gerichtet ist, und er andererseits gewöhnlich nicht damit rechnet, dass die Nebenbedingungen relevant werden[126]. Beachtet der Vertragspartner die ihm gestellten Bedingungen aber nicht, so kann er diese auch nicht mit den Vertragsbedingungen anderer Anbieter am Markt vergleichen, um so das für ihn günstigste Angebot zu finden. Ebenso wenig können diese Klauseln dann den Anlass bilden, von dem Vertragsschluss insgesamt abzusehen. Demzufolge fehlt es an einem effizienten Konditionenwettbewerb[127].

Damit versagt bei einem Vertragsschluss unter Einbeziehung Allgemeiner Geschäftsbedingungen die Richtigkeitsgewähr des Vertragsmechanismus, da der Vertragspartner des Verwenders keine realistische Chance hat, gestalterisch auf den Vertragsinhalt Einfluss zu nehmen, und es an einer Kompensation durch einen effizienten Konditionenwettbewerb fehlt. Diese Ungleichgewichtslage zwingt zu einer inhaltlichen Überprüfung der einseitig gestellten Vertrags-

---

126 Ausführlich: *Drexl*, Wirtschaftliche Selbstbestimmung des Verbrauchers, 1998, S. 340 f.

127 *Drexl*, Wirtschaftliche Selbstbestimmung des Verbrauchers, 1998, S. 332 f.; *Fastrich*, Richterliche Inhaltskontrolle im Privatrecht, S. 86; *Bunte*, FS Schimansky (1999), S. 1 (24 ff.); *Canaris*, AcP 200 (2000), S. 273 (324).

bedingungen mit dem Ziel, die Ausnutzung der Vertragsfreiheit durch die Richtigkeitsgewähr beeinträchtigende Regelungen zu verhindern[128].

d) Vergleich von Inhalts- und Transparenzkontrolle

Vergleicht man nun die Ausgangslage und die Funktion der Inhaltskontrolle von Allgemeinen Geschäftsbedingungen mit denen der Transparenzkontrolle, so ergeben sich wesentliche Unterschiede. Zunächst stellt die Intransparenz eine eigene Ungleichgewichtslage in Form einer Informationsasymmetrie dar, die der Verwendung von Allgemeinen Geschäftsbedingungen nicht wesensimmanent ist. Es kann nicht von vorneherein davon ausgegangen werden, dass Allgemeine Geschäftsbedingungen für den Vertragspartner typischerweise unklar und unverständlich sind. Intransparenz ist also keine AGB-charakteristische Verschiebung der Vertragsparität, sondern muss im Einzelfall gesondert festgestellt werden. Eine solche ermittelte Ungleichgewichtslage könnte zwar zusätzlich Anlass zu einer Inhaltskontrolle geben, dann handelte es sich aber bei dem Transparenzgedanken nicht um ein eigenständiges Gebot, sondern lediglich um eine zusätzliche Rechtfertigung der Inhaltskontrolle in den entsprechenden Einzelfällen. Einer solchen bedürfte es zudem nicht einmal, da eine Inhaltskontrolle von Allgemeinen Geschäftsbedingungen unabhängig von konkreten Ungleichgewichtslagen stattfindet.

Die Transparenzkontrolle ist vielmehr darauf ausgelegt, die Störung des Vertragsmechanismus als solche zu sanktionieren und nicht die der vertraglichen Richtigkeitsgewähr zuwiderlaufenden Ergebnisse des Vertragsschlusses zu kontrollieren. Sie hat damit im Gegensatz zur Inhaltskontrolle einen stark prozeduralen Charakter. Ihr liegt die als „Informationsmodell“ bezeichnete Annahme zu Grunde, eine ausreichende Information und Aufklärung führe dazu, dass die Vertragspartner auf Wettbewerbsmärkten ihre Marktchancen selbst ausreichend wahrnehmen, sei es durch Verhandlungen über die Konditionen bei Vertragsschluss, sei es durch die Annahme alternativer Angebote[129]. Der Vertragsgerechtigkeit soll über eine Stärkung der Selbstverantwortlichkeit gedient werden.

Damit sind Transparenz- und Inhaltskontrolle aber grundsätzlich unterschiedlicher Natur. Während die eine den Wert der Selbstbestimmung betont, setzt die andere der Privatautonomie – wenn auch notwendige – Grenzen. Lässt sich für beide noch die Orientierung an dem Prinzip der vertraglichen

128 *Stoffels*, AGB-Recht, 2003, Rn. 89.

129 *Kreienbaum*, Transparenz und AGB-Gesetz, 1998, S. 215; *Koller*, FS Steindorff (1990), S. 667 (674).

Richtigkeitsgewähr als Gemeinsamkeit feststellen, so sind die Ausgangslagen und Funktionsweisen beider Kontrollsysteme derart unterschiedlich, dass ihre methodische Zusammenführung in einem Kontrollverfahren schlechterdings unmöglich ist. Die Konzeption einer über die Inhaltskontrolle verwirklichten Transparenzkontrolle ist von daher abzulehnen.

3. Unangemessene Benachteiligung und Intransparenz

Fraglich bleibt indessen, ob damit auch der durch die Inhaltskontrolle geprägte Begriff der unangemessenen Benachteiligung substanziell gänzlich irrelevant für die Bestimmung und Konkretisierung der Transparenzkontrolle in § 307 Abs. 1 S. 2 BGB ist und nur als Verweisungsstation dient, um intransparenten Klauseln die rechtliche Anerkennung zu versagen.

Zur abschließenden Beantwortung dieser Frage ist noch einmal etwas näher auf das Prinzip der „Richtigkeitsgewähr des Vertragsmechanismus" und die dieses Prinzip verwirklichende und begrenzende Privatrechtsordnung einzugehen. Wie bereits dargelegt, bedarf der Eingriff in die Privatautonomie mittels Inhaltskontrolle einer gesonderten Legitimation[130]. Demgegenüber ergibt sich die Rechtfertigung verfahrensregelnder Vorschriften überwiegend aus dem Gedanken, dass die Vertragsfreiheit zu ihrer Verwirklichung einer funktionierenden Vertragsordnung bedarf, die sicherstellt, dass die Entscheidungen der Vertragsparteien in rechtlicher und weitestgehend auch in tatsächlicher Hinsicht frei sind[131]. Regelungen mit prozeduralem Charakter definieren sich also dadurch, dass sie Beeinträchtigungen des Vertragsmechanismus gänzlich verhindern oder zumindest auf ein erträgliches Maß begrenzen und so die Richtigkeitsgewähr des Vertragsergebnisses sichern beziehungsweise steigern. Übertragen auf die Transparenzkontrolle Allgemeiner Geschäftsbedingungen bedeutet dies, dass durch die Beseitigung der sich infolge der Intransparenz einzelner Klauseln ergebenden Informationsasymmetrie letztlich das Risiko unangemessener Benachteiligungen durch die Einbeziehung von Allgemeinen Geschäftsbedingungen vermindert wird. In dieser Hinsicht steht die Transparenzkontrolle unter einem besonderen Legitimationsdruck. Dieser ergibt sich zum einen daraus, dass auf diesem Gebiet die Richtigkeitsgewähr des Vertragsmechanismus bereits nachhaltig gestört ist und durch die Inhaltskontrolle ersetzt wird. Dabei besteht diese Störung des Vertragsmechanismus und die hieraus resultierende Ungleichgewichtslage zwischen den Vertragspartnern grundsätzlich unabhängig davon, ob die Vertragsklauseln transparent ausgestaltet sind oder

130 S.o. Erster Teil, § 2 III. 2. b).
131 *Canaris*, AcP 200 (2000), S. 273 (286 f.).

nicht. Von daher bedarf es eines Nachweises, inwiefern eine Stärkung der Selbstverantwortlichkeit des Vertragspartners durch Transparenz der Vertragsklauseln auf dem Gebiet des AGB-Rechts überhaupt noch zu einer Verwirklichung der Vertragsgerechtigkeit beitragen kann.

Zum anderen stellt die Transparenzkontrolle trotz ihres prozeduralen Charakters einen Eingriff in die Vertragsfreiheit dar, da sie einer wirksam einbezogenen Klausel nachträglich die rechtliche Anerkennung versagt. Sie stellt damit die beeinträchtigte Selbstbestimmung des Vertragspartners nicht wieder her – etwa durch die Möglichkeit eines einseitigen Lösungsrechts –, sondern beseitigt das infolge dieser Beeinträchtigung zustande gekommene Vertragsergebnis[132]. Es handelt sich demnach nicht um eine unmittelbare Regelung des Vertragsschlussverfahrens, sondern um die nachträgliche Sanktionierung eines in diesem Verfahren aufgetretenen Missstandes. Dies lässt sich nur dadurch rechtfertigen, dass ein Festhalten an der betreffenden Klausel eine ernsthafte Gefahr für die Vertragsgerechtigkeit bedeutete.

Vor diesem Hintergrund gewinnt die Idee einer unangemessenen Benachteiligung durch Intransparenz eine ganz neue Wertigkeit. Denn dort, wo gerade infolge der Intransparenz dem Vertragspartner erhebliche Nachteile drohen, ist es gerechtfertigt, nicht ausschließlich auf die Inhaltskontrolle zu vertrauen, sondern diese Beeinträchtigungen im Wege der Transparenzkontrolle zu beseitigen. Dabei kommt es nicht entscheidend darauf an, ob es im Einzelfall tatsächlich zu einer Benachteiligung gekommen ist, da die prozedurale Kontrolle darauf gerichtet ist, solche Beeinträchtigungen typisierend zu vermeiden. Ist demzufolge bei der Verwendung intransparenter Klausel ein spezifisches Risiko feststellbar, dass es im Ergebnis zu einer unangemessenen Benachteiligung des Vertragspartners kommen kann, liegt hierin die Legitimation, eine solche Klausel allein auf Grund ihrer Intransparenz für unwirksam zu erklären. In diesem Sinne ist die Aussage des § 307 Abs. 1 S. 2 BGB, dass sich eine unangemessene Benachteiligung auch daraus ergeben kann, dass die Bestimmung nicht klar und verständlich ist, zu verstehen.

a) Benachteiligung durch Verlust von Marktchancen

Zurückgehend auf *Köndgen*[133] stellt die Intransparenz von AGB-Klauseln einen Verlust von Marktchancen des Kunden dar, der um die abstrakte Möglichkeit gebracht wird, die Vertragsbedingungen mit denen anderer Anbieter zu verglei-

132 *Kreienbaum*, Intransparenz und AGB-Gesetz, 1998, S. 223.

133 *Köndgen*, NJW 1989, S. 943 ff.

chen[134]. So wird ihm die Chance genommen, zu einer sachgerechten Bewertung zu gelangen, ob es sich insgesamt um einen für ihn günstigen oder zumindest akzeptablen Vertrag handelt, infolge derer er dann entweder einzelne Positionen zur Verhandlung stellen oder ein entsprechend günstigeres Konkurrenzangebot annehmen, beziehungsweise von dem Vertragsabschluss gänzlich absehen könnte[135]. Die unangemessene Benachteiligung soll sich hierbei gerade auf die Chancenvereitelung des Einzelnen beziehen[136], ähnlich dem arbeitsrechtlichen Diskriminierungsbegriff, wonach bereits die Verhinderung von Chancengleichheit eine Benachteiligung darstellt[137].

Der Möglichkeit einer unangemessenen Benachteiligung bereits in der Vertragsschlusssituation sind jedoch auch von Beginn an Einwände entgegengebracht worden, die sich hauptsächlich auf die fehlende Kausalität von Intransparenz und Motivation des Kunden bei Abschluss des Vertrages richten. So ignoriere der Kunde bei Vertragsabschluss in aller Regel die AGB, da zum einen die Kosten und der Aufwand einer entsprechenden Informationsgewinnung und -auswertung als zu hoch zu veranschlagen seien, beziehungsweise diese Möglichkeit in der konkreten Abschlusssituation völlig unrealistisch erscheine[138]. Zum anderen beziehe sich ein Vergleichsinteresse des Kunden in aller Regel auf das Verhältnis von Leistung und Gegenleistung, während die in Allgemeinen Geschäftsbedingungen geregelten Vertragsnebenbedingungen keine Beachtung finden, da ihre Bedeutung verkannt und nicht damit gerechnet wird, dass sie relevant werden[139]. Infolgedessen wurde die Wahrung einer Abschlussfreiheit als legitimes Ziel der AGB-rechtlichen Transparenzkontrolle teilweise vollständig abgelehnt[140]. Dieser Kritik ist indessen nur eingeschränkt zuzustimmen. Sie trifft insoweit zu, als im Hinblick auf den vorrangigen Individualschutz des Kunden vor einer unangemessenen Benachteiligung eine Vereitelung von Chancen nur dann anzunehmen ist, wenn deren Realisierung typischerweise nicht weitestgehend ausgeschlossen ist. Soweit ein funktionierender,

---

134 So auch BGH 09.05.2001 (IV ZR 138/99), NJW 2001, S. 2013 und BGH 09.05.2001 (IV ZR 121/00), NJW 2001, S. 2016; ablehnend *Schäfer*, Das Transparenzgebot im Recht der Allgemeinen Geschäftsbedingungen, 1992, S. 161 ff.

135 Staudinger/*Coester*, § 307 BGB, Rn. 175.

136 OLG Celle 15.03.1995, NJW-RR 1995, S. 1133; *Heinrichs*, FS Trinkner (1995), S. 157 (163).

137 Staudinger/*Coester*, § 307 BGB, Rn. 175.

138 *Schäfer*, Das Transparenzgebot im Recht der Allgemeinen Geschäftsbedingungen, 1992, S. 27 (30); *Adams*, BB 1989, S. 781 (784); *Koller*, FS Steindorff (1990), S. 667 (670).

139 *Drexl*, Wirtschaftliche Selbstbestimmung des Verbrauchers, 1998, S. 340 f.; *Canaris*, AcP 200 (2000), S. 273 (325).

140 *Fastrich*, Richterliche Inhaltskontrolle im Privatrecht, 1992, S. 323.

das heißt effektiver Konditionenwettbewerb aber nicht existiert[141], müssten zumindest das Verhandeln mit dem Verwender über einzelne Nebenbestimmungen, beziehungsweise der generelle Verzicht auf Abschluss des Vertrages eine realistische und zumutbare Alternative darstellen, deren Chance durch transparente Klauselgestaltung zu wahren ist. Hierbei handelt es sich aber lediglich um andere Reaktionsmöglichkeiten als das Abwandern zu einem Konkurrenzangebot, die ebenfalls den gleichen Aufwand an Informationsgewinnung und -verarbeitung voraussetzen. Soweit also schon diesbezüglich der Konditionenwettbewerb scheitert, stellen auch sie notwendigerweise keine schützenswerte Chance dar.

Dies kann aber nur soweit gelten, als der Konditionenwettbewerb auch tatsächlich auszuschließen ist. Denn allein aus der Tatsache, dass eine Regelung in Allgemeinen Geschäftsbedingungen niedergelegt ist, kann noch nicht generalisierend darauf geschlossen werden, dass sie für die Abschlussentscheidung des Kunden irrelevant wäre[142]. Dies betrifft insbesondere Regelungen bezüglich der wechselseitigen Hauptleistungen, aber auch hiermit zusammenhängende Regelungen, wie zum Beispiel alle preis- oder leistungsmodifizierenden Klauseln. Hinsichtlich dieser Regelungen, denen insbesondere bei gesetzlich nicht geregelten Vertragstypen eine große Bedeutung zukommt, besteht typischerweise auch in der Abschlusssituation eine gesteigerte Aufmerksamkeit des Kunden. Man vergegenwärtige sich nur den Abschluss eines vorformulierten Versicherungs- oder Leasingvertrags. Dass es hier völlig verfehlt wäre, eine mangelnde Beachtlichkeit sämtlicher Vertragspunkte allein auf Grund ihrer rechtlichen Qualifizierung als Allgemeine Geschäftsbedingung anzunehmen, liegt auf der Hand. Insofern ist zunächst festzuhalten, dass bei einer besonderen sachlichen Nähe des Regelungsgehalts einer Klausel zum Leistungsbereich deren Relevanz für die Abschlussentscheidung des Kunden vermutet werden kann. Dies genügt aber, um einen Konditionenwettbewerb anzunehmen.

Dieser Begrenzung des Ausschlusses eines Konditionenwettbewerbs könnte zwar noch entgegenzuhalten sein, dass die Bestimmung der jeweils entscheidungsrelevanten Klauseln dem Kunden letztlich eine ähnlich umfassende und aufwendige Lektüre und Bewertung der Allgemeinen Geschäftsbedingungen abverlangt, wie diese bei einem Interesse an sämtlichen Bedingungen der Fall wäre, die im Ergebnis wiederum einen effektiven Konditionenwettbewerb ver-

---

141 *Drexl*, Wirtschaftliche Selbstbestimmung des Verbrauchers, 1998, S. 332 ff.; *Dylla-Krebs*, Schranken der Inhaltskontrolle Allgemeiner Geschäftsbedingungen, 1990, S. 154 ff. (157); *Fastrich*, Richterliche Inhaltskontrolle im Privatrecht, 1991, S. 86; *Bunte*, FS Schimansky (1999), S. 1 (27 ff.); *Canaris*, AcP 200 (2000), S. 273 (324); *Wackerbarth*, AcP 200 (2000), S. 45 (70).

142 Staudinger/*Coester*, § 307 BGB, Rn. 175.

hinderte. Dies ist allerdings insoweit kein tragfähiger Einwand, als dass es hier ja gerade um die Frage geht, ob die Teilnahme an einem möglichen Wettbewerb durch Transparenzerfordernisse zu schützen ist. Dabei umschließt die klare und verständliche Regelung einer abschlussrelevanten Klausel im Falle eines komplexeren Vertragswerks notwendigerweise auch deren besondere Kennung und Ausgestaltung, die dem Kunden das schnelle Auffinden der Regelung sowie das schnelle Erfassen deren Inhalts garantiert.

Es stellt sich aber die Frage, ob in diesem Bereich die möglichen Beeinträchtigungen nicht bereits durch die Inhaltskontrolle, die sich zusätzlich durch das Fehlen eines effektiven Konditionenwettbewerbs legitimiert[143], kompensiert werden. Die Inhaltskontrolle kann allerdings dort, wo ein entsprechender Wettbewerb existiert, nach ihren eigenen immanenten Voraussetzungen nicht eingreifen[144]. Gleiches gilt ja gemäß § 305b BGB dann, wenn die einseitige Gestaltungsmacht des Verwenders durch ein individuelles Aushandeln einer Klausel beseitigt wurde. Als Schlussfolgerung dessen muss man es dann aber auch konsequenterweise gelten lassen, dass dort, wo ein Konditionenwettbewerb besteht, nicht mehr auf die Prinzipien und Strukturen der Inhaltskontrolle zurückgegriffen werden darf, so dass es illegitim wäre, die Vereitelung von Chancen an einem solchen Wettbewerb als unangemessene Benachteiligung im Sinne von § 307 Abs. 1 S. 1 BGB zu werten. Demgegenüber stellt Transparenz nicht das Ergebnis eines Konditionenwettbewerbs sondern dessen unabdingbare Voraussetzung dar[145]. Nur wenn dem Kunden die für seine Abschlussentscheidung relevanten Vertragsbestimmungen ohne weiteres zugänglich und verständlich sind, kann er diese in eine Gesamtbewertung des Vertrages umsetzen und mit anderen Angeboten vergleichen.

Dass hierdurch umgekehrt nicht die Legitimation der Inhaltskontrolle grundsätzlich in Frage gestellt wird, ergibt sich bereits aus dem begrenzten Anwendungsbereich, den das Kriterium der Verhinderung von Marktchancen notwendigerweise hat.

Inwieweit diese Ergebnisse aber im Weiteren Rückschlüsse auf die Begrenzung der Inhaltskontrolle bestimmter Klauselgruppen zu Gunsten einer ausschließlichen Transparenzkontrolle zulassen, wird bei der Erörterung des Anwendungsbereichs von § 307 Abs. 3 S. 2 BGB ausführlich zu prüfen sein. An

---

143 *Drexl*, Wirtschaftliche Selbstbestimmung des Verbrauchers, 1998, S. 332 ff.; *Dylla-Krebs*, Schranken der Inhaltskontrolle Allgemeiner Geschäftsbedingungen, 1990, S. 154 ff. (157); *Fastrich*, Richterliche Inhaltskontrolle im Privatrecht, 1992, S. 86; *Bunte*, FS Schimansky (1999), S. 1 (27 ff.); *Canaris*, AcP 200 (2000), S. 273 (324); *Wackerbarth*, AcP 200 (2000), S. 45 (70).

144 *Canaris*, AcP 200 (2000), S. 273 (324).

145 *Stoffels*, JZ 2001, S. 843 (845).

dieser Stelle ist jedoch bereits herauszustellen, dass diese Möglichkeit durchaus auf Grund der bisher dargestellten Zusammenhänge besteht.

b) Abwicklungstransparenz

Eine Benachteiligung durch Intransparenz kann sich aber nicht nur in der konkreten Vertragsschlusssituation ergeben, sondern auch bei der Anwendung der vertraglichen Bestimmungen. Dies beschreibt der auf *Koller*[146] zurückgehende Begriff der Abwicklungstransparenz. Kann der Vertragspartner den Inhalt einer Vertragsklausel infolge der Intransparenz nicht voll erfassen, droht die Gefahr, dass er bestehende Rechte nicht erkennt, sie nicht richtig einschätzt oder sonst nicht richtig wahrnimmt[147]. Gleichermaßen besteht das Risiko, dass der Vertragspartner vor vermeintlich bestehenden Rechten des Verwenders kapituliert[148]. Die freie Selbstbestimmung der Vertragspartner wirkt nicht nur auf der Ebene des Vertragsschlusses, sondern ist auch wesentliche Voraussetzung für eine gerechte Abwicklung des Vertrags. Vertragsfreiheit kann nämlich nur dann vollständig verwirklicht werden, wenn sich das Verhandlungsergebnis auch tatsächlich realisiert. Hier besteht ein dahingehender Kontrollbedarf, dass der angemessene Interessenausgleich nicht nachträglich durch einen einseitigen Missbrauch des Vertragsinstituts verfälscht wird, indem vermeintlich bestehende Rechte oder Pflichten geltend gemacht werden. Insoweit ist zunächst auf eine interne Kontrolle durch die Vertragspartner selbst zu vertrauen, dass sie also selbstverantwortlich die eigenen vertraglichen Rechte behaupten und die Ausübung der Rechte durch die andere Vertragspartei auf ihre Berechtigung hin überprüfen. Dieser Kontrollmechanismus kann aber nur funktionieren, wenn die vertraglichen Rechte und Pflichten beiden Parteien gleichermaßen klar und verständlich sind.

Insofern liegt in der intransparenten Klauselgestaltung die spezifische Gefahr, dass es bei der Durchführung des Vertrages zu erheblichen Beeinträchtigungen des Vertragspartners des Verwenders Allgemeiner Geschäftsbedingungen kommt. Dies rechtfertigt es, die Klauseln neben der Inhaltskontrolle einer Transparenzkontrolle zu unterziehen und sie gegebenenfalls unabhängig von ersterer für unwirksam zu erklären.

---

146 *Koller*, FS Steindorff (1990), S. 667 ff.

147 Staudinger/*Coester*, § 307 BGB, Rn. 177; *Schäfer*, Das Transparenzgebot im Recht der Allgemeinen Geschäftsbedingungen, 1992, S. 168.

148 *Heinrichs*, FS Trinkner (1995), S. 157 (162); *Koller*, FS Steindorff (1990), S. 667 (677); *Schäfer*, Das Transparenzgebot im Recht der Allgemeinen Geschäftsbedingungen, 1992, S. 168.

4. Folgerungen für die Konkretisierung des Transparenzgebots

Inhalts- und Transparenzkontrolle sind in ihrer Funktion und von ihren Voraussetzungen grundsätzlich derart unterschiedlich, dass sie jeweils eigenständige Kontrollinstitute darstellen. Dabei kennzeichnet das Institut der Transparenzkontrolle, dass die Intransparenz einer Klausel die spezifische Gefahr einer Benachteiligung durch die geminderte Selbstbestimmungsmöglichkeit des Vertragpartners hervorruft. Da bereits das Verständnisrisiko seitens des Vertragspartners die Gefahr einer materiellen Benachteiligung in sich birgt, stellt es eine eigenständige Form der Benachteiligung durch die Verwendung Allgemeiner Geschäftsbedingungen dar. Dies führt dann zu einer Unwirksamkeit der Klausel, wenn das Verständnisrisiko in unangemessener Weise auf den Vertragspartner verlagert ist.

Der Begriff der unangemessenen Benachteiligung im Rahmen der Transparenzkontrolle ist dabei nur systematisch, nicht jedoch inhaltlich mit dem der Inhaltskontrolle gleich zu setzen. Es handelt sich um eigenständige unbestimmte Rechtsbegriffe, denen lediglich der übergeordnete Zweck der Wahrung der Vertragsgerechtigkeit, orientiert an einem wertenden Ausgleich widerstreitender Interessen, gemein ist. Intransparenz ist kein Kriterium, auf Grund dessen eine aus dem Regelungsgehalt einer Klausel resultierende Benachteiligung als unangemessen zu bewerten wäre, und umgekehrt bedarf es keiner solchen Benachteiligung, um eine Klausel auf ihre Transparenz hin kontrollieren zu können.

Dies bedeutet weiterhin, dass im Falle unklarer und unverständlicher Klauselformulierung auch nicht schlichtweg auf die Rechtsfolge einer unangemessen benachteiligenden Geschäftsbedingung verwiesen werden kann, da dieser Begriff für die Transparenzkontrolle eigenständig auszufüllen ist. Die Maßstäbe einer unangemessenen Intransparenz sind alleine anhand der dargestellten Benachteiligungen infolge unklarer und unverständlicher Klauselgestaltung zu entwickeln. Ob dies in einer zusammenfassenden Wertung[149] oder im Wege zweier aufeinander aufbauender Prüfungsschritte erfolgen kann, bleibt bei der Bestimmung dieser Maßstäbe zu klären.

5. Vereinbarkeit der Kodifikation mit Art. 5 S. 1 der Richtlinie 93/13 EWG

Art. 5 S. 1 der Richtlinie 93/13 EWG fordert die Klarheit und Verständlichkeit sämtlicher schriftlicher Geschäftsbedingungen. Dieses europarechtliche Trans-

149 So *Evermann*, Die Anforderungen des Transparenzgebots an die Gestaltung von Allgemeinen Versicherungsbedingungen, 2002, S. 95; *Kreienbaum*, Intransparenz und AGB-Gesetz, 1998, S. 289.

parenzgebot kann als Erscheinungsform des vom EuGH favorisierten und auch sonst im EU-Recht verankerten Informationsmodells verstanden werden[150]. Dem Informationsmodell liegt die Annahme zu Grunde, dass eine ausreichende Information des Verbrauchers dazu führe, dass dieser eigenverantwortlich seine Chancen auf Wettbewerbsmärkten wahrnimmt[151]. Transparenz- und Informationspflichten stellen einen zentralen Schutzansatz des europäischen Verbraucherschutzrechts dar[152]. Entgegen sonstiger Richtliniengepflogenheit[153] hat der Gemeinschaftsgesetzgeber in Art. 5 S. 2 der Richtlinie 93/13/EWG keine inhaltlich konkretisierte Informationspflicht normiert. Hinzu kommt, dass das europarechtliche Transparenzgebot außerhalb der Missbrauchskontrolle des Art. 6 der Richtlinie 93/13/EWG geregelt ist und von daher keine entsprechende Rechtsfolgenanordung enthält. Damit obliegt es den Mitgliedstaaten nach Art. 7 Abs. 1 der Richtlinie 93/13/EWG, das Ziel der Vermeidung intransparenter Klauselgestaltung konform mit der nationalstaatlichen Kontrollregelung umzusetzen. Im deutschen AGB-Recht haben bereits die §§ 305, 305a und 305c BGB das europarechtliche Transparenzgebot teilweise im Bereich der Einbeziehungskontrolle sowie der Auslegung verwirklicht[154]. Es blieb demnach der Bereich zu definieren, der mit den Mitteln der Inhaltskontrolle verwirklicht werden konnte. Die deutsche Umsetzung der Richtlinie 93/13/EWG erfolgt also nicht ausschließlich über § 307 Abs. 1 S. 2, Abs. 3 S. 2 BGB, sondern über das AGB-Recht insgesamt.

Dabei ist weiter zu beachten, dass Art. 5 S. 1 der Richtlinie 93/13/EWG selbst nur einen abgeschwächten Ausfluss des Informationsmodells darstellt, da es an weitergehenden inhaltlichen Informationsvorgaben mangelt, dem Verwender also keine bestimmte Klauselgestaltung vorgeschrieben wird. Die Richtlinie verlangt nur klauselbezogen eine bestimmte Art und Weise der Darstellung. So kann aus Art. 5 S. 1 der Richtlinie 93/13/EWG beispielsweise auch keine über den konkreten Vertragsinhalt hinausgehende Informationsobliegenheit, zum Beispiel bezüglich des dispositiven Rechts oder ungeschriebener Rechtsgrundsätze entnommen werden[155]. Der Verbraucher soll entsprechend

---

150 *Leitner*, Das Transparenzgebot, 2005, S. 36; Wolf/Horn/Lindacher/*Wolf*, AGBG, Art. 5 RiLi, Rn. 1; *Dreher*, JZ 1997, S. 167 (170).

151 *Kreienbaum*, Transparenz und AGB-Gesetz, 1998, S. 215; Wolf/Horn/Lindacher/ *Wolf*, AGBG, Art. 5 RiLi, Rn. 1; *Grunsky*, BB 1971, S. 1113 (116); *Koller*, FS Steindorff (1990), S. 667 (674.).

152 Staudinger/*Coester*, § 307 BGB, Rn. 208.

153 Vgl. nur Art. 4 der Time-sharing Richtline 94/47/EG oder Art. 6 Abs. 2 der Verbrauchsgüterkaufrichtlinie 99/44/EG.

154 Wolf/Horn/Lindacher/*Wolf*, AGBG, Art. 5 RiLi, Rn. 7.

155 *Evermann*, Die Anforderungen des Transparenzgebots an die Gestaltung von Allgemeinen Versicherungsbedingungen, 2002, S. 104; *a.A.*: *Heinrichs*, NJW 1996, S. 2190 (2197).

dem europäischen Verbraucherleitbild also nur in die Lage versetzt werden, seine sich aus dem Vertrag ergebenden Pflichten und Rechte zu erkennen. Eine ausdrückliche Belehrungs- und Erklärungspflicht hierüber ist der Richtlinie hingegen nicht zu entnehmen.

Die Konkretisierung des Gebotes klarer und verständlicher Klauselgestaltung über eine spezifische Ausformung der unangemessenen Benachteiligung entspricht daher den Vorgaben und Zielen des Art. 5 S. 1 der Richtlinie 93/13/EWG. Das Erfordernis einer Interessenabwägung im Rahmen der Bestimmung der Intransparenz ist keine unzulässige Einschränkung des europarechtlichen Transparenzgebots, da es zum einen der nicht vorgegebenen Bestimmung der Begriffe „Klarheit“ und „Verständlichkeit“ dient und zum anderen lediglich den Bereich des europarechtlichen Transparenzgebots beschreibt, der systematisch der Missbrauchskontrolle zuzuordnen ist.

6. Folgerungen für die Prüfungsreihenfolge

Stellen nun aber Transparenz- und Inhaltskontrolle voneinander getrennte Kontrollinstrumente des AGB-Rechts dar, stellt sich unweigerlich die Frage, in welchem Prüfungsverhältnis diese zueinander stehen. Wenn das Vorliegen einer unangemessenen inhaltlichen Benachteiligung nach dem gemachten Befund keine Voraussetzung dafür ist, dass eine Klausel auf ihre Vereinbarkeit mit dem Transparenzgebot hin überprüft wird, so könnte dies dafür sprechen, vorformulierte Vertragsbestimmungen stets ohne Ansehung der materiellen Benachteiligungsprüfung auf ihre unangemessene Intransparenz hin zu kontrollieren. Konsequenterweise könnten Gerichte eine Klausel allein auf Grund des Transparenzverstoßes für unwirksam erklären, ohne weitere Ausführungen zu machen, ob der Klauselgehalt darüber hinaus auch einer materiellen Kontrolle standhielte[156]. Eine solche Vorgehensweise wäre aus praktischer Sicht insbesondere mit Blick auf die Rechtssicherheit problematisch und gäbe dem Rechtsanwender Steine statt Brot[157]. Korrigiert der Verwender nämlich den Transparenzmangel bei gleich bleibendem Inhalt, läuft er Gefahr, dass die Regelung bei nächster gerichtlicher Überprüfung nunmehr wegen inhaltlich unangemessener Benachteiligung für unwirksam erklärt wird. Ein Ergebnis, welches im Übrigen auch prozessökonomisch nicht wünschenswert erscheint.

---

156 Vgl. z.B. BGH; WM 2006, 585 (587): „*Die Klausel benachteiligt die Gesellschafter jedoch schon deshalb unangemessen, weil sie gegen das Transparenzgebot verstoße.*“

157 *Billing*, WM 2007, S. 245 (247); *Terno*, r+s 2004, S. 45 (51).

Es spricht von daher bereits viel dafür, die Transparenzkontrolle in der Prüfungsreihenfolge der materiellen Inhaltskontrolle nachzustellen[158]. Dies entspricht auch der Systematik des § 307 Abs. 1 S. 2 BGB, wonach sich eine unangemessene Benachteiligung *auch* daraus ergeben kann, dass eine Bestimmung nicht klar und verständlich ist. Dies macht deutlich, dass der Gesetzgeber die materielle Äquivalenz als Schwerpunkt der Vertragskontrolle erachtete, was nicht zuletzt auch die vorangegangenen Ausführungen zur Legitimation der Vertragskontrolle bestätigen. Während die Frage nach der inhaltlichen Angemessenheit ausschließlich das von den Parteien Gewollte oder Vereinbarte auf den Prüfstand stellt, enthält die Transparenzkontrolle daneben auch Elemente, welche die Form des Vertragsschlusses beurteilt. Die Transparenzkontrolle zielt ebenso wie die Inhaltskontrolle auf den Schutz der Vertragsgerechtigkeit ab, ohne jedoch im Einzelnen zu beantworten, was gerecht ist. Daher gebührt dort, wo der Anwendungsbereich für Inhalts- und Transparenzkontrolle gleichermaßen eröffnet ist, stets der Ersteren der Prüfungsvorrang. Die Transparenzkontrolle gewinnt damit dort ihre wesentliche Bedeutung, wo die Inhaltskontrolle nicht zu einer Klauselunwirksamkeit führt.

Umgekehrt ist es auch wenig sinnvoll, eine materiell unwirksame Klausel noch zusätzlich auf ihre Vereinbarkeit mit dem Transparenzgebot hin zu kontrollieren, da der Verwender die Klausel inhaltlich eh neu gestalten muss.

---

158 So grundsätzlich auch *Billing*, WM 2007, S. 245 (247).

Zweiter Teil: Gegenstand und Kriterien der Transparenzkontrolle

Nachdem erörtert wurde, auf welchen dogmatischen Grundlagen das nunmehr kodifizierte Transparenzgebot des § 307 Abs. 1 S. 2 BGB fußt, gilt es im Folgenden, Gegenstand und Kriterien einer unangemessenen Unklarheit und Verständlichkeit zu konkretisieren.

Dabei ist zunächst zu ermitteln, was dem Vertragspartner überhaupt hinreichend klar und verständlich in der Klauselformulierung darzulegen ist. Der zu bestimmende Informationsumfang bildet den Gegenstand der Transparenzkontrolle, anhand dessen zu prüfen ist, ob der Vertragspartner ein unangemessen hohes Verständnisrisiko trägt.

§ 3 Gegenstand der Transparenzkontrolle

In einem ersten Schritt gilt es also, den Bezugsgegenstand der Transparenzkontrolle festzulegen[159].

I. Der Regelungsgehalt der Klausel

Erster und wesentlicher Bezugspunkt der Transparenzkontrolle sind die in dem Klauselwerk enthaltenen vorformulierten Regelungen. Dies ergibt sich bereits unmittelbar aus dem Wortlaut der Vorschrift des § 307 Abs. 1 BGB, der eine „Bestimmung in Allgemeinen Geschäftsbedingungen" als Kontrollgegenstand benennt. Es sind dies die Inhalte der jeweiligen Vertragsklauseln. Das Mittel zur Bestimmung des maßgeblichen Inhalts von Allgemeinen Geschäftsbedingungen ist die Auslegung, was dazu Anlass gibt, zunächst die Grundsätze der Auslegung Allgemeiner Geschäftsbedingungen darzulegen, um im Anschluss ihre Bedeutung für die Transparenzkontrolle zu erörtern.

---

159 *Evermann*, Die Anforderungen des Transparenzgebots an die Gestaltung von Allgemeinen Versicherungsbedingungen, 2002, S. 94.

1. Grundsätze der objektiven Auslegung

Allgemeine Geschäftsbedingungen sind Vertragsbestimmungen und unterliegen als solche grundsätzlich den allgemeinen Regeln des Zivilrechts über die Auslegung von Willenserklärungen und Verträgen[160]. Dabei folgt sowohl die Rechtsprechung[161] als auch die ganz herrschende Meinung[162] im Schrifttum einem objektiven Auslegungsmaßstab. Allgemeine Geschäftsbedingungen sind ausgehend von den Verständnismöglichkeiten eines rechtlich nicht vorgebildeten Durchschnittskunden nach ihrem objektiven Inhalt und typischen Sinn einheitlich so auszulegen, wie sie von verständigen und redlichen Vertragsparteien unter Abwägung der Interessen der normalerweise beteiligten Verkehrskreise verstanden werden[163]. Individuelle Besonderheiten, insbesondere die persönlichen Erkenntnisfähigkeiten oder konkreten Vorstellungen des einzelnen Empfängers, bleiben bei der Auslegung außer Betracht[164]. Ebenso wenig kommt es auf die individuelle Interessenlage im Einzelfall an, vielmehr sind stets die typisierten Interessen des Verwenders und seiner Vertragspartner zu Grunde zu legen[165].

Die von einer Mindermeinung[166] im Schrifttum vertretene so genannte individualvertragskonforme Auslegung berücksichtigt bei der Auslegung hingegen auch alle dem Empfänger bei Vertragsschluss erkennbaren Umstände. Der herrschenden Meinung ist indessen insbesondere im Hinblick auf die durch sie verwirklichte Rechtssicherheit und Rechtsklarheit der Vorzug zu geben. So kann eine allgemeingültige Beurteilung der Angemessenheit einer Klausel auch nur dann erfolgen, wenn ihr grundsätzlich derselbe Sinn beigemessen wird[167]. Müsste der Verwender hingegen befürchten, seine Vertragsbedingungen kämen

---

160 Bamberger/Roth/*Schmidt*, § 305c BGB, Rn. 40; Palandt/*Heinrichs*, § 305c, Rn. 15; *Stoffels*, AGB-Recht, 2003, Rn. 359; Wolf/Horn/Lindacher/*Lindacher*, § 5 AGBG, Rn. 1.

161 BGH 09.05.2001, NJW 2001, S. 2165 (2166); BGH 25.03.1999, NJW-RR 1999, S. 1105 (1106); BGH 10.03.193, NJW 1993, S. 1389 (1390); BGH 25.06.1992, NJW 1992, S. 2629.

162 Erman/*Roloff*, § 305c AGBG, Rn. 20; MüKo/*Basedow*, § 305c AGBG, Rn. 22; Soergel/*Stein*, § 5 AGBG, Rn. 6; *Stoffels*, AGB-Recht, 2003, Rn. 359 ff.; *Dreher*, AcP 189 (1989), S. 342 (360), *Roth*, WM 1991, S. 2085 (2086).

163 BGH 25.09.2001, WM 2001, S. 2158 (2159 f.); BGH 09.05.2001, WM 2001, S. 2008 (2010).

164 *Kreienbaum*, Transparenz und AGB-Gesetz, 1998, S. 51; *Stoffels*, AGB-Recht, 2003, Rn. 360.

165 BGH, 08.11.2002, WM 2003, S. 1241 (1242).

166 Bamberger/Roth/*Schmidt*, § 305c BGB, Rn. 40; Staudinger/*Schlosser*, § 305c BGB, Rn. 126 ff. u. 131 ff.; Wolf/Horn/Lindacher/*Lindacher*, § 5 AGBG, Rn. 6 u. 11 ff.

167 *Kreienbaum*, Transparenz und AGB-Gesetz, 1998, S. 53.

nicht einheitlich gegenüber seinen Vertragspartnern zur Anwendung, so wäre dies mit dem mittelbar durch die §§ 305 ff. BGB anerkannten legitimen Zweck der Rationalisierung des (Massen-) Geschäftsverkehrs durch Allgemeine Geschäftsbedingungen nicht mehr vereinbar[168].

Der Grundsatz der objektiven Auslegung findet nach herrschender Ansicht auch in Verbraucherverträgen uneingeschränkte Anwendung, da in § 310 Abs. 3 Nr. 3 BGB die Berücksichtigung der den Vertragsschluss begleitenden Umstände ausschließlich für die Beurteilung der unangemessenen Benachteiligung im Rahmen des § 307 Abs. 1 und Abs. 2 BGB angeordnet ist[169]. Für die der Inhaltskontrolle vorgelagerte Auslegung gilt sie somit nicht.

2. Das Verhältnis von Auslegung und Transparenzkontrolle

Die rechtslogisch vorrangige Auslegung soll den Bezugsgegenstand der anschließenden materiellen Kontrolle liefern[170]. Dies bedeutet im Umkehrschluss, dass materielle Erwägungen nicht in die Auslegung hineinspielen dürfen. Dieses Exklusivitätsverhältnis hinsichtlich normativer Wertungen ist maßgeblich im Hinblick auf die materielle Inhaltskontrolle entwickelt worden. Nachdem die Rechtsprechung vor In-Kraft-Treten des AGB-Gesetzes unbilligen Klauseln nicht selten mit einer an die Grenze des Legitimen stoßenden Auslegung entgegengetreten war, ist eine derart zweckentfremdende Instrumentalisierung der Auslegung nunmehr weder erforderlich noch zulässig[171]. Dementsprechend hat sich die Auslegung Allgemeiner Geschäftsbedingungen auch nicht von den normativen Wertungen der Inhaltskontrolle leiten zu lassen.

a) Beeinflussung der Auslegung durch Transparenzerwägungen

Nichts anderes gilt in diesem Verhältnis für die Transparenzkontrolle, deren Wertungen ebenfalls ausschließlich im Rahmen des § 307 Abs. 1 S. 2 BGB und nicht bereits innerhalb der Auslegung Berücksichtigung finden.

Diese Erkenntnis ist von besonderer Bedeutung bei der Bestimmung der Auslegungsmittel. Die mangelnde Berücksichtigungsfähigkeit der individuellen Begleitumstände des Vertragsschlusses bei der objektiven Auslegung Allgemei-

---

168 Ulmer/Brandner/Hensen/*Ulmer*, § 305c BGB, Rn. 75; *Stoffels*, AGB-Recht, 2003, Rn. 362.

169 MüKo/*Basedow*, § 305c BGB, Rn. 23; *Stoffels*, AGB-Recht, 2003, Rn. 360; *Michalski*, DB 1999, S. 677 (679); *a.A. Locher*, Recht der AGB, 1997, S. 61.

170 *Evermann*, Die Anforderungen des Transparenzgebots an die Gestaltung von Allgemeinen Versicherungsbedingungen, 2002, S. 106.

171 *Stoffels*, AGB-Recht, 2003, Rn. 358.

ner Geschäftsbedingungen führt im Umkehrschluss zu einer verstärkten Gewichtung des Wortlautarguments im Auslegungsgeschehen[172]. Ob darüber hinaus auch die systematische Stellung sowie der mit den Allgemeinen Geschäftsbedingungen verfolgte Zweck zulässige Auslegungsmittel sind, ist hingegen umstritten. So will *Ulmer* ausschließlich den Wortlaut einer Klausel bei der Auslegung berücksichtigen, da anderenfalls der vom Verwender gewollte, aber nicht hinreichend zum Ausdruck gebrachte Regelungsgehalt einer Klausel entgegen dem in §§ 2, 3 und 5 AGBG (a.F.) anklingenden Verständlichkeitsgebot aufrechterhalten werde[173]. Könne der eigentliche Regelungsgehalt der Klausel erst unter Zuhilfenahme der systematischen oder teleologischen Auslegungsmittel in Erfahrung gebracht werden, so müsse dies generell zu einer Nichteinbeziehung der entsprechenden Klausel führen[174]. Auch die Rechtsprechung ist in der Frage der Auslegungsmittel nicht einheitlich. So sollen beispielsweise Allgemeine Versicherungsbedingungen unter Berücksichtigung des erkennbaren Sinnzusammenhangs auszulegen sein[175], während im Übrigen eine am Wortlaut ausgerichtete objektive Auslegung betont wird[176]. In einigen jüngeren Urteilen betont der BGH allerdings, dass einzelne umfangreiche Regelungen *„als sinnvolles Ganzes"* auszulegen seien[177]. Diesen Grundsatz wird man sinnvollerweise nicht formal auf einzelne Klauseln begrenzen können, da es keinen Unterschied macht, ob inhaltlich zusammengehörige Regelungen in einer umfangreichen Klausel oder in mehreren Klauseln niedergelegt sind. Auch der Grundsatz, dass als Gegenstand der Inhaltskontrolle Allgemeiner Geschäftsbedingungen immer nur eine bestimmte Klausel und niemals ein Vertragswerk in toto in Betracht kommt[178], steht einer Auslegung unter Berücksichtigung des gesamten Sinnzusammenhangs nicht entgegen, da es sich auch bei der AGB-spezifischen Auslegung noch nicht um einen Akt der Wirksamkeitskontrolle handelt.

Für eine Zulässigkeit insbesondere der systematischen Auslegung hat *Kreienbaum*[179] bereits zurecht angeführt, dass eine Reduzierung der Auslegung auf den

---

172 *Stoffels*, AGB-Recht, 2003, Rn. 360; *Roth*, AcP 190 (1990), S. 292 (306).

173 Ulmer/Brandner/Hensen/*Ulmer*, § 5 AGBG (9. Aufl.), Rn. 21; fortgeführt in Ulmer/Brandner/Hensen/*Ulmer*, § 305c BGB, Rn. 81 ff.; ähnlich *Schäfer*, Das Transparenzgebot im Recht der Allgemeinen Geschäftsbedingungen, 1992, S. 115 f.; *Bunte*, NJW 1985, S. 600 (601).

174 Ulmer/Brandner/Hensen/*Ulmer*, § 5 AGBG (9. Aufl.), Rn. 23.

175 BGH 21.02.2001, NJW 2001, S. 3406; BGH 10.02.1999, NJW 1999, S. 1633 (1634).

176 BGH 22.11.2001, NJW 2002, S. 441; BGH 13.06.1988, NJW 1988, S. 3149 (3150).

177 BGH 13.07.2004, XI ZR 12/03, II. b) bb); BGH 11.03.1999, WM 1999, S. 1512 (1513).

178 Staudinger/*Coester*, § 307 BGB, Rn. 56; *Stoffels*, AGB-Recht, 2003, Rn. 485; Ulmer/Brandner/Hensen/*Fuchs*, § 307 BGB, Rn. 94.

179 *Kreienbaum*, Transparenz und AGB-Gesetz, 1998, S. 55.

Wortlaut der Klausel jeder natürlichen Erfassung eines Textes widerspreche; vielmehr sehe der Kunde die Klausel in Zusammenhang mit vor- und nachstehenden Regelungen, die wiederum das Wortlautverständnis prägten. Entscheidend ist aber vielmehr, dass die Aufgaben von Auslegung und Wirksamkeitskontrolle von Allgemeinen Geschäftsbedingungen strikt voneinander zu trennen sind.

Einzige Aufgabe der vorrangigen Auslegung ist die tatbestandliche Fixierung des Inhalts der formularvertraglichen Regelungen, während die rechtliche Bewertung desselben in einem anschließenden Schritt den speziellen Kontrollinstituten vorbehalten bleibt[180]. Die Auslegung hat also unabhängig von materiell-normativen Wertungen zu erfolgen. Damit hat die Frage, ob der gegebenenfalls erforderliche Rückgriff auf die systematische Auslegungsmethode bereits eine unzulässige Unverständlichkeit der einzelnen Klausel indiziert, ausschließliche Bedeutung für die im Rahmen des § 307 Abs. 1 S. 2 BGB anzustellende Transparenzkontrolle. Eine Verwirklichung von Transparenzgesichtspunkten bereits über die Auslegung ist im Hinblick darauf weder erforderlich noch zulässig[181].

b) Einfluss der Auslegung auf die Transparenzkontrolle

Fraglich könnte jedoch sein, ob die mittels der Auslegung gefundenen Ergebnisse nicht bereits mehr sein können als bloßer Bezugspunkt der Transparenzkontrolle. Anlass zu dieser Annahme gibt zum einen der Umstand, dass die Auslegung dann von besonderer Bedeutung ist, wenn Willenserklärungen beziehungsweise Vertragklauseln unklar, mehrdeutig oder unverständlich sind, so dass die Notwendigkeit einer Auslegung sowie deren Umfang und Schwierigkeiten möglicherweise bereits Rückschlüsse auf die Transparenzkontrolle erlauben. Hinzu kommt zum anderen, dass bei der Auslegung bereits gewisse objektivierte Verständlichkeitserwägungen als maßgebende Kriterien herangezogen werden, nämlich die Verständnismöglichkeiten des typischen Durchschnittskunden[182]. Dies setzt nicht nur ein bestimmtes Leitbild des verständigen Durchschnittskunden voraus, sondern sanktioniert bereits immanent gewisse Formulierungsdefizite seitens des Verwenders, der bei einer Auslegung stets zu

---

180 BGH 10.02.1999, NJW 1999, S. 1633 (1634); *Fastrich*, Richterliche Inhaltskontrolle im Privatrecht, 1992, S. 21 ff.; Staudinger/*Schlosser*, § 305c AGBG, Rn. 105; *Stoffels*, AGB-Recht, 2003, Rn. 358.

181 Ebenso *Stoffels*, Gesetzlich nicht geregelte Schuldverhältnisse, 2001, S. 227.

182 Vgl. nur BGH 25.09.2001, NJW 2002, S. 285 (286); Bamberger/Roth/*Schmidt*, § 305c BGB, Rn. 39; Ulmer/Brandner/Hensen/*Fuchs*, § 307 BGB, Rn. 111; Wolf/Horn/ Lindacher/*Lindacher*, § 5 AGBG, Rn. 12;

befürchten hat, dass der Klausel ein anderer als der von ihm gewollte Regelungsgehalt zukommt.

Insofern scheint zwischen Auslegung und Transparenzkontrolle ein wesentlich engeres Verhältnis zu bestehen, als zwischen Auslegung und der rein materiellen Inhaltskontrolle, das es im Folgenden genauer zu untersuchen gilt.

aa) Auslegungsbedürftigkeit als Indiz für Intransparenz

Die Rechtsprechung hat bisher aus der Auslegungsbedürftigkeit einer Klausel alleine noch nicht auf deren Unangemessenheit infolge von Intransparenz geschlossen[183]. Es liegt jedoch die Frage nahe, ob eine Auslegungsbedürftigkeit – also die Notwendigkeit einer verbindlichen Fixierung des Regelungsgehaltes einer Klausel – nicht generell bereits ein gewichtiges Indiz für die Intransparenz der Klausel liefert. Die Auslegungsbedürftigkeit setzt nämlich denknotwendig voraus, dass es an der Eindeutigkeit der Klausel mangelt[184].

Diese Frage ist wiederum in Hinblick auf die Funktion und Voraussetzungen der AGB-typischen Auslegung zu beantworten. Die objektive Auslegung schränkt den Kreis der zulässigen Auslegungsmittel auf solche ein, die dem typischen Kunden des jeweiligen Geschäftskreises zur Verfügung stehen[185]. Ziel ist es, eine einseitige verwendersubjektive Bedeutungsbestimmung zu vermeiden. Es werden also im Rahmen der Auslegung vornehmlich solche Deutungsvarianten ausgeschlossen, die dem Erklärungsempfänger, also dem Vertragspartner des Verwenders, per se nicht von sich heraus zugänglich sein können. Was sich dem Vertragspartner aber bereits von vorneherein nicht erschließen kann, ist indessen auch nicht geeignet, Einfluss auf dessen Verständnis des Bedeutungsgehalts der betreffenden Klausel zu nehmen. Zuzugeben ist zwar, dass die objektive Auslegung in diesem Punkt noch nicht ihre Grenze findet, sondern durchaus darüber hinausgehend auch verschiedene dem Vertragspartner sehr wohl zugängliche Deutungsvarianten mit einschließt. In dieser Hinsicht ist jedoch wiederum entscheidend, dass die Auslegung den Interessen beider Vertragsparteien verpflichtet ist. Insoweit hat sie gerade nicht sämtliche denkbaren Deutungsvarianten im Blick, sondern ist ausschließlich darauf gerichtet, den

183 Ausdrücklich: BGH 17.12.1998, NJW 1999, S. 942 (944); BGH 20.10.1984, NJW 1985, S. 480 (481).

184 Hierzu instruktiv der (eher akademische) Streit darum, ob die Auslegung eine Auslegungsbedürftigkeit voraussetzt (so Palandt/*Heinrichs*, § 133, Rn. 6) oder ob bereits die Feststellung der Eindeutigkeit ein interpretatorischer Akt ist (so MüKo/*Mayer-Maly*, § 133 BGB, Rn. 42 m.w.N.).

185 BGH 26.10.1977, WM 1978, S. 10 (11); Palandt/*Heinrichs*, § 305c, Rn. Rn. 8; *Stoffels*, AGB-Recht, 2003, Rn. 360.

Willen des Erklärenden mit den Verständnismöglichkeiten des Erklärungsempfängers auf einen gemeinsamen, beiderseitig interessengerechten Nenner zu bringen. Ziel ist es, dadurch eine objektivierbare Feststellung des gemeinsam Vereinbarten zu erhalten. Insofern folgt die Auslegung einem ganz anderen Leitgedanken als die Kontrolle auf Klarheit und Verständlichkeit. Die Auslegung gibt vor, wie die Klausel für den Vertragspartner zu verstehen war, die Transparenzkontrolle hat zu klären, ob der Vertragspartner die Klausel auch in diesem Sinne hinreichend verstehen konnte. Demzufolge stellt die generelle Auslegungsbedürftigkeit einer Klausel in Allgemeinen Geschäftsbedingungen noch kein präjudizierendes Indiz für eine Intransparenz im Sinne des § 307 Abs. 1 S. 2 BGB dar.

Gleichwohl kann sie einen ersten Anhaltspunkt dafür liefern, das gefundene Auslegungsergebnis überhaupt auf seine Verständlichkeit im Sinne des AGB-rechtlichen Transparenzgebots hin zu kontrollieren. Nur weil Auslegung und Wirksamkeitskontrolle unterschiedliche Funktionen wahrnehmen, bedeutet dies noch nicht, dass keine Schnittmengen bestehen. Die möglichen Schwierigkeiten bei der Sinnermittlung aus Perspektive des durchschnittlichen Vertragspartners bilden einen ersten Gradmesser dafür, ob bei einer Klausel ein über das generelle Maß hinausgehendes Verständnisrisiko besteht. Je schwieriger der Inhalt einer Klausel im Wege der Auslegung zu ermitteln ist, desto höher wird regelmäßig auch das Risiko für den Vertragspartner sein, dass er diesen Inhalt entweder gar nicht oder falsch versteht. Der Grad der Auslegungsschwierigkeit wird für sich genommen nicht der alleinige Parameter zur Bestimmung des Verständnisrisikos sein, auch lassen sich hieraus noch keine Rückschlüsse auf dessen eventuelle Unangemessenheit herleiten. Es zeigt sich jedoch, dass die Auslegung nicht nur für die Bestimmung des Gegenstandes der Transparenzkontrolle von Bedeutung ist.

bb) Verwirklichung von Transparenzforderungen durch Auslegung

Eine andere Frage ist hingegen, inwieweit die objektive, AGB-spezifische Auslegung für sich genommen allgemeine Transparenzanforderungen verwirklicht und so bereits im Vorfeld der Transparenzkontrolle dabei hilft, die Verständlichkeit Allgemeiner Geschäftsbedingungen zu steigern. Die Auslegung ermittelt den Sinn einer AGB-Regelung und erfolgt objektiv von dem Verständnisvermögen des durchschnittlichen Kundenkreises[186]. Damit enthält sie zunächst ein gewisses Verwenderrisiko, denn dieser ist gehalten, sich bei seinen Formulierungen auf den durchschnittlichen Verständnishorizont seines Kundenkrei-

186 Ulmer/Brandner/Hensen/*Ulmer*, § 305c BGB, Rn. 73 (m.w.N.).

ses einzurichten, um zu vermeiden, dass der von ihm beabsichtigte Inhalt einer Klausel durch die Auslegung verändert wird. Der dadurch ausgeübte Druck auf den Verwender zur kundenverständlichen Formulierung seiner Allgemeinen Geschäftsbedingungen ist indessen als gering einzustufen, da die Auslegung regelmäßig nicht zu einer Unwirksamkeit der Klausel führt, sondern allenfalls eine Bedeutungsverschiebung nach sich zieht[187].

c) Besonderheiten bei der Verwendung von Fachbegriffen

In der Vergangenheit hat die Verwendung – insbesondere juristischer – Fachbegriffe in Allgemeinen Geschäftsbedingungen häufig im Mittelpunkt höchstrichterlicher Entscheidungen gestanden[188].

aa) Verwendung von Fachbegriffen in Allgemeinen Geschäftsbedingungen

Die Verwendung von Rechtstermini ist zunächst im Zusammenhang mit der Verwendung allgemeiner Fachausdrücke zu sehen. Für letztere gilt, dass sie nur dann in ihrer fachspezifischen Bedeutung Vertragsinhalt werden, wenn sich diese Bedeutung dem jeweils angesprochenen Kundenkreis auf Grund entsprechender Sachkunde ohne weiteres erschließt[189]. Hat der Fachbegriff hingegen eine allgemeinsprachliche Bedeutung und verfügt der angesprochene Kundenkreis über keine besondere Sachkenntnis, so ist die allgemeine Begriffsbedeutung bei der Auslegung zu Grunde zu legen[190]. Insoweit ergeben sich keine Besonderheiten gegenüber den allgemeinen Grundsätzen der objektiven Auslegung vom Empfängerhorizont. Ist der Fachbegriff hingegen im allgemeinen Sprachgebrauch weitestgehend unbekannt, so soll ihm zwar seine fachspezifische Bedeutung zukommen[191], eine Einbeziehung derartiger Klauseln könne jedoch an § 305 Abs. 2 BGB scheitern[192]. Die dogmatische Alternative hierzu wäre, eine Auslegungsfähigkeit unter Berücksichtigung der dem Vertragspartner zur Verfügung stehenden Mittel zu verneinen und auf Grund dessen bereits die

187 *Kreienbaum*, Transparenz und AGB-Gesetz, 1998, S. 61.

188 Vgl. nur BGH 30.10.2002, NJW 2003, S. 294 ff.; BGH 22.03.2000, NJW 2000, S. 2103 ff.; BGH 05.07.1995, NJW-RR 1995, S. 1303 ff.; weitere Nachweise der älteren Rechtsprechung bei *Kreienbaum*, Transparenz und AGB-Gesetz, 1998, S. 58.

189 Soergel/*Stein*, § 5 AGBG, Rn. 3; Ulmer/Brandner/Hensen/*Ulmer*, § 305c BGB, Rn. 82; *Dreher*, AcP 189 (1989), S. 342 (362).

190 MüKo/*Basedow*, § 305c, Rn. 25; Soergel/*Stein*, § 5 AGBG, Rn. 8; Ulmer/Brandner/Hensen/*Ulmer*, § 305c BGB, Rn. 83.

191 Staudinger/*Schlosser*, § 305c AGBG, Rn. 138; Wolf/Horn/Lindacher/*Lindacher*, § 5 AGBG, Rn. 13; *Dreher*, AcP 189 (1989), S. 342 (362).

192 Ulmer/Brandner/Hensen/*Ulmer*, § 305c BGB, Rn. 83.

betreffende Klausel als unwirksam zu erachten. Eines Rückgriffs auf AGB-spezifische Regelungen bedürfte es insoweit nicht.

Die Vorteile einer Auslegung ausgehend vom Verständnis des durchschnittlichen Kunden sollen beispielhaft an dem Leistungsausschluss für „krankhafte Störungen infolge psychischer Reaktionen" in Allgemeinen Unfallversicherungsbedingungen[193] verdeutlicht werden. Die Problematik dieses Begriffes besteht darin, im Wege der Auslegung eine klare Grenze zwischen den *„psychischen"* und den *„physischen"* Reaktionen zu ziehen. Begibt man sich hierzu auf die Gebiete der Medizin, Psychologie oder sogar Philosophie, so wird man in der Tat erhebliche Probleme haben, den Begriff *„psychische Reaktion"* inhaltlich klar und eindeutig zu definieren, da heftig umstritten ist, ob es überhaupt krankhafte Störungen gibt, die ausschließlich auf psychogenen, also seelisch bedingten, rein moralischen Ursachen beruhen[194]. Aus rein fachlicher Sicht ist der Begriff der psychischen Reaktion somit nur sehr schwer eindeutig auszulegen. Aus Sicht des durchschnittlichen verständigen Versicherungsnehmers ist diesem Begriff jedoch deutlich zu entnehmen, dass der Versicherer nur für solche unfallbedingten organischen Erkrankungen einstehen will, die unmittelbar durch die physischen Unfalleinwirkungen auf den Körper entstanden oder aus ihnen erwachsen sind[195].

bb) Der Meinungsstand bei der Verwendung juristischer Fachbegriffe

Handelt es sich indessen bei den betreffenden Fachausdrücken um Rechtsbegriffe, sind die anzuwenden Auslegungsgrundsätze umstritten. Nachdem die Rechtsprechung des BGH lange Zeit ein uneinheitliches Bild geboten hat[196], scheint sie sich seit 1995 dahingehend zu verfestigen, dass der Grundsatz der objektiven Auslegung vom Empfängerhorizont dann eine Ausnahme erfährt, wenn die Rechtssprache mit einem in den Allgemeinen Geschäftsbedingungen verwendeten Ausdruck einen fest umrissenen Begriff verbindet[197]. Dann soll

193 Vgl. BGH, 23.06.2004, NJW 2004, S. 2589 ff.; Saarländisches OLG 16.04.2003, r+s 2003, S. 470 f.; OLG Jena, 30.03.2002, NVersZ 2002, S. 402 f.

194 Vgl. hierzu ausführlich *Schwintowski*, NVersZ 2002, S. 395 (396).

195 So auch zutreffend BGH 23.06.2004, IV ZR 130/03; *a.A. Schwintowski*, NVersZ 2002, S. 395 (396), der an die fachspezifischen Auslegungszweifel anknüpft.

196 Ausführliche Darstellung bei *Dreher*, AcP 189 (1989), S. 342 (346) m.w.N.

197 BGH 05.07.1995, NJW-RR 1995 S. 1303 (1304); diese Rechtsprechung bestätigend BGH 22.03.2000, NJW 2000, S. 2103 (2104).

die fachspezifische Bedeutung maßgebend sein, wenn nicht besondere Umstände dafür sprechen, dass eine abweichende Bedeutung gewollt ist[198].

Diese Auffassung wird von einem Teil der Literatur geteilt, der ebenfalls Rechtsbegriffen im Rahmen der Auslegung stets ihre juristische Bedeutung zukommen lassen will[199]. Demgegenüber wird teilweise darauf abgestellt, ob es für den Durchschnittskunden generell erkennbar sei, dass der konkrete Begriff nicht eine allgemeinsprachliche sondern eine fachspezifische Bedeutung haben soll, um letztere zum Vertragsinhalt werden zu lassen[200]. Ob die konkrete fachspezifische Bedeutung hingegen für den Durchschnittskunden erkennbar ist, scheint demnach nicht von Belang zu sein. Schließlich will ein weiterer Teil in der Literatur juristische nicht anders als sonstige Fachbegriffe behandeln[201]. Demnach kommt es grundsätzlich auf den allgemeinsprachlichen Inhalt des Begriffs an, es sei denn, es existiert ausschließlich eine fachspezifische Bedeutung.

Einen differenzierten Lösungsansatz für die Auslegung von Rechtsbegriffen in Allgemeinen Geschäftsbedingungen hat *Kreienbaum* entwickelt[202]. Grundsätzlich sollen juristische wie sonstige Fachbegriffe nur dann ihre fachspezifische Bedeutung entfalten, wenn der angesprochene Adressatenkreis diese Bedeutung auch erkennen kann[203]. Ist dies nicht der Fall, so soll es darauf ankommen, ob dem Rechtsbegriff auch eine – gegebenenfalls von der fachspezifischen Bedeutung divergierende – allgemeinsprachliche Bedeutung zukommt. Ist dies der Fall, so verschiebe sich die Bedeutung im Wege der Auslegung zu Gunsten des allgemeinsprachlichen und damit des für den Adressatenkreis erfassbaren Inhalts[204]. Besteht hingegen keine allgemeinsprachliche Deutungsalternative so will *Kreienbaum* den betreffenden Rechtsbegriffen ihre generelle Auslegungsfähigkeit absprechen, so dass die entsprechenden Klauseln bereits nach allgemeinen Auslegungsgrundsätzen unwirksam seien[205].

---

198 BGH 22.03.2000, NJW 2000, S. 2103 (2104); BGH, 05.07.1995, NJW-RR 1995 S. 1303 (1304).

199 Palandt/*Heinrichs*, § 305c, Rn. 16; *Dreher*, AcP 189 (1989), S. 342 (371 ff.).

200 Wolf/Horn/Lindacher/*Lindacher*, § 5 AGBG, Rn. 13.

201 MüKo/*Basedow*, § 305c, Rn. 25; Staudinger/*Schlosser*, § 305c AGBG, Rn. 138; Ulmer/Brandner/Hensen/*Ulmer*, § 305c BGB, Rn. 83; *Roth*, WM 1991, S. 2125 (2130).

202 *Kreienbaum*, Transparenz und AGB-Gesetz, 1998, S. 56 ff.

203 *Kreienbaum*, Transparenz und AGB-Gesetz, 1998, S. 59.

204 *Kreienbaum*, Transparenz und AGB-Gesetz, 1998, S. 59.

205 *Kreienbaum*, Transparenz und AGB-Gesetz, 1998, S. 70.

cc) Stellungnahme und eigener Begründungsansatz

Gegen eine Auslegung, die von vorneherein allein auf die fachspezifische Bedeutung von Rechtsbegriffen abstellt, ohne die Erkenntnismöglichkeiten des angesprochenen Kundenkreises zu berücksichtigen, scheinen bereits die herausgearbeiteten Grundsätze der objektiven Auslegung vom Empfängerhorizont zu sprechen. So ist zuzugeben, dass Elemente der für die Gesetzesauslegung geltenden Grundsätze in das privatautonome Vertragsrecht implementiert werden[206]. Die Konkretisierung und inhaltliche Differenzierungen von Rechtsbegriffen erfolgt in aller Regel nicht in Ansehung eines bestimmten Vertragstypus oder der hieran speziell beteiligten Verkehrskreise. Des Weiteren determiniert das dispositive Gesetzesrecht in bedeutendem Maße die Auslegung von Rechtsbegriffen. Hieraus jedoch den Umkehrschluss zu ziehen, dass eine Auslegung von Rechtsbegriffen in Allgemeinen Geschäftsbedingungen ausschließlich von dem Verständnishorizont des regelmäßig rechtlich ungebildeten Durchschnittskunden zu erfolgen habe, ist indessen voreilig und erweist sich bei genauerer Betrachtung als nicht zwingend.

Zunächst besteht hinsichtlich der Rechts- oder Gesetzessprache entnommener Begriffe ein wesentlicher Unterschied zu sonstigen Formulierungen des Verwenders darin, dass ihr Inhalt objektivierbar – wenn auch nur von fachkundigen Dritten – festgestellt werden kann. Eine einseitige, subjektive Bedeutungsbestimmung durch den Verwender, wie sie die objektive Auslegung vom Empfängerhorizont vermeidet, ist insofern bei der Verwendung juristischer Fachbegriffe bereits von vorneherein ausgeschlossen. Hierbei bedient sich der Verwender lediglich bereits feststehender Begrifflichkeiten, so dass gegenüber dem Vertragspartner allenfalls eine Informationsasymmetrie besteht. Hierauf zu reagieren, ist indessen nicht primär die Aufgabe der Auslegung von Allgemeinen Geschäftsbedingungen. Es verbleibt allerdings der Aspekt, dass sich die Bedeutung von Rechtsbegriffen dem Vertragspartner entweder nur teilweise beziehungsweise erschwert oder gar nicht mit ihm zugänglichen Auslegungsmitteln erschließen lässt. Fraglich ist jedoch, ob dieser Problematik zutreffend mit den Mitteln der Auslegung zu begegnen ist. Dies ist aus zwei Gründen zu verneinen.

Zum einen verlöre sich die Auslegung von Rechtsbegriffen in einer unerträglichen Begriffsdeuterei, wie ein fest umrissener Ausdruck wohl in der Laiensphäre zu verstehen ist oder zumutbar verstanden werden kann. Ernst genommen bedeutete dies die Etablierung einer zweiten Definitionsebene auf Laiensphäre, da nicht ernstlich angenommen werden kann, dass sämtliche

---

206 Ebenso *Kreienbaum*, Transparenz und AGB-Gesetz, 1998, S. 58 f.

Ausprägungen der fachspezifischen juristischen Interpretation von einem Laien erfasst werden können. Die laienhafte Definitionsebene wäre die Folge der durch die Auslegung vom Empfängerhorizont erfolgenden Bedeutungsverschiebung. Dies kann aber im Ergebnis nicht das Ziel der spezifischen Auslegung Allgemeiner Geschäftsbedingungen sein. Anders als bei der sonstigen Vertragsauslegung folgt der Inhaltsbestimmung noch eine wertende Kontrolle, ob eine eventuelle Divergenz von fachspezifischem und laienhaftem Verständnis den Vertragspartner unangemessen benachteiligt.

Zum anderen dürfte eine Vertragsgestaltung, die ohne den Rückgriff auf diejenigen Wertungs- und Auslegungskriterien, die der jeweilige vertragstypische Markt sowie die Rechtsprechung herausgebildet haben, auskommt, schlechterdings unmöglich sein. Vor dem Hintergrund einer effektiven und rationalisierenden Vertragsgestaltung im Massenverkehr wird es nicht zu vermeiden sein, dass die Vertragsparteien bei der Regelung der gegenseitigen Rechte und Pflichten auf spezifische Rechtsbegriffe zurückgreifen. Die zentrale Frage lautet insoweit, welche Grenzen dabei zum Schutze des Kunden zu ziehen sind. Eine solche Abwägung ist indessen nicht Aufgabe der Auslegung, sondern der Transparenzkontrolle und sollte dieser vorbehalten bleiben.

Damit ist schlussendlich *Kreienbaum* in der Analyse dahingehend zuzustimmen, dass sich die Behandlung juristischer Fachbegriffe in Allgemeinen Geschäftsbedingungen an einer „Nahtstelle zwischen Auslegung und Transparenzkontrolle" bewegt[207], jedoch ist genau die gegenteilige Schlussfolgerung aus dieser Erkenntnis zu ziehen. Die Auslegung hat sich in diesem besonderen Fall auf die objektivierbare Feststellung des Bedeutungsgehalts derartiger Begriffe zu beschränken. Der Schutz vor einer Überforderung des Verständnisvermögens des Vertragspartners wird durch die anschließende Transparenzkontrolle gewährleistet.

dd) Ergebnis

Auslegung und anschließende Transparenzkontrolle sind strikt voneinander zu trennen. Die Auslegung dient lediglich dazu, den Inhalt der jeweiligen Klausel zu ermitteln, um so im Rahmen der Transparenzkontrolle den Bezugsgegenstand der Verständlichkeitsprüfung festzulegen. Grundsätzlich folgt die Auslegung dabei den Prinzipien der objektiven Auslegung vom Empfängerhorizont. Ausnahmsweise beschränkt sie sich bei juristischen Fachbegriffen auf die Festlegung des rein objektiven Bedeutungsgehalts, da die Transparenzkontrolle als spezielle AGB-spezifische Schutznorm vorrangig zur Anwendung gelangt.

---

207 *Kreienbaum*, Transparenz und AGB-Gesetz, 1998, S. 70.

3. Die Unklarheitenregel

§ 305c Abs. 2 BGB bestimmt, dass Zweifel bei der Auslegung zu Lasten des Verwenders gehen. Bei der Mehrdeutigkeit einer Klausel soll also die für den Vertragspartner jeweils günstigste Variante gelten. Damit ist das Risiko, dass sich der Inhalt einer Klausel in Allgemeinen Geschäftsbedingungen nicht eindeutig feststellen lässt, einseitig dem Verwender zugewiesen[208]. Gerechtfertigt wird diese Risikoverteilung zu Lasten des Verwenders damit, dass dieser einseitig die Vertragsgestaltungsfreiheit für sich in Anspruch nimmt, so dass ihm dementsprechend auch die Formulierungsverantwortung obliegt[209].

Bei der Unklarheitenregel handelt es sich um eine besondere Auslegungsregel, die in ihrer Anwendung den allgemeinen Grundsätzen der AGB-spezifischen Auslegung nachrangig ist[210]. Sie ist erst anzuwenden, wenn nach Ausschöpfung sämtlicher in Betracht kommender Auslegungsmethoden ein nicht behebbarer Zweifel bleibt, und mindestens zwei Auslegungsmethoden rechtlich vertretbar sind[211]. Rechtliche Vertretbarkeit bedeutet in diesem Sinne, dass die verbleibenden Deutungsvarianten nicht nur für den Durchschnittskunden erkennbar sind, sondern dass dieser gerade unter Zugrundelegung sämtlicher ihm zumutbarer Auslegungsbemühungen nicht eine Variante als die maßgebliche bestimmen kann. Demgegenüber will *Schlechtriem* § 305c Abs. 2 BGB bereits dann zur Anwendung bringen, wenn der Wortlaut einer Klauselbestimmung bei objektiver am Verständnishorizont des Durchschnittskunden orientierter Lesart unklar und mehreren Auslegungen zugänglich ist[212].

Gegen die Ansicht von *Schlechtriem* spricht bereits, dass sie die Auslegungsmittel unzulässig auf die reine Wortlautauslegung beschränkt[213]. Der entscheidende Grund für eine restriktive Anwendung der Unklarheitenregel aber ist, dass anderenfalls die Anwendung und Fortentwicklung einer offenen Inhaltskontrolle behindert würde[214]. Eine extensive Anwendung der Unklarheitenregel

---

208 Bericht des Rechtssausschusses, BT-Drucks. 7/5422, S. 5.

209 BGH 17.03.1999, NJW 1999, S. 1865 (1866); *Stoffels*, AGB-Recht, 2003, Rn. 365.

210 Wolf/Horn/Lindacher/*Lindacher*, § 5 AGBG, Rn. 28; *Roth*, WM 1991, S. 2085 (2086 f.).

211 BGH 03.07.2002, NJW 2002, S. 3232 (3233); BGH 22.03.2002, NJW 2002, 2102 (2103); BGH 11.03.1997, NJW 1997, S. 3434 (3435); Bamberger/Roth/*Schmidt*, § 305c BGB, Rn. 45; Palandt/*Heinrichs*, § 305c BGB, Rn. 18; Soergel/*Stein*, § 5 AGBG, Rn. 2 f.; *Stoffels*, AGB-Recht, 2003, Rn. 370; Ulmer/Brandner/Hensen/ *Ulmer*, § 305c BGB, Rn. 86.

212 *Schlechtriem*, FS für Heinrichs (1998), S. 503 ff.

213 Siehe hierzu oben, Zweiter Teil, § 3 I. 1.

214 So schon Begründung BT-Drucks. 7/3919, S. 15 sowie Gegenäußerung der Bundesregierung zur Stellungnahme des Bundesrats BT-Drucks. 7/3919, S. 60.

führte dazu, dass eine Vielzahl für den Kunden problematischer Klauseln bereits im Wege der Auslegung entschärft würde. Dies führte nicht nur dazu, dass die unangemessene Benachteiligung der jeweiligen Klausel nicht offen zur Sprache gebracht würde, sondern insbesondere auch dazu, dass Angemessenheitserwägungen unzulässig im Rahmen der ausschließlich auf die Inhaltsermittlung ausgerichteten Auslegung durchgeführt würden[215].

a) Anwendung der Unklarheitenregel im Prozess

Gegenstand der Diskussion um die konkrete Anwendung des § 305c Abs. 2 BGB ist die Frage, was genau unter der – im Gesetzeswortlaut nicht vorkommenden – „kundenfreundlichsten Auslegungsvariante" verstanden werden muss. Dies könnte entweder diejenige Auslegungsvariante sein, die den Kunden materiell gesehen am wenigsten benachteiligt, oder aber die Deutungsmöglichkeit, die inhaltlich die größte materielle Benachteiligung für den Kunden darstellt, so dass es im Ergebnis zur Unwirksamkeit der Klausel im Rahmen der Inhaltskontrolle käme. Soweit der Wortlaut des § 305c Abs. 2 BGB nur ein Auslegungsergebnis „zu Lasten des Verwenders" verlangt, sind beide Anwendungsmöglichkeiten denkbar.

Unterschieden wird zunächst zwischen Individual- und Verbandsprozess. Im Verbandsprozess hat sich allgemein durchgesetzt, die kundenungünstigste Auslegungsvariante zu wählen, um diese anschließend einer Inhaltskontrolle nach den §§ 307 ff. BGB zu unterziehen und so für den Verwender das Risiko einer Unwirksamkeit der Klausel zu erhöhen[216]. Eine kundenfreundliche, auf die Geltungserhaltung der Klausel abzielende Auslegung wäre mit dem präventiven, auf die Beseitigung unangemessen benachteiligender Klauseln in Allgemeinen Geschäftsbedingungen gerichteten Zweck auch nicht vereinbar[217].

Eine mittlerweile überwiegende Meinung will auch im Individualprozess die inhaltlich kundenfeindlichste Auslegungsvariante wählen, wenn diese nach den §§ 307 ff. BGB zu einer Unwirksamkeit der Klausel führte[218]. Auch der BGH

---

215 Auf dieses Problem hat bereits *Raiser*, Recht der AGB, S. 264 ff., hingewiesen; ebenso *Stoffels*, AGB-Recht, 2003, Rn. 370.

216 BGH 09.04.2002, NJW 2002, S. 1950 (1952); BGH 08.07.1998, NJW 1998, S. 3119 (3121); BGH 10.05.1994, NJW 1994, S. 1798 (1799); Erman/*Roloff*, § 305c BGb, Rn. 24; *Stoffels*, AGB-Recht, Rn. 371; Ulmer/Brandner/Hensen/ *Ulmer*, § 305c BGB, Rn. 66; Staudinger/*Schlosser*, § 305c BGB, Rn. 108; *Roth*, WM 1991, S. 2085 (2088).

217 *Stoffels*, AGB-Recht, 2003, Rn. 371.

218 *Kreienbaum*, Transparenz und AGB-Gesetz, 1998, S. 62 f.; Palandt/*Heinrichs*, § 305c BGB, Rn. 19 f.; Soergel/*Stein*, § 5 AGBG, Rn. 16; *Stoffels*, AGB-Recht, Rn. 374 ff.; Ulmer/Brandner/Hensen/*Ulmer*, § 305c BGB, Rn. 65; Wolf/Horn/ Lindacher/*Lindacher*, § 5 AGBG, Rn. 31 und 33.

scheint dieser Ansicht zuzuneigen, so hat er in einigen neueren Urteilen angedeutet, dass auch im Individualprozess eine kundenfeindliche Auslegung geboten sein kann[219]. Eine noch weitergehende Differenzierung schlägt *Artz*[220] vor, der eine Nichtigkeit der Klausel auf Basis der kundenfeindlichsten Auslegung nur dann für zulässig erachtet, wenn die alternierende kundenfreundlichste Auslegung nicht günstiger als das dispositive Gesetzesrecht ist. Somit wäre gewährleistet, dass stets die Deutungsvariante zur Geltung kommt, die im Ergebnis am stärksten zu Lasten des Verwenders geht.

Für die modifizierte Anwendung der kundenfeindlichsten Auslegung im Individualprozess spricht zunächst die Harmonisierung der Anwendungsgrundsätze des § 305c Abs. 2 BGB im Hinblick auf den Verbandsprozess[221]. Darüber hinaus wird so der stärkste Druck auf den Verwender ausgeübt, die beanstandete Klausel neu und unzweideutig zu formulieren[222]. Dies gilt umso mehr, wenn man ausnahmsweise wieder auf die kundenfreundlichste Deutung zurückgreift, sofern diese günstiger ist als das bei Nichtigkeit anzuwendende dispositive Gesetzesrecht. Schließlich hat diese Anwendungsmethode den Vorteil, den Normzweck des § 305c Abs. 2 BGB am stärksten zur Wirksamkeit zur verhelfen und einer ungewollten Verkürzung der Inhaltskontrolle vorzubeugen[223].

b) Unklarheitenregel und Transparenzgebot

Problematisch ist die Abgrenzung der Anwendungsbereiche von § 305c Abs. 2 BGB einerseits und der in § 307 Abs. 1 S. 2 BGB normierten Transparenzkontrolle andererseits. Bestehen aus Sicht des Vertragspartners mehrere Auslegungsvarianten einer Klauselbestimmung, ohne dass er in zumutbarer Weise eine als die maßgebliche bestimmen kann, liegt es mehr als nahe, dass es sich auch um eine intransparente Klauselformulierung im Sinne des § 307 Abs. 1 S. 2 BGB handelt. Die Anwendungsbereiche überlagern sich möglicherweise, was zu der in letzter Zeit mehrfach geäußerten Befürchtung geführt hat, die (nunmehr kodifizierte) Transparenzkontrolle dränge die Unklarheitenregel in ihrer Bedeutung an den Rand[224]. Besondere Brisanz erhält das Verhältnis zwi-

---

219 BGH 10.05.1994, NJW 1994, S. 1798 (1799); BGH 11.02.1992, NJW 1992, S. 1097 (1099); OLG Schleswig 23.03.1995, ZIP 1995, S. 762.

220 *Artz*, JuS 2002, S. 528 (530).

221 Ulmer/Brandner/Hensen/*Ulmer*, § 305c BGB, Rn. 64.

222 Soergel/*Stein*, § 5 AGBG, Rn. 16.

223 *Kreienbaum*, Transparenz und AGB-Gesetz, 1998, S. 63; *Stoffels*, AGB-Recht, 2003, Rn. 375.

224 *Stoffels*, AGB-Recht, 2003, Rn. 368; *Thamm/Pilger*, § 5 AGBG, Rn. 4.

schen Unklarheitenregel und Transparenz noch dadurch, dass der Gesetzgeber die jetzige Formulierung des Transparenzgebots, wonach die unklare und undeutliche Formulierung einer Klausel in Allgemeinen Geschäftsbedingungen zur Unwirksamkeit der Klausel „*führen kann*" und nicht mehr wie in der ursprünglichen Entwurfsfassung vorgesehen „*im Zweifel führt*", unter anderem damit begründet hat, dass nur so der eigenständige Anwendungsbereich der Unklarheitenregel erhalten bliebe[225]. Damit lässt sich dem gesetzgeberischen Willen zumindest entnehmen, dass die Unklarheitenregel durch die Kodifizierung des Transparenzgebots keine Bedeutungseinbuße erleiden sollte. Diskutiert werden derzeit mehrere grundsätzliche Abgrenzungsmodelle.

aa) Spezialitätsverhältnis

Einerseits könnte die Unklarheitenregel in ihrem speziellen Anwendungsbereich der Transparenzkontrolle vorgehen. Konstruktiv käme § 305c Abs. 2 BGB dann die alleinige Sanktionswirkung bezüglich der Mehrdeutigkeit einer Klausel zu; sie wäre damit eine besondere gesetzliche Regelung für einen bestimmten Fall der Intransparenz. Sind demnach mehrere gleichrangige Bedeutungsvarianten einer Regelung dem durchschnittlichen Kunden erkennbar, so wäre nach Maßgabe des § 305c Abs. 2 BGB zu entscheiden, welche davon zur Anwendung gelangen soll. Ist die Bedeutung der Klausel an sich dem Durchschnittskunden nur schwer oder zur Gänze unzugänglich, so wäre hingegen gemäß § 307 Abs. 1 BGB zwischen der Gültigkeit der Klausel mit ihrem für den Vertragspartner unklaren Inhalt oder ihrer Unwirksamkeit zu entscheiden[226].

bb) Rangverhältnis

Eine andere Meinung konstatiert ein gewisses Rangverhältnis zwischen § 305c Abs. 2 BGB und § 307 Abs. 1 S. 2 BGB wonach Raum für eine Auslegung unter Rückgriff auf die Unklarheitenregel nur besteht, wenn die Klausel in ihrem Randbereich undeutlich ist, während sie nach Maßgabe des Transparenzgebots unwirksam ist, sofern die Undeutlichkeit den Kern der Klausel betrifft[227].

---

225 BT-Drucks. 14/7052, S. 188.

226 *Kreienbaum*, Transparenz und AGB-Gesetz, 1998, S. 64.

227 *Gottschalk*, AcP 206 (2006), S. 555, 577.

cc) Parallele Anwendung von Unklarheitenregel und Transparenzkontrolle

Schließlich könnte von einer grundsätzlichen Gleichrangigkeit zwischen Unklarheitenregel und Transparenzkontrolle auszugehen sein. Sowohl § 305c Abs. 2 als auch § 307 Abs. 2 BGB wären auf eine mehrdeutige Klausel anwendbar, wobei auch gerade die Mehrdeutigkeit Anknüpfungspunkt der Transparenzkontrolle sein kann[228]. Auch die Rechtsprechung hat bisher stets Unklarheitenregel und Transparenzkontrolle nebeneinander angewandt[229]. Demnach bliebe es nur dann bei der Rechtsfolge des § 305c Abs. 2 BGB – also der Wirksamkeit der Klausel in der kundenfreundlichsten Auslegungsvariante –, wenn die objektive Mehrdeutigkeit nicht zugleich einen Verstoß gegen das Transparenzgebot darstellte.

dd) Stellungnahme

Der Richtlinie 93/13/EWG lässt sich keine Tendenz entnehmen, da diese in Art. 5 S. 1 beziehungsweise S. 2 ebenfalls das Transparenzgebot und die Unklarheitenregel festschreibt. Die Frage, in welchem Verhältnis Intransparenz und Mehrdeutigkeit zueinander stehen, muss also sowohl für das europäische als auch das deutsche Recht gleichermaßen beantwortet werden.

Abwegig ist der Vorschlag, die Abgrenzung danach zu treffen, ob die Unklarheit im Rand- oder Kernbereich einer Klausel zu verorten ist. Es bleibt insoweit bereits völlig unklar, nach welchen Kriterien ein solcher Rand- und Kernbereich zu bestimmen und wo die Grenze zwischen diesen zu ziehen ist. Abgesehen davon handelt es sich weniger um eine dogmatische Abgrenzung als letztlich um eine Wertung anhand der (vermuteten) Auswirkungen der Unklarheit. Nur dort, wo eine Unwirksamkeit als weniger gravierend vermutet wird, soll die Unklarheitenregel greifen, während ansonsten die schärfere Sanktion der Transparenzkontrolle Vorrang hat. Was zu gelten hat, wenn der so genannte Kernbereich mehrdeutig aber nicht notwendig unangemessen intransparent gestaltet ist, lässt sich diesem Ansatz hingegen nicht entnehmen.

Für eine Spezialität der Unklarheitenregel gegenüber der Transparenzkontrolle sprechen hingegen zunächst der klar abgrenzbare Anwendungsbereich sowie die Tatsache, dass auch die Unklarheitenregel eine eindeutige Sanktionswirkung für den Verwender bei unklarer Klauselformulierung entfaltet[230]. Auch

228 In diesem Sinne wohl *Stoffels*, AGB-Recht, 2003, Rn. 368.

229 BGH 05.11.1998, NJW 1999, S. 276 ff.; BGH 12.01.1994, NJW 1994, S. 1060 ff.

230 *Kreienbaum*, Transparenz und AGB-Gesetz, 1998, S. 63.

scheint dieses Abgrenzungsmodell dem gesetzgeberischen Willen am nächsten zu kommen[231].

Allerdings steht dieses Abgrenzungsmodell nicht in Einklang mit den sonstigen für die Auslegung im Allgemeinen und die Unklarheitenregel im Besonderen herausgearbeiteten[232] dogmatischen Grundsätzen. Es widerspricht bereits der Trennung von der auf die Inhaltsermittlung gerichteten Auslegung und der Wirksamkeitskontrolle. Auch wenn der Unklarheitenregel gegenüber der allgemeinen objektiven Auslegung von Allgemeinen Geschäftsbedingungen ein besonderer Sanktionseffekt zukommt, so ist dieser jedoch in der Regel schwächer als der der Transparenzkontrolle nach § 307 Abs. 1 S. 2 BGB, da die Klausel – wenn auch in ihrer kundenfreundlichsten Variante – aufrecht erhalten und nicht für unwirksam erklärt wird. Vergleicht man dies mit der Argumentation hinsichtlich der Frage, was im Rahmen des § 305c Abs. 2 BGB unter einer Auslegung „*zu Lasten des Verwenders*" zu verstehen ist, so tritt der Widerspruch noch deutlicher zu Tage. Im Hinblick auf die Wirksamkeitskontrolle nach den §§ 307 ff. BGB wird vorzugsweise diejenige Auslegungsvariante als maßgeblich gewählt, die eine unangemessene Benachteiligung des Vertragspartners darstellt und somit im Ergebnis zur Unwirksamkeit der mehrdeutigen Klausel führt[233]. Die Geltungserhaltung nach § 305c Abs. 2 BGB ist gegenüber der Inhaltskontrolle eindeutig nachrangig. Für die Transparenzkontrolle gälte hingegen das genaue Gegenteil. Zwar ist zuzugeben, dass die Ausgangslage bei der Transparenzkontrolle nicht die gleiche ist, wie bei der Kontrolle hinsichtlich inhaltlicher Benachteiligungen.

Die Verkürzung der Transparenzkontrolle bei einer vorrangigen Anwendung der Unklarheitenregel beträfe nämlich nur die Rechtsfolge, da die Intransparenz infolge der Mehrdeutigkeit ja ebenfalls durch § 305c Abs. 2 BGB unmittelbar sanktioniert würde. Dies rechtfertigt aber keine grundsätzlich divergierende Beurteilung des Verhältnisses von Auslegung und den Kontrollinstituten der §§ 307 ff. BGB. Denn der Unklarheitenregel lässt sich nach heute allgemeinem Verständnis unmittelbar das Gebot entnehmen, grundsätzlich die Lösung zu wählen, die den weitestgehenden Kundenschutz und umgekehrt die stärkste Sanktion gegenüber dem Klauselverwender verwirklicht. Gerade im Hinblick auf die Schutzfunktion geht die Transparenzkontrolle aber wesentlich weiter als die Unklarheitenregel. Dies zeigt sich schon daran, dass die bloße

231 Vgl. BT-Drucks. 14/7052, S. 188.

232 S.o. Kap. 2, II. 1. c).

233 *Kreienbaum*, Transparenz und AGB-Gesetz, 1998, S. 62 f.; Erman/*Roloff*, § 305c BGB, Rn. 28; Palandt/*Heinrichs*, § 305c BGB, Rn. 19 f.; Soergel/*Stein*, § 5 AGBG, Rn. 16; *Stoffels*, AGB-Recht, Rn. 374 ff.; Ulmer/Brandner/Hensen/*Ulmer*, § 305c BGB, Rn. 65; Wolf/Horn/Lindacher/*Lindacher*, § 5 AGBG, Rn. 31 und 33.

Mehrdeutigkeit einer Klausel nicht im Wege der Verbandsklage nach § 1 UKlaG angegriffen werden könnte, da dies die Unwirksamkeit der betreffenden AGB-Bestimmung voraussetzt. Auch steht sich der Kunde im Regelfall besser, wenn die mehrdeutige Klausel insgesamt unwirksam ist und es zur Anwendung des dispositiven Rechts kommt.

Dies bedeutet im Umkehrschluss allerdings, dass dann die Unklarheitenregel vorrangig zur Anwendung gelangen muss, wenn die Aufrechterhaltung der Klausel in ihrer kundenfreundlichsten Variante günstiger ist als ihre Nichtigkeit. Dies kann etwa dann angenommen werden, wenn die kundenfreundlichste Regelung günstiger ist als das anderenfalls zur Anwendung gelangende dispositive Recht. Ebenfalls günstiger für den Kunden ist es, wenn infolge der Nichtigkeit der Klausel der gesamte Vertrag zur Disposition stünde, etwa weil es sich um eine mehrdeutige Leistungsbeschreibung handelt. Der Kunde wird in einem solchen Fall regelmäßig ein übergeordnetes Interesse am Bestand des gesamten Vertrages haben. Dies ist umso mehr anzunehmen, als davon ausgegangen werden kann, dass der Kunde preis- oder leistungsbestimmenden Klauseln bei dem Vertragsschluss besondere Aufmerksamkeit widmet, da diese Klauseln regelmäßig einem Konditionenwettbewerb unterliegen. Da es weiterhin Anwendungsvoraussetzung der Unklarheitenregel ist, dass die verschiedenen Auslegungsvarianten für den Kunden erkennbar sein müssen[234], ist also auch davon auszugehen, dass der durchschnittliche Kunde die Klausel in der für ihn günstigsten Auslegungsvariante als Grundlage für seine Entscheidung zum Vertragsabschluss gemacht hat. Insoweit hat der Kunde ein naturgemäßes Interesse daran, dass der Vertrag mit dem Inhalt aufrecht erhalten bleibt, den er seiner Abschlussentscheidung zu Grunde gelegt hat, zumal eine Gesamtnichtigkeit häufig mit erheblichen Rückabwicklungsschwierigkeiten verbunden ist, insbesondere bei Dauerschuldverhältnissen.

Der Vorrang des § 305c Abs. 2 BGB gegenüber dem Transparenzgebot aus § 307 Abs. 1 S. 2 oder Abs. 3 S. 2 BGB fußt dogmatisch auch nicht auf der Notwendigkeit, dass das Unwirksamkeitsverdikt infolge von Intransparenz zwingend eine zusätzliche inhaltliche unangemessene Benachteiligung voraussetzt[235]. Vielmehr folgt der Anwendungsvorrang unmittelbar aus dem Zweck der Unklarheitenregel selbst, wonach zwischen geltungserhaltender Auslegung und Nichtigkeit infolge der §§ 307 ff. BGB danach abzugrenzen ist, wie die effektiv kundengünstigste Rechtsfolge herbeigeführt und damit gleichermaßen die höchste Sanktionswirkung im Hinblick auf den Verwender erzielt werden

---

234 Palandt/*Heinrichs*, § 305c BGB, Rn. 18; Soergel/*Stein*, § 5 AGBG, Rn. 2 f.; *Stoffels*, AGB-Recht, 2003, Rn. 370; Ulmer/Brandner/Hensen/*Ulmer*, § 305c BGB, Rn. 86.

235 Vgl. hierzu ausführlich Erster Teil, § 2 II. 2.

kann. Dass damit einhergehend § 305c Abs. 2 BGB zur Verwirklichung materiellen Kundenschutzes instrumentalisiert wird, lässt sich damit rechtfertigen, dass es sich um einen speziell eingegrenzten Sonderfall der Auslegung handelt. Zudem wird der Anwendungsbereich der §§ 307 ff. BGB durch eine derart gestufte Anwendung der Unklarheitenregel optimal ausgeschöpft und die Unklarheitenregel zur unmittelbaren Sanktionierung der mehrdeutigen Klauselformulierung herangezogen, wo diese im Hinblick auf das Ergebnis nur unzureichend durch § 307 Abs. 1 S. 2 beziehungsweise Abs. 3 S. 2 BGB erreicht werden könnte.

Daneben können Unklarheitenregel und Transparenzgebot auch jeweils eigenständig auf dieselbe Klausel angewandt werden. Dies ist zum einen der Fall, wenn trotz Mehrdeutigkeit kein Transparenzverstoß vorliegt, und zum anderen, wenn sich die Klausel hinsichtlich anderer als der mehrdeutigen Formulierung als (möglicherweise) intransparent erweist.

ee) Anwendungsbeispiele der Unklarheitenregel

Es bleibt also bei dem Grundsatz, dass Transparenzgebot und Unklarheitenregel unabhängig nebeneinander stehen und in ihren Anwendungsvoraussetzungen jeweils selbständig zu prüfen sind[236]. Eine mehrdeutige Klausel kann daher wegen der aus der Mehrdeutigkeit resultierenden Irreführungsgefahr bereits intransparent sein, so dass die Rechtsfolge des § 305c Abs. 2 BGB durch die des § 307 Abs. 1 S. 2 i.V.m. S. 1 BGB überholt und somit gegenstandslos wird[237]. Dass damit aber der Anwendungsbereich der Unklarheitenregel durch das Transparenzgebot nicht wie befürchtet im Wesentlichen eingeschränkt wird, soll im Folgenden durch einige Anwendungsbeispiele aus der Rechtsprechung im Hinblick auf die oben herausgearbeiteten Fallgruppen verdeutlicht werden.

aaa) Parallele Anwendung von Unklarheitenregel und Transparenzgebot

Ein Beispiel für die unabhängige, parallele Anwendung von § 305c Abs. 2 BGB sowie § 307 Abs. 1 S. 2 BGB auf dieselbe Klausel in Allgemeinen Geschäftsbedingungen stellt die folgende Bestimmung aus einem Vertragshändlervertrag dar:

---

236 Wolf/Horn/Lindacher/*Wolf*, § 9 AGBG, Rn. 144.

237 Erman/*Roloff*, § 305c BGb, Rn. 4; *Brandner*, FS Locher (1990), S. 317 (319); *Köndgen*, NJW 1989, S. 943 (949).

„Der Importeur wird den Direkthändler nach Maßgabe seiner Liefermöglichkeiten mit Vertragsware beliefern.“[238]

Diese Klausel ist zunächst unklar hinsichtlich der Frage, ob der Importeur bei mangelnder eigener Liefermöglichkeit lediglich die Annahme von Bestellungen ablehnen darf oder sogar von bereits mit den Direkthändlern bindend geschlossenen Lieferverträgen frei wird. Diese Frage löste der BGH unter Anwendung der Unklarheitenregel zu Gunsten eines umfassenden Liefervorbehalts des Importeurs auf[239]. Hierbei sei allerdings kritisch angemerkt, dass dieses Auslegungsergebnis auch mit den originären Auslegungsmitteln hätte erzielt werden können. So führt der BGH als stützendes Argument sowohl die Interpretation des Wortlauts *„beliefern“*, als auch die systematische Stellung der Klausel im Vertragsgefüge an[240]. Eine solche stützende Argumentation ist hingegen bei Anwendung der Unklarheitenregel nicht nur überflüssig, sondern schließt diese sogar aus. Die Unklarheitenregel dient nicht dazu, die Auslegung zu erleichtern. Sie ist ausschließlich zu dem Zwecke anzuwenden, eine verbindliche Inhaltsbestimmung zu treffen, wenn die Mehrdeutigkeit einer Klausel nicht mit den vorrangigen Auslegungsmethoden zu Gunsten einer Variante geklärt werden kann.

Im Weiteren unterzog der BGH die oben bezeichnete Klausel dann einer Transparenzkontrolle hinsichtlich der Frage, ob dem Vertragspartner die Voraussetzungen und Reichweite des Liefervorbehalts hinreichend deutlich gemacht wurden[241]. Diese Unklarheit folgte – wie der BGH zutreffend feststellte – nicht aus der Mehrdeutigkeit des Begriffs *„beliefern“* sondern aus der unter Kaufleuten geläufigen Formulierung *„nach Maßgabe seiner Liefermöglichkeiten“*. Hierein hat der BGH die von der Rechtsprechung entwickelten Grundsätze für eine zulässige Selbstbelieferungsklausel interpretiert und diese für einen Kaufmann auch als hinreichend klar und verständlich erachtet[242].

Dies zeigt ungeachtet der Bedenken, ob die Unklarheitenregel in diesem Falle korrekt angewandt wurde, dass in einer Klausel generell sowohl unklare beziehungsweise unverständliche sowie mehrdeutige Formulierungen enthalten sein können. Diese sind dann auch jeweils entsprechend getrennt voneinander zu beurteilen.

---

238 Vgl. BGH 12.01.1994, NJW 1994, S. 1060 ff.
239 BGH 12.01.1994, NJW 1994, S. 1060 (1062).
240 BGH 12.01.1994, NJW 1994, S. 1060 (1062).
241 BGH 12.01.1994, NJW 1994, S. 1060 (1062).
242 BGH 12.01.1994, NJW 1994, S. 1060 (1062).

bbb) Mehrdeutigkeit trotz gleichzeitiger Transparenz

Eine weitere Fallgruppe zeichnet sich dadurch aus, dass eine Klauselformulierung zwar mehrdeutig ist, diese Mehrdeutigkeit für sich genommen jedoch noch keinen Verstoß gegen das Transparenzgebot darstellt. Dies kann beispielsweise in solchen Konstellationen angenommen werden, in denen ein nicht vorhersehbarer Lebenssachverhalt in den Allgemeinen Geschäftsbedingungen nicht bedacht wurde und sich nunmehr die Frage der Anwendbarkeit der konkreten Regelung in den Allgemeinen Geschäftsbedingungen auf diesen Sachverhalt stellt. Als Beispiel sei der Haftungsausschluss in den Bestimmungen einer Leitungswasserversicherung genannt, wonach nur *„Schäden innerhalb des Gebäudes"* von dem Versicherungsschutz umfasst sein sollten[243]. Fraglich war im konkreten Fall, ob ein Rohrbruch unterhalb des Kellerbodens, aber noch innerhalb der Streifenfundamente, von diesem Haftungsausschluss erfasst war. Der Begriff *„innerhalb des Gebäudes"* ließ beide Deutungsvarianten zu, so dass die hieraus resultierende Mehrdeutigkeit zu Lasten des Verwenders aufgelöst wurde[244].

Ohne den Ausführungen zu den Anforderungen an einen Transparenzverstoß im Sinne des § 307 Abs. 1 S. 2 BGB zu weit vorzugreifen, liegt es nahe, in dieser Mehrdeutigkeit nicht auch eine klauselvernichtende Intransparenz zu sehen. Die Mehrdeutigkeit ergibt sich in diesem Fall daraus, dass die aufgetretene Konstellation atypisch und von den vertragsschließenden Parteien so nicht vorhersehbar war. Allgemeine Geschäftsbedingungen im Massengeschäftsverkehr stellen hingegen abstrakte Regelungen für eine Vielzahl von Fällen dar, was naturgemäß voraussetzt, dass nicht jeder erdenkliche Lebenssachverhalt konkret geregelt sein kann. In diesem Punkt ähneln sie Gesetzen oder sonstigen normativen Regelungen. Hinzu kommt, dass eine Auflistung sämtlicher in Betracht kommender Konstellationen, die beispielsweise von einem Haftungsausschluss erfasst werden sollen, nicht unbedingt zur Verständlichkeit der Regelung beiträgt, sondern die Gefahr in sich birgt, die Regelung vollständig unübersichtlich zu machen. Zudem kann eine derartige Auflistung im Hinblick auf atypische, nicht vorhersehbare Geschehensabläufe oder aber auf noch nicht absehbare sonstige Entwicklungen selten einen abschließenden Charakter haben[245]. Wo und bei welchen Klauseltypen genau die Grenze zwischen notwendiger Abstraktheit und unzulässiger Intransparenz erreicht ist, wird im Folgen-

243 Vgl. OLG Nürnberg 23.01.1997, VersR 1998, S. 234 (235).

244 OLG Nürnberg 23.01.1997, VersR 1998, S. 234 (235).

245 So im Ergebnis zutreffend BGH 23.06.2004, NJW 2004, S. 2589 (2591).

den noch genauer zu untersuchen sein[246]. In Fällen, in denen jedoch wie hier eine völlig atypische und so nicht vorhersehbare Konstellation einen einzelnen Ausnahmefall darstellt, kann im Vorgriff bereits festgestellt werden, dass dies nicht genügt, um eine Intransparenz im Sinne des § 307 Abs. 1 S. 2 BGB zu bejahen. Die gegenteilige Annahme wäre offensichtlich nicht interessengerecht.

Zur Verdeutlichung sei noch ein weiterer Beispielsfall angeführt.

Der Haftungsausschluss einer Fahrzeugversicherung sah vor, dass nur solche Beschädigungen an dem versicherten Fahrzeug erfasst sein sollten, die durch einen Unfall, das heißt durch ein unmittelbar von außen einwirkendes Ereignis verursacht werden. Ausgeschlossen wurden hingegen *„Brems-, Betriebs- oder Bruchschäden"*[247]. In dem streitigen Fall wurde der Campinganhänger des versicherten Fahrzeuges durch die Sogwirkung eines vorbeifahrenden LKW gegen die Heckfront des KFZ gestoßen. Unklar war, ob es sich bei diesem Geschehensablauf um einen *„Unfall"* oder einen bloßen *„Betriebsschaden"* handelte. Diese Mehrdeutigkeit wurde zu Lasten des Versicherers mittels der Unklarheitenregel dahingehend aufgelöst, dass es sich auch bei diesem Geschehensablauf um einen Unfall handelte, für den Versicherungsschutz bestand[248]. Richtigerweise wird man hieraus aber keine klauselvernichtende Intransparenz herleiten können, da es dem Klauselverwender nicht zuzumuten ist, derartige Geschehensabläufe klar und verständlich in seinen Allgemeinen Geschäftsbedingungen mit einzubeziehen. An dieser Stelle wird zudem erneut der wesentliche Unterschied zwischen der Unklarheitenregel und dem Transparenzgebot deutlich. Während das Transparenzgebot unter anderem eine Abwägung der beiderseitigen Interessen von Verwender und Vertragspartner voraussetzt, statuiert die Unklarheitenregel eine gesetzliche einseitige Formulierungsverantwortung des Verwenders.

Abschließend ist noch darauf hinzuweisen, dass die Unklarheitenregel in den hier beschriebenen Fallgruppen der atypischen, nicht vorhersehbaren aber gleichwohl konkret eingetretenen Geschehensabläufe entgegen der zumindest missverständlichen Kommentierung von *Ulmer*[249] zur Anwendung gelangt. Zutreffend begründen rein theoretische oder abstrakte Auslegungszweifel keine Mehrdeutigkeit im Sinne von § 305c Abs. 2 BGB[250]. Gemeint ist damit nur, dass eine völlig fernliegende Auslegungsmöglichkeit keine Auslegungszweifel

---

246 S. unten, Zweiter Teil, § 5.

247 Vgl. BGH 06.03.1996, NZV 1996, S. 233.

248 BGH 06.03.1996, NZV 1996, S. 233.

249 Ulmer/Brandner/Hensen/*Ulmer*, § 305c BGB, Rn. 92a.

250 BGH 11.02.1992, NJW 1992, S. 1097 (1099); BGH 05.04.1984, NJW 1994, S. 2161 (2162).

begründen kann[251]. Dies bedeutet jedoch nicht, dass auch dann keine Auslegungszweifel vorliegen, wenn ein atypischer Geschehensablauf tatsächlich eintritt und unklar bleibt, ob dieser unter den Anwendungsbereich der Klausel fällt oder nicht. Ein solcher Fall ist rechtstechnisch gar nicht anders als über die Klauselauslegung zu lösen. Dabei muss es dann auch bei einer Anwendung der Unklarheitenregel bleiben.

ccc) Vorrangige Anwendung der Unklarheitenregel

Wie oben dargelegt[252], ist die Unklarheitenregel auch dann gegenüber dem ebenfalls anwendbaren Transparenzgebot vorrangig anzuwenden, wenn eine Unwirksamkeit der Klausel infolge ihrer Intransparenz nicht den zu berücksichtigenden Interessen des Vertragspartners entspräche, sie sich also zu Gunsten des Verwenders auswirkte. Dies ist regelmäßig dann der Fall, wenn die mehrdeutige und zugleich intransparente Klausel inhaltlich eine dem Vertragspartner günstigere Regelung enthält als das ansonsten anzuwendende dispositive Recht.

Dies ist zum Beispiel bei in Allgemeinen Geschäftsbedingungen gemachten Zusicherungen beziehungsweise Garantieversprechen der Fall. So hat der BGH entschieden, dass die in einem KFZ-Gebrauchtwagen-Kaufvertrag enthaltene Zusicherung einer bestimmten Fahrleistung nicht durch den Zusatz *„soweit ihm bekannt“* relativiert wird, sondern die hieraus folgende Mehrdeutigkeit zu Lasten des Verwenders geht[253]. Dies durch die Anwendung der Unklarheitenregel gewonnene Ergebnis ist grundsätzlich günstiger für den Kunden, da er sich im Falle einer Nichtigkeit der entsprechenden Klausel weder auf die gemachte Zusicherung noch auf einen eventuell vorliegenden selbständigen Garantievertrag berufen könnte.

Gleiches galt für die folgende Garantieklausel in einem Kaufvertrag für fabrikneue Fahrzeuge: *„Der Verkäufer leistet Gewähr für eine dem jeweiligen Stand der Technik des Kaufgegenstandes entsprechende Fehlerfreiheit während eines Jahres nach Auslieferung.“*[254]

Diese Formulierung ließ nicht erkennen, ob die Gewähr nur für Mängel, die vor Übergabe des verkauften Fahrzeuges auftreten, oder insgesamt für sämtliche im Gewährszeitraum auftretenden Mängel gelten sollte. In der zweiten Deutungsvariante ging die Gewährleistung hinsichtlich des Zeitpunktes des

251 So ausdrücklich: BGH 11.02.1992, NJW 1992, S. 1097 (1099).
252 S.o. Zweiter Teil, § 1 I. 3. b) cc).
253 BGH 13.05.1998, NJW 1998, S. 2207 (2208).
254 BGH 19.06.1996, NJW 1996, S. 2504 (2505).

Gefahrübergangs über die gesetzlichen Gewährleistungsregelungen hinaus, so dass eine Geltungserhaltung in diesem kundengünstigsten Bedeutungsgehalt gegenüber einer Unwirksamkeit der Regelung vorzuziehen ist.

Die Problematik der Mehrdeutigkeit derartiger Klauseln wird nach der Schuldrechtsreform im Zusammenhang mit den Beschaffenheitsvereinbarungen gemäß § 434 Abs. 1 S. 1 BGB noch stärker in den Vordergrund treten. Denn gemäß § 434 Abs. 1 S. 1 BGB ist eine verkaufte Sache bereits dann mangelhaft, wenn sie die vertraglich vereinbarte Beschaffenheit nicht aufweist. Ist hingegen keine Beschaffenheit vereinbart – oder aber die Beschaffenheitsvereinbarung ist eben infolge ihrer Intransparenz unwirksam –, so kommt es gemäß § 434 Abs. 1 S. 2 Nr. 1 und Nr. 2 BGB entweder auf die Verwendungstauglichkeit (Nr. 1) oder aber die durchschnittliche Beschaffenheit (Nr. 2) der verkauften Sache an. Dies zeigt, dass sich über vertragliche Beschaffenheitsvereinbarungen generell wesentlich leichter ein Sachmangel und damit die Gewährleistung des Verkäufers begründen lassen. Damit ist grundsätzlich eine Beschaffenheitsvereinbarung im Falle ihrer Mehrdeutigkeit in der kundengünstigsten Variante dann aufrecht zu erhalten, wenn diese über die nach § 434 Abs. 1 S. 2 BGB zu Grunde zulegende Beschaffenheit hinausgeht.

Weiterhin ist die Unklarheitenregel dann vorrangig anzuwenden, wenn eine leistungs- oder preisbestimmende Klausel mehrdeutig ist und bei einer Unwirksamkeit der Klausel die Gesamtnichtigkeit des Vertrages droht oder die entstehende Regelungslücke durch ergänzende Auslegung geschlossen werden müsste.

Eine mehrdeutige Leistungsbeschreibung lag beispielsweise in der in einer Gliedertaxe eines privaten Unfallversicherers enthaltenen Formulierung „*Verlust oder Funktionsunfähigkeit einer Hand im Handgelenk*“[255]. In der Gliedertaxe wurde die Höhe der von dem Versicherer zu zahlenden Invaliditätsrente jeweils an den Grad der Invalidität geknüpft. Unklar bei der verwandten Formulierung blieb, ob es hinsichtlich der Funktionsunfähigkeit lediglich auf das Handgelenk oder die gesamte Hand ankam, um die entsprechend zugeordnete Invaliditätsrate zu erreichen. Der BGH hat unter Anwendung der Unklarheitenregel zu Gunsten des Versicherungsnehmers entschieden, dass bereits ein versteiftes und damit funktionsunfähiges Handgelenk ausreicht, auch wenn die Hand als solche unterhalb des Gelenks noch voll funktionsfähig ist[256]. Eine Unwirksamkeit dieser Klausel infolge eines Verstoßes gegen das Transparenzgebot hätte hingegen zur Folge, dass ein wesentlicher Teil der vertraglichen Leistungsbeschreibung wegfiele. Dies kann indessen aus Sicht des Versicherungsnehmers

255 Vgl. BGH 09.07.2003, NJW-RR 2003, S. 1247 f.
256 BGH 09.07.2003, NJW-RR 2003, S. 1247.

nicht interessengerecht sein, da hierdurch entweder noch größere Unsicherheiten beziehungsweise Einschränkungen der vertraglichen Leistungspflicht des Versicherers geschaffen würden oder sogar der Bestand des gesamten Vertrages in Frage gestellt wäre. Insoweit hat es bei einer vorrangigen Anwendung der Unklarheitenregel zu bleiben.

II. Weitergehende Informationspflichten

Bisher bleibt festzuhalten, dass der Hauptbezugspunkt des Transparenzgebots der durch Auslegung ermittelte Regelungsgehalt der einzelnen Klausel in den Allgemeinen Geschäftsbedingungen ist. Darüber hinaus stellt sich jedoch die Frage, ob der Verwender von Allgemeinen Geschäftsbedingungen auf Grund des Transparenzgebots gehalten ist, die sich insgesamt aus dem Vertrag ergebenden Rechte und Pflichten der Vertragsparteien in dem Klauselwerk niederzulegen. Eine derartige Informationsverschaffungsobliegenheit hätte die sich aus dem Gesetz ergebenden Rechte und Pflichten für das jeweilige Vertragsverhältnis sowie die hierzu von der Rechtsprechung entwickelten Grundsätze zum Gegenstand. Der Verwender Allgemeiner Geschäftsbedingungen wäre demnach gehalten, die für den jeweiligen Vertragstyp geltende Rechtslage umfassend darzustellen. Diese Frage soll im Hinblick auf die allgemeinen Grundsätze zivilrechtlicher Aufklärungspflichten im deutschen sowie im europäischen Recht geklärt werden.

1. Privatrechtliche Aufklärungspflichten

Außerhalb spezialgesetzlicher Regelungen können allgemeine Aufklärungspflichten zwischen zwei Privatrechtssubjekten lediglich über die Grundsätze von Treu und Glauben begründet werden[257]. Dies ist ausnahmsweise dann der Fall, wenn eine Vertragspartei nach den im Verkehr herrschenden Anschauungen redlicherweise eine Aufklärung erwarten darf[258]. Die Anerkennung einer solchen Aufklärungspflicht stellt jedoch auf Grund des natürlichen Interessenwiderstreits der Vertragsparteien eine einzelfallbezogene, besonders begründungsbedürftige Ausnahme dar[259]. Dieses Regel-Ausnahmeverhältnis wäre indessen umgekehrt, ließe sich aus dem Transparenzgebot eine generelle Ver-

---

257 *Evermann*, Die Anforderungen des Transparenzgebots an die Gestaltung von Allgemeinen Versicherungsbedingungen, 2002, S. 98.

258 Palandt/*Heinrichs*, § 242 BGB, Rn. 37.

259 Erman/*Hohloch*, § 242, Rn. 93 f.; MüKo/*Roth*, § 242 BGB, Rn. 215 ff.

pflichtung zur umfassenden Rechtserläuterung ableiten[260]. Auch der BGH sieht keine Pflicht des Verwenders, *„jede Klausel gleichsam mit einem Kommentar zu versehen"*[261] und lehnt dementsprechend eine allgemeine Belehrungspflicht über das Gesetz oder das sonstige objektive Recht ab[262]. So folgt aus dem Transparenzgebot auch keine eigenständige Pflicht, aus der Rechtsnatur des Vertrages folgende Pflichten ausdrücklich zu regeln oder den Vertragspartner hierüber zu belehren[263]. Das Recht, die mehr oder minder große Regelungsdichte eines Vertrages zu bestimmen, ist wesentlicher Bestandteil der Vertragsfreiheit[264].

Gegen eine umfassende Pflicht zur Darstellung der geltenden Rechtslage spricht im Übrigen, dass sich eine solche Pflicht notwendigerweise auf den Gesamtvertrag beziehungsweise das gesamte Klauselwerk bezöge. Ausgangspunkt der AGB-Kontrolle und dementsprechend auch der Transparenzkontrolle ist jedoch stets die Einzelklausel. Das AGB-Recht legt dem Verwender folglich auch nur in seltenen Ausnahmefällen besondere Hinweispflichten auf, so zum Beispiel in § 309 Nr. 8 b) bb) BGB[265]. Das Transparenzgebot stellt demnach keine Erweiterung der generell im Zivilrecht geltenden restriktiven Informationsverpflichtung dar.

Dies gilt uneingeschränkt und lässt auch keine gesonderten Ausnahmen für spezielle Vertragstypen zu. So wird in der Literatur zum Versicherungsvertragsrecht zum Teil unmittelbar aus dem Transparenzgebot die Forderung abgeleitet, dass die Allgemeinen Versicherungsbedingungen die gegenseitigen Rechte und Pflichten derart vollständig wiedergeben müssten, dass der Versicherer die von der Rechtsprechung entwickelten Grundsätze niederzulegen habe, soweit diese zur Disposition der Vertragsparteien stünden und somit kein zwingendes Recht darstellten[266]. Ähnliche Überlegungen ließen sich dann auch auf sämtliche gesetzlich nicht geregelten Vertragstypen übertragen. Eine derartige Konstruktion ist aber im Hinblick auf die oben dargestellten Grundsätze abzulehnen[267]. Es kann nicht Aufgabe des Verwenders sein, gesetzlich nicht geregelte

---

260 Staudinger/*Coester*, § 307 BGB, Rn. 199; Ulmer/Brandner/Hensen/*Fuchs*, § 305c BGB, Rn. 349; *Heinrichs*, NJW 1997, S. 1407 (1409); *Rellermeyer*, WM 1994, S. 1053 (1056 f.).

261 BGH 10.07.1990, ZIP 1990, S. 980 (981).

262 BGH – GS – 27.11.1997, NJW 1998, S. 671 (673 f.); BGH 14.05.1996, ZIP 1996, S. 1164 (1166).

263 BGH 23.01.1996, NJW 1996, S. 1213 (1215); *Rellermeyer*, WM 1994, S. 1053 (1056).

264 BGH 14.05.1996, NJW 1996, S. 2092 (2093); BGH 23.01.1996, NJW 1996, S. 1213 (1215).

265 In diesem Sinne auch BGH 10.03.1993, NJW 1993, S. 2052 (2054).

266 *Schwintowski*, NversZ 1998, S. 97 (98).

267 Ebenso: *Kreienbaum*, Transparenz und AGB-Gesetz, 1998, S. 164; *Evermann*, Die Anforderungen des Transparenzgebots an die Gestaltung von Allgemeinen Versicherungsbedingungen, 2002, S. 98.

Schuldverhältnisse umfassend zu kodifizieren. Das Recht, die mehr oder minder große Regelungsdichte eines Vertrages zu bestimmen, ist wesentlicher Bestandteil der Vertragsfreiheit[268].

2. Informationspflichten nach europäischem Recht

Eine andere Beurteilung könnte hingegen geboten sein, wenn dem in Art. 5 S. 2 der Richtlinie 93/13/EWG geregelten Klarheits- und Verständlichkeitsgebot eine umfassende Informationspflicht hinsichtlich der geltenden Rechtslage zu entnehmen wäre. Eine solche umfassende Informationspflicht müsste nämlich als kundengünstigere Ausprägung des Transparenzgebots zwingend im Wege der richtlinienkonformen Auslegung des § 307 Abs. 1 S. 2 BGB im deutschen Recht Anwendung finden.

In Teilen der Literatur wird eine derart weitreichende Informationspflicht aus dem europarechtlichen Transparenzgebot hergeleitet[269]. Art. 5 S. 2 der Richtlinie 93/13/EWG bestimmt jedoch lediglich, dass sämtliche schriftliche Vertragsklauseln klar und verständlich abgefasst werden müssen. Damit wird aber eindeutig die einzelne in dem Vertragswerk aufgenommene Klausel in Bezug genommen und nicht die sich aus dem Vertragsverhältnis als Ganzes ergebenden Rechte und Pflichten des Verbrauchers. Weiterhin hat der Gemeinschaftsgesetzgeber in der Klauselrichtlinie 93/13/EWG keine inhaltlich konkretisierten Informationspflichten normiert[270]. Damit steht die Klauselrichtlinie durchaus im Gegensatz zu anderen Richtlinien, in denen ganz konkrete inhaltliche Informationsobliegenheiten zum Schutze des Verbrauchers vorgegeben sind[271]. Das europarechtliche Transparenzgebot in Art. 5 S. 1 der Richtlinie 93/13/EWG stellt sich somit als abgeschwächter Ausfluss des allgemeinen Informationsmodells dar. Es handelt sich um eine rein darstellungsbezogene Informationsobliegenheit, so dass auch keine Abweichung des deutschen von dem europäischen Transparenzgebot vorliegt, die Anlass zu einer korrigieren-

268 BGH 14.05.1996, NJW 1996, S. 2092 (2093); BGH 23.01.1996, NJW 1996, S. 1213 (1215).

269 *Heinrichs*, NJW 1996, S. 2190 (2197); begrenzend auf die wesentlichen Vertragsmodalitäten: *Pfeiffer* in Grabitz/Hilf II A5 Art. 5, Rn. 10; einschränkend auf grenzüberschreitende Verträge: Wolf/Horn/Lindacher/*Wolf*, Art. 4 1x3/93/EWG, Rn. 7.

270 Vgl. *Evermann*, Die Anforderungen des Transparenzgebots an die Gestaltung von Allgemeinen Versicherungsbedingungen, 2002, S. 105.

271 Z.B. Richtlinie über Haustürgeschäfte, ABIEG 1985, Nr. L 372/31; Fernabsatzrichtlinie, ABIEG 1997, Nr. L 144/19; Verbrauchsgüterrichtlinie, ABIEG 199, Nr. L 171/12.

den Auslegung des § 307 Abs. 1 S. 2 BGB gäbe[272]. Weder auf europäischer noch auf nationaler Ebene enthält das Transparenzgebot eine umfassende Belehrungs- und Erklärungspflicht.

Zusammenfassend bleibt es demnach dabei, dass lediglich der konkrete Regelungsgehalt und -umfang den Gegenstand der Transparenzkontrolle bildet. Eine umfassende Rechtserläuterungspflicht ist dem § 307 Abs. 1 S. 2 BGB nicht zu entnehmen. Eine hiervon abweichende Beurteilung kann indessen für den Inhalt und die Reichweite des Transparenzgebots im internationalen Rechtsverkehr geboten sein[273].

3. Hinweisgebote im Einzelfall

Mit den soeben dargelegten Grundsätzen steht es auch nicht im Widerspruch, wenn hinsichtlich einzelner Klauseln von der Rechtsprechung Hinweisgebote verlangt werden[274]. Ergibt sich die wesentliche oder sogar die entscheidende Wirkung einer Klausel nicht unmittelbar aus dem Text sondern erst als dem Durchschnittskunde nicht erkennbare Folge aus dem objektiven Recht, so hat der Klauselverwender dieses Zusammenwirken kenntlich zu machen[275]. Ist eine solche Hinweispflicht im Einzelfall geboten, so findet sie stets ihren Grund in der mangelnden Verständlichkeit der einzelnen Klausel im Hinblick auf die Reichweite der sich aus ihr ergebenden Rechte und Pflichten. Damit ist der Ansatzpunkt für das Hinweisgebot aber klauselimmanent und tritt nicht von außen hinzu.

4. Hinweis auf wirtschaftliche Konsequenzen

In diesem Zusammenhang ist schließlich auch die Frage zu erörtern, ob in Allgemeinen Geschäftsbedingungen auf die wirtschaftlichen Folgen einer an sich verständlichen Regelung hinzuweisen ist, die sich erst aus dem Sinnzusammenhang mit einer anderen, ebenfalls für sich genommen verständlichen Vertragsbestimmung ergeben. Dies soll am Beispiel der BGH-Rechtsprechung zur Un-

272 Ebenso *Evermann*, Die Anforderungen des Transparenzgebots an die Gestaltung von Allgemeinen Versicherungsbedingungen, 2002, S. 105.
273 S.u. Zweiter Teil, § 6.
274 Wolf/Horn/Lindacher/*Wolf*, § 9 AGBG, Rn. 149.
275 Staudinger/*Coester*, § 307 BGB, Rn. 199.

wirksamkeit von Tilgungsverrechnungsklauseln[276] in Darlehensverträgen untersucht werden.

Dort war in den Allgemeinen Geschäftsbedingungen einer privaten Hypothekenbank zunächst bestimmt, dass sich die jährliche Verzinsung während der Tilgungsphase anhand des dem Darlehensnehmer verbliebenen Kapitals zum Schluss des Vorjahres berechnete. Die an anderer Stelle der Allgemeinen Geschäftsbedingungen geregelten Rückzahlungsmodalitäten sahen eine vierteljährliche Tilgung der Darlehensvaluta vor. Aus dem Zusammenwirken dieser beiden Klauseln folgte, dass die während eines Jahres geleisteten Rückzahlungen bei der Berechnung des für dieses Jahr erhobenen Zinses keine Berücksichtigung fanden. Diesen Zinserhöhungseffekt bewertete der BGH für sich genommen nicht als unangemessen benachteiligend[277], hielt die Klausel jedoch wegen Verstoßes gegen das Transparenzgebot für unwirksam, da die den Kunden belastende Regelungswirkung sich erst aus der Zusammenschau der in getrennten Abschnitten niedergelegten Zins- und Rückzahlungsbestimmungen ergab[278].

In der Literatur wird eine solche aus dem Transparenzgebot abgeleitete Hinweispflicht auf die wirtschaftlichen Vertragsfolgen überwiegend anerkannt[279]. So soll der Schutz vor unangemessener Vertragsgestaltung auch den Schutz vor nicht erkennbarer wirtschaftlicher Belastung umfassen[280]. Darüber hinaus seien gerade die Zinsbelastungen ein typischerweise wettbewerbsbezogener Regelungsgegenstand, der den Kunden veranlassen könnte, zwischen den Darlehensbedingungen verschiedener konkurrierender Banken zu wählen, so dass sich eine verschleiernde Regelung der Erhöhung des Effektivzinses für die Abschlussentscheidung des Kunden besonders nachteilig auswirke[281].

Dem wird vereinzelt entgegengehalten, dass die Pflicht zur Darstellung der wirtschaftlichen Vertragsfolgen in den Bereich vorvertraglicher Aufklärungspflichten gehöre und nur dort bestehe, wo der konkrete Kunde eines Hinweises bedarf und durch Unkenntnis tatsächlich einen Nachteil erleidet[282].

---

276 Grundlegend BGH 24.11.1988, NJW 1989, S. 222 ff.; anschließend BGH 10.07.1990, NJW 1990, S. 2383 ff.; BGH 30.04.1991, NJW 1991, S. 1889 ff.; BGH 10.12.1991, NJW 1992, S. 1108 ff.

277 BGH 24.11.1988, NJW 1989, S. 222 (223).

278 BGH 24.11.1988, NJW 1989, S. 222 (224).

279 *Stoffels*, AGB-Recht, 2003, Rn. 565; Ulmer/Brandner/Hensen/*Fuchs*, § 307 BGB, Rn. 325; *Köndgen*, NJW 1989, S. 943 (945).

280 Ulmer/Brandner/Hensen/*Fuchs*, § 307 BGB, Rn. 325.

281 *Köndgen*, NJW 1989, S. 943 (950).

282 *Brandner*, FS Locher (1990), S. 317 (323), der diese Ansicht inzwischen wohl wieder aufgegeben hat, vgl. Ulmer/Brandner/Hensen/*Brandner*, § 9 AGBG (9. Aufl.), Rn. 103.

Ob der fehlende Hinweis auf die wirtschaftlichen Folgen einer Klausel den Kunden unangemessen benachteiligt, kann nicht das entscheidende Argument sein. Vorrangig geht es darum, ob die wirtschaftlichen Folgen noch zum Regelungsgehalt einer Klausel gehören und als solche dann auch gemäß § 307 Abs. 1 S. 2 BGB dem Kunden klar und verständlich dargestellt werden müssen. Insofern ist die vielfach gebräuchliche Terminologie des Hinweisgebotes oder der Aufklärungspflicht in diesem Zusammenhang ungenau, da damit suggeriert wird, das Transparenzgebot zwänge zu einer Ergänzung der inhaltlichen Regelung. Im Grundsatz gilt, dass nur die einzelne Klausel Gegenstand der Kontrolle nach §§ 305 ff. BGB sein kann, da nur die Einzelprüfung differenzierte und nachvollziehbare Aussagen über eine unangemessene Benachteiligung ermöglicht[283]. Dabei ist jedoch für die materielle Inhaltskontrolle anerkannt, dass die zu kontrollierende Klausel in ihrem Zusammenspiel mit den anderen Vertragsbedingungen und bezogen auf den Zweck des Gesamtvertrages gewürdigt werden muss[284]. Damit sind Rechtsfolgen, die sich aus dem Zusammenwirken zweier vertraglicher Regelungen ergeben, jedenfalls ein bei der materiellen Inhaltskontrolle berücksichtigungsfähiger Umstand. Dies alleine rechtfertigt es jedoch noch nicht, sie auch zum Gegenstand der Transparenzkontrolle zu machen, da eine transparente Klauselgestaltung die klare und verständliche Darstellung des Regelungsgehaltes und nicht der inhaltlichen Angemessenheit erfordert.

Ein vertragsimmanenter Summierungs- oder Kompensationseffekt kann jedoch gerade dadurch bedingt sein, dass sich die entscheidende Bedeutung einer Regelung überhaupt erst im Zusammenwirken mit einer anderen Vertragsbestimmung ergibt. Dies geht über den für die Kompensationswirkung teilweise geforderten sachlichen Zusammenhang der Regelungen[285] hinaus. Nur dort, wo zwei Regelungen nicht bloß sachlich zusammenhängen, sondern bei der Anwendung einer der beiden ein regelmäßiger Zusammenwirkungseffekt entsteht, ist dieser Effekt wesentlicher Bestandteil des Regelungsgehalts dieser Klausel. Als solcher ist er aber auch Gegenstand der Transparenzkontrolle. Es bleibt dann lediglich zu klären, ob die sich aus dem Zusammenwirken der Regelungen ergebenden Folgen für den Vertragspartner hinreichend klar aus dem Vertrag ablesen lassen, oder ob dies nur durch eine ausdrückliche Regelung in der betreffenden Klausel der Fall ist. Somit liegen im Ergebnis keine gesonderten Aufklärungs- oder Hinweisgebote vor, sondern lediglich eine stringente An-

---

283 *Stoffels*, AGB-Recht, 2003, Rn. 485.

284 Erman/*Roloff*, § 307 BGB, Rn. 3; Staudinger/*Coester*, § 307 BGB, Rn. 124; Ulmer/Brandner/Hensen/*Fuchs*, § 307 BGB, Rn. 116.

285 Staudinger/*Coester*, § 307 BGB, Rn. 125; *Stoffels*, AGB-Recht, 2003, Rn. 487.

wendung des Transparenzgebots aus dem vollständigen Regelungsgehalt einer bestimmten Klausel.

5. Fazit

Gegenstand der Transparenzkontrolle ist mithin der durch Auslegung ermittelte Regelungsgehalt der einzelnen Klausel, weitergehende Informationspflichten lassen sich dem AGB-rechtlichen Transparenzgebot im Allgemeinen nicht entnehmen.

§ 4 Kriterien der Intransparenz

Nachdem im vorstehenden Abschnitt der Bezugspunkt der Transparenzkontrolle ermittelt wurde, gilt es nun zu bestimmen, wann der Regelungsgehalt einer Klausel nicht mehr so klar und verständlich formuliert ist, so dass hieraus eine zur Unwirksamkeit führende unangemessene Benachteiligung folgt.

Wie oben bereits dargelegt[286], stellt die Intransparenz eine gänzlich eigenständige Kategorie der unangemessenen Benachteiligung dar. Gleichwohl gilt es vorab zu klären, inwieweit bei der Konkretisierung der Kontrollmaßstäbe auf die zur Bestimmung der materiellen Unangemessenheit praktizierte Methodik zurückgegriffen werden kann, beziehungsweise wo diese zu modifizieren sind.

I. Die Bestimmung der Benachteiligung im Rahmen der materiellen Inhaltskontrolle

Die inhaltliche Benachteiligung einer Vertragsregelung wird in einem ersten Prüfungsschritt im Wege eines rein deskriptiven Rechtslagenvergleichs ermittelt[287]. Bezüglich eines konkreten Regelungsaspektes wird dabei die vertraglich vereinbarte Regelung mit der Rechtsstellung verglichen, wie sie sich ohne die betreffende Klausel darstellte[288]. Es handelt sich um einen normativen Vergleich. Die Rechtsordnung gibt selbst eine Fülle von Vorgaben dessen, was sie als Möglichkeit eines gerechten Interessenausgleichs ansieht. Weicht die vertragliche Regelung hiervon dahingehend ab, dass sie den Vertragspartner schlechter stellt, liegt eine Benachteiligung vor. Dass diese Vorgaben keines-

286 S.o. Kap. 1, III. 3.

287 *v.Hoyningen-Huene*, Die Inhaltskontrolle nach § 9 AGBG, 1991, Rn. 134; Staudinger/ *Coester*, § 307 BGB, Rn. 90; *Stoffels*, AGB-Recht, 2003, Rn. 467.

288 *Stoffels*, AGB-Recht, 2003, Rn. 467.

wegs abschließend oder ausschließlich sind, ist der auf Privatautonomie fußenden Vertragsrechtsordnung immanent und erfordert die sich an die Feststellung der Benachteiligung anschließende Interessenabwägung als zweiten Prüfungsschritt. Insofern ist die bloße Feststellung einer materiellen Benachteiligung noch wertneutral[289].

II. *Ausgangslage bei der Bestimmung der Intransparenz im Rahmen der Transparenzkontrolle*

Fraglich ist nun, ob und gegebenenfalls inwieweit dieser methodische Weg auch bei der Ermittlung der Intransparenz im Rahmen der Transparenzkontrolle beschritten werden kann.

1. *Das Fehlen normativer Transparenzmaßstäbe*

Hinsichtlich der Klarheit und Verständlichkeit einer Klausel existiert demgegenüber kein entsprechender Vergleichsgegenstand. Text- und Bedeutungsverständlichkeit sind in der Rechtsordnung nicht normativ vorgegeben. Teilweise wird zwar vorgeschlagen, die Deutlichkeit des parlamentarischen Gesetzgebers als für den Klauselverwender bindenden Transparenzmaßstab zu etablieren; mehr als vom Gesetzgeber dürfe auch nicht vom AGB-Verwender verlangt werden[290]. Diese Ansicht entbehrt jedoch jeglicher Grundlage. So ist schon nicht ersichtlich, warum in diesem Falle Staat und Privatrechtssubjekt Adressaten einer identischen Pflicht sein sollen. Darüber hinaus sind Gesetzgebung und Klauselformulierung grundlegend verschieden. Der Regelungsbereich von Allgemeinen Geschäftsbedingungen ist wesentlich enger und branchenspezifischer als der von allgemeinen Gesetzen, so dass vom Klauselverwender auch entsprechend genauere Formulierungen erwartet werden können[291]. Entscheidend ist aber, dass der Sinn und Zweck von Allgemeinen Geschäftsbedingungen zumeist gerade darin liegt, vom dispositiven Gesetzesrecht abzuweichen. Während der Klauselverwender dabei lediglich durch das Verbot unangemessener Vertragsgestaltung beschränkt ist, gibt der Gesetzgeber mit seinen Normen Leitbilder eines gerechten Interessenausgleichs vor.

---

289 Staudinger/*Coester*, § 307 BGB, Rn. 90; *Stoffels*, AGB-Recht, 2003, Rn. 467.
290 *Hellner*, FS Steindorff (1990), S. 573 (585).
291 Staudinger/*Coester*, § 307 BGB, Rn. 198.

2. *Absolute sprachliche Verständlichkeit?*

Auch ein Leitbild idealtypischer Klarheit und Verständlichkeit von Sprache ist schlechterdings nicht zu entwickeln. Die Gründe hierfür sind weniger rechtlicher als sprachwissenschaftlicher Natur. Eine absolute Verständlichkeit in der Sprache kann nicht erreicht werden, da in der menschlichen Kommunikation keine Eindeutigkeit für jedermann in jeder Situation existiert[292]. Verständlichkeit ist nicht schablonenhaft an irgendwelchen Schemata zu messen, sondern kann dem Grunde nach nur im Vergleich zwischen den Verständnishorizonten zweier Personen bestimmt werden. Je höher die Gemeinsamkeit an Vorstellungen, Erfahrungen und Erkenntnissen bezüglich der Bedeutungszuordnung von Sprache zweier Personen ist, desto höher wird die kommunikative Verständlichkeit zwischen diesen, beziehungsweise umso geringer die Gefahr der Missverständlichkeit sein. Gänzliche Übereinstimmung ist dabei auf Grund der Einzigartigkeit der menschlichen Persönlichkeit ausgeschlossen. Eine Formulierung, die jegliche Auslegungszweifel vermeidet und alle Fallgruppen eindeutig regelt, ist unmöglich[293].

3. *AGB-rechtlicher Verständlichkeitsmaßstab*

Eine absolute Verständlichkeit ist also über die AGB-rechtliche Transparenzkontrolle nicht zu verwirklichen. Dies widerspräche im Übrigen auch den Prinzipien der AGB-Kontrolle. Soweit die Unmöglichkeit idealtypischer Transparenz in den individuellen Eigenartigkeiten begründet liegt, ist sie bereits einer AGB-rechtlichen Kontrolle entzogen. Die Regulierung individueller Irrtümer ist nicht Aufgabe der in §§ 307 ff. BGB verankerten Rechtskontrolle[294]. Der Inhaltskontrolle liegt ein überindividuell-generalisierender Maßstab zu Grunde[295]. Folgerichtig bestimmt sich der nach § 307 Abs. 1 S. 2 relevante Verständlichkeitsmaßstab auch nach dem Verständnisvermögen der typischerweise bei Verträgen der geregelten Art zu erwartenden Durchschnittskunden[296]. Dieser Verständlichkeitsmaßstab dient jedoch zunächst nur dazu, den Bereich des allgemeinen Verständnisrisikos festzulegen, der überhaupt der AGB-rechtlichen Transparenzkontrolle zugänglich ist.

---

292 *Leitner*, Das Transparenzgebot, 2005, S. 70.

293 *Heinrichs*, FS Trinkner (1995), S. 157 (165); *Schimikowski*, r+s 1998, S. 353 (360).

294 *Benedict*, NJW 2000, S. 190 (191).

295 Bamberger/Roth/*Schmidt*, § 307 BGB, Rn. 29; Erman/*Roloff*, § 307 BGB, Rn. 5; Staudinger/*Coester*, § 307 BGB, Rn. 107 ff.; *Stoffels*, AGB-Recht, 2003, Rn. 473; Ulmer/Brandner/Hensen/*Fuchs*, § 307 BGB, Rn. 110 ff.

296 Vgl. nur *Kreienbaum*, Intransparenz und AGB-Gesetz, 1998, S. 262 m.w.N. in Fn. 12.

4. Tauglichkeit des durchschnittlichen Verständnisvermögens als Transparenzkriterium

Es ist jedoch fraglich, ob das Verständnisvermögen des jeweiligen Durchschnittskunden darüber hinaus taugt, ein Leitbild AGB-rechtlicher Transparenz zu entwickeln, so wie es von der ganz herrschenden Lehre angenommen wird[297]. Bei einem konkret-individuellen Maßstab ließe sich eine Unverständlichkeit der Klausel derart ermitteln, dass man den durch objektive Auslegung ermittelten Regelungsgehalt mit dem vergliche, den der jeweilige Vertragspartner der Klausel beigemessen hat. Bei einer Divergenz läge eine Unverständlichkeit seitens des Vertragspartners vor. Dieser Vergleich ist mit dem Durchschnittskunden nicht durchführbar, da logischerweise kein ermittelbares oder sonst messbares Verständnis einer solchen Kunstfigur existiert. Nun zieht auch niemand das hypothetische Verständnis des Durchschnittskunden als Vergleichsmaßstab heran. Vielmehr soll das Verständnisvermögen desselben den Maßstab zur Bestimmung der Intransparenz bilden. Es geht also nicht darum, was der Durchschnittskunde versteht, sondern was er verstehen kann.

An dieser Stelle drängt sich jedoch bereits die Frage auf, inwieweit sich dieses Verständnisvermögen von dem Auslegungsergebnis unterscheidet, also dem vorab ermittelten Gegenstand der Transparenzkontrolle. Allgemeine Geschäftsbedingungen sind ausgehend von den Verständnismöglichkeiten eines rechtlich nicht vorgebildeten Durchschnittskunden nach ihrem objektiven Inhalt und typischen Sinn einheitlich so auszulegen, wie sie von verständigen und redlichen Vertragsparteien unter Abwägung der Interessen der normalerweise beteiligten Verkehrskreise verstanden werden[298]. Bei der Auslegung bildet das Verständnisvermögen beziehungsweise der Verständnishorizont des Durchschnittskunden demnach auch ein entscheidendes Kriterium Der Vergleich des Verständnisvermögens mit dem durch Auslegung ermittelten Regelungsgehalt einer Klausel läuft so entweder Gefahr, zu einem Vergleich mit sich selbst zu werden, oder es müssten für Auslegung und Transparenzkontrolle zwei unterschiedliche Verständnisvermögen des Durchschnittskunden entwickelt werden. Beide Wege begegnen methodischen wie systematischen Bedenken.

---

297 Vgl. nur *Evermann*, Die Anforderungen des Transparenzgebots an die Gestaltung von Allgemeinen Versicherungsbedingungen, 2002, S. 95; *Kreienbaum*, Intransparenz und AGB-Gesetz, 1998, S. 289.

298 BGH 25.09.2001, WM 2001, S. 2158 (2159 f.); BGH 09.05.2001, WM 2001, S. 2008 (2010); *Stoffels*, AGB-Recht, 2003, Rn. 360.

III. Ermittlung des Verständnisrisikos als Ausgangspunkt der Transparenzkontrolle

Eine Lösung des Problems der Methodik zur Ermittlung der Intransparenz kann über den Schutzzweck der Transparenzkontrolle entwickelt werden.

1. Verständnisrisiko als Benachteiligung

Die durch § 307 Abs. 1 S. 2 BGB sanktionierte Benachteiligung besteht alleine in der Gefahr, dass der Vertragspartner infolge der Intransparenz einer Klausel entweder nicht bestehenden Pflichten nachkommt, beziehungsweise bestehende Rechte nicht ausübt (Abwicklungstransparenz) oder aber bei der Vertragsabschlussentscheidung in der Bewertung der Günstigkeit des Vertragsabschlusses beeinträchtig ist (Abschlusstransparenz). Nicht erforderlich ist, dass sich diese Gefahr auch realisiert. Es ist also unerheblich, ob der Vertragspartner im Einzelfall den Vertrag auch bei vollem Verständnis der Vertragsbedingungen abgeschlossen hätte, oder ob er trotz Unverständlichkeit seine Rechte wahrnimmt, weil er sich etwa um Aufklärung bemüht hat. Von der Abstraktheit dieses Gefahrbegriffs ist dann auch notwendig die Seite der gefahrauslösenden Umstände erfasst. Eine Gefahr im Sinne einer transparenzspezifischen Benachteiligung ist also immer schon dann festzustellen, wenn die Klauseldarstellung lediglich das Risiko birgt, dass der durchschnittliche Vertragspartner sie falsch oder nicht versteht. Dies bedeutet, dass eine Intransparenz im Sinne des § 307 Abs. 1 S. 2 BGB nicht erst bei einer starren Grenze absoluter Un- beziehungsweise Missverständlichkeit gegeben ist.

2. Ermittlung des Verständnisrisikos

Das Verständnisrisiko selbst bemisst sich an dem intellektuellen Aufwand, den der durchschnittliche Vertragspartner betreiben muss, um den Regelungsgehalt einer Klausel zu erfassen.

Je schwieriger die Auslegung ist, desto höher ist das Verständnisrisiko und desto unklarer und unverständlicher ist die Klausel. Feststellungsgrundlage der Intransparenz ist damit nicht das durchschnittliche Verständnisvermögen, sondern sind die Verständnisanforderungen, die an den durchschnittlichen Vertragspartner auf Grund der Klauselformulierung gestellt werden, damit er seine Rechte und Pflichten erkennen kann. Ermittelt wird dieses systemgerecht anhand der Auslegungsbedürftigkeit der jeweiligen Klausel.

3. Grenzen der Aussagekraft des Verständnisrisikos

Das aus der Auslegungsbedürftigkeit und dem Auslegungsaufwand abgeleitete Verständnisrisiko erlaubt aber nur die Feststellung, dass eine Gefahr durch intransparente Klauselgestaltung besteht und wie hoch diese ist. Ob diese Gefahr eine unangemessene Benachteiligung darstellt und damit zur Unwirksamkeit der Klausel führt, ist erst im Rahmen einer anschließenden Interessenabwägung zu ermitteln. Dem Klauselverwender kann nicht jedes Verständnisrisiko seines Vertragspartners aufgebürdet werden. Das ausschließlich individuell begründete Verständnisdefizit des Einzelnen, das nicht Eingang in das aus Sicht des durchschnittlichen Vertragspartners ermittelte Verständnisrisiko gefunden hat, ist bereits nicht nach AGB-rechtlichen Maßstäben kontrollierbar. Dies bildet aber nur die äußere Anwendungsgrenze.

Darüber hinaus trifft den Verwender Allgemeiner Geschäftsbedingungen die grundsätzliche Verantwortung, die Klauseln so zu gestalten, dass sein Vertragspartner die sich hieraus ergebenden Rechte und Pflichten erkennen kann; der Verwender trägt die generelle Formulierungsverantwortung. Die Idee der einseitigen Formulierungsverantwortung des Verwenders entstammt eigentlich dem Informationsmodell[299]. Hiernach werden dem Verwender die Informationslasten und -kosten, also das gesamte Informationsrisiko des Vertragspartners, einseitig auferlegt und fungieren als Gegengewicht zu seiner weitgehenden inhaltlichen Gestaltungsfreiheit[300]. Dem liegt die Annahme zu Grunde, dass der ausreichend und umfassend informierte Vertragspartner seine Chancen am Markt eigenverantwortlich wahrnimmt und durch Verhandeln über die Konditionen bei Vertragsschluss beziehungsweise das Abwandern zu konkurrierenden Anbietern einer inhaltlich unangemessenen Vertragsgestaltung begegnet[301]. Im AGB-Recht, das die Gestaltungsfreiheit des Verwenders im Wege richterlicher Vertragskontrolle beschränkt, ist die Vermeidung materiell unangemessener Vertragsgestaltung Schwerpunkt der Inhaltskontrolle. Die Transparenzkontrolle verwirklicht das Informationsmodell nur in abgeschwächter Form, indem sie sich der Prinzipien und Systematik der Inhaltskontrolle bedient. Dies bedeutet aber, dass auch die Formulierungsverantwortung nur in dem Maße besteht, wie es ein gerechter Ausgleich der widerstreitenden Interessen von Verwender und Vertragspartner erfordert. Nur wenn dem Vertragspartner aus der Formulierung ein unangemessener Nachteil entsteht, trägt der Verwender auch die Verantwortung hierfür dergestalt, dass die Klausel unwirksam ist. Demnach ist

299 *Koller*, FS Steindorff (1990), 667 (674).
300 *Kreienbaum*, Intransparenz und AGB-Gesetz, 1998, S. 224.
301 Ausführlich dazu *Grunsky*, BB 1971, S. 1113 (1116).

das Maß der vom Verwender zu tragenden Formulierungsverantwortung im Rahmen einer Interessenabwägung zu bestimmen. Das Bestehen eines Verständnisrisikos beziehungsweise dessen Ausmaß bedürfen also noch einer weiteren Bewertung, denn der Verwender hat nicht jedes Verständnisrisiko seines Vertragspartners zu tragen, sondern nur das unangemessen hohe.

4. Fazit

Damit unterscheidet sich die Transparenzkontrolle in einem fundamentalen Bereich von der materiellen Inhaltskontrolle. Für die materielle Inhaltskontrolle Allgemeiner Geschäftsbedingungen ist ein normativ fundierter Vergleichsmaßstab, ein positives Leitbild, unentbehrlich[302]. Dieses Leitbild stellt sich als objektives Modell dar, das einen angemessenen, den Vertragspartner nicht benachteiligenden Interessenausgleich beschreibt[303]. Die Transparenzkontrolle zeichnet sich demgegenüber durch die Bestimmung und Bewertung eines Gefährdungspotenzials aus. Diese folgt dem allgemeinen Grundsatz, dass die Rechtfertigungsvoraussetzungen steigen, je höher die Wahrscheinlichkeit eines Schadenseintritts ist. Dabei bedarf es wie auch sonst im Rahmen der Kontrolle Allgemeiner Geschäftsbedingungen[304] einer sich vom einzelnen Vertrag und den individuell an ihm beteiligten Personen abstrahierenden, dem generellen Charakter Allgemeiner Geschäftsbedingungen Rechnung tragenden Betrachtungsweise. Dies wird dadurch gewährleistet, dass es sich um eine an dem durchschnittlichen Vertragspartner ausgerichtete abstrakte Gefährdungsanalyse und -bewertung handelt. Allerdings darf auch die Transparenzkontrolle nicht ohne normative Wertungen auskommen. Vertragskontrolle ist Rechtskontrolle und bedarf damit eines normativen Maßstabes, an dem die Prüfung der fraglichen Klausel ausgerichtet werden kann[305]. Dieser normative Maßstab ist bei den Rechtfertigungsvoraussetzungen zu entwickeln, das heißt bei der Frage, wie und wodurch festgestellte Verständnisrisiken zu rechtfertigen sind, so dass im Ergebnis keine unangemessene Intransparenz gegeben ist.

---

302 *Stoffels*, Vertraglich nicht geregelte Schuldverhältnisse, 2001, S. 427.

303 *Fastrich*, Richterliche Inhaltskontrolle im Privatrecht, 1992, S. 281 ff.

304 Vgl. insoweit *v.Hoyningen-Huene*, § 9 AGBG, Rn. 284; Staudinger/*Coester*, § 307 BGB, Rn. 109; Ulmer/Brandner/Hensen/*Fuchs*, § 307 BGB, Rn. 110.

305 Vgl. entsprechend zur Inhaltskontrolle *Stoffels*, Vertraglich nicht geregelte Schuldverhältnisse, 2001, S. 426 ff.

§ 5 Maßstäbe der unangemessenen Benachteiligung infolge der Intransparenz

Nachdem in einem ersten Prüfungsschritt ein bestehendes Verständnisrisiko sowie dessen Intensität festgestellt wurden, muss mittels einer transparenzspezifischen Interessenabwägung ermittelt werden, wer dieses Verständnisrisiko zu tragen hat. Hierfür gilt es im Folgenden allgemeine Kriterien herauszuarbeiten.

I. Starre Anforderungen an die zumutbaren Verständnisbemühungen

Teilweise wird versucht, für sämtliche Klauseln in Allgemeinen Geschäftsbedingungen einen einheitlichen Maßstab der zumutbaren Verständnisbemühungen seitens des durchschnittlichen Vertragspartners festzulegen.

So verlangte der BGH in seiner Rechtsprechung zu den Zins- und Tilgungsverrechnungsklauseln etwa, dass sich die benachteiligende Wirkung der Klausel dem Vertragspartner des Verwenders nicht erst nach intensiver Beschäftigung oder ergänzenden Auskünften zu erkennen geben dürfe[306]. In einer späteren Entscheidung hat der BGH diese Anforderungen noch dahingehend konkretisiert, dass der Vertragspartner die Klausel möglichst mühelos verstehen müsse[307].

In einem Urteil zur Wirksamkeit von Schönheitsreparaturklauseln in Mietverträgen hat der BGH diesen Maßstab jedoch wieder aufgeweicht und verlangt, dass sich der Mieter mit der Bestimmung und ihrem Kontext im Vertragswerk näher befasst und dabei eine gewisse Sorgfalt an den Tag legt[308]. In der Literatur überwiegt ebenfalls die Ansicht, dass sich der Vertragspartner um das Verständnis der Klausel redlich zu bemühen habe[309].

Es stellt sich jedoch die Frage, ob derartige generelle Anforderungen an die Verständnisbemühungen überhaupt geeignet sind, das notwendige Maß unangemessener Intransparenz festzulegen. Dies ist schon deshalb zu verneinen, da sie im Grunde jegliche klauselbezogene Interessenabwägung abschneiden. Eine generalisierende Betrachtungsweise erschwert es unnötig, dem jeweiligen Regelungsgehalt der Klausel angemessen Rechnung zu tragen. Der zu erbringende Verständnisaufwand hängt aber auch maßgeblich von dem zu erfassenden Inhalt ab. Es gibt Regelungen, die allein auf Grund ihres Inhalts ein erhöhtes Maß

306 BGH 24.11.1988, NJW 1989, S. 222 (224).

307 BGH 10.07.1990, NJW 1990, S. 2383.

308 BGH 03.06.1998, NJW 1998, S. 3114 (3116).

309 Staudinger/*Coester*, § 307 BGB, Rn. 196; *Koller*, FS Steindorff (1990), S. 667 (677); *Köndgen*, NJW 1989, S. 943 (947).

an intellektueller Anstrengung erfordern. Auf dem Prüfstand der Transparenzkontrolle steht aber nicht die Regelung an sich, sondern ihre Darstellung. Ein wie auch immer gearteter einheitlicher Maßstab der dem Vertragspartner zumutbaren Verständnisbemühungen liefe daher darauf hinaus, dass in Allgemeinen Geschäftsbedingungen nur noch solche Regelungen getroffen werden könnten, die im Rahmen dieses Maßstabes überhaupt darstellbar sind. Hierdurch würde das Transparenzgebot in unzulässiger Weise zur Grenze der durch Privatautonomie geschützten inhaltlichen Gestaltungsfreiheit.

II. Bedeutung des Klauselinhalts für die angemessene Verteilung des Verständnisrisikos

Die vorstehenden Ausführungen haben bereits gezeigt, dass dem Klauselinhalt eine wesentliche Bedeutung bei der Beurteilung seiner Darstellung zukommt. Dies legt es nahe, zunächst das Verhältnis angemessener inhaltlicher und angemessener formeller Gestaltung Allgemeiner Geschäftsbedingungen näher zu beleuchten. Instruktiv hierzu ist die Diskussion um die Bestimmtheitsanforderungen einseitiger Anpassungsklauseln in Allgemeinen Geschäftsbedingungen.

1. Das Verhältnis von Inhalts- und Transparenzkontrolle am Beispiel einseitiger Anpassungsklauseln

Besondere Probleme hinsichtlich der transparenten Gestaltung bestehen bei den so genannten Anpassungsklauseln. Hierunter fallen sämtliche Klauseln, in denen sich der Verwender das Recht vorbehält, einseitig entweder seine vertraglich festgelegte Leistung oder die des Vertragspartners zu ändern.

Auch wenn bei derartigen Klauseln zunächst eine vertragliche Regelung über Art und Umfang der Leistung getroffen wurde, unterfällt die Ausübung eines formularvertraglich vorbehaltenen einseitigen Änderungsrechts grundsätzlich der nachträglichen Billigkeitskontrolle gemäß § 315 Abs. 3 BGB[310]. Die gesetzliche Regelung einseitiger Leistungsbestimmungsrechte in den §§ 315 ff. BGB entzieht die formularmäßige Einräumung von Anpassungsrechten jedoch nicht der AGB-Kontrolle[311].

Als Kontrollmaßstab kommen § 309 Nr. 1 BGB bei kurzfristigen Preiserhöhungen, der jedoch nicht für Dauerschuldverhältnisse gilt, sowie §§ 308 Nr. 4 und 307 Abs. 1 S. 1 BGB in Betracht. Umstritten ist, ob § 308 Nr. 4 BGB

310 Erman/*Hager*, § 315 BGB, Rn. 7; Palandt/Heinrichs, § 315 BGB, Rn. 2.

311 BGH 17.02.2004, NJW 2004, S. 1588; BGH 19.11.2002, NJW 2003, S. 507 (508); BGH 14.04.1992, NJW 1992, S. 1751; *Schebasta*, BKR 2005, S. 217 (218).

nur für einen Änderungsvorbehalt hinsichtlich der vom Verwender zu erbringenden Leistung gilt[312] oder darüber hinaus auch dem Verwender vorbehaltene Anpassungen der vom Vertragspartner geschuldeten Leistung erfasst[313]. Im Ergebnis ist dieser Streit jedoch ohne Belang, da § 308 Nr. 4 BGB und § 307 Abs. 1 S. 1 BGB inhaltlich die gleichen Maßstäbe für die Beurteilung von Anpassungsklauseln aufstellen.

In der Praxis kommen Anpassungsklauseln besonders häufig in Dauerschuldverhältnissen vor. Dabei hat sich insbesondere im Bankrecht eine umfassende Rechtsprechung entwickelt, daneben haben sie eine besondere Bedeutung in Energieversorgungsverträgen[314]. Vor allem Preis- und Zinsanpassungsklauseln in langfristigen Verträgen sollen eine dauerhafte Ausgeglichenheit der Leistungen in Ansehung der sich ändernden wirtschaftlichen Verhältnisse gewährleisten. Problematisch für den Vertragspartner ist dabei neben der generellen Unvorhersehbarkeit künftiger wirtschaftlicher Entwicklungen, dass sich Anlass und Art der Anpassung im Vorhinein meist nur sehr schwer in der Klausel darstellen lassen.

a) Rechtsprechungsübersicht zu Preis- und Zinsanpassungsklauseln

aa) Die Rechtsprechung des BGH zu Preisanpassungsklauseln

Der BGH hat schon frühzeitig allgemein festgestellt, dass bei langfristigen Verträgen ein anerkennenswertes Bedürfnis für einseitige Entgeltanpassungen gegeben sein kann[315], was der Gesetzgeber des vormaligen AGBG bestätigte[316]. In einer späteren Entscheidung vom 07.10.1981 zur Wirksamkeit so genannter Tagespreisklauseln[317] in Neuwagen-Verkaufsbedingungen hat der BGH sogar anerkannt, dass in einmaligen Austauschgeschäften mit regelmäßig langen Lieferfristen ein berechtigtes Interesse des Verwenders bestehen kann, zwischenzeitlich notwendig werdende Preiserhöhungen auf den Käufer abzuwälzen[318].

---

312 OLG Köln 13.07.1998, ZIP 1999, S. 21 (22); *Stoffels*, AGB-Recht, 2003, Rn. 792; Ulmer/Brandner/Hensen/*Schmidt*, § 308 Nr. 4 BGB, Rn. 4.

313 Staudinger/*Coester-Waltjen*, § 308 Nr. 4 BGB, Rn. 5; Wolf/Horn/Lindacher/*Wolf*, § 10 Nr. 4 AGBG, Rn. 7.

314 Vgl. *Schöne*, WM 2004, S. 262 ff.

315 BGH 01.12.1977, WM 1978, S. 216 (217).

316 BT-Drucks. 73919, S. 27.

317 Die vom BGH geprüfte Klausel in den Allgemeinen Geschäftsbedingungen des KFZ-Händlers lautete. „Preisänderungen sind nur zulässig, wenn zwischen Vertragsabschluß und vereinbartem Liefertermin mehr als vier Monate liegen; dann gilt der am Tag der Lieferung gültige Preis des Verkäufers".

318 BGH 07.10.1981, NJW 1982, S. 331.

In derselben Entscheidung hat der 8. Senat auch die bis heute geltenden Angemessenheitsmaßstäbe für Preiserhöhungsklauseln entwickelt. Demnach sind formularmäßige Preisänderungsvorbehalte dann nicht mehr angemessen, wenn sie es dem Verwender ermöglichen, über die real entstandenen Kostensteigerungen hinaus den Preis beliebig anzuheben[319]. Dies sei auf Grund der uneingeschränkten Formulierung der Klausel der Fall gewesen. Dabei geht der BGH allerdings weiter davon aus, dass eine Formulierung der Klausel, die das Recht des Händlers zur Preiserhöhung auf die Fälle, in denen ein anerkennenswertes Bedürfnis hierfür bestehe, begrenze, ebenfalls nicht zu einer Angemessenheit der Klausel führe. So sei eine allgemein gehaltene Fassung des Änderungsvorbehalts dahingehend, dass Preiserhöhungen lediglich im Umfang zwischenzeitlich eingetretener Kostensteigerungen zulässig seien, keine angemessene Eingrenzung, da es nach wie vor dem Verwender vorbehalten sei, den Tagespreis festzulegen und dabei etwa eine bevorstehende Kostensteigerung einzuberechnen oder einen nach Marktlage erzielbaren höheren Gewinn in den Preis einzubeziehen[320]. Eine komplizierte Klauselfassung hingegen, die sämtliche inhaltlich angemessenen Faktoren der Kostensteigerung erfasst, verschlösse sich dem Verständnis des durchschnittlichen Kunden, zumal deren Voraussetzungen von dem Kunden regelmäßig ohnehin nicht nachprüfbar seien[321].

Die Lösung dieses Formulierungsdilemmas sieht der BGH dann in der Aufnahme eines einseitigen Lösungsrechts des Kunden in die Klausel für den Fall, dass der Verwender von seinem Preiserhöhungsrecht Gebrauch macht[322].

Diese Rechtsprechung zur Angemessenheit von Preisanpassungsklauseln ist seitdem mehrfach bestätigt[323] und bis heute im Wesentlichen beibehalten worden[324]. Eine unangemessene Benachteiligung und zudem einen Verstoß gegen das Transparenzgebot sah der BGH trotz vertraglich eingeräumter Kündigungsmöglichkeit nur dann als gegeben, wenn der eingeräumte Änderungsvorbehalt nahezu sämtliche vertraglichen Rechte und Pflichten umfasste[325].

In einem Urteil zu einem formularmäßigen Preisanpassungsvorbehalt in einem Flüssiggasbelieferungsvertrag hat sich der BGH das erste Mal mit einem Fall befasst, in dem sich die Frage stellte, ob auch eine korrespondierende

---

319 BGH 07.10.1981, NJW 1982, S. 331 (332).

320 BGH 07.10.1981, NJW 1982, S. 331 (332).

321 BGH 07.10.1981, NJW 1982, S. 331 (332).

322 BGH 13.12.2006, ZIP 2007, S. 914 (915); BGH 07.10.1981, NJW 1982, S. 331 (332).

323 BGH 21.12.1983, NJW 1984, S. 1182 f.; BGH 26.11.1984, NJW 1985, S. 623 ff.; BGH 16.01.1985, NJW 1985, S. 853 ff.; BGH 20.05.1985, NJW 1985, S. 2270 ff.

324 BGH 17.12.2002, NJW 2003, S. 886 (888).

325 So eine Entscheidung des 4. Senats zum Versicherungsrecht, BGH 08.10.1997, NJW 1998, S. 454 (456).

Preissenkungspflicht geeignet sein kann, die Unwirksamkeit einer Preisanpassungsklausel zu kompensieren[326]. Die streitgegenständliche Klausel lautete: *„Wenn sich nach Abschluss des Vertrages die Gestehungspreise für Flüssiggas, die Material-, Lohn-, Transport- und Lagerkosten oder die Mineralöl- bzw. Mehrwertssteuersätze ändern, kann S. im Umfang der Veränderung dieser Kostenfaktoren pro Liefereinheit den vorstehend angegebenen derzeitigen Gaspreis ändern. Wenn sich die vorgenannten Kosten ermäßigen, kann der Kunde die Neufestsetzung des Preises im Rahmen der Veränderung der Kostenfaktoren verlangen."* Der BGH hielt diesen Preiserhöhungsvorbehalt zunächst im Wesentlichen aus drei Erwägungen für unwirksam: Die Preisänderung sei unter anderem an Betriebskosten gebunden, deren Entwicklung der Kunde nicht erfahren könne, die Gewichtung der einzelnen Kostenelemente untereinander sei nicht angegeben und schließlich ermögliche es die Klausel dem Verwender, den Preis auch dann anzuheben, wenn die Erhöhung eines bestimmten Kostenfaktors durch die Verringerung eines andern ausgeglichen werde[327]. Anders als das OLG Stuttgart in seinem vorinstanzlichen Urteil[328], das insoweit ausschließlich auf die Intransparenz als Unwirksamkeitsgrund abgestellt hatte, nimmt der BGH dabei insgesamt einen Verstoß gegen § 307 Abs. 1 BGB an, ohne im Einzelnen die Unwirksamkeitsgründe dem Transparenzgebot oder der materiellen Inhaltskontrolle zuzuordnen. Im Anschluss verneint der BGH die Möglichkeit eines Ausgleichs der Unwirksamkeit durch das Recht des Kunden, im Falle einer Kostenermäßigung eine Neufestsetzung des Preises zu verlangen[329]. Dabei stützt er sich jedoch ausschließlich auf den Umstand, dass der Kunde auf Grund der Anknüpfung an Betriebskosten eine etwaige Kostenermäßigung ebenso wenig wie eine Kostensteigerung erkennen könne[330]. Damit lässt es der BGH aber offen, ob eine vertragliche Preissenkungspflicht, vorausgesetzt sie knüpft an für den Kunden bestimmbare Parameter an oder ist nicht als Recht des Kunden, sondern als automatische Pflicht des Verwenders ausgestaltet, generell überhaupt geeignet ist, einen unwirksamen Preiserhöhungsvorbehalt auszugleichen[331].

bb) Die Rechtsprechung des BGH zu Zinsanpassungsklauseln in Kreditverträgen

Abweichend von der Rechtsprechung zu den Preisanpassungsklauseln in Kauf- oder Werkverträgen hat der 3. Senat in seinem Urteil vom 06.03.1986 die An-

326 BGH 21.09.2005, DB 2005, S. 2813 f.
327 BGH 21.09.2005, DB 2005, S. 2813 f.
328 OLG Stuttgart, 31.01.2005, NJW-RR 2005, S. 858.
329 BGH 21.09.2005, DB 2005, S. 2813 (2814).
330 BGH 21.09.2005, DB 2005, S. 2813 (2814).
331 Vgl. hierzu auch *Borges*, DB 2006, S. 1199 (1202 f.).

gemessenheit eines einseitigen Zinsänderungsvorbehalts in einem formularmäßigen Kreditvertrag beurteilt[332]. Dabei hielt der Senat zunächst an dem Grundsatz fest, dass ein einseitiger Änderungsvorbehalt stets eines berechtigten sachlichen Grundes bedarf, um nicht von vorneherein unangemessen benachteiligend zu wirken[333]. Ebenfalls erkannte er an, dass eine Präzisierung der Voraussetzungen beziehungsweise der Grenzen einer Zinsänderung in der Klauselformulierung erheblichen Schwierigkeiten begegne[334]. Den Spagat zwischen der Notwendigkeit einer inhaltlichen Beschränkung des Anpassungsvorbehalts und der faktischen Unmöglichkeit seiner verständlichen und nachvollziehbaren Formulierung löste der Senat indessen nicht mit dem Rückgriff auf ein kompensatorisches Lösungsrecht, sondern mittels einer einschränkenden Auslegung der umfassenden Anpassungsklausel. Für den Kunden sei erkennbar, dass die Klausel lediglich eine Anpassung des Vertragszinses an kapitalmarktbedingte Änderungen der Refinanzierungskonditionen der Bank ermögliche, was letztendlich eine Anpassung des Zinssatzes an die jeweils marktüblichen Zinsen bedeute[335]. Zudem profitiere der Kunde von diesem variablen Zinssatz, da die Klausel im Zweifel so zu verstehen sei, dass die Bank im Falle einer Absenkung des marktüblichen Zinses auch eine Anpassung des Vertragszinses nach unten vornehmen wolle[336].

Im Lichte dieser dem „erkennbaren Sinn“ der Klausel entsprechenden Auslegung beurteilt der Senat den allgemein gefassten, formularmäßig vereinbarten variablen Zinssatz als angemessen im Sinne von § 9 Abs. 1 AGBG (§ 307 Abs. 1 S. 1 BGB).

Diese Rechtsprechung wurde vom 11. Senat in einem Grundsatzurteil zur Wirksamkeit formularmäßig vereinbarter Überziehungskreditzinsen vom 14.04.1992 ausdrücklich bestätigt[337]. In diesem Urteil maß der BGH die Zinsanpassungsklauseln auch erstmals an dem Transparenzgebot und stellte hierzu lediglich lapidar fest, dass es keinen Verstoß gegen das Transparenzgebot bedeute, wenn der Durchschnittskunde Schwierigkeiten mit der Berechnung des Zinses im Einzelfall habe[338].

---

332 BGH 06.03.1986, NJW 1986, S. 1803 ff.; die zu beurteilende Klausel lautete: „Die Bank ist berechtigt, den Zinssatz zu ändern, wenn sie dies (z.B. wegen der Entwicklung am Geld- oder Kapitalmarkt) für erforderlich hält; sie wird die Änderung dem Kreditnehmer mitteilen“.

333 BGH 06.03.1986, NJW 1986, S. 1803 (1804).

334 BGH 06.03.1986, NJW 1986, S. 1803 (1804).

335 BGH 06.03.1986, NJW 1986, S. 1803 (1804).

336 BGH 06.03.1986, NJW 1986, S. 1803 (1805).

337 BGH 14.04.1992, NJW 1992, S. 1751 (1752).

338 BGH 14.04.1992, NJW 1992, S. 1751 (1753).

cc) Das Urteil des 11. Senats des BGH zu Zinsänderungsklauseln in Combisparverträgen vom 17.02.2004

Eine Änderung der BGH-Rechtsprechung zu den Zinsanpassungsklauseln in Bank-AGB zeichnet sich durch das Urteil des 11. Senats vom 17.02.2004 ab[339]. Der BGH wertete die Klausel *„Die Sparkasse zahlt am Ende eines Kalenderjahres den im Jahresverlauf durch Aushang bekannt gegebenen Zins für das Combisparguthaben."* als unwirksam gemäß § 308 Nr. 4 BGB. Dabei lehnte er die zu den Zinsanpassungsklauseln bei Kreditverträgen entwickelte einschränkende Auslegung ausdrücklich ab[340] und hielt es für zumutbar, dass die Verwenderin bei der Klauselformulierung unter den Bezugsgrößen des Kapitalmarkts diejenigen oder eine Kombination derjenigen auswählt, die den Gegebenheiten des Combisparvertrages möglichst nahe kommt, und diese zum Maßstab für künftige Zinsänderungen macht[341]. Ein seinem Inhalt nach gänzlich unbestimmter formularmäßiger Zinsänderungsvorbehalt liefere den Kunden beliebigen Entscheidungen der Bank aus, was sich auch durch das grundsätzlich schutzwürdige Interesse der Bank an einer Anpassung ihrer Zinssätze an die wechselnden Gegebenheiten des Kapitalmarkts nicht rechtfertigen ließe[342].

b) Analyse der Rechtsprechung

aa) Notwendigkeit der sachlichen Einschränkung von Anpassungsklauseln

Als gleichsam kleinster gemeinsamer Nenner der Rechtsprechung zu Anpassungsklauseln kann zunächst festgehalten werden, dass die einseitige Anpassung vertraglicher Rechte und Pflichten stets eines sachlichen Grundes bedarf, um der Inhaltskontrolle nach § 308 Nr. 4 BGB oder § 307 Abs. 1 S. 1 BGB standzuhalten. Ein solcher sachlicher Grund liegt regelmäßig darin, dass sich ändernde Umstände außerhalb des Vertrages während der Vertragsausführung den ursprünglich getroffenen wirtschaftlichen Ausgleich im Nachhinein als unangemessen erscheinen lassen und die Entwicklung dieser Umstände im Zeitpunkt des Vertragsschlusses nicht konkret vorhersehbar sind. Eine Angleichung der Vertragsbestimmungen im Wege des individuellen Nachverhandelns scheidet dabei insbesondere im Massenverkehr generell aus ökonomischen Gründen aus. Ein einseitiges Leistungsanpassungsrecht ist demnach stets dann

339 BGH 17.02.2004, NJW 2004, S. 1588 ff.
340 BGH 17.02.2004, NJW 2004, S. 1588 (1589).
341 BGH 17.02.2004, NJW 2004, S. 1588 (1590).
342 BGH 17.02.2004, NJW 2004, S. 1588 (1590).

inhaltlich angemessen, wenn es der Erhaltung des angemessenen vertraglichen Interessenausgleichs dient, und dieser nicht bereits vorab dauerhaft gesichert werden kann. Das Erfordernis eines sachlichen Grundes ist daher Maßstab der materiellen Inhaltskontrolle. Die Konkretisierung der Voraussetzungen und Grenzen des Anpassungsrechts ist also ein Erfordernis der materiellen Angemessenheit.

Die Unzulässigkeit uneingeschränkter Anpassungsklauseln in Allgemeinen Geschäftsbedingungen gründet demnach ausschließlich in ihrem Inhalt selbst[343].

bb) Kompensations- oder Auslegungslösung

Der Ansatz, diese Unzulässigkeit bei grenzenlosen Zinsanpassungsklauseln im Wege einer einschränkenden Auslegung zu vermeiden, ist zu Recht auf vielfache Kritik gestoßen[344]. Für eine derartige Auslegung bietet regelmäßig schon der Wortlaut keinerlei Anhaltspunkte, völlig fernliegend ist jedoch die Annahme, ein solch differenziertes Verständnis der Anpassungsklausel entspreche dem Erkenntnishorizont des Durchschnittskunden. Darüber hinaus läuft diese Vorgehensweise auf eine unzulässige geltungserhaltende Reduktion der Klausel im Vorfeld der Inhaltskontrolle hinaus. Der Klausel wird bereits in der Auslegung ein Inhalt beigemessen, der dann der anschließenden Inhaltskontrolle standhält. Dies stellt eine unzulässige Vermischung von Auslegung und Inhaltskontrolle dar, da mit der Auslegung am Maßstab des Zulässigen eine der Inhaltskontrolle vorgelagerte Korrekturinstanz geschaffen wird[345]. Insofern ist es zu begrüßen, dass der 11. Senat nunmehr eine Abkehr von dieser Rechtsprechung zumindest andeutet[346].

Auch die vom BGH bei Preisanpassungsklauseln vorgenommene Kompensation der Unangemessenheit weitgehend uneingeschränkter Änderungsvorbehalte mittels eines vertraglichen Lösungsrechts ist zumindest bedenklich. Es ist zwar methodisch anerkannt, dass den Vertragspartner benachteiligende Regelungen durch anderweitige, sachlich zusammenhängende und entsprechend

343 *Schimansky*, WM 2001, S. 1169 (1171).

344 *Bruchner/Metz*, Variable Zinsklauseln, 2002, Rn. 305 ff.; *Derleder*, WM 2001, S. 2029 (2031); *Habersack*, WM 2001, S. 753 (755 ff.); *Metz*, BKR 2001, S. 21 (22 ff.); *Schimansky*, WM 2001, S. 1169 (1172); *ders.*, WM 2003, S. 1449 (1450).

345 Vgl. hierzu *Stoffels*, AGB-Recht, 2003, Rn. 358.

346 BGH 17.02.2004, NJW 2004, S. 1588 (1589): „*Ob an dieser Rechtsprechung, die vor allem in den letzten Jahren zunehmend erhebliche Kritik erfahren hat (...) und die von der Rechtsprechung des BGH zu Preis- oder Tarifänderungsklauseln (...) abweicht, für Kreditverträge festgehalten werden kann, braucht hier nicht entschieden zu werden.*“.

gewichtige Vorteile ausgeglichen werden können, so dass insgesamt keine unangemessene Benachteiligung vorliegt[347]. Jedoch ist fraglich, ob ein umfassendes Leistungsbestimmungsrecht tatsächlich durch eine Kündigungsmöglichkeit kompensiert wird. So läuft eine Kombination von Anpassungsrecht des Verwenders und Kündigungsrecht des Kunden auf eine doppelte Durchbrechung des Grundsatzes, dass Verträge so einzuhalten und zu erfüllen sind, wie sie geschlossen wurden, hinaus. Zudem kann in vielen Fällen bezweifelt werden, ob es für den Kunden tatsächlich einen Vorteil darstellt, auf die Preiserhöhung des Verwenders mit einer Vertragsauflösung reagieren zu können. Insbesondere bei langfristigen Verträgen dürfte es für den Kunden im Hinblick auf die kostenintensive Rückabwicklung häufig ökonomisch sinnvoller sein, die Anpassung hinzunehmen. Es spricht viel dafür, dass dies den BGH dazu bewogen hat, bei den Zinsanpassungsklauseln nicht die Kompensationslösung zu übernehmen, da gerade die vorzeitige Rückabwicklung langfristiger Kreditverträge mit erheblichen praktischen Schwierigkeiten und finanziellen Belastungen einhergeht.

cc) Eingrenzungserfordernis und Transparenzgebot

Der BGH hat seine Rechtsprechung zu den Zins- und Preisanpassungsklauseln unter anderem damit gerechtfertigt, dass dem Verwender eine transparente Darstellung der Voraussetzungen und Grenzen des Anpassungsrechts nicht möglich sei[348]. Gleichwohl werden in anderen Fallkonstellationen zu weit gefasste Bestimmungsvorbehalte des Verwenders in der Rechtsprechung häufig zumindest missverständlich wegen Verstoßes gegen das AGB-rechtliche Transparenzgebot für unwirksam erklärt[349]. In der Literatur heißt es insoweit allgemein, dass eine Anpassungsklausel dann den Anforderungen des Transparenzgebots genügt, wenn der Vertragspartner aus der Klausel erkennen kann, in welchem Umfang Preiserhöhungen auf ihn zukommen können, und er muss die Berechtigung der Preiserhöhung in etwa erkennen können[350].

---

347 BGH 17.12.1998, NJW 1999, S. 942 (943); BGH 05.06.1997, NJW 1997, S. 2598; Palandt/*Heinrichs*, § 307 BGB, Rn. 10; Staudinger/*Coester*, § 307 BGB, Rn. 125 ff; *Stoffels*, AGB-Recht, 2003, Rn. 487; Ulmer/Brandner/Hensen/Fuchs, § 307 BGB, Rn. 144 ff.; Wolf/Horn/Lindacher/*Wolf*, § 9 AGBG, Rn. 132 ff.

348 BGH 06.03.1986, NJW 1986, S. 1803 (1804); BGH 07.10.1981, NJW 1982, S. 331 (332).

349 BGH 19.10.1999, NJW 2000, S. 651 (652), BGH 08.10.1997, S. 454 (456).

350 Erman/*Roloff*, § 309 Nr. 1 BGB, Rn. 11; MüKo/*Basedow*, § 309 Nr. 1 BGB, Rn. 21; Ulmer/Brandner/Hensen/*Fuchs*, § 307 BGB, Rn. 182; *Borges*, ZIP 2007, S. 1437 (11438).

Dies wirft zwei grundsätzliche Fragen bezüglich des Verhältnisses zwischen Inhalts- und Transparenzkontrolle auf. Zum einen gilt es zu klären, ob das Transparenzgebot dazu führen kann, einen materiell (noch) zulässigen Bestimmungsvorbehalt weiter zu konkretisieren und damit zwangsläufig einhergehend weiter inhaltlich einzuschränken. Zum anderen ist der Widerspruch zwischen transparenter aber inhaltlich unzulässiger sowie materiell zulässiger, jedoch auf Grund dessen notwendig intransparenter Klauselgestaltung zu lösen.

aaa) Transparenzgebot als Inhaltsschranke?

Das Transparenzgebot zwingt weder direkt noch im Wege der Reflexwirkung zu einer Beschränkung des Klauselinhalts, da es kein Maßstab für die Reichweite der inhaltlichen Regelung sein kann[351]. Dies folgt schon daraus, dass der durch Auslegung ermittelte Regelungsgehalt einer Klausel selbst Bezugsgröße der Transparenzkontrolle ist. Das Transparenzgebot verpflichtet den Verwender lediglich, den jeweiligen Klauselinhalt nebst seiner Folgen für den Vertrag insgesamt dem Durchschnittskunden klar und verständlich zu formulieren.

So folgt aus dem Transparenzgebot zum Beispiel auch keine eigenständige Pflicht, aus dem Gesetz oder der Rechtsnatur des Vertrages folgende Pflichten ausdrücklich zu regeln oder den Vertragspartner hierüber zu belehren[352]. Das Recht, die mehr oder minder große Regelungsdichte eines Vertrages zu bestimmen, ist wesentlicher Bestandteil der Vertragsfreiheit[353].

Demnach muss eine Anpassungsklausel nach § 307 Abs. 1 S. 2 BGB nur den Grad an Bestimmtheit erkennen lassen, den § 307 Abs. 1 S. 1 BGB verlangt. Eine weitergehende Einschränkung ist über das Transparenzgebot nicht begründbar. Eine Klausel, die nach dem Ergebnis ihrer Auslegung einen weiteren Spielraum zulässt, ist deshalb alleine wegen des Verstoßes gegen § 307 Abs. 1 BGB unwirksam. Eine inhaltlich bereits unzulässige Klausel mit dem Argument, sie erwecke den Anschein der Wirksamkeit und täusche insoweit über die Rechtslage, wegen Verstoßes gegen das Transparenzgebot für unwirksam zu erklären, ist methodisch verfehlt. Eine solche Aussage setzt bereits die Prüfung und Feststellung der materiellen Unwirksamkeit voraus. Der Gesetzgeber hat sich für eine offene Inhaltskontrolle entschieden, weswegen auch die Gründe, die das Urteil der Unangemessenheit tragen, offen zu legen sind[354]. Das Transparenzgebot verpflichtet nicht, inhaltlich angemessene Regelungen zu treffen.

351 *Schimansky*, WM 2001, S. 1169 (1171).

352 BGH 23.01.1996, NJW 1996, S. 1213 (1215); *Rellermeyer*, WM 1994, S. 1053 (1056).

353 BGH 14.05.1996, NJW 1996, S. 2092 (2093); BGH 23.01.1996, NJW 1996, S. 1213 (1215).

354 Vgl. *Stoffels*, AGB-Recht, 2003, Rn. 358.

Damit ist als Zwischenergebnis festzuhalten, dass das Transparenzgebot den Verwender weder dazu verpflichtet, Anpassungsklauseln hinsichtlich der Ausübungsvoraussetzungen und -grenzen zu konkretisieren, noch über das nach § 307 Abs. 1 S. 1 BGB zulässige Maß hinaus einzuschränken. Es findet nur dort seine originäre Anwendung, wo der Verwender seiner Konkretisierungspflicht nachkommt.

bbb) Intransparente Konkretisierungen des Anpassungsrechts

Eine Anpassungsklausel, welche die Voraussetzungen und Grenzen der Ausübung des Anpassungsrechts nennt, unterliegt wie jede andere Regelung in Allgemeinen Geschäftsbedingungen der Transparenzkontrolle nach § 307 Abs. 1 S. 2 BGB.

In der Praxis verbreitet sind Klauseln, in denen der Verwender zwar einen sachlichen Grund für die Ausübung des Anpassungsrechts nennt, diesen aber selbst nicht weiter konkretisiert. Es handelt sich dabei um Formulierungen wie zum Beispiel *„(...) bei Änderung der wirtschaftlichen Verhältnisse in erheblichem Maße(...)"*[355], *„(...) bei einer nicht unwesentlichen Erhöhung der Einstandspreise, Transportkosten, Löhne und/oder öffentlich-rechtlichen Abgaben (...)"*[356] oder *„(...) infolge von Lohn- oder sonstigen Kostenänderungen (...)"*[357]. Diese „weichen" Sachgründe für eine einseitige Preis- beziehungsweise Zinsanpassung lassen wenigstens erkennen, dass die Ausübung des Anpassungsvorbehalts nicht grundlos im beliebigen Ermessen des Verwenders steht. Gleichwohl werden sie vielfach für intransparent und deswegen unwirksam gehalten[358]. Dem ist im Ergebnis, nicht jedoch in der Begründung zuzustimmen. Der Verwender bedient sich in diesen Fällen unbestimmter Begriffe, deren Konkretisierung ausschließlich ihm selbst vorbehalten ist. Wann zum Beispiel eine Kostenerhöhung *„wesentlich"* ist, unterliegt alleine dem Beurteilungsspielraum des Verwenders. Dadurch wird dem Klauselgehalt nach ein weitestgehend uneingeschränktes Bestimmungsrecht auf Ebene der tatbestandlichen Voraussetzungen des Anpassungsrechts vereinbart. Dies hält aber schon nicht der materiellen Inhaltskontrolle stand, da auf diese Weise ein nicht hinreichend eingeschränktes Anpassungsrecht vorliegt. Die Korrektur ungerechtfertigter Beurteilungs- und Ausübungsspielräume erfolgt wie gesehen alleine über das Instrument der Inhaltskontrolle und nicht der Transparenzkontrolle. Der Vertragspartner kann nur deshalb nicht verstehen,

355 Vgl. BGH 18.05.1979, NJW 1980, S. 181.
356 Vgl. OLG Düsseldorf, 13.02.1997, BB 1997, S. 699.
357 Vgl. BGH 17.12.2002, NJW 2003, S. 886.
358 OLG Düsseldorf 13.02.1997, BB 1997, S. 699; *Ebel*, DB 1982, S. 2607 (2610); *Schöne*, WM 2004, S. 262 (265).

was mit den verwandten unbestimmten Begriffen gemeint ist, weil es dem Verwender vorbehalten bleibt, den Begriff mit einer konkreten Bedeutung zu füllen[359].

Darüber hinaus verstoßen derartige Klauseln aber auch gegen das Transparenzgebot, und zwar deswegen, weil der einseitige Bestimmungsvorbehalt des Verwenders selbst nicht hinreichend klar und verständlich zum Ausdruck gebracht wird.

Die Verwendung solcher weichen sachlichen Gründe zur Einschränkung eines Leistungsbestimmungsrechts ist demnach sowohl wegen Verstoßes gegen § 307 Abs. 1 S. 1 BGB beziehungsweise § 308 Nr. 1 BGB als auch gegen § 307 Abs. 1 S. 2 BGB unzulässig.

Schließlich bleibt die Zulässigkeit so genannter qualifizierter Preisanpassungsklauseln, das heißt solcher Klauseln, welche die Determinanten sowohl der Voraussetzungen als auch der Berechnung einer Preiserhöhung ausführlich festlegen, zu untersuchen. Der BGH schlägt insoweit für die Gestaltung einer Zinsanpassungsklausel bei Combisparverträgen vor, die verwendende Bank könne auf Grundlage der von ihr beabsichtigten Verwendung des Mittelaufkommens aus Combispareinlagen die für den danach in Betracht kommenden Teil ihres Aktivgeschäfts maßgeblichen Parameter des Kapitalmarkts einer Umschreibung der Voraussetzungen, Richtlinien und Grenzen für künftige Zinsänderungen zu Grunde legen[360]. Es bedarf keiner vertiefenden Ausführungen, dass eine derartige Klausel für den durchschnittlichen Bankkunden unverständlich und damit intransparent im Sinne des § 307 Abs. 1 S. 2 BGB wäre. Insofern hat es tatsächlich den Anschein, als stünde der Verwender vor dem Versuch einer Quadratur des Kreises[361]: Werden die Determinanten der Anpassung so ausführlich dargelegt, dass jederzeit eine objektive mathematische Nachvollziehbarkeit des Rechenergebnisses gewährleistet ist, droht die Unwirksamkeit nach § 307 Abs. 1 S. 2 BGB, werden die Determinanten gar nicht oder allenfalls vage genannt, verstößt die Klausel gegen § 307 Abs. 1 S. 1 BGB beziehungsweise § 308 Nr. 1 BGB.

Dieser Einschätzung wäre indessen nur dann zu folgen, wenn die zwangsläufige Intransparenz qualifizierter Anpassungsklauseln zwingend zum Unwirksamkeitsverdikt führte. Lässt sich eine Klausel auf Grund der Natur ihres Regelungsgegenstandes nicht hinreichend transparent formulieren, führt dies indessen nicht notwendig auch zur Unwirksamkeit der Klausel. Letztere ist nach hier vertretener Ansicht erst das Ergebnis einer spezifischen Interessenabwägung.

---

359 Dies verkennt OLG Düsseldorf 13.02.1997, BB 1997, S. 699.

360 BGH 17.02.2004, NJW 2004, S. 1588 (1590).

361 So *Schöne*, WM 2004, S. 2262 (266).

Danach bedeutet die Intransparenz dann keine unangemessene Benachteiligung für den Kunden, wenn dem Verwender einerseits eine transparentere Klauselformulierung faktisch unmöglich ist, er andererseits aber ein berechtigtes Interesse an der vertraglichen Regelung hat.

Dass die Pflicht zur transparenten Klauselgestaltung nur im Rahmen des tatsächlich Möglichen besteht, entsprach bereits vor Kodifizierung des Transparenzgebots allgemeiner Meinung[362]. Abzuwägen ist demnach, ob das Interesse des Verwenders an der Regelung das Interesse des Vertragspartners an deren verständlicher Darstellung überwiegt. Dabei streitet für die vertragliche Regelung eines Anpassungsrechts nicht nur dessen ökonomisches Bedürfnis, sondern insbesondere auch die grundsätzliche Privatautonomie. In diese wird nämlich in besonderem Maße eingegriffen, wenn dem Verwender der Gebrauch einer an sich inhaltlichen angemessenen Regelung gänzlich untersagt wird, da dem Vertragspartner auf Grund formaler Umstände Nachteile drohen. Darüber hinaus kann nur die ausführliche Darlegung der Voraussetzungen und Berechnungsmethode von Anpassungen eine gesicherte Rechtsposition garantieren[363].

c) Fazit

Es ist somit zu Recht anerkannt, dass das Transparenzgebot den Klauselsteller nicht überfordern darf, das heißt insbesondere, dass dem Transparenzgebot Grenzen gesetzt sind, wo eine verständlichere Formulierung auf Grund des Regelungsgehalts der Klausel unmöglich ist[364]. Es wäre mit dem Schutzzweck des AGB-Rechts, das neben dem Schutz des Verwenders auch eine Rationalisierungs- und Typisierungsfunktion Allgemeiner Geschäftsbedingungen im Rechtsverkehr anerkennt[365], schlechterdings unvereinbar, dem Verwender die Regelung solcher Themenkomplexe zu untersagen, die sich nicht oder nur bis zu einem gewissen Grad transparent darstellen lassen. Derartige Anforderungen über § 307 Abs. 1 S. 2 BGB an die Vertragsgestaltung zu stellen, geriete zudem mit Verfassungsrechten des Verwenders aus Art. 2, 12 und 14 GG sowie dem Rechtsstaatsprinzip in Konflikt, die ebenfalls Ausfluss in der allgemei-

---

362 BGH 09.05.2001, NJW 2001, S. 2014 (2019); BGH 03.11.1998, ZIP 1999, S. 103 (104); BGH 03.06.1998, NJW 1998, S. 3114 (3116); BGH 10.03.1993, NJW 1993, S. 2052 (2054); BGH 10.07.1990, NJW 1990, S. 2383 (2384).

363 *Evermann*, Die Anforderungen des Transparenzgebots an die Gestaltung von Allgemeinen Versicherungsbedingungen, 2002, S. 140.

364 BGH 09.05.2001, NJW 2001, S. 2014 (2019); BGH 03.11.1998, ZIP 1999, S. 103 (104); BGH 03.06.1998, NJW 1998, S. 3114 (3116); BGH 10.03.1993, NJW 1993, S. 2052 (2054); BGH 10.07.1990, NJW 1990, S. 2383 (2384).

365 Hierzu ausführlich: *Stoffels*, AGB-Recht, 2003, Rn. 67 ff.

nen Vertragsfreiheit gefunden haben[366]. Dies wirkt sich in zweierlei Hinsicht auf Preisänderungsklauseln in Allgemeinen Geschäftsbedingungen aus. Dass eine Klausel von dem Durchschnittskunden nicht mehr verstanden werden kann, erlaubt es dem Verwender nicht, einen allgemeinen und unkonkretisierten Änderungsvorbehalt aufzunehmen, da dann eine materielle Unwirksamkeit der Klausel droht. Vielmehr bedeutet die Unmöglichkeit verständlicherer Darstellung, dass ein entsprechend konkretisierter Änderungsvorbehalt nicht am Transparenzgebot scheitert. Zum anderen darf der Verwender dort, wo die Zukunftsorientierung eines Änderungsvorbehalts die Festlegung auf bestimmte Faktoren für die Preiserhöhung verbietet, auf Spielräume zurückzugreifen. Ob diese zulässig sind, ist wiederum eine Frage der Legitimität der Flexibilisierung und damit ebenfalls nach materiellen Kriterien zu bewerten. Die mit einer entsprechenden Formulierung notwendig einhergehende Intransparenz ist dann wieder vor dem Hintergrund der Unmöglichkeit einer transparenteren Darstellung zu rechtfertigen.

Des Weiteren ist festzustellen, dass nicht das Transparenzgebot den wesentlichen Maßstab der erforderlichen Bestimmtheit einer Klausel festlegt, sondern die materielle Inhaltskontrolle. Ob und wieweit der Verwender bei Kostensteigerungen ein Ermessen hat, den Preis anzuheben, ist ebenso wenig eine Frage der Transparenz wie die Frage, ob bestimmte Faktoren überhaupt Anlass für eine Preiserhöhung sein können[367]. Insoweit geht es ausschließlich um die Wahrung der vertraglichen Austauschgerechtigkeit, also um die materielle Angemessenheit des Änderungsvorbehalts.

2. Grad der materiellen Benachteiligung als Interessenmaßstab

Es hat sich gezeigt, dass sowohl die praktischen Möglichkeiten der Darstellung eines angemessenen Regelungsgehalts als auch das Interesse an dessen Regelung die Bewertung der Angemessenheit ihrer Darstellungsform maßgeblich beeinflussen. Von daher stellt sich die Frage, ob der Grundsatz aufgestellt werden kann, dass das Verständnisrisiko umso eher unangemessen ist, je benachteiligender sich die inhaltliche Regelung darstellt[368].

Eine pauschale Konnexität zwischen dem Grad der inhaltlichen Benachteiligung und dem Grad des angemessenen Verständnisaufwands ist jedoch ab-

366 Staudinger/*Coester*, § 307 BGB, Rn. 195.

367 Ebenso: *Borges*, DB 2006; S. 1199 (1204).

368 So BGH 05.10.1993, WM 1993, S. 2001 (2003); BGH 10.07.1990, ZIP 1990, S. 980 (982); Däubler/*Dorndorf*, AGB-Kontrolle im Arbeitsrecht, 2004, § 307 BGB, Rn. 161; Staudinger/*Coester*, § 307 BGB, Rn. 185; *v.Hoyningen-Huene*, FS Trinkner (1995), S. 179 (190).

zulehnen. Sie stellt lediglich den Umkehrschluss der Ansicht dar, die in der Klauseltransparenz ein inhaltliches Angemessenheitskriterium sieht[369]. Die Transparenzkontrolle bezweckt gerade nicht den Schutz vor inhaltlicher Benachteiligung, ganz gleich, ob diese nun unangemessen ist, oder wie nahe sie dieser Grenze kommt. Soweit es bei der Transparenzkontrolle überhaupt um die materielle Benachteiligung geht, soll der Vertragspartner im Rahmen der Abschlusstransparenz in die Lage versetzt werden, die Vorteilhaftigkeit beziehungsweise Nachteiligkeit der Regelung autonom zu bewerten. Dies setzt aber zwangsläufig voraus, dass der zumutbare Verständnisaufwand unabhängig vom Grad der inhaltlichen Benachteiligung festzulegen ist. Es kommt hierbei ja gerade darauf an, dass der Vertragspartner die graduellen Unterschiede in der Benachteiligung bei den einzelnen entscheidungsrelevanten Vertragsbestimmungen einheitlich erfassen kann.

Auch im Bereich der Abwicklungstransparenz lässt sich ein berücksichtigungsfähiger Zusammenhang zwischen dem Grad der inhaltlichen Benachteiligung und der transparenzspezifischen Gefährdungslage nicht generell herstellen. Erkennt der Vertragspartner seine sich aus den Allgemeinen Geschäftsbedingungen ergebenden Pflichten nicht oder nicht zutreffend, so läuft er Gefahr, nicht bestehende Pflichten zu erfüllen, beziehungsweise sich gegen bestehende Pflichten fälschlicherweise zu wehren. Gleiches gilt für die vertraglich geregelten Rechte des Vertragspartners, mit der Maßgabe, dass er dadurch in die Gefahr gebracht wird, entweder bestehende Rechte nicht wahrzunehmen oder auf nicht bestehende Rechte zu vertrauen. Sämtliche Varianten versetzen den Vertragspartner gegenüber dem Verwender in eine ungünstige, mitunter kostennachteilige Position bei der Vertragsabwicklung. Diese ist jedoch grundsätzlich unabhängig von der Intensität der in der intransparenten Klausel enthaltenen materiellen Benachteiligung.

Gleichwohl ist die in einer Vertragsbestimmung enthaltene materielle Benachteiligung nicht völlig irrelevant für das Maß zumutbaren Verständnisaufwands. Nur muss sie in Bezug zu der vom Transparenzgebot umfassten spezifischen Gefährdungslage gesetzt werden. Dies bedeutet, dass das zulässige Verständnisrisiko dann geringer sein muss, wenn dem Vertragspartner aus dem Un- beziehungsweise Missverständnis der Regelung besondere wirtschaftliche Nachteile erwachsen. Dies soll am Beispiel der Leasingverträge mit Restwertabrechnung verdeutlicht werden.

Bei einem Vertrag mit Restwertabrechnung trägt der Leasingnehmer im Falle der vertragsgemäßen vorzeitigen Beendigung des Leasingverhältnisses das volle Risiko, dass der kalkulierte Restwert der Leasingsache unter dem tatsäch-

369 S.o. Kap. 1 III 1. a).

lichen Verwertungserlös der zurückgegebenen Leasingsache liegt. Dabei wird häufig weiter vereinbart, dass der tatsächliche Verwertungserlös ausschließlich durch einen vom Leasinggeber beauftragten Sachverständigen ermittelt und mit 90% in Anrechnung gebracht wird. Im Gegenzug wird dem Leasingnehmer das Recht eingeräumt, einen Drittkäufer zu benennen, der bereit ist, einen höheren Kaufpreis für die Leasingsache zu bezahlen, als durch den Sachverständigen ermittelt[370]. Das OLG Köln[371] sowie nachfolgend der BGH[372] hielten die entsprechenden Bestimmungen in den Allgemeinen Geschäftsbedingungen unter zwei Gesichtspunkten für mit dem Transparenzgebot unvereinbar. Zum einen waren die Berechnungsgrundlagen für den kalkulierten Restwert nicht hinreichend konkret dargelegt. Der Leasingnehmer müsse aber ungefähr einschätzen können, ob und gegebenenfalls in welcher Höhe eine Ausgleichszahlung auf ihn zukomme, wenn er den Vertrag vor Ablauf der Amortisationszeit kündige, denn nur so könne er bewerten, ob es für ihn günstiger sei, den Vertrag zu Ende durchzuführen oder es aber bei einer vorzeitigen Beendigung zu belassen[373]. Darüber hinaus verstoße es gegen das Transparenzgebot, dass die Möglichkeit zur Drittkäuferbenennung im konkreten Fall nicht bei den Regelungen zur Abrechnung nach Kündigung sondern thematisch bei den Bestimmungen zur Rückgabe der Leasingsache geregelt ist, wodurch dem Leasingnehmer das Auffinden dieser Möglichkeit unzumutbar erschwert werde[374].

Diese Entscheidungen sind in besonderer Weise für die oben aufgeworfene Fragestellung instruktiv. So geht aus ihnen hervor, dass der Vertragspartner dann besonders auf die Erkennbarkeit der benachteiligenden Wirkung einer Vertragsregelung, hier der Restwertabrechnung, angewiesen ist, wenn hiervon seine Entscheidung über die Ausübung vertraglicher Rechte abhängt. Dies erlaubt den verallgemeinernden Rückschluss darauf, dass ein Verständnisrisiko umso eher als unangemessen zu bewerten ist, je gravierender die Folgen der sich realisierenden Gefahr infolge der Intransparenz sind. Dies betrifft in besonderem Maße vertragliche Gestaltungsrechte sowie die mit ihnen verbundenen Folgen. In diesen Kontext gehören aber beispielsweise auch Sonderleistungen des Verwenders, die mit entsprechenden Kosten verbunden sind, sofern der Vertragspartner sie in Anspruch nimmt. So verhält es sich etwa bei der Verwendung einer Kreditkarte im Ausland, die nach nahezu allen Kreditbedingungen mit gesonderten Gebühren verbunden ist[375]. Dem Vertragspartner

---

370 Beispiel nach BGH 22.11.1995, BB 1996, S. 180 ff.
371 OLG Köln 06.02.1995, NJW 1995, S. 2044 f.
372 BGH 22.11.1995, BB 1996, S. 180 ff.
373 OLG Köln 06.02.1995, NJW 1995, S. 2044 (2045).
374 BGH 22.11.1995, BB 1996, S. 180 (181).
375 Vgl. BGH 14.10.1997, NJW 1998, S. 383 f.

muss hier ohne große Mühen erkennbar werden, dass der Auslandseinsatz seiner Kreditkarte mit zusätzlichen Kosten verbunden ist, beziehungsweise wie hoch diese sind, damit er sein Verhalten bei der Inanspruchnahme dieser gesonderten Leistung entsprechend ausrichten kann. Dazu gehört es, dass diese Sonderkosten zusammen mit den übrigen Kosten und Gebühren in einem Gesamtverzeichnis aufgeführt sind. Es ist dem Vertragspartner nicht zumutbar, dass er den gesamten Vertrag durchlesen muss, um eine abschließende Übersicht sämtlicher angebotener Leistungen sowie der hierfür anfallenden Kosten zu erhalten.

III. Die Erwartungen des Vertragspartners

Eine weit verbreitete Ansicht misst ferner dem Erwartungshorizont des typischen Durchschnittskunden hinsichtlich des Inhalts des entsprechenden Vertragstyps eine wesentliche Bedeutung zu[376]. Dem liegt die Annahme zu Grunde, dass es dem Vertragspartner leichter falle, eine Regelung zu erfassen, die mit seinen Erwartungen übereinstimmt[377]. Umgekehrt sei die Notwendigkeit eigener Denkschritte umso mehr erforderlich, je weiter sich der Regelungsgehalt von der Erwartungshaltung des durchschnittlichen Vertragspartners entferne[378]. Je weiter sich der konkrete Vertragsinhalt von den typischen Erwartungen entfernt, desto deutlicher soll dies also in der Darstellung und Formulierung der jeweiligen Vertragsklausel zum Ausdruck kommen. Worauf sich dabei die Erwartungen des durchschnittlichen Vertragspartners beziehen sollen, bedarf indessen einer weiteren Konkretisierung.

1. Gerechtigkeitserwartungen

Dem Begriff des Erwartungshorizonts kommt insbesondere im Rahmen der materiellen Inhaltskontrolle bei der Konkretisierung des § 307 Abs. 2 Nr. 2 BGB im Wege der Bestimmung eines vertragstypenspezifischen Leitbildes eine

376 *Evermann*, Die Anforderungen des Transparenzgebots an die Gestaltung von Allgemeinen Versicherungsbedingungen, 2002, S. 121 ff.; *Kreienbaum*, Intransparenz und AGB-Gesetz, 1998, S. 271 ff.; Staudinger/*Coester*, § 307 BGB, Rn. 184; *Horn*, WM 1997, Beilage 1, S. 3 (20).

377 *Kreienbaum*, Intransparenz und AGB-Gesetz, 1998, S. 270.

378 *Evermann*, Die Anforderungen des Transparenzgebots an die Gestaltung von Allgemeinen Versicherungsbedingungen, 2002, S. 121.

wesentliche Rolle zu[379]. Dabei wird das maßgebliche Vorstellungsbild eines durchschnittlichen Vertragspartners zum einen durch tatsächliche, teilweise sogar empirisch nachweisbare Umstände und zum anderen durch normativ begründete Gerechtigkeitserwartungen geprägt[380].

Soweit es um den Aspekt der vertragstypischen Gerechtigkeitserwartungen des Durchschnittskunden geht, kann dieser bereits als für die Transparenzkontrolle unmaßgeblich außer Betracht bleiben. Im Rahmen der materiellen Inhaltskontrolle dient die Entwicklung vertragstypenspezifischer Gerechtigkeitserwartungen im wesentlichen dazu, dort einen Vergleichsmaßstab für die Angemessenheitskontrolle zu bestimmen, wo es an gesetzlichen Vorgaben mangelt. Das aus dem Erwartungshorizont ermittelte vertragstypische Leitbild ergänzt beziehungsweise ersetzt das gesetzliche Leitbild bei der Bestimmung des Grades der inhaltlichen Benachteiligung des Klauselinhalts sowie der anschließenden Interessenabwägung. Wie bereits dargelegt, kommt dem Grad materieller Benachteiligung bei der Transparenzkontrolle nur eine mittelbare Bedeutung zu. Hieran ändert es nichts, dass sich diese Benachteiligung nun mittels des Abweichens von einem gesetzlichen oder einem vertragstypischen Leitbild ergibt. Das Transparenzgebot schützt den durchschnittlichen Vertragspartner nicht speziell davor, dass der Inhalt der Allgemeinen Geschäftsbedingungen von dem abweicht, was er als gerechten Ausgleich erwarten darf.

2. Erwartungen bezüglich der Vertragsregelungen

Anders verhält es sich indessen mit den allgemeineren Erwartungen des durchschnittlichen Kunden an die in dem Vertrag typischerweise geregelten Themen. Hierbei geht es nicht um die Erwartung an den konkreten Inhalt einer Klausel, sondern darum, was der durchschnittliche Kunde überhaupt an typischerweise in dem Vertrag geregelten Inhalten erwarten darf. Dies betrifft solche Klauseln, die aus Sicht des Durchschnittskunden das für den jeweiligen Vertragstyp charakteristische Gepräge ausmachen. Bei Abschluss etwa eines Wohnraummietvertrages gehen die typischen Vertragsregelungen über den Bereich des unmittelbaren Mietgegenstandes sowie des hierfür geschuldeten Mietzinses hinaus. So wird der durchschnittliche Mieter regelmäßig Bestimmungen über Nebenkosten, Renovierungspflichten und Kündigungsvoraussetzungen erwarten. Derartige Vorstellungen weisen durchaus einen Bezug zur Transparenzkontrolle auf. Erwartet der durchschnittliche Kunde, dass in den Allgemeinen Ge-

379 Vgl. ausführlich zum Ganzen *Stoffels*, Gesetzlich nicht geregelte Schuldverhältnisse, 2001, S. 479 ff.

380 *Stoffels*, Gesetzlich nicht geregelte Schuldverhältnisse, 2001, S. 492.

schäftsbedingungen eine bestimmte Frage geregelt ist, so kann von ihm auch ein entsprechend höheres Maß an Verständnisaufwand gefordert werden, den genauen Regelungsinhalt zu erfassen.

3. Erwartungen an die vertragsinnere Stimmigkeit

Schließlich können Erwartungshaltungen des durchschnittlichen Vertragspartners auch durch die Vertragsbestimmungen selbst geweckt werden. Enthält ein Vertrag beispielsweise ein Preisverzeichnis, so kann hierdurch die Erwartung des Kunden geweckt werden, die hierin aufgeführten Preise seien abschließend und darüber hinaus könnten bei der Vertragsabwicklung keine weiteren Kosten anfallen. So hat der BGH in der bereits erwähnten Entscheidung zu einem Leasingvertrag mit Restwertabrechnung[381] zutreffend festgestellt, dass es gegen das Transparenzgebot verstoße, dass die Möglichkeit zur Drittkäuferbenennung im konkreten Fall nicht bei den Regelungen zur Abrechnung nach Kündigung sondern thematisch bei den Bestimmungen zur Rückgabe der Leasingsache geregelt ist, wodurch dem Leasingnehmer das Auffinden dieser Möglichkeit unzumutbar erschwert werde[382]. Dabei hat sich der BGH richtigerweise auf die Feststellung der Intransparenz der gesamten Regelung beschränkt. Auch wenn sowohl die Restwertvereinbarung[383] als auch das Recht zur Drittkäuferbenennung transparent formuliert worden wären, wäre die Regelung allein auf Grund der nicht zusammenhängenden Darstellung unwirksam im Sinne des § 307 Abs. 1 S. 2 BGB. Die Möglichkeit der Drittkäuferbenennung war nämlich thematisch wesentlicher Bestandteil der Restwertvereinbarung. Der Leasingnehmer konnte jedoch nicht erwarten, weitere Regelungen zu diesem Thema an einer anderen Stelle im Vertrag zu finden. Von daher musste er seine Rechtsposition zwangsläufig schlechter einschätzen, als sie es tatsächlich war. Dies zeigt, dass gerade den vertragsimmanent geweckten Erwartungen eine besondere Bedeutung bei der Beurteilung der Angemessenheit des zu erbringenden Verständnisaufwands zukommt.

Ein weiteres Beispiel für die Bedeutung des Erwartungshorizontes lässt sich der aktuellen Rechtsprechung zu den so genannten „Prepaid-"Verträgen der Mobilfunkanbieter entnehmen[384]. In diesen Verfahren ging es hauptsächlich darum, ob ein Mobilfunkbetreiber in seinen Allgemeinen Geschäftsbedingun-

381 BGH 22.11.1995, BB 1996, S. 180 ff.

382 BGH 22.11.1995, BB 1996, S. 180 (181).

383 Auch hieran mangelte es in dem konkreten Fall, vgl. ausführlich OLG Köln 06.02.1995, NJW 1995, S. 2044 (2045).

384 OLG München 22.06.2006, K&R 2006, S. 351ff. (O2); LG Düsseldorf 23.08.2006, Az. 12 O 458/05, n.v. (Vodafone).

gen festlegen darf, dass nach Ablauf einer bestimmten Zeit zum einen die von dem Kunden geleisteten Vorauszahlungen in Form eines Gesprächsguthabens ersatzlos verfallen und zum anderen die Prepaid-Karte vollständig und endgültig deaktiviert wird, der Kunde also unter seinem Mobilfunkanschluss auch nicht mehr angerufen werden kann. Der Sache nach bedeuten derartige Klauseln die Statuierung einer Mindestumsatzverpflichtung, was den Erwartungen der Kunden an ein „Prepaid-Angebot“ insbesondere deshalb zuwider läuft, weil der Kunde auf Grund der werblichen Beschreibung dieses Mobilfunkangebots regelmäßig davon ausgeht, gerade keiner Vertragsbindung, monatlichen Grundgebühr oder keinem festgelegten Mindestumsatz unterworfen zu sein[385].

Dieses Beispiel zeigt sehr deutlich, dass die – mitunter vom Verwender der Allgemeinen Geschäftsbedingungen erst geschaffenen – Erwartungshaltungen einen maßgeblichen Einfluss auf die Bewertung der Verständlichkeit eines Vertragswerkes insgesamt haben können. Letztendlich findet hier der Gedanke des § 305c Abs. 1 BGB – wenn auch in abgeschwächter Form – seine Fortführung.

IV. Rationalisierungsinteresse

Ein maßgeblicher Zweck der Verwendung Allgemeiner Geschäftsbedingungen liegt in ihrem Rationalisierungsvorteil. Die generelle Zulässigkeit der Verwendung von Allgemeinen Geschäftsbedingungen wird ganz überwiegend auch mit deren Rationalisierungseffekten und dem insoweit bestehenden dringenden praktischen Bedürfnis des modernen Rechtsverkehrs begründet[386]. So vereinfachen sie den Abschluss und die reibungslose Abwicklung moderner Massengeschäfte. Diese Organisationsvereinfachung und Kostenersparnis für den Verwender kommt mittelbar auch dem Vertragspartner zugute[387]. Von daher ist es naheliegend, das Rationalisierungsinteresse auch bei der Beurteilung der zumutbaren Verständnisanforderungen mit einzubeziehen. Der angestrebte Rationalisierungseffekt bedingt es, dass bei der Formulierung Allgemeiner Geschäftsbedingungen ein notwendiges Maß an Abstraktheit und Flexibilität zu berücksichtigen ist.

---

385 OLG München 22.06.2006, K&R 2006, S. 351 (353).

386 Vgl. Begründung zum Regierungsentwurf BT-Drucks. 7/3919, S. 9; *Köndgen*, NJW 1989, S. 943 (949).

387 *Evermann*, Die Anforderungen des Transparenzgebots an die Gestaltung von Allgemeinen Versicherungsbedingungen, 2002, S. 68.

1. Abstraktheit der Regelung

Da Allgemeine Geschäftsbedingungen ein Rechtsverhältnis konstituieren, welches einer Vielzahl von Einzelfällen zu Grunde gelegt werden soll, bedarf die Formulierung der Regelungen eines entsprechenden Abstraktionsgrades. Es ist dem Verwender bereits nicht möglich, sämtliche denkbaren Konstellationen im Vorfeld zu erkennen und abschließend zu regeln. Insoweit ähnelt die Position des Verwenders durchaus der des Gesetzgebers. Eine ausdifferenzierte Klauselgestaltung birgt zudem das Risiko der Unübersichtlichkeit. Es kann von daher nicht Maßstab der Transparenzkontrolle sein, dass der Vertragspartner seinen konkreten Anwendungsfall jederzeit in den Allgemeinen Geschäftsbedingungen geregelt findet. Vielmehr ist von ihm auch ein zumutbares Maß an Abstraktionsvermögen zu verlangen. Schließlich muss er seine Rechte und Pflichten durch eine transparente Klauselformulierung nur ermitteln können[388]. Dies wird ihm aber durch eine abstrakte Formulierung nicht generell unmöglich. Das Maß des vom Vertragspartner aufzubringenden Abstraktionsvermögens bestimmt sich dabei regelmäßig nach dem Interesse und der Erforderlichkeit der abstrakten Klauselfassung sowie der Möglichkeit und Zumutbarkeit einer konkreteren Klauselformulierung.

2. Flexibilität als beiderseitiges Interesse

Schließlich kann es auch ein Interesse beider Vertragsparteien an einer Abstufung des Transparenzerfordernisses geben. Dies ist typischerweise bei Dauerschuldverhältnissen – wie dem Arbeitsverhältnis – der Fall, wo beiden vertragsschließenden Parteien das Interesse unterstellt werden kann, den Vertrag so zu gestalten, dass er in Ansehung sich verändernder und kaum vorhersehbarer Umstände die dauerhafte Basis des Arbeitsverhältnisses bildet[389]. So unterliegen zum Beispiel sowohl die wirtschaftliche Leistungsfähigkeit des Arbeitgebers als auch die persönliche Leistungsfähigkeit des Arbeitnehmers naturgemäß Schwankungen. Diese innerhalb des bestehenden Arbeitsverhältnisses auf Grundlage des Arbeitsvertrages ausgleichen zu können, ist für beide Parteien vorteilhafter, anstatt eine Anpassung über Änderungskündigungen, Entlassungen und gegebenenfalls Wiedereinstellungen vorzunehmen, was *Hanau/Hromadka* als innere Flexibilität des Arbeitsverhältnisses bezeichnen[390]. Neben diesem

388 *Evermann*, Die Anforderungen des Transparenzgebots an die Gestaltung von Allgemeinen Versicherungsbedingungen, 2002, S. 233 ff.

389 *Lindemann*, Flexible Gestaltung von Arbeitsbedingungen nach der Schuldrechtsreform, 2003, S. 142 ff.

390 *Hanau/Hromadka*, NZA 2005, S. 73.

Interesse an der Stabilität des Arbeitsverhältnisses dient eine Flexibilität auch insoweit den Interessen des Arbeitnehmers, als die Bereitschaft des Arbeitgebers zu Gewährung zusätzlicher Leistung grundsätzlich steigt, wenn er an diese nicht unveränderlich auf Dauer gebunden ist[391].

Ein solches Interesse an einer für künftige und damit in gewissem Maß auch unvorhersehbare Entwicklungen offene Vertragsgestaltungen kollidiert notwendigerweise mit dem Gebot, die Rechte und Pflichten der Vertragsparteien so konkret wie möglich in der jeweiligen Klausel festzuhalten. Allerdings ist es verfehlt, hieraus einen Anwendungsfall des § 310 Abs. 4 S. 2 BGB abzuleiten und die arbeitsvertragliche Flexibilität als im Arbeitsrecht geltende Besonderheit zu deklarieren[392]. Dies wäre nur dann zu rechtfertigen, wenn das Interesse an flexibler Vertragsgestaltung nicht bereits angemessen im Rahmen der Transparenzkontrolle berücksichtigt werden könnte.

In der Rechtsprechung des BGH ist es jedoch seit langem anerkannt, dass gerade das Bedürfnis nach Flexibilität dazu führen kann, dass weitgehende Konkretisierungen in den Bereich zwar faktisch möglicher, aber unzumutbarer Transparenzanforderungen fallen. In einem Urteil vom 01.12.1981 führt er hierzu aus: „*Die Auffassung der Revision, die Einzelregelungen des Remissionsrechts seien nicht hinreichend konkret (...), übersieht, dass generalisierende Regelungen wie die hier von der Beklagten verwendeten AGB nicht einen solchen Grad der Konkretisierung erhalten können, dass ihre Anwendung in jedem Einzelfall von vornherein keine Zweifelsfragen aufkommen lassen kann; sie müssen vielmehr, sofern sie auf eine Vielzahl von Einzelfällen mit untereinander unterschiedlichen tatsächlichen Merkmalen anwendbar sein sollen, ausreichend flexibel sein.*[393]" Ist ein berechtigtes Interesse an einer generalisierenden und damit offenen Regelung anzuerkennen, ist es dem Verwender bereits aus diesem Grunde unmöglich, weitere Konkretisierungen vorzunehmen. Eine solche könnte nämlich nur über eine Aufzählung von Beispielsfällen erfolgen, was wiederum eine Begrenzung des Anwendungsbereichs der Vertragsklausel auf diese Fälle zur Folge hätte. Der Sinn einer flexiblen Regelung besteht aber gerade darin, auch solche Fälle zu erfassen, an die bei Vertragsschluss noch nicht gedacht wurde oder die sich auf Grund der Ungewissheit zukünftiger Entwicklungen noch gar nicht absehen lassen.

Insoweit ist das Bedürfnis nach flexibler Vertragsgestaltung mit dem Interesse des Vertragspartners an klarer und verständlicher Darstellung der wechselseitigen Rechte und Pflichten aus dem Vertrag im Rahmen der Transparenzkontrolle sorgsam gegeneinander abzuwägen. Dass die Flexibilität gerade von

---

391 *Hanau/Hromadka*, NZA 2005, S. 73 (77).

392 So aber *Hanau/Hromadka*, NZA 2005, S. 73 (77).

393 BGH 01.12.1981, NJW 1982, S. 644 (646).

Arbeitsverträgen in einem besonderen Interesse beider Vertragsparteien liegt, spricht dafür, dieses Interesse bei der Abwägung besonders zu berücksichtigen.

3. Verwendung von Rechts- und Fachbegriffen

Auch die Verwendung unbestimmter Begriffe, vor allem von Rechtsbegriffen aber auch sonstigen Fachbegriffen, dient der Rationalisierung Allgemeiner Geschäftsbedingungen. Bei der Regelung von Rechtsverhältnissen führt der Rückgriff auf die entsprechende Fachsprache neben der Rationalisierung auch zu einer gewissen Rechtssicherheit. Der Verwender bedient sich dabei nicht nur eines rechtlich entwickelten Verständnisses, sondern er unterwirft sich gleichermaßen auch diesem. Allerdings ist die Gefahr für den regelmäßig juristisch oder sonst fachlich nicht vorgebildeten Durchschnittskunden in diesem Bereich besonders groß, die einschlägige fachspezifische Bedeutung nicht nachvollziehen zu können. Auch insoweit wird entsprechend den Grundsätzen zur Behandlung abstrakter Regelungen abzuwägen sein. Dabei gilt zunächst, dass die Verwendung fachspezifischer Begriffe umso eher zulässig ist, je näher das Laienverständnis von dem Begriff seiner Fachbedeutung entspricht.

Demgegenüber ist die Verwendung solcher Begriffe regelmäßig ausgeschlossen, wenn es dem Vertragspartner hierdurch unmöglich wird, überhaupt nur den Kernbereich der Regelung zu erfassen. Der Rationalisierungseffekt darf nicht dazu führen, dass die Allgemeinen Geschäftsbedingungen nur noch einem Fachpublikum und nicht mehr dem typischen Vertragspartner verständlich werden. Die Transparenzkontrolle dient dazu, die Verständlichkeit für den Vertragspartner zu gewährleisten. Dem Verwender muss es also gerade berechtigterweise auf die fachspezifische Bedeutung ankommen. Dies bedeutet, dass eine an sich verständlichere Umschreibung des Begriffs dann unzumutbar ist, wenn hierdurch eine wesentliche Bedeutungsverschiebung eintritt.

Beispielhaft für die Transparenzkontrolle von Rechtsbegriffen ist eine Entscheidung des BGH[394] aus dem Jahr 2005 zu einer in einem KFZ-Vertragshändlervertrag enthaltenen formularmäßigen Freizeichnungsklausel, wonach der Hersteller nur für Schäden haftete, die aus einer vorsätzlichen oder grob fahrlässigen Vertragspflichtverletzung resultierten, soweit es sich nicht um die die Haftung aus der Verletzung von Kardinalpflichten handelte. Der BGH erklärte diese Bestimmung wegen Verstoßes gegen das Transparenzgebot für unwirksam, da der durchschnittliche KFZ-Händler den Begriff der „Kardinalpflicht“ und damit den Inhalt der Klausel auch bei sorgfältiger und aufmerksa-

394 BGH 20.07.2005, NJW-RR 2005, S. 1496 ff.

mer Lektüre des Vertrages nicht (hinreichend) erfassen könne[395]. Bei dem Begriff der Kardinalspflichten handelt es sich um ein im Wesentlichen von der Rechtsprechung geprägte Beschreibung der wesentlichen Vertragspflichten, wobei hierunter nach der umfangreichen Rechtsprechung nicht nur Haupt- sondern auch Nebenleistungspflichten fallen können. Die Bedeutung des Begriffs der Kardinalpflicht ist aber nach der Auffassung des BGH dem durchschnittlichen KFZ-Händler nicht geläufig. Erforderlich aber auch ausreichend sei daher eine abstrakte Erläuterung, um den Anforderungen des AGB-Rechts zu genügen[396]. Hierbei genügt es nach Ansicht des BGH, wenn der Hersteller den KFZ-Händler in dem Vertragstext darauf hinweist, dass unter Kardinalpflichten solche Pflichten zu verstehen sind, *„deren Erfüllung die ordnungsgemäße Durchführung des Vertrags überhaupt erst ermöglicht und auf deren Einhaltung der Vertragspartner regelmäßig vertrauen darf"*[397].

Diese Erläuterungspflicht überzeugt nicht, da sie zu keiner erhöhten Verständnismöglichkeit führt. Dem durchschnittlichen Vertragspartner wird durch die vom BAG vorgeschlagene Formulierung allenfalls deutlich, dass die Bestimmung der Kardinalspflichten ein von vielen Wertungen abhängiger Vorgang ist, was mitunter auch daran liegen kann, dass der Rechtsprechung selbst bislang keine klare und nachvollziehbare Begriffsbestimmung gelungen ist[398]. Die besondere Problematik liegt darin, dass der Begriff der Kardinalspflicht auch für den (juristischen) Fachmann nur schwer bestimmbar ist. Eine Konkretisierung wäre daher nur möglich, wenn die einzelnen Pflichten in der Klausel konkret benannt würden. Dies führt jedoch zum einen zu einem Verlust an Flexibilität und zum anderen droht die Klausel dadurch textlich überfrachtet zu werden[399].

Damit stellt sich im Ergebnis die Abwägungsfrage, ob in diesem Falle der erleichterten Flexibilität der Vorzug zu Lasten eines letztlich nicht zu behebenden und im Zweifel in der Deutungshoheit der Gerichte verbleibender Bestimmbarkeitsdefizits einzuräumen ist. Kein Gebrauch sollte jedoch, anders als der BGH empfiehlt, von weiteren abstrakten Hinweisen gemacht werden, da diese statt eines zusätzlichen Erkenntnisgewinns nur zusätzliche Ermessensspielräume eröffnen. Da es sich vorliegend um eine Klausel handelte, die im unternehmerischen Geschäftsverkehr verwendet wurde, dürfte die Verwendung des Begriffs der Kardinalpflichten gegenüber einem durchschnittlichen

395 BGH 20.07.2005, NJW-RR 2005, S. 1496 (1505).
396 BGH 20.07.2005, NJW-RR 2005, S. 1496 ff.
397 BGH 20.07.2005, NJW-RR 2005, S. 1496 (1505).
398 Erman/*Roloff*, § 307 BGB, Rn. 23; MüKo/*Kieninger*, § 309 Nr. 7 BGB, Rn. 26; *Berger/Kleine*, NJW 2007, S. 3526 (3528 f.); *Rabe*, NJW 1987, S. 1978 (1985).
399 Ulmer/Brandner/Hensen/*Fuchs*, § 307 BGB, Rn. 345; *Kappus*, NJW 2006, S. 15 (16).

KFZ-Händler hinreichend transparent sein, denn diesem kann zugemutet werden, dass er sich bei Eintritt eines Haftungsfalls rechtlichen Rat einholt[400]. Ebenso darf von dem Durchschnittshändler erwartet werden, dass er Haftungsregelungen in den Verträgen mit einem Hersteller eine besondere Aufmerksamkeit entgegenbringt. Außerdem handelt es sich materiell um eine den Händler begünstigende Regelung, da sie die Haftungsfreizeichnung des Herstellers zumindest teilweise wieder zurücknimmt[401].

§ 6 Modifizierung der Abwägungskriterien durch die Berücksichtigung individueller Begleitumstände nach § 310 Abs. 3 Nr. 3 BGB bei Verbraucherverträgen

Bei der Abwägung, ob eine den Vertragspartner unangemessen benachteiligende Intransparenz vorliegt, könnte sich jedenfalls für Verbraucherverträge aus einer möglichen Anwendbarkeit des § 310 Abs. 3 Nr. 3 BGB eine wesentliche Modifikation ergeben. Sind nämlich bei der Transparenzkontrolle nach § 307 Abs. 1 S. 2 BGB über § 310 Abs. 3 Nr. 3 BGB auch die individuellen Begleitumstände des Vertragsschlusses zu berücksichtigen, könnte es insbesondere über die individuellen Verständnismöglichkeiten des Vertragspartners sowie außervertragliche Erläuterungen und Hinweise des Klauselverwenders zu erheblichen Abweichungen von dem anhand der generalisierend-typisierten Betrachtung ermittelten Ergebnis kommen.

I. Anwendbarkeit des § 310 Abs. 3 Nr. 3 BGB auf die Transparenzkontrolle

Es ist jedoch strittig, ob die Berücksichtigung der den Vertragsschluss begleitenden individuellen Umstände auch bei der Transparenzkontrolle zu erfolgen hat, mithin, ob § 310 Abs. 3 Nr. 3 BGB auch im Rahmen der Transparenzkontrolle zur Anwendung gelangt.

1. Befürwortende Ansichten

Ein überwiegender Teil in der Literatur berücksichtigt uneingeschränkt über § 310 Abs. 3 Nr. 3 BGB konkret-individuelle Umstände des Vertragsschlusses auch bei der Frage, ob eine Klausel infolge ihrer Intransparenz unwirksam ist,

---

400 Ulmer/Brandner/Hensen/*Fuchs*, § 307 BGB, Rn. 345; *Kappus*, NJW 2006, S. 15 (16).
401 Ulmer/Brandner/Hensen/*Fuchs*, § 307 BGB, Rn. 345.

wobei sich diese Umstände auch zu Lasten des Verbrauchers auswirken können[402]. Begründet wird dies damit, dass sich § 307 Abs. 1 S. 2 BGB auf die gesamte Inhaltskontrolle nach § 307 BGB beziehe, zu der sowohl vor als auch nach seiner Kodifizierung das Transparenzgebot gehöre[403]. Vor Einführung des § 24a AGBG, der diesbezüglich inhaltsgleichen Vorgängerregelung von § 307 Abs. 1 S. 2 BGB, durch das Gesetz vom 19.07.1996[404], galt bei der Transparenzkontrolle hingegen ausnahmslos der abstrakt generelle Prüfungsmaßstab[405].

2. Ablehnende Auffassungen

Demgegenüber wird vereinzelt gefordert, dass der Einschränkung des normativen Maßstabes durch § 307 Abs. 1 S. 2 BGB speziell für das Transparenzgebot *a limine* keine Bedeutung zukomme[406]. Diese Auffassung stützt sich unter anderem darauf, dass das europarechtliche Transparenzgebot außerhalb der Missbrauchskontrolle geregelt ist, während sich die Pflicht zur Berücksichtigung der den Vertragsabschluss begleitenden Umstände in Art. 4 Abs. 1 der Richtlinie 93/13/EWG aber ausdrücklich auf die Missbräuchlichkeit einer Klausel bezieht[407].

3. Stellungnahme

Folge der Berücksichtigung konkret-individueller Umstände ist es, dass bestimmte Vertragsklauseln in einzelnen Verträgen wirksam, in anderen unwirksam wären. Dadurch wird zum einen der Rationalisierungseffekt der Verwendung Allgemeiner Geschäftsbedingungen beeinträchtigt[408]. Des Weiteren führt die einzelfallbezogene Bewertung der Transparenz einer Klausel zu einer Ver-

---

402 Erman/*Roloff*, § 307 BGB, Rn. 21; Palandt/*Heinrichs*, § 307 BGB, Rn. 17; *Evermann*, Die Anforderungen des Transparenzgebots an die Gestaltung von Allgemeinen Versicherungsbedingungen, 2002, S. 110; *Kreienbaum*, Transparenz und AGB-Gesetz, 1998, S. 311 f; *Leitner*, Das Transparenzgebot, 2005, S. 78 f.

403 *Evermann*, Die Anforderungen des Transparenzgebots an die Gestaltung von Allgemeinen Versicherungsbedingungen, 2002, S. 110.

404 BGBl. I, 1996, S. 1013.

405 *Kreienbaum*, Transparenz und AGB-Gesetz, 1998, S. 264 f.; *Heinrichs*, FS Trinkner (1995), S. 157 (165); *Reich*, NJW 1995, S. 1857 (1860).

406 *Borges*, Die Inhaltskontrolle von Verbraucherverträgen, 2000, S. 131 f.; *Schäfer*, JZ 2003, S. 879 (882).

407 *Schäfer*, JZ 2003, S. 879 (882).

408 *Evermann*, Die Anforderungen des Transparenzgebots an die Gestaltung von Allgemeinen Versicherungsbedingungen, 2002, S. 110; *Kapnopoulou*, Das Recht der missbräuchlichen Klauseln in der Europäischen Union, 1997, S. 144.

minderung der Rechtssicherheit, da getroffene Entscheidungen, insbesondere solche im Verbandsverfahren, nur noch eingeschränkt auf Parallelfälle übertragbar sind[409]. Die dadurch bewirkte Verschlechterung des Verbraucherschutzes im Allgemeinen ist indessen kein spezifisches Phänomen bei der Anwendung des § 307 Abs. 1 S. 2 BGB gerade auf die Transparenzkontrolle, sondern tritt gleichermaßen auch bei der einzelfallbezogenen Beurteilung der Unangemessenheit des materiellen Regelungsgehalts einer Klausel auf. Von daher ist die grundsätzliche Entscheidung des Gesetzgebers, solche Umstände bei sämtlichen Kontrollinstrumenten des § 307 BGB in Verbraucherverträgen zu berücksichtigen, zu respektieren. Die bezeichneten negativen Auswirkungen sind vielmehr bei der Bestimmung von Art und Ausmaß der Berücksichtigung konkret-individueller Begleitumstände des Vertragsschlusses abzufedern.

Schließlich zwingen entgegen der Ansicht von *Schäfer*[410] auch die Regelungen der Richtlinie 93/13/EWG nicht dazu, im Wege richtlinienkonformer Auslegung die Transparenzkontrolle von dem Anwendungsbereich des § 307 Abs. 1 S. 2 BGB auszunehmen. Zwar ist die Missbrauchskontrolle in Art. 5 93/13/EWG, der das Gebot klarer und verständlicher Klauselgestaltung enthält, nicht erwähnt. Hierbei handelt es sich jedoch um eine fehlende Rechtsfolgenanordnung[411]. Entscheidend ist hier auch nicht die Frage, ob die Transparenzkontrolle an sich der Missbrauchs- beziehungsweise der Inhaltskontrolle zuzuordnen ist[412], sondern alleine, dass der deutsche Gesetzgeber sich bei der Rechtsfolgenregelung für eine Interessensabwägungslösung, ausgerichtet am Maßstab der unangemessenen Benachteiligung, entschieden hat[413].

Damit bleibt es entsprechend dem Wortlaut des § 307 Abs. 1 S. 2 BGB bei einer Berücksichtigung der den Vertragsschluss begleitenden Umstände bei der Beurteilung, ob eine intransparente Klausel einen Verbraucher unangemessen benachteiligt. Näher zu bestimmen sind jedoch Art und Ausmaß dieser Berücksichtigung.

II. Kombinierte Angemessenheits- und Umstandskontrolle bei § 307 Abs. 1 S. 2 BGB

Methodisch ist dem Gebot der Berücksichtigung der den Vertrag begleitenden Umstände dadurch Rechnung zu tragen, dass nach der Angemessenheitsprüfung auf Basis einer generalisierend-typisierenden Interessenabwägung danach

409 *Kreienbaum*, Transparenz und AGB-Gesetz, 1998, S. 312.
410 *Schäfer*, JZ 2003, S. 879 (882).
411 S.o. unter Erster Teil, § 2 III. 5.
412 So zutreffend *Leitner*, Das Transparenzgebot, 2005, S. 81.
413 S.o. unter Erster Teil, § 2 III. 5.

zu fragen ist, ob konkret-individuelle Umstände eine Modifizierung des gefundenen Abwägungsergebnisses verlangen[414]. Dabei kann sich die gegebenenfalls vorzunehmende Korrektur des Abwägungsergebnisses sowohl negativ als auch positiv für den Verbraucher auswirken[415]. Die Berücksichtigung dieser konkret-individuellen Umstände kann also sowohl zur Unwirksamkeit einer nach abstrakt-genereller Betrachtung wirksamen Klausel als auch umgekehrt zur Wirksamkeit einer nach typisierter Inhaltskontrolle unwirksamen Klausel führen[416].

Zu den konkret-individuellen Begleitumständen gehören nach richtlinienkonformer Auslegung unter Berücksichtigung des 16. Erwägungsgrundes zur Richtlinie 93/13/EWG die persönlichen Eigenschaften des Verbrauchers, die sich auf die Verhandlungsstärke auswirken, die Besonderheiten der konkreten Vertragsschlusssituation, wie z.B. Überrumpelung oder Belehrung sowie untypische Sonderinteressen des Vertragspartners[417]. Diese Umstände haben naturgemäß auch einen besonderen Einfluss auf die Frage nach dem Verstoß gegen das AGB-rechtliche Transparenzgebot, weswegen die grundsätzliche Anwendbarkeit des § 24a Nr. 3 AGBG auch auf das vor der Schuldrechtsreform noch rein richterrechtlich begründete Kontrollinstitut des Transparenzgebots anerkannt war[418]. An dieser Position ist auch nach der Kodifizierung des Transparenzgebots in § 307 Abs. 1 S. 1 BGB dem Grunde nach festzuhalten, zumal die Transparenzkontrolle nach hier vertretener Ansicht eine eigenständige Angemessenheitswertung beinhaltet.

Entscheidend ist jedoch die Frage nach der Reichweite der Berücksichtigung konkret-individueller Umstände.

1. Individuelle Verständnismöglichkeit als Transparenzmaßstab

Der dem AGB-Recht generell zu Grunde liegende generalisierend-typisierende Betrachtungs- und Bewertungsmaßstab ist für das Transparenzgebot von ganz besonderer Bedeutung, da hier die Frage der Verständnismöglichkeit des Durchschnittskunden die zentrale Bewertungseinheit für die Intransparenz bil-

---

414 Sog. Kombinationslösung:; Palandt/*Heinrichs* § 310 BGB, Rn. 19; Staudinger/*Coester*, § 307 BGB, Rn. 117.; *Stoffels* AGB-Recht, 2003, Rn. 479 ff.; Ulmer/Brandner/Hensen/*Fuchs*, § 307 BGB, Rn. 402.

415 Erman/*Roloff*, § 310 BGB, Rn. 24; Staudinger/*Coester*, § 307 BGB, Rn. 118; Staudinger/*Schlosser*, § 310 BGB, Rn. 69 ff.; Ulmer/Brandner/Hensen/*Fuchs*, § 307 BGB, Rn. 410.

416 MüKo/*Basedow*, § 310 BGB, Rn. 75; Palandt/*Heinrichs* § 310 BGB, Rn. 21.

417 Palandt/*Heinrichs*, § 310 BGB, Rn. 21; *Stoffels*; AGB-Recht, Rn. 478; Ulmer/Brandner/Hensen/*Fuchs*, § 307 BGB, Rn. 406 ff.

418 Ulmer/Brandner/Hensen/*Fuchs*, § 307 BGB, Rn. 410; Wolf/Horn/Lindacher/*Horn*, § 24a AGBG, Rnrn 52 f.

det. Dementsprechend hatte *Dorndorf* auch gefordert, dass es bei der Transparenzkontrolle in Arbeitsverträgen als Verbraucherverträgen nach § 310 Abs. 3 Nr. 3 BGB „*letztlich allein entscheidend*" auf den Verständnis- und Erwartungshorizont des konkreten jeweiligen Arbeitnehmers ankommen soll[419].

Ein derart weites Verständnis hätte verheerende Auswirkungen auf die Kontrolle einseitig gestellter, vorformulierter Vertragsbestimmungen. Der Verwender hätte in dem „Konstrukt" des typischen Durchschnittsvertragpartners keine Bezugsgröße mehr, um seiner Formulierungsverantwortung nachzukommen. Stattdessen würde alleine das individuelle intellektuelle Niveau des Vertragspartners über die Wirksamkeit der Vertragsbestimmungen entscheiden. Um dem entgegenzuwirken, müsste der Klauselverwender vor jedem Vertragsschluss dem jeweiligen Vertragspartner den Inhalt des Vertrages ausführlich erläutern. Letztlich würde dadurch der Grundsatz generalisierender Interessenabwägung allgemein und insbesondere in der Transparenzkontrolle obsolet[420].

Eine solch weit reichende Konsequenz hat der Gesetzgeber mit der Vorschrift des § 310 Abs. 3 Nr. 3 BGB indessen nicht beabsichtigt, was bereits aus dem Wortlaut folgt, der lediglich verlangt, dass in Verbraucherverträgen konkret-individuelle Umstände „*auch*" zu berücksichtigen sind[421]. Daraus ist abzuleiten, dass die generalisierende Betrachtungsweise nicht zu Gunsten einer rein individuellen Bewertung völlig aufgegeben werden darf. Dementsprechend stellt *Horn* klar, dass aus den Umständen des § 310 Abs. 3 Nr. 3 BGB alleine auch niemals die Unwirksamkeit einer Klausel hergeleitet werden kann[422]. Von daher ist eine insgesamt restriktive Anwendung der den Vertragsschluss begleitenden Umstände angezeigt, was umso mehr gilt, soweit diese Umstände zu einer individualisierenden, allein auf die Person des Vertragspartners abzielenden Bewertung führen. Eine Korrektur des nach objektiven Maßstäben hergeleiteten Abwägungsergebnisses sollte nur in Betracht kommen, wenn die individuellen Begleitumstände derart stark ins Gewicht fallen, dass nach Treu und Glauben eine Einzelfallkorrektur zwingend geboten erscheint[423].

In der Rechtsprechung hat die Beachtung vertragsschlussbegleitender Umstände in Verbraucherverträgen bisher auch nur eine sehr untergeordnete Rolle

---

419 So *Dorndorf* in der Erstauflage von Däubler/Dorndorf, AGB-Kontrolle im Arbeitsrecht, 2004, § 307 BGB, Rn. 160; dies nunmehr aber relativierend *Dorndorf/Bonin* in Däubler/Dorndorf/Bonin/Deinert, AGB-Kontrolle im Arbeitsrecht, 2. Aufl. 2008, § 307 BGB, Rn. 160.

420 Ulmer/Brandner/Hensen/*Fuchs*, § 307 BGB, Rn. 410.

421 Hierauf stellen jetzt auch zutreffend *Dorndorf/Bonin* in Däubler/Dorndorf/Bonin/Deinert, AGB-Kontrolle im Arbeitsrecht, 2. Aufl. 2008, § 307 BGB, Rn. 160 ab.

422 Wolf/Horn/Lindacher/*Horn*, § 24a AGBG, Rn 52.

423 Ulmer/Brandner/Hensen/*Fuchs*, § 307 BGB, Rn. 410.

gespielt, zu § 24a Nr. 3 AGBG sind insgesamt vier Urteile ergangen, zu § 310 Abs. 3 Nr. 3 BGB bislang erst eine Entscheidung[424]. Dies ist sicherlich auch mit den praktischen Problemen einer solchen Berücksichtigung zu erklären, da dies letztendlich darauf hinausliefe, die konkreten intellektuellen und kognitiven Fähigkeiten des Verbrauchers zum Streit- und gegebenenfalls Beweisgegenstand zu machen.

Das Postulat einer grundsätzlichen Verschiebung der Abwägungsmaßstäbe bei der Transparenzkontrolle[425] ist nach alledem abzulehnen. Es hat auch bei Verbraucherverträgen und damit bei Arbeitsverträgen bei dem Regel-Ausnahme-Verhältnis von generalisierenden und individuellen Maßstäben zu bleiben.

Dies bedeutet für den der Transparenzkontrolle zu Grunde zu legenden Verständnismaßstab des Verbrauchers, dass nur erhebliche Abweichungen von der intellektuellen Verständnismöglichkeit eines durchschnittlichen sonstigen Vertragspartners eine Ergebniskorrektur im Einzelfall rechtfertigen. Dabei ist jeweils genau zu prüfen, ob die intellektuellen Fähigkeiten des konkreten Verbrauchers tatsächlich geeignet sind, die Intransparenz der Klausel soweit zu beseitigen, dass die hiermit für den typischen Durchschnittskunden verbundenen Gefahren für den betreffenden individuellen Kunden nahezu ausgeschlossen sind.

Im umgekehrten Falle, dass die individuellen kognitiven Fähigkeiten des Verbrauchers unter denen des durchschnittlichen Vertragspartners liegen, wird eine Einzelfallkorrektur zu Gunsten des Verbrauchers erst dann in Betracht kommen, wenn auch für den Verwender bei Vertragsschluss erkennbar ist, dass sein Vertragspartner nicht mit einem geschäftstypischen Durchschnittskunden vergleichbar ist[426].

Zu weit geht indessen der Ansatz von *Horn*, wonach eine festgestellte Intransparenz im Einzelfall dadurch ausgeglichen werden kann, dass der Verbraucher ausreichend Gelegenheit vor Vertragsschluss erhält, sich selbständig oder mit Hilfe von aufklärenden Hinweisen den Charakter und die rechtliche Tragweite der Vertragsbestimmungen klar zu machen[427]. Gerade im Bereich des Abschlusses von Dauerschuldverhältnissen – z.B. Mietverträgen, Kreditverträgen oder Arbeitsverträgen – ist es häufig Usus, den Vertragstext dem Verbraucher vorab zuzusenden, so dass durch eine entsprechende Praxis die Möglichkeit bestünde, die Transparenzkriterien einseitig zu Gunsten des Ver-

---

424 Recherchiert über JURIS.

425 *Dorndorf/Bonin* in Däubler/Dorndorf/Bonin/Deinert, AGB-Kontrolle im Arbeitsrecht, 2. Aufl. 2008, § 307 BGB, Rn. 160.

426 *Evermann*, Die Anforderungen des Transparenzgebots an die Gestaltung von Allgemeinen Versicherungsbedingungen, 2002, S. 113, *Brandner*, MDR 1997, S. 312 (314).

427 Wolf/Horn/Lindacher/*Horn*, § 24a AGBG, Rn 53.

wenders zu verschieben. Grundsätzlich kann aber der Verwender durch solche Maßnahmen nicht seine Formulierungsverantwortung abschwächen. Hinzu kommt, dass ein sorgfältiges Studium der Vertragsbestimmungen vor Vertragsschluss nur Auswirkungen auf die Abschlusstransparenz haben kann, hinsichtlich der Abwicklungstransparenz kommt es stattdessen auf die Transparenz gerade im Konfliktfall an. Da jedoch die meisten Vertragsklauseln sowohl im Hinblick auf die Abschluss- als auch die Abwicklungstransparenz von Bedeutung sind[428], sind die möglichen Anwendungsfälle auch aus diesem Aspekt stark eingegrenzt.

Abseits derart außergewöhnlicher Umstände ist eine Berücksichtigung individueller Verständnismöglichkeiten des Verbrauchers aber dann in Betracht zu ziehen, wenn diese aus der Zugehörigkeit des Verbrauchers zu einem objektivierbaren Personenkreis, beispielsweise einer speziellen Berufsgruppe, folgt und dieser Gruppe im Allgemeinen eine erhöhter Sachverstand unterstellt werden kann. Dies kann zum Beispiel bei dem Abschluss eines Vertrages mit einem Juristen der Fall sein[429], wenn es um die Transparenz fachspezifischer Begriffe geht.

2. Heilung der Intransparenz durch Individualaufklärung

Einen den Vertragsschluss begleitenden Umstand stellt es ferner dar, wenn der Verbraucher vor oder bei Vertragsschluss durch den Verwender explizit über den Inhalt, die Bedeutung sowie die Auswirkungen einer Klausel aufgeklärt wird. Allerdings ist es in der Rechtsprechung des BGH unabhängig von dem Vorliegen eines Verbrauchervertrages anerkannt, dass eine solche Aufklärung die Intransparenz einer Klausel beseitigen kann[430]. Die Literatur folgt dieser Rechtsprechung weitestgehend[431], wobei im Einzelnen bestritten ist, ob die Heilungsmöglichkeit über § 305b BGB herzuleiten[432] oder nur im Rahmen der Ausübungskontrolle nach § 242 BGB zu berücksichtigen ist[433]. Dieser Begründungsstreit kann für Vertragsklauseln in Verbraucherverträgen indessen dahin-

---

428 *Heinrichs*, FS Trinkner (1995), S. 157 (166).

429 Palandt/*Heinrichs*, § 310 BGB, Rn. 22.

430 BGH 13.06.1996, ZIP 1996, S. 1289 (1291); so auch das BAG 26.05.1993, BB 1993, S. 1659 (1660).

431 Erman/*Roloff*, § 307 BGB, Rn. 21; Staudinger/*Coester*, § 307 BGB, Rn. 202 ff.; Ulmer/Brandner/Hensen/*Fuchs*, § 307 BGB, Rnrn, 346 ff.; *a.A*: Wolf/Horn/Lindacher/*Wolf*, § 9 AGBG, Rn. 144.

432 *Köndgen*, NJW 1989, S. 943 (951).

433 Ulmer/Brandner/Hensen/*Brandner*, § 9 AGBG, 9. Aufl., Rn. 106; *Westermann*, FS Steindorff (1990), S. 817 (827 ff.).

stehen, da eine Individualaufklärung jedenfalls über § 310 Abs. 3 Nr. 3 BGB als den Vertragsschluss begleitender Umstand zu berücksichtigen ist.

Allerdings kann nicht jede Individualaufklärung automatisch die Intransparenz einer Klausel beseitigen, auch nicht über § 310 Abs. 3 Nr. 3 BGB. Eine Selbstverständlichkeit ist dies für Aufklärungen, die erst nach Vertragsschluss erfolgen[434].

Darüber hinaus muss gewährleistet und im Einzelfall festgestellt sein, dass die Aufklärung die sich aus der Intransparenz ergebenden Gefahren für den Arbeitnehmer auch wirklich restlos beseitigt hat[435]. Dies ist wiederum im Hinblick auf die doppelte Gefährdungslage, und zwar die Beeinträchtigung der Abschlussentscheidung sowie der Wahrung von Rechten bei der Vertragsabwicklung zu prüfen. Eine Aufklärung vor oder bei Vertragsschluss kann aber in den meisten Fällen die Abwicklungstransparenz nicht wahren, da nicht gewährleistet ist, dass diese Informationen im Konfliktfall noch seitens des Arbeitnehmers vorhanden sind. Dies gilt insbesondere für mündliche aber auch für schriftliche Aufklärungen, soweit die schriftlichen Erläuterungen nicht über Einbeziehung zum Vertragsgegenstand geworden sind[436].

Demnach kommt eine Heilung durch Aufklärung nur für den stark eingegrenzten[437] Bereich der Klauseln in Betracht, deren Regelungsgehalt ausschließliche Bedeutung für die Entscheidung des Verbrauchers, das konkrete Vertragsverhältnis einzugehen, hat.

3. Berücksichtigung individuellen Sonderwissens

Eng verbunden mit der Problematik der Individualaufklärung ist die Frage nach der Berücksichtigung individuellen Sonderwissens des Verbrauchers. Hierbei geht es darum, ob eine intransparente Klausel gegenüber einem Verbraucher, der ihren tatsächlichen Regelungsgehalt positiv kennt, gleichwohl als unwirksam erachtet werden kann. Ungeachtet der erheblichen Beweisschwierigkeiten, die eine derartige Frage in praktischer Hinsicht aufwirft, haben die gleichen Grundsätze und Maßstäbe wie bei der Individualaufklärung durch den Verwender zu gelten. Es kann nämlich keinen Unterschied machen, woher der Verbraucher sein konkretes, individuelles Wissen bezieht. Dabei ist jedoch zu beachten, dass dieses Sonderwissen nur bei einem Verbrauchervertrag berücksichtigungsfähig ist. Es kann also ausschließlich im Anwendungsbereich des

---

434 OLG Celle 15.03.1995, NJW-RR 1995, S. 1133 (1134).
435 Wolf/Horn/Lindacher/*Wolf*, § 9 AGBG, Rn. 144.
436 Wolf/Horn/Lindacher/*Wolf*, § 9 AGBG, Rn. 144.
437 Vgl. hierzu *Heinrichs*, FS Trinkner (1995), S. 157 (166).

§ 310 Abs. 3 Nr. 3 BGB von Bedeutung sein[438]. Dies kann nicht auf die Beurteilung im Rahmen des § 307 Abs. 1 S. 2 BGB übertragen werden, da die Intransparenz ausschließlich vom Maßstab eines Durchschnittskunden aus zu beurteilen ist und den Verwender hiervon im Einzelfall abweichendes Sonderwissen oder Erkenntnisfähigkeiten weder bevorteilen noch benachteiligen dürfen[439].

Das BAG hat in einer Entscheidung vom 31.08.2005 eine an sich intransparente Pauschalabgeltung von Nachtarbeitszuschlägen deshalb noch für wirksam erachtet, weil der Kläger den für die pauschale Abgeltung vorgesehenen Anteil des Bruttomonatsverdienstes auf Grund vorher mit dem gleichen Arbeitgeber abgeschlossener befristeter Arbeitsverträge habe erkennen können[440]. Konkret ging es um Folgendes[441]: Der Kläger und Arbeitnehmer war bei der Beklagten als Rettungsassistent zunächst befristet auf Stundenlohnbasis beschäftigt. In dem darauf folgenden unbefristeten Arbeitsvertrag war das Bruttomonatsgehalt ausgewiesen und eine regelmäßige Wochenarbeitszeit festgelegt. Des Weiteren sollten Zuschläge für Nacht-, Sonn- und Feiertagsarbeiten mit dem Bruttomonatsgehalt abgegolten sein. Gegen diese Pauschalabgeltung wehrte sich der Kläger.

Das BAG ging zunächst davon aus, dass die Pauschalabgeltungsklausel bei abstrakter Betrachtung intransparent war, da der Arbeitgeber den Anteil des Monatsverdienstes, mit dem er die Nacht-, Sonn-, und Feiertagsarbeit pauschal abgelten wollte, nicht exakt beziffert hatte[442]. Dann bezog es aber den Umstand, dass der Kläger im konkreten Fall zuvor schon zweimal befristet bei der Beklagten beschäftigt war, wie folgt in die Würdigung mit ein[443]: Da in den befristeten Arbeitsverträgen der Bruttostundenlohn ausgewiesen war, habe der Kläger diesen gekannt. Anhand der in dem unbefristeten Arbeitsvertrag festgelegten Wochenarbeitszeit habe der Kläger nun seinen Bruttomonatslohn so errechnen können, wie er sich ergäbe, wenn man nur die reine Stundenvergütung ohne etwaige Zuschläge berücksichtigte. Der so errechnete „bereinigte" Bruttomonatslohn habe dann unter dem vereinbarten Monatslohn gelegen. Die Differenz sei also für den Kläger erkennbar zur pauschalen Abgeltung etwaiger Nacht-, Sonn- oder Feiertagsarbeit bestimmt gewesen.

Das BAG berücksichtigt hier die den Vertragsschluss begleitenden Umstände in einer sehr großzügigen Art und Weise, indem es den Begriff der be-

---

438 Ulmer/Brandner/Hensen/*Fuchs*, § 307 BGB, Rn. 346.
439 Staudinger/*Coester*, § 307 BGB, Rn. 204.
440 BAG 31.08.2005, NZA 2006, S. 324 (328).
441 Vgl. insgesamt BAG 31.08.2005, NZA 2006, S. 324 ff.
442 BAG 31.08.2005, NZA 2006, S. 324 (328).
443 Vgl. insgesamt BAG 31.08.2005, NZA 2006, S. 324 (328).

rücksichtigungsfähigen Umstände sehr weit auslegt. Nicht nur die positive Kenntnis des Regelungsgehalts der intransparenten Vertragsbestimmung soll also ein solcher Umstand sein, sondern jede tatsächliche Gegebenheit, auf Grund derer der Arbeitnehmer sich die Bedeutung der betreffenden Klausel hätte erschließen können. Dies ist vom Ansatz her richtig. Bei der spezifischen Interessenabwägung im Rahmen der Transparenzkontrolle wird ja gerade ermittelt, ob der Verständnisaufwand des Arbeitnehmers noch zumutbar ist. Insofern ist bei einer gesetzlich vorgesehenen individuellen Betrachtungsweise nicht nur die positive Erkenntnis des Einzelnen, sondern auch dessen Erkenntnisfähigkeit im Einzelfall zu berücksichtigen. Hierzu gehört also auch ein Sonderwissen, das dem Einzelnen das Verständnis der Klausel erleichtert. Allerdings sind auch solche Umstände dem Wortlaut des § 307 Abs. 3 Nr. 3 BGB nach bei der Interessenabwägung nur *„mit zu berücksichtigen"*. Mit anderen Worten: Sie sind bei einer umfassenden Würdigung mit einzubeziehen. Diesbezüglich lässt das Urteil des BAG jedoch jegliche Wertung vermissen. Es scheint beinahe so, als ginge das BAG davon aus, dass eine Erkennbarkeit des Regelungsgehalts, also hier des Lohnanteils, der zur pauschalen Abgeltung von Nachtarbeitszuschlägen bestimmt war, zur Annahme hinreichender Transparenz genüge. Dies ist jedoch – unabhängig von der Betrachtungsweise – nicht der Fall, da es bei der Transparenzkontrolle nicht darum geht, ob der Arbeitnehmer überhaupt den Regelungsgehalt erfassen kann, sondern ob das Risiko eines Fehl- bzw. Missverständnisses unangemessen hoch ist.

Vielmehr hätte das BAG zunächst feststellen müssen, dass durch die Berücksichtigung des individuellen Vorwissens des Klägers der Anteil des Bruttomonatslohns, der zur Pauschalabgeltung der einzelnen Zuschläge vorgesehen war, für diesen überhaupt erst bestimmbar wurde. Dies führte jedoch keineswegs dazu, dass die Pauschalabgeltung auch für den Kläger hinreichend bestimmt war. Insofern kann dieser Fall bereits nicht so behandelt werden, als hätte der Kläger trotz abstrakt unverständlicher Klauselformulierung individuell positive Kenntnis von dem Klauselinhalt. Ob nun aber die Kenntnis des Klägers von seinem bisherigen Stundenlohn als befristet Beschäftigter ausreicht, die Pauschalabgeltung für diesen hinreichend transparent werden zu lassen, muss stark bezweifelt werden. Denn selbst wenn man der Prämisse des BAG folgt, dass der unbefristete Anschlussvertrag automatisch den gleichen Stundenlohn zur Bezugsgröße nimmt wie der vorhergehende Vertrag, so bedurfte die Ermittlung des überschüssigen Bruttomonatslohnanteils doch eines nicht unerheblichen rechnerischen Aufwandes. Angesichts dessen sowie des Umstandes, dass dem Arbeitgeber eine transparentere Klauselgestaltung ohne weiteres möglich und zumutbar gewesen wäre, erscheint es kaum vertretbar, dem

Arbeitnehmer trotz seiner individuellen Vorkenntnisse das immer noch hohe Verständnisrisiko aufzubürden.

Insgesamt sollte bei der Berücksichtigung individueller Umstände im Rahmen der Transparenzkontrolle zunächst danach differenziert werden, ob diese Umstände tatsächlich zu einem vollständigen Ausschluss des Verständnisrisikos führen, was wohl nur bei einer konkreten positiven Kenntnis von dem Klauselinhalt der Fall sein dürfte, oder ob das abstrakt festgestellte Verständnisrisiko durch die individuellen Umstände lediglich verringert wird. In beiden Fällen ersetzen diese Umstände aber keinesfalls die spezifische Abwägung, welche der beiden Vertragsparteien das abstrakt festgestellte Verständnisrisiko zu tragen hat. Diese Abwägung wird lediglich für den konkreten Fall durch die individuellen Besonderheiten modifiziert.

4. Sprachenproblematik

In dem Kontext der Berücksichtigung individueller Begleitumstände bei der Transparenzkontrolle über § 310 Abs. 3 Nr. 3 BGB wird neuerdings auch die so genannte Sprachenproblematik erörtert. Konkret geht es dabei um die Frage, ob der Verwender Allgemeiner Geschäftsbedingungen dem Fremdmuttersprachler die Geschäftsbedingungen in seine Muttersprache übersetzen muss, damit dieser sie verstehen kann.

a) Überblick über den Meinungsstand

Teilweise wird vertreten, dass Allgemeine Geschäftsbedingungen, die nicht in der Muttersprache des ausländischen Verbrauchers bereitgestellt werden, dann wegen Verstoßes gegen das Transparenzgebot nichtig seien, wenn der Verwender generell mit fremdsprachigen Vertragspartnern rechnen müsse[444].

Auf dem Gebiet des Arbeitsrechts ist beispielsweise schon vor der Kodifikation des Transparenzgebots und dem Wegfall der Bereichsausnahme gefordert worden, dass der Arbeitgeber dem sprachunkundigen Arbeitnehmer dann eine Vertragsklausel zu übersetzen habe, wenn ihn auch gegenüber deutschsprachigen Arbeitnehmer eine Obliegenheit treffe, besonders auf diese Klausel hinzuweisen[445]. In dem Transparenzgebot sehen *Nägele/Chwalisz* nunmehr eine solche generelle Hinweispflicht, mit der Folge, dass Arbeitsverträge in die jeweilige Muttersprache des Arbeitnehmers zu übersetzen wären[446].

---

444 *Dreißigacker*, Sprachenfreiheit im Verbrauchervertragsrecht, 2002, S. 101 ff.

445 *Schaub*, ArbRHdB, § 42, Rn. 7.

446 *Nägele/Chwalisz*, MDR 2002, S. 1341 (1344).

Demgegenüber lehnt *Schäfer*[447] eine Lösung der Sprachenproblematik über das AGB-Recht grundsätzlich ab und verweist stattdessen auf die übergeordnete Figur der Vertragssprache.

Überwiegend werden jedoch vermittelnde Positionen eingenommen. So soll die Muttersprache des Verbrauchers nur dann einen in der Transparenzkontrolle über § 307 Abs. 1 S. 2 BGB berücksichtigungsfähigen Individualumstand darstellen, wenn der Verwender sein Angebot gezielt auf den Abschluss von Verträgen mit Fremdmuttersprachlern ausrichtet[448]. Eine weitergehende Aufklärungsverpflichtung soll den Verwender daneben nur dann treffen, wenn er bei Vertragsschluss die Sprachschwierigkeiten und damit einhergehend die Gefahr von Missverständnissen erkennt[449].

Der BGH hat in einer Leitentscheidung vom 10.03.1983 festgestellt, dass der ausländische Vertragspartner grundsätzlich den gesamten deutschsprachigen Vertragsinhalt einschließlich der zu Grunde gelegten Allgemeinen Geschäftsbedingungen gegen sich gelten lassen muss, wenn die Vertragspartner die deutsche Sprache als Verhandlungs- und Vertragssprache wählen[450].

b) Stellungnahme

Hervorzuheben ist, dass die Berücksichtigung der individuellen Begleitumstände im Rahmen der AGB-rechtlichen Interessenabwägung erfolgt. Dabei können naturgemäß nur solche Umstände einbezogen werden, die von dem übergeordneten Schutzzweck der AGB-Kontrolle erfasst sind. Der mit der materiellen Inhaltskontrolle wie der Transparenzkontrolle verbundene Eingriff in die Privatautonomie rechtfertigt sich gerade aus einem situativen Ungleichgewicht zwischen Verwender und Vertragspartner[451]. Ordnet nun § 310 Abs. 3 Nr. 3 BGB für Verbraucherverträge eine verstärkte Berücksichtigung individueller Umstände an, so können damit nur solche gemeint sein, die das typische kognitive und situative Gefälle zwischen dem Verwender und seinem Vertragspartner bei einem Vertragsschluss unter Einbeziehung vorformulierter Geschäftsbedingungen kennzeichnen. § 310 Abs. 3 Nr. 3 BGB ist demnach einschränkend dahingehend auszulegen, dass lediglich der Beurteilungsmaßstab individualisiert werden soll, nicht aber dass Umstände in die Abwägung mit einbezogen werden, die sich nicht aus den spezifischen Gefahren für den Verbraucher bei

447 *Schäfer*, JZ 2003, S. 879 (882 f.).

448 Staudinger/Coester, § 307 BGB, Rn. 213; *ders.*, FS Heinrichs (1998), S. 99 (112); diese Einschränkung macht auch *Schäfer*, JZ 2003, S. 879 (882).

449 *Reich*, NJW 1995, S. 1857 (1860).

450 BGH 10.03.1983, NJW 1983, S. 1789 ff.

451 Vgl. hierzu ausführlich oben Erster Teil, § 2 III. 2. a).

der Verwendung vorformulierter Vertragsbedingungen ergeben. Das Risiko, dass ein Fremdmuttersprachler bei einem Vertragsschluss in Deutschland Nachteile auf Grund von Sprachschwierigkeiten erleidet, ist aber kein solches, das spezifisch aus der Verwendung Allgemeiner Geschäftsbedingungen folgt. Es besteht gleichermaßen bei einzeln ausgehandelten Verträgen oder Vertragsbestimmungen. Es ist schon von daher nicht ersichtlich, warum dem Verwender Allgemeiner Geschäftsbedingungen das Sprachrisiko des Vertragspartners zugewiesen werden soll.

Bestätigt wird dies durch den auf die ökonomische Analyse des Rechts gestützten Gedanken der Risikobeherrschung, nach dem maßgeblich darauf abgestellt wird, in wessen Sphäre das Risiko einer Vertragsstörung fällt und ob die Verwirklichung dieses Risikos besser und kostengünstiger durch zumutbare Präventionsmaßnahmen des Kunden oder des Verwenders verhindert werden kann[452]. Danach wird man es einem Verwender kaum zumuten können, seine Allgemeinen Geschäftsbedingungen in mehreren, geschweige denn sämtlichen Sprachen vorrätig zu halten[453].

Dabei ist ferner zu berücksichtigen, dass der Vertragsschluss mit einem Fremdmuttersprachler nicht nur Probleme hinsichtlich der sprachlichen Textverständlichkeit, sondern darüber hinaus auch bezüglich des Rechtsverständnisses birgt. So kann ein scheinbar gleicher Begriff in einem anderen Rechtskreis zu falschen Schlussfolgerungen führen[454], so dass selbst mit einer Übersetzung das Missverständnisrisiko nicht gänzlich ausgeschlossen werden kann.

Von daher ist insgesamt demjenigen, der in einem fremden Sprach- und Rechtskreis Verträge abschließt, das Verständnisrisiko zuzuweisen, ganz gleich, ob es sich um einen Verbraucher oder Unternehmer handelt. Das AGB-Recht ist jedenfalls von seinem Schutzzweck her nicht auf den Ausgleich eines derartigen Informationsdefizits ausgerichtet.

III. Ergebnis

Es bleibt festzuhalten, dass über § 310 Abs. 3 Nr. 3 BGB die den Vertragsschluss begleitenden Umstände bei der Transparenzkontrolle von Klauseln in Verbraucherverträgen generell zu berücksichtigen sind. Allerdings ergibt sich hierdurch kein grundsätzlich anderer Kontrollmaßstab. Vielmehr ist die An-

452 *Stoffels*, AGB-Recht, 2003, Rn. 490; *Schäfer/Ott*, Lehrbuch der ökonomischen Analyse des Zivilrechts, 2005, S. 383 ff.

453 So für den gemeinschaftsrechtlichen EU-Raum bereits *Heinrichs*, NJW 1996, S. 2190 (2197).

454 Vgl. *Lapp*, ITRB 2004, S. 187 (189).

wendung auf besondere Ausnahmefälle begrenzt, die im Übrigen auch ohne die Vorschrift des § 310 Abs. 3 Nr. 3 BGB über die Grundsätze der missbräuchlichen, gegen Treu und Glauben verstoßenden Rechtsausübung nach § 242 BGB angemessen berücksichtigt werden könnten. Die praktischen Auswirkungen des § 310 Abs. 3 Nr. 3 BGB auf die Transparenzkontrolle von Verbraucherverträgen sind daher äußerst gering.

§ 7 Modifizierung der Abwägungskriterien im unternehmerischen Geschäftsverkehr

Nachdem nunmehr mögliche Besonderheiten der Transparenzkontrolle im Bereich der Verbraucherverträge diskutiert wurden, schließt sich konsequenterweise die Frage an, ob nicht auch im Rechtsverkehr zwischen Kaufleuten untereinander die allgemeinen Abwägungskriterien der Transparenzkontrolle zu modifizieren sind.

§ 310 Abs. 1 S. 1 BGB erleichtert zum einen die Einbeziehung von Allgemeinen Geschäftsbedingungen, die gegenüber einem Unternehmer verwandt werden, und erklärt zum anderen für diese Fälle die besonderen Klauselverbote der §§ 308 und 309 BGB für nicht anwendbar. § 310 Abs. 1 S. 2 HS. 2 BGB bestimmt ferner, dass bei der (beschränkten) Anwendung des AGB-Rechts auf Verträge innerhalb des unternehmerischen Geschäftsverkehrs die im Handelsverkehr geltenden Gewohnheiten und Gebräuche angemessen zu berücksichtigen sind. Darüber hinaus ist unzweifelhaft, dass die unternehmerisch Handelnden über einen anderen Erwartungshorizont, andere Verständnismöglichkeiten und Vorkenntnisse als der Durchschnittskunde verfügen.

I. Generelle Anwendbarkeit des Transparenzgebots

Aus diesen Umständen wurde vereinzelt gefolgert, dass vorformulierte Vertragsbedingungen innerhalb des unternehmerischen Geschäftsverkehr überhaupt nicht der Transparenzkontrolle unterfallen[455]. Die ganz überwiegende Meinung im Schrifttum[456] sowie die Rechtsprechung[457] unterziehen indessen auch gegenüber Unternehmern im Geschäftsverkehr verwandte Klauseln der

455 Hadding/Hopt/*Bruchner*, S. 124; *Lutz*, AGB-Kontrolle im Handelsverkehr, 1991, S. 116.

456 Erman/*Roloff*, § 307 BGB, Rn. 21; MüKo/*Kieninger*, § 307 BGB, Rn. 58; Ulmer/Brandner/Hensen/*Fuchs*, § 307 BGB; Rn. 345; Staudinger/*Coester*, § 307 BGB, Rn. 206.

457 BGH 17.12.1998, NJW 1999, S. 942 ff.; BGH 10.07.1990, NJW 1990, S. 2383.

AGB-rechtlichen Transparenzkontrolle. Für eine generelle Herausnahme des unternehmerischen Geschäftsverkehrs aus dem Anwendungsbereich der Transparenzkontrolle finden sich weder im Gesetz noch vor dem Hintergrund der partiellen Privilegierung des unternehmerischen Geschäftsverkehrs bei der Einbeziehungs- und Inhaltskontrolle Anhaltspunkte. So ist § 307 BGB gerade uneingeschränkt anwendbar. § 310 Abs. 1 BGB bezweckt in erster Linie nämlich eine Flexibilisierung des kaufmännischen und sonstigen unternehmerischen Geschäftsverkehrs bei Verwendung Allgemeiner Geschäftsbedingungen unter prinzipieller Beibehaltung des am Maßstab der §§ 307 bis 309 BGB orientierten Schutzniveaus[458]. Eine derartige Flexibilisierung setzt aber auch ein bestimmtes Maß an Rechtssicherheit voraus, was wiederum durch Verständlichkeit, Klarheit und Eindeutigkeit des Regelungsgehalts der Vertragsbestimmung gewährleistet und gefördert wird. Der Schutzzweck des erleichterten Vertragsverkehrs im unternehmerischen Bereich steht also einer Anwendbarkeit des Transparenzgebots gerade nicht entgegen, sondern korrespondiert vielmehr mit diesem. Weiterhin findet beispielsweise auch die Unklarheitenregel des § 305c Abs. 2 BGB auf gegenüber einem Unternehmer verwendete Allgemeine Geschäftsbedingungen Anwendung. Zwar handelt es sich bei Letzterer vorrangig um eine Auslegungsregel, ihre Anwendbarkeit zeigt jedoch, dass auch im Geschäftsverkehr zwischen beruflich Handelnden die Formulierungsverantwortung und das damit einhergehende Risiko einseitig dem Verwender zugewiesen sind[459].

II. Besondere Abwägungskriterien

Da die kaufmännisch und sonst unternehmerisch Handelnden eine objektiv bestimmbare und abgrenzbare Gruppe von Vertragspartnern bilden, ist bei der Kontrolle der gegenüber dieser Gruppe verwendeten Vertragsbedingungen auch auf diese Gruppe zur der Bestimmung des Vergleichsmaßstabes abzustellen. Es sind also die (zumutbaren) Verständnismöglichkeiten eines Durchschnittsunternehmers zu ermitteln.

1. Bestimmung des Durchschnittsunternehmers

Nach einem Vorschlag von *Berger/Kleine*[460] genügt es indessen nicht, zwischen dem Durchschnittsunternehmer und beispielsweise dem Durchschnittsver-

---

458 Vgl. nur Ulmer/Brandner/Hensen/*Ulmer*, § 307 BGB, Rn. 8.

459 Staudinger/*Coester*, § 307 BGB, Rn. 206.

460 *Berger/Kleine*, NJW 2007, S. 3526 (3527); *dies.*, BB 2007, S. 2137 (2138).

braucher bei der Bestimmung des Transparenzmaßstabes zu differenzieren, vielmehr sei auch innerhalb der Gruppe der Unternehmer weiter zu unterscheiden zwischen einzelnen Kaufmannstypen wie etwa dem Einzelhändler, Zwischen- beziehungsweise Großhändler oder Großunternehmen. Diese einzelnen Gruppen innerhalb der unternehmerisch Handelnden unterscheiden sich in Erwartungs- und Verständnishorizont derart signifikant voneinander, dass es gerechtfertigt sei, auch jeweils spezifische Anforderungen an die Transparenz der gegenüber den einzelnen Unternehmergruppen verwandten Klauseln zu stellen[461]. § 310 Abs. 1 BGB enthalte ein so genanntes doppeltes Differenzierungsgebot, wonach bei der AGB-Kontrolle nicht nur zwischen der Verwendung Allgemeiner Geschäftsbedingungen im unternehmerischen und nicht- unternehmerischen Geschäftsverkehr, sondern auch innerhalb des unternehmerischen Geschäftsverkehrs nach einzelnen Kundengruppen zu differenzieren sei[462].

Diese Unterscheidung ist jedoch zunächst keine Besonderheit des § 310 Abs. 1 BGB. Vielmehr sind gruppentypische Differenzierungen dem flexiblen und generalklauselartigen Prüfungsansatz des § 307 Abs. 1 BGB immanent. So ist allgemein anerkannt, dass sich gruppentypische Unterschiede beispielsweise nach der Art des jeweiligen Geschäfts oder Vertrags oder der Branche ergeben können[463]. Auch eine Differenzierung innerhalb einer bestimmten Kundengruppe ist möglich, jedoch unterliegt eine solche strengeren Anforderungen. Um nämlich zu vermeiden, dass letztlich eine unzulässige Berücksichtigung individueller Besonderheiten des konkreten Vertragspartners erfolgt, muss sich die jeweilige Kundengruppe, an der sich die Klauselkontrolle ausrichten soll, deutlich abgrenzen lassen und die Differenzierung muss aussagekräftig für eine unterschiedliche Interessenlage sein[464]. Der BGH hat beispielsweise im Hinblick auf die Anforderungen transparenter Klauselkontrolle eine Differenzierung zwischen privaten Groß- und Kleinkreditnehmern verneint, da sich diese Kundengruppen nicht hinreichend klar in ihren Interessenlagen voneinander abgrenzen ließen[465]. Im Allgemeinen gilt jedoch, dass die Abwägung gemäß § 307 Abs. 1 S. 1 BGB in den durch die am Sachstand orientierten und nach typischen Interessenlagen gebildeten Vertrags- oder Fallgruppen vorzunehmen ist und zu gruppentypischen unterschiedlichen Ergebnissen führen kann, so-

461 *Berger/Kleine*, NJW 2007, S. 3526 (3527); *dies.*, BB 2007, S. 2137 (2138).
462 *Berger/Kleine*, NJW 2007, S. 3526 (3527); *dies.*, BB 2007, S. 2137 (2138).
463 Vgl. nur Staudinger/*Coester*, § 307, Rn. 112.
464 Staudinger/*Coester*, § 307, Rn. 112.
465 BGH, NJW 1992, S. 1097 (1098).

fern Allgemeine Geschäftsbedingungen für verschiedene Arten von Geschäften oder gegenüber verschiedenen Verkehrskreisen verwendet werden[466].

Berger/Kleine ist darin Recht zu geben, dass dies auch im Rahmen der Transparenzkontrolle gilt[467]. Allerdings kann hieraus nicht der generelle Schluss gezogen werden, es sei von vorneherein bei der Bestimmung des zumutbaren Verständnisrisikos auf jede unterschiedliche Gruppierung innerhalb der unternehmerisch Handelnden abzustellen. So ist zunächst zu prüfen, ob die jeweilige Klausel typischerweise gegenüber verschiedenen Kundengruppen Verwendung findet. Ausgangspunkt jeder Bewertung muss nämlich der Vertrag bleiben, um eine unzulässige Einzelfallwertung zu vermeiden. So kann es beispielsweise keine unterschiedliche Betrachtung rechtfertigen, wenn eine Vertrag generell für den Abschluss gegenüber Einzelhändlern konzipiert ist und ganz überwiegend auch mit solchen abgeschlossen wird, im Einzelfall dann aber auch einmal Verwendung gegenüber einem Großunternehmer findet.

Wird die gleiche Klausel gegenüber unterschiedlichen Kundengruppen verwendet, ist in einem nächsten Schritt zu prüfen, ob die gruppenspezifischen Interessenlagen derart unterschiedlich gelagert sind, dass ein differenzierter Bewertungsmaßstab geboten und gerechtfertigt ist. Dies ist im Rahmen der Transparenzkontrolle in erster Linie an den Verständnismöglichkeiten und dem Erwartungshorizont festzumachen. Auch wenn dies in gewissem Maße stets in Ansehung der konkreten Klausel und des adressierten Kundenkreises zu bewerten sein wird, können doch einige allgemeine Grundsätze zur Differenzierung innerhalb des unternehmerischen Geschäftsverkehrs festgelegt werden.

2. *Spezifische Abwägungskriterien*

So ist *Berger/Kleine* dem Grunde nach darin zuzustimmen, dass Großunternehmer eher und leichter die Möglichkeit haben, fachkundigen Rechtsrat – etwa durch eigene Rechtsabteilungen oder externe Rechtsberatung – einzuholen als Kleingewerbetreibende[468]. Dies erhöht die zumutbare Anstrengung zur Erforschung des jeweiligen Klauselgehalts jedoch nur, sofern es sich um eine Verständnisrisiko handelt, das typischerweise von Juristen beherrschbar ist, wie beispielsweise bei der Verwendung von Rechtsbegriffen. Zu berücksichtigen ist aber auch dabei, dass es der grundsätzlich im unternehmerischen Geschäftsverkehr gewünschten und geförderten Flexibilität zuwider liefe, wenn der Vertragsinhalt nur noch unter Rückgriff auf fachlichen Rat zu ermitteln wäre. Auch

---

466 BGH, NJW 1990, S. 1601 (1602).

467 *Berger/Kleine*, NJW 2007, S. 3526 (3527); *dies.*, BB 2007, S. 2137 (2138).

468 *Berger/Kleine*, NJW 2007, S. 3526 (3527); *dies.*, BB 2007, S. 2137 (2138).

im unternehmerischen Geschäftsverkehr gilt uneingeschränkt der Grundsatz, dass Transparenz Bedingung von Marktfreiheit ist.

Weiterhin ist das Kriterium der Geschäftserfahrenheit kein als taugliches Differenzierungskriterium. Es gibt innerhalb jeder Gruppe unternehmerisch Handelnder solche mit mehr und weniger Erfahrung. Eine gewisse Geschäftserfahrenheit wird unternehmerisch Handelnden unterstellt.

III. Fazit

Gerade im Hinblick auf die mit § 310 Abs. 1 BGB bezweckte Flexibilisierung des kaufmännischen und sonstigen unternehmerischen Geschäftsverkehrs und die damit verbundene Notwendigkeit einer gewissen Rechtssicherheit unterfallen auch vorformulierte Vertragsbedingungen innerhalb des unternehmerischen Geschäftsverkehrs der Transparenzkontrolle. Im Rahmen der Kontrolle entsprechender Vertragsbedingungen ist grundsätzlich auf die Verständnismöglichkeiten des Durchschnittsunternehmers abzustellen, jedoch gegebenenfalls danach zu differenzieren, inwieweit die jeweilige Klausel gegenüber unterschiedlichen Gruppen von Vertragspartnern verwandt wird.

Dritter Teil: Die Transparenzkontrolle im inhaltskontrollfreien Bereich

Der neu gefasste § 307 Abs. 1 S. 1 BGB enthält wortgleich die Regelung des § 8 AGBG, wonach die Inhaltskontrollvorschriften der §§ 307–309 BGB nur für solche Bestimmungen in Allgemeinen Geschäftsbedingungen gelten, durch die von Rechtsvorschriften abweichende oder diese ergänzende Regelungen vereinbart werden. Während des Gesetzgebungsverfahrens war zwar noch eine Konkretisierung des Schrankenvorbehalts erwogen worden[469], diese wurde jedoch später nicht umgesetzt[470]. Mit der systematischen Verortung der Vorschrift im Anschluss an die Generalklausel der Inhaltskontrolle wollte der Gesetzgeber ausweislich seiner Begründung[471] klarstellen, dass § 307 Abs. 3 BGB einen Ausnahmetatbestand darstellt, der Allgemeine Geschäftsbedingungen im Einzelfall der Inhaltskontrolle entzieht[472], und nicht umgekehrt die Kontrollfreiheit der Grundsatz und die Inhaltskontrolle die Ausnahme ist[473]. Diese Klarstellung hat indessen keinerlei praktische Auswirkungen[474], zumal die gerichtliche Praxis die Kontrollfreiheit faktisch bereits zur Ausnahme hat werden lassen.

Im Gegensatz zu § 8 AGBG stellt § 307 Abs. 3 S. 2 BGB jedoch nunmehr ausdrücklich klar, dass auch diejenigen Bestimmungen in Allgemeinen Geschäftsbedingungen, die einer Inhaltskontrolle unzugänglich sind, wegen Verstoßes gegen das in § 307 Abs. 1 S. 2 BGB normierte Transparenzgebot gemäß

---

469 § 307 Abs. 3 des Diskussionsentwurfs des BMJ in der konsolidierten Fassung vom 06.03.2001 (SMG–DE03–060301, S. 17; abgedruckt bei Canaris, Schuldrechtsmodernisierung 2002, S. 349 ff.) lautete: *„Die Absätze 1 und 2 dieser Vorschrift gelten nicht für Bestimmungen in Allgemeinen Geschäftsbedingungen, die*

1. klar und verständlich
   den Gegenstand der Hauptleistung unmittelbar festlegen (Leistungsbeschreibungen), oder
   Art und Umfang der geschuldeten Vergütung unmittelbar regeln (Preisvereinbarungen) oder
2. von Rechtsvorschriften weder abweichen noch diese ergänzen.".

470 Zu den Hintergründen *Stoffels*, JZ 2001, S. 843 (849).

471 BT-Drucks. 14/6040, S. 154.

472 Für diese Interpretation bereits Ulmer/Brandner/Hensen/*Brandner*, § 8 AGBG, 9. Aufl., Rn. 5; s. jetzt auch Ulmer/Brandner/Hensen/*Fuchs*, § 307 BGB, Rn. 7.

473 So Wolf/Horn/Lindacher/*Wolf*, § 8 AGBG, Rn. 3; *Joost*, ZIP 1996, S. 1686 (1690).

474 Staudinger/*Coester*, § 307 BGB, Rn. 281; *Stoffels*, AGB-Recht, 2003, Rn. 419; *ders.*, JZ 2001, S. 843, Fn. 1.

§ 307 Abs. 1 S. 1 BGB unwirksam sein können. Diese Kodifizierung soll nunmehr die Vorgaben des Art. 4 Abs. 2 der Richtlinie 93/13/EWG umsetzen, wonach die Missbrauchskontrolle weder den Hauptgegenstand des Vertrages noch die Angemessenheit zwischen Preis und Gegenleistung betrifft, sofern diese Klauseln klar und verständlich abgefasst sind. Eine solche explizite gesetzliche Regelung war schon auf Grund der Rechtsprechung des EuGH zur Klausel-Richtlinie[475] erforderlich geworden, da dieser eine richtlinienkonforme Auslegung des bestehenden nationalen Rechts als nicht mehr ausreichend beurteilte, um der aus Art. 10 Abs. 1 EGV folgenden Transformationspflicht zu genügen. Darüber hinaus hat der Gesetzgeber in seiner Begründung noch einmal herausgestellt, dass es auch der bisherige Zweck des Schrankenvorbehalts der Inhaltskontrolle gewesen sei, lediglich der Inhaltskontrolle in bestimmten Fällen Grenzen zu setzen, nicht aber auch der Transparenzkontrolle[476]. Dieses Normverständnis hinsichtlich des § 8 AGBG war indessen keineswegs eine Selbstverständlichkeit, lag doch die Vermutung nahe, dass der aus der Inhaltskontrolle entwickelte und dort verankerte Transparenzgedanke im kontrollfreien Bereich ebenfalls nicht zum Tragen kam[477].

Die Tatsache, dass die Überprüfung von Allgemeinen Geschäftsbedingungen auf ihre Transparenz hin im Gegensatz zur Kontrolle des Inhalts nicht den Schranken des § 307 Abs. 3 S. 1 BGB unterworfen ist, legt des Weiteren die Annahme nahe, dass die Qualifizierung einer Klausel als kontrollfrei beziehungsweise kontrollunterworfen für die Transparenzkontrolle vollkommen irrelevant ist, es für die Transparenzkontrolle insoweit also nicht auf die mitunter diffizilen Abgrenzungsüberlegungen zur Reichweite des kontrollfreien Bereichs der Klauselgestaltungen ankommt[478]. Auch wenn dies die logische Konsequenz der Neuregelung des § 307 Abs. 3 S. 2 BGB zu sein scheint, so bedarf diese Aussage doch einer eingehenderen Überprüfung und Absicherung. So ist beispielsweise durchaus fraglich, ob sich eine derartig umfassende Ausdehnung der Transparenzkontrolle noch mit dem Schutzzweck des AGB-Rechts ver-

---

475 EuGH 10.05.2001, NJW 2001, S. 2244 f.

476 BT-Drucks. 14/6040, S. 154; so schon vorher: Staudinger/*Coester*, § 8 AGBG (13. Aufl.) 1998, Rn. 16; *Stoffels*, JZ 2001, S. 843 (845).

477 So insbesondere *v.Hoyningen-Huene*, FS Trinkner (1995), S. 179 (184). Diesen Gedanken explizit aufgreifend: BT-Drucks. 14/6040, S. 154; *Evermann*, Die Anforderungen des Transparenzgebots an die Gestaltung von Allgemeinen Versicherungsbedingungen, 2002, S. 68; *Koch*, WM 2002, S. 2173 (2175).

478 So zumindest für den Leistungsbereich: OLG Stuttgart 28.05.1999, BB 1999, S. 1572; Staudinger/*Coester*, § 307 BGB, Rn. 315; *Stoffels*, AGB-Recht, 2003, Rn. 430; *ders.*, JZ 2001, S. 843 (846); *Canaris*, AcP 200 (2000), S. 273 (329).

trägt[479]. Darüber hinaus handelt es sich bei den kontrollfreien Klauseln nach § 307 Abs. 3 S. 1 BGB um eine ganz besondere Art von Regelungen in Allgemeinen Geschäftsbedingungen, so dass es zu fragen gilt, ob die diese Klauselart kennzeichnende Besonderheit auch spezielle Anforderungen an die Transparenzkontrolle in diesem Bereich stellt. Ebenfalls zu untersuchen ist, welche weitergehenden Rechtsfolgen die mögliche Unwirksamkeit einer inhaltskontrollfreien Klausel auf Grund eines Verstoßes gegen das Transparenzgebot nach sich zieht. Diese Frage wird naturgemäß bei Preis- und Hauptleistungsklauseln, die nach ganz herrschender Meinung ebenfalls in den Anwendungsbereich des § 307 Abs. 3 S. 1 BGB fallen und somit kontrollfrei sind[480], eine besondere Rolle im Hinblick auf die Wirksamkeit des gesamten Vertrages spielen. Schließlich muss aber auch umgekehrt untersucht werden, ob sich aus der Etablierung des Transparenzgebots im inhaltskontrollfreien Bereich der Klauselgestaltung nicht sogar Rückschlüsse für die Abgrenzung kontrollfreier von kontrollunterworfenen Klauseln gewinnen lassen, beziehungsweise ob auf Grund der Anwendung des Transparenzgebots sich nicht sogar eine Erweiterung des Anwendungsbereichs des § 307 Abs. 3 S. 1 BGB rechtfertigen lässt, als dies nach der bisherigen Auslegung der Norm der Fall ist[481]. Diese Fragestellungen verdeutlichen, dass die Transparenzkontrolle nach § 307 Abs. 3 S. 2 BGB i.V.m. § 307 Abs. 1 S. 2 BGB über das Verständnis der Schrankenregelung des § 307 Abs. 3 S. 1 BGB zu erschließen ist. Erst im Anschluss daran kann eine Aussage darüber getroffen werden, ob oder gegebenenfalls inwieweit der nach dem Wortlaut der Vorschrift nahe liegenden Vermutung, dass die Unterscheidung zwischen inhaltskontrollfreien und kontrollunterworfenen Klauseln für die Transparenzkontrolle irrelevant ist, zuzustimmen ist.

Bevor also im Einzelnen auf das Transparenzgebot im inhaltskontrollfreien Bereich der Klauselgestaltung eingegangen werden kann, ist es zunächst erforderlich, einige Überlegungen zum allgemeinen Verständnis des § 307 Abs. 3 S. 1 BGB anzustellen.

---

479 *Evermann*, Die Anforderungen des Transparenzgebots an die Gestaltung von Allgemeinen Versicherungsbedingungen, 2002, S. 68.

480 Erman/*Roloff*, § 307 BGB, Rn. 38; Soergel/*Stein*, § 8 AGBG Rn. 1; Staudinger/*Coester*, § 307 BGB, Rn. 310; Ulmer/Brandner/Hensen/*Fuchs*, § 307 BGB, Rn. 18; Wolf/Horn/Lindacher/*Wolf*, § 8 AGBG, Rn. 1; kritisch, *Langheid*, NVersZ 2000, S. 63 (64); *a.A. Joost*, ZIP 1996, S. 1685 (1686), der die Bestimmung des inhaltskontrollfreien Bereichs nicht an der Unterscheidung zwischen Haupt- und Nebenleistungen, sondern anhand des Fehlens rechtsnormativer Vorgaben in bestehenden Rechtsvorschriften trifft.

481 In diese Richtung schon vor der Kodifizierung des Transparenzgebots: Staudinger/*Coester*, § 8 AGBG,13. Aufl. 1998, Rn. 20 ff. und 25 ff.; *Canaris*, AcP 200 (2000), S. 273 (329); *Horn*, WM 1997, Sonderbeilage Nr. 1, S. 3 (19 ff.).

§ 8 Allgemein zum Normverständnis des § 307 Abs. 3 S. 1 BGB

§ 307 Abs. 3 S. 1 BGB setzt der Inhaltskontrolle Schranken, indem die Vorschrift anknüpfend an den Regelungsgegenstand bestimmte Regelungen in Allgemeinen Geschäftsbedingungen grundsätzlich kontrollfrei stellt. Der Inhaltskontrolle werden also nicht nur durch ihre in den §§ 307 Abs. 1 und Abs. 2, 308 und 309 BGB festgelegten Maßstäbe und Anforderungen, wie zum Beispiel das Erfordernis einer unangemessenen Benachteiligung, innere Grenzen gesetzt, sondern sie wird zudem in ihrem sachlichen Anwendungsbereich beschränkt. Von daher ist zunächst zu klären, worin die Notwendigkeit und die Legitimation einer derartigen Schranke liegen. Dass diese Frage nicht rein akademischer Natur ist, zeigt bereits die Diskussion auf europäischer Ebene um die entsprechende Vorschrift des Art. 4 Abs. 2 der Richtlinie 93/13/EWG. Auf der 1999 von der Kommission durchgeführten Tagung „Die Klauselrichtlinie – 5 Jahre danach“ wurde unter anderem die Frage zur Diskussion gestellt, ob sich die Beschränkung der Klauselkontrolle in Art. 4 Abs. 2 Richtlinie 93/13/EWG bewährt habe oder abgeschafft werden solle[482]. Diese Fragestellung wird in dem anschließenden Bericht der Kommission zur „Anwendung der Klauselrichtlinie 93/13/EWG“ vom 27.04.2000 ausdrücklich wiederholt[483].

Überträgt man diese Fragestellung auf das deutsche Zivilrecht, so liegt der Schlüssel zu ihrer Beantwortung in den bereits herausgearbeiteten[484] Erkenntnissen zur Legitimation der Inhaltskontrolle. Die Inhaltskontrolle anhand der §§ 307 bis 309 BGB korrigiert das situative Funktionsversagen des auf dem übergeordneten Grundsatz der Privatautonomie basierenden Vertragsschlussmechanismus bei der Vertragsgestaltung mittels Allgemeiner Geschäftsbedingungen und die daraus folgende Gefahr einseitiger Interessenwahrnehmung durch den Verwender[485]. Aus diesem Legitimationserfordernis der in die Vertragsfreiheit eingreifenden Inhaltskontrolle ergibt sich im Umkehrschluss, dass in den Bereichen, wo diese Legitimation versagt, die Inhaltskontrolle auch keine Anwendung finden darf. Dabei kann die Legitimation für eine Inhaltskontrolle entfallen, wenn entweder trotz der Verwendung von Allgemeinen Geschäftsbedingungen der Vertragsmechanismus funktioniert, oder aber trotz der Störung des Vertragsmechanismus die Gefahr einer Beeinträchtigung der materiellen Vertragsgerechtigkeit ausgeschlossen werden kann.

---

482 Vgl. Darstellung und Nachweise bei *Pfeiffer*, VuR 2001, S. 95 (Fn. 6).
483 Dok.KOM (2000) 248, S. 16f.
484 S.o. Erster Teil, § 2 III. 2.
485 Vgl. nur Staudinger/*Coester*, § 307 BGB, Rn. 3 ff. (m.w.N.).

§ 9 Deklaratorische Klauseln

Eine materielle Benachteiligung des Vertragspartners kann grundsätzlich dann ausgeschlossen werden, wenn in Allgemeinen Geschäftsbedingungen eine Regelung getroffen wird, die lediglich eine allgemeingültige Rechtsvorschrift wiedergibt. Solche Klauseln nennt man allgemein (rechts-)deklaratorische Klauseln.

I. Gründe der Kontrollfreiheit deklaratorischer Klauseln

Grund hierfür ist, dass dem materiellen Recht eine eigene Gerechtigkeitsvermutung immanent ist. Normiert der Gesetzgeber beispielsweise bestimmte Schuldvertragstypen, so bringt er hierin eine Modellvorstellung im Sinne eines im Regelfall angemessenen Interessenausgleichs zum Ausdruck[486]. Dies folgt schon aus § 307 Abs. 2 Nr. 1 BGB, wonach die Abweichung von dem wesentlichen Grundgedanken einer gesetzlichen Regelung im Zweifel bereits eine unangemessene Benachteiligung darstellt.

Besitzt die vom Verwender getroffene Regelung auf Grund der Tatsache, dass sie lediglich materielles Recht wiedergibt, bereits eine eigene Gerechtigkeitsvermutung, so ist von vorneherein das Vorliegen einer unangemessenen Benachteiligung des Vertragspartners ausgeschlossen. Dies folgt auch schon aus der Regelung des § 307 Abs. 2 Nr. 1 BGB. Erlaubt nämlich das Abweichen von dem wesentlichen Grundgedanken einer gesetzlichen Regelung die widerlegliche Vermutung, dass es sich um eine unangemessen benachteiligende Vertragsregelung handelt, so muss im Umkehrschluss gelten, dass es sich bei der sinngemäßen Wiedergabe der gesamten gesetzlichen Regelung automatisch auch um eine inhaltlich angemessene Vertragsklausel handelt. Damit fehlt es aber trotz Vorliegens einer Störung des Vertragsmechanismus an der Legitimation einer Inhaltskontrolle für diese Fallgruppe. Hinzu kommt, dass der in Art. 20 Abs. 3 GG und Art. 97 Abs. 1 GG konstituierte Grundsatz der Bindung des Richters an Gesetz und Recht einer Inhaltskontrolle rechtsdeklaratorischer Klauseln durch die Gerichte entgegensteht[487]. Dieser Grundsatz verbietet es dem Richter, die Geltung materiellen Rechts in Frage zu stellen, was er zwangsläufig tun müsste, wollte er eine rechtsdeklaratorische Klausel und damit

---

486 *Stoffels*, Gesetzlich nicht geregelte Schuldverhältnisse, 2001, S. 103 f.

487 BGH 09.05.2001, NJW 2001, S. 2012 (2013); Staudinger/*Coester*, § 307 BGB, Rn. 290; *Dylla-Krebs*, Schranken der Inhaltskontrolle Allgemeiner Geschäftsbedingungen, 1990, S. 65 ff.; *Stoffels*, AGB-Recht, 2003, Rn. 424; *Canaris*, NJW 1987, S. 609 (611); *Niebling*, BB 1984, S. 1713; *Stoffels*, JZ 2001, S. 843 (844).

die Rechtsnorm als solche ernstlich auf ihre Angemessenheit hin überprüfen. Die Kompetenz einer derartigen Normenkontrolle ist gemäß Art. 100 Abs. 1 GG erstens ausschließlich dem Bundesverfassungsgericht zugewiesen und zweitens nur in Bezug auf ihre Verfassungsmäßigkeit hin zulässig.

Das in diesem Zusammenhang ebenfalls häufig angeführte Argument, eine Kontrolle rechtsdeklaratorischer Klauseln sei schon von daher unmöglich, dass im hypothetischen Falle der Unwirksamkeit einer solchen Klausel gemäß § 306 Abs. 2 BGB stets wieder die inhaltsgleiche gesetzliche Bestimmung trete[488], konstituiert hingegen keinen eigenständigen Normzweck[489]. Vielmehr ist die Regelung des § 306 Abs. 2 BGB selbst Ausfluss des Prinzips, dass dem dispositiven Recht einschließlich seiner Fortentwicklung durch die Rechtsprechung ein eigener Gerechtigkeitsgehalt zukommt, der dann notwendigerweise eine unangemessene Benachteiligung präkludiert.

II. Grundsätze der Bestimmung rechtsdeklaratorischer Klauseln

Fraglich ist des Weiteren, was den Charakter einer rechtsdeklaratorischen AGB-Klausel ausmacht.

1. Rechtslagenvergleich

Einigkeit herrscht dabei zumindest insoweit, dass die Qualifizierung als rechtsdeklaratorische und somit inhaltskontrollfreie Bestimmung methodisch im Wege eines Rechtslagenvergleichs vorzunehmen ist[490]. Hinsichtlich der Vergleichsgegenstände, also der zu vergleichenden Rechtslagen, ist auf Seiten der betreffenden AGB-Bestimmung zunächst deren rechtlicher Regelungsgehalt zu ermitteln, und zwar im Wege der AGB-spezifischen Auslegungsmethoden, das heißt insbesondere unter Berücksichtigung des Grundsatzes der objektiven Auslegung sowie der Unklarheitenregel des § 305c Abs. 2 BGB[491]. Schwieriger

---

488 BGH 09.05.2001, NJW 2001, S. 2012 (2013); Palandt/*Heinrichs*, § 307 BGB, Rn. 63; Wolf/Horn/Lindacher/*Wolf*, § 8 AGBG, Rn. 22.

489 Staudinger-*Coester*, § 307 BGB, Rn. 290; *Dylla-Krebs*, Schranken der Inhaltskontrolle Allgemeiner Geschäftsbedingungen, 1990, S. 63 f.; *Stoffels*, AGB-Recht, 2003, Rn. 424, *ders.*, JZ 2001, S. 843 (844).

490 *Niebling*, Schranken der Inhaltskontrolle nach § 8 AGBG, 1988, S. 126; Staudinger/*Coester*, § 307 BGB, Rn. 292; *Stoffels*, AGB-Recht, 2003, Rn. 432; *ders.*, JZ 2001, S. 843 (846).

491 BGH 19.09.1985 (III ZR 214/83), NJW 1986, S. 43. (44); BGH 19.09.1985 (III ZR 213/83), NJW 1986, S. 46 (47); Staudinger/*Coester*, § 307 BGB, Rn. 292; Ulmer/Brandner/Hensen/*Fuchs*, § 307 BGB, Rn. 25; *Stoffels*, JZ 2001, S. 843 (846).

hingegen gestaltet sich die Bestimmung des zweiten Vergleichsgegenstandes. Zu fragen ist hierbei, ob die objektive Rechtsordnung eine der betreffenden AGB-Klausel entsprechende Regelung bereithält. Umstritten ist allerdings, wie weit der Quellbereich einer möglicher Vergleichsregelung zu fassen ist. Der Wortlaut des § 307 Abs. 1 S. 1 BGB spricht insoweit lediglich von „Rechtsvorschriften". Art. 1 Abs. 2 der Richtlinie 93/13/EWG verwendet den Begriff „bindende Rechtsvorschriften", was nach allgemeiner Auffassung keinen Bedeutungsunterschied zu der in § 307 Abs. 1 S. 1 BGB gewählten Formulierung darstellt[492]. Unstreitig fallen hierunter jedenfalls sämtliche materiellen Normen, das heißt das kodifizierte Gesetzesrecht, Rechtsverordnungen, Satzungen, das Gewohnheitsrecht, Tarifverträge sowie Betriebs- und Dienstvereinbarungen[493].

Darüber hinaus legen die Rechtsprechung[494] sowie der überwiegende Teil des Schrifttums[495] den Begriff der Rechtsvorschriften in § 307 Abs. 1 S. 1 BGB noch weiter aus, indem sie hierunter auch sämtliche ungeschriebenen Rechtssätze, die Regeln des Richterrechts sowie die auf Grund ergänzender Vertragsauslegung[496] nach §§ 157, 242 BGB und aus der Natur des jeweiligen Schuldverhältnisses zu entnehmenden Rechte und Pflichten mit einbeziehen. *Brandner* zählt dabei sogar ganz allgemein den „*Regelungsgehalt des jeweiligen Vertrags*" zu den vergleichbaren Rechtsvorschriften[497].

---

492 *Evermann*, Die Anforderungen des Transparenzgebots an die Gestaltung von Allgemeinen Versicherungsbedingungen, 2002, S. 80 ff.; *Stoffels*, AGB-Recht, 2003, Rn. 433; *ders.*, JZ 2001, S. 843 (846).

493 BGH 06.02.1985, NJW 1985, S. 3013 (3014); *Niebling*, Schranken der Inhaltskontrolle nach § 8 AGBG, S. 67; Palandt/*Heinrichs*, § 307 BGB, Rn. 64; *Stoffels*, AGB-Recht, 2003, Rn. 433; Wolf/Horn/Lindacher/*Wolf*, § 8 AGBG, Rn. 5.

494 BGH 09.04.2002, NJW 2002, S. 1950 (1951); BGH 14.10.1997, NJW 1998, S. 383; BGH 10.12.1992, NJW 1993, S. 321 (322); BGH 06.02.1985, NJW 1985, S. 3013 (3014).

495 Palandt/Heinrichs, § 307 BGB, Rn. 64; Soergel/Stein, § 8 AGBG, Rn. 3; Staudinger/Coester, § 8 AGBG, 1998, Rn. 7 und 33; Wolf/Horn/Lindacher/Wolf, § 8 AGBG, Rn. 5.

496 Einschränkend insoweit *Fastrich*, Richterliche Inhaltskontrolle im Privatrecht, 1992, S. 253, der die ergänzende Vertragsauslegung nur dann als vergleichbare Rechtsvorschrift heranziehen will, wenn diese einer Fortbildung des dispositiven Rechts entspreche. Einschränkend auch *Dylla-Krebs*, Schranken der Inhaltskontrolle Allgemeiner Geschäftsbedingungen, 1990, S. 67 ff., die zwar das Richterrecht als Vergleichsmaßstab anerkennt (S. 71 f.), die ergänzende Vertragsauslegung als Quelle einer vergleichbaren Rechtslage aber ablehnt (S. 71 f.); generell ablehnend *Niebling*, WM 1992, S. 845 (847).

497 Ulmer/Brandner/Hensen/*Brandner*, § 8 AGBG, 9. Aufl., Rn. 30.

Gegen eine derart extensive Interpretation des Begriffs der Rechtsvorschriften in § 307 Abs. 1 S. 1 BGB wendet sich im neueren Schrifttum *Stoffels*[498]. Ein Rechtslagenvergleich verlange, dass sich der Vergleichsmaßstab aus anderen Rechtsquellen speise als der hieran zu messende Gegenstand. Es sei bereits denknotwendig ausgeschlossen, den Vertragsinhalt zum Vergleichsmaßstab seiner selbst zu machen, so dass der Regelungsgehalt des jeweiligen Vertrages niemals zu den Rechtsvorschriften im Sinne des § 307 Abs. 1 S. 2 BGB gezählt werden könne. Gleiches gelte für die Einbeziehung der auf Grund ergänzender Vertragsauslegung nach den §§ 157, 242 BGB gewonnenen Rechte und Pflichten, da auch diese ihren Ausgang in den im jeweiligen Vertrag willkürlich gesetzten Regelungen sowie den in ihnen enthaltenen Grundgedanken und Zielvorstellungen nehmen[499]. Insgesamt lasse sich der extensiven Auslegung des Begriffs der Rechtsvorschriften die Tendenz entnehmen, durch ein möglichst breites Spektrum vergleichbarer Rechtslagen leichter eine Abweichung des Regelungsgehaltes der jeweiligen AGB-Klausel feststellen und somit den Anwendungsbereich der Inhaltskontrolle ausweiten zu können. Einer derartigen Konzeption liege indessen ein verfehltes Verständnis des § 307 Abs. 1 S. 1 BGB zu Grunde, da im Hinblick auf deklaratorische Klauseln lediglich vermieden werden sollte, dass der Richter die Setzungen der Legislative in Frage stellt. Insofern sei die Interpretation des Merkmals der Rechtsvorschriften auf das vom Wortlaut her nahe liegende Verständnis im Sinne von Gesetzen im materiellen Sinne zurückzuführen[500].

2. *Vergleichsmaßstäbe*

a) Ergänzende Vertragsauslegung als Vergleichsmaßstab

Der Kritik von *Stoffels* an der „hypertrophen Interpretation“[501] des Begriffs Rechtsvorschriften durch die herrschende Meinung in Rechtsprechung und Literatur ist zuzustimmen. Man vergegenwärtige sich an dieser Stelle nur etwas genauer den im Rahmen des § 307 Abs. 3 S. 1 BGB konkret durchzuführenden Rechtslagenvergleich für den Fall, dass als rechtlicher Vergleichsgegenstand lediglich im Wege der ergänzenden Vertragsauslegung gewonnene Ergebnisse zur Verfügung stehen. Zunächst muss die in Rede stehende Klausel aus dem Ver-

---

498 *Stoffels*, AGB-Recht, 2003, Rn. 434 f.; *ders.*, JZ 2001, S. 843 (846 f.); dem jetzt folgend: Staudinger/Coester, § 307 BGB, Rn. 295.

499 *Stoffels*, AGB-Recht, 2003, Rn. 434; *ders.*, JZ 2001, S. 843 (846); ebenso *Niebling*, WM 1992, S. 845 (847).

500 *Stoffels*, AGB-Recht, 2003, Rn. 435; *ders.*, JZ 2001, S. 843 (847).

501 *Stoffels*, AGB-Recht, 2003, Rn. 435; *ders.*, JZ 2001, S. 843 (847).

tragsgefüge hinweg gedacht werden, um dann den nunmehr vertraglich nicht geregelten Fall einer Lösung zuzuführen, die dem entspricht, was die Parteien bei einer angemessenen Abwägung ihrer Interessen nach Treu und Glauben als redliche Vertragspartner vereinbart hätten, wenn sie den nicht geregelten Fall bedacht hätten[502]. Letztendlich läuft dieses Vorgehen wertungsmäßig auf einen Vergleich der in der Klausel getroffenen Regelungen mit dem, was das Gericht für einen angemessenen Interessenausgleich zwischen den jeweiligen Vertragsparteien erachtet, hinaus und nähert sich somit faktisch einer vorweggenommenen materiellen Kontrolle der Klausel. Die Frage nach der Kontrollunterworfenheit der Klausel gemäß § 307 Abs. 3 S. 1 BGB hinge von ähnlichen Treu- und Glauben-Erwägungen ab wie die Überprüfung auf ihre inhaltliche Angemessenheit im Rahmen des § 307 Abs. 1 S. 1 BGB.

Hieran ändert sich auch nichts dadurch, dass die ergänzende Auslegung primär das vertraglich Gewollte zum Ziel hat, während sich die objektiv-generalisierende Interessenabwägung im Rahmen der Inhaltskontrolle wesentlich an dem Gesollten orientiert. Zwar soll bei der ergänzenden Vertragsauslegung gerade kein gesetzgeberisch-generalisierender Maßstab angelegt, sondern die Wertungen der Parteien durch den Richter zu Ende gedacht werden[503], bei der hier in Rede stehenden Bestimmung des rechtlichen Vergleichsgegenstandes durch eine ergänzende Vertragsauslegung wird das tatsächlich Gewollte – also die vertraglich einbezogene Klausel – aber gerade bewusst negiert und aus den Wertungen herausgenommen. Darüber hinaus weisen die methodischen Wege zur Ermittlung eines sachgerechten Interessenausgleichs im Wege der ergänzenden Vertragsauslegung sowie im Rahmen der Inhaltskontrolle vielfach Überschneidungen auf. So sind zum Beispiel bei der typisierenden und generalisierenden Betrachtungsweise im Rahmen des § 307 Abs. 1 S. 1 BGB auch Art und Gegenstand, Zweck und besondere Eigenart des jeweiligen Vertrages zu berücksichtigen[504]. Demgegenüber speist sich die ergänzende Vertragsausle-

---

502 So die ganz allgemeinen Grundsätze für eine ergänzende Vertragsauslegung anhand des hypothetischen Parteiwillens: BGH 22.04.1953, BGHZ 9, S. 273 (277); BGH 29.04.1982, BGHZ 84 S. 1 (7); BGH 01.02.1984, BGHZ 90, S. 69 (77); BGH 04.05.1990, BGHZ 111, S. 214 (217 f.); BGH 21.09.1994, BGHZ 127, S. 138 (142); MüKo/*Mayer-Maly*, § 157 BGB, Rn. 39; Palandt/*Heinrichs*, § 157 BGB, Rn. 7; Staudinger/*Roth*, § 157 BGB, Rn. 30 f.

503 MüKo/*Mayer-Maly*, § 157 BGB, Rn. 39; anders der BGH, der in der Lückenschließung durch ergänzende Vertragsauslegung eine richterliche Interessenabwägung auf objektiver Grundlage sieht, BGH 04.12.1985, NJW 1986, S. 1429 (1431); hiergegen zu Recht *Medicus*, Allgemeiner Teil, Rn. 343; *Stoffels*, Gesetzlich nicht geregelte Schuldverhältnisse, 2001, S. 282 f.; Staudinger/*Roth*, § 157 BGB, Rn. 4.

504 BGH 09.02.1990, NJW 1990, S. 1601 (1602); BGH 01.07.1987, NJW 1987, S. 2527 (2576); BGH 08.01.1986, NJW 1986, S. 2102 (2103).

gung neben der autonomen Parteiwertung auch aus den heteronomen Wertungen der Rechtsordnung, also den an einem angemessenen Ausgleich orientierten Zweck und Risikoverteilungsvorstellungen, die keinen unmittelbaren Rückhalt im Selbstbestimmungsrecht der Parteien finden[505].

Damit ergibt sich ein doppelter Argumentationsansatz, die ergänzende Vertragsauslegung nicht zum Vergleichsmaßstab innerhalb des § 307 Abs. 3 S. 1 BGB zu machen. Zum einen wurzelt die ergänzende Vertragsauslegung derart in dem konkreten Vertragsverhältnis, dass letztlich der Vertrag zum Vergleichsmaßstab seiner selbst würde[506]. Stellt man zum anderen stärker auf den heteronomen Charakter der ergänzenden Vertragsauslegung ab, so wird der Vergleichsmaßstab anhand von Wertungen gewonnen, die dann typischerweise denjenigen zur Bestimmung der inhaltlichen Angemessenheit sehr ähnlich sind. Die heteronomen Wertungsmaßstäbe hinsichtlich der Frage der Kontrollunterworfenheit lassen sich praktisch nicht mehr von denen der Frage nach der materiellen Angemessenheit der Klausel trennen[507]. Damit wird aber der Normzweck des § 307 Abs. 3 S. 1 BGB verkehrt. Das mit der AGB-Kontrolle befasste Gericht soll nämlich durch die Begrenzung der Inhaltskontrolle gerade von derartigen Wertungsfragen entbunden werden.

Von daher ist eine Klausel, deren Regelungsgehalt lediglich mit einer ergänzenden Vertragsauslegung verglichen werden kann, grundsätzlich als kontrollunterworfen anzusehen. Die von der Gegenansicht zur Bestimmung des Vergleichsgegenstandes anzustellenden Abwägungen hinsichtlich des angemessenen Interessenausgleichs können dann dogmatisch richtig im Rahmen der Inhaltskontrolle vorgenommen werden. Der Regelungsgehalt des jeweiligen Vertrages ist mithin kein tauglicher Vergleichsmaßstab. Deswegen sind auch Klauseln nicht alleine deshalb kontrollfrei zu stellen, weil sie allgemein anerkannte Regelungen eines gesetzlich nicht geregelten Vertragstypus wiedergeben.

b) Richterrecht als Vergleichsmaßstab

Fraglich ist ferner, was für solche Klauseln zu gelten hat, die lediglich den Regelungsgehalt eines im Rahmen richterlicher Rechtsfortbildung gewonnenen und von den Gerichten in ständiger Rechtsprechung angewandten Rechtssätze wiedergeben. Der Begriff des „Richterrechts" ist an dieser Stelle in dem Sinne

---

505 *Stoffels*, Gesetzlich nicht geregelte Schuldverhältnisse, 2001, S. 283.

506 So die Begründung von *Stoffels*, AGB-Recht, 2003, Rn. 434; *ders.*, JZ 2001, S. 843 (846).

507 Im Ergebnis ebenso *Dylla-Krebs*, Schranken der Inhaltskontrolle Allgemeiner Geschäftsbedingungen, 1990, S. 74.

von „ungeschriebenen Rechtsgrundsätzen" zu verstehen[508]. Dies kann insbesondere dann relevant werden, wenn gesetzliche Regelungen durch eine gesetzesübersteigende Fortbildung oder richterrechtliche Einschränkungen beziehungsweise Ergänzungen eine inhaltliche Konkretisierung erfahren, aber auch dort, wo die richterliche Rechtsfortbildung eigene Institute des Richterrechts entwickelt hat.

Die Beantwortung der Frage, ob das Richterrecht im Rahmen des § 307 Abs. 3 S. 1 BGB zur Bestimmung der Vergleichsrechtslage herangezogen werden kann, ist äußerst schwierig. Im Gegensatz zur (richterlichen) Vertragsauslegung haben die Wertungen des Richterrechts jedenfalls keinen konkreten Bezug zum jeweiligen Vertrag. Ausgangspunkt für die richterlich gewonnene fallentscheidende Regel ist vielmehr die konkretisierungs- oder ergänzungsbedürftige Gesetzesnorm, den Wertungsmaßstab bildet die Gesamtrechtsordnung[509]. Diese häufig abstrakt-generell formulierten Regeln weisen auch zumindest in ihrer praktischen Wirkung eine große Nähe zu den gesetzlichen Normen auf, da sie von den Instanzgerichten wie den Adressaten in aller Regel sowohl in gleich als häufig auch in ähnlich gelagerten Fällen beachtet und angewandt werden[510]. Dennoch gibt es gewichtige Unterschiede, die dagegen sprechen, richterrechtlichen Rechtssätzen die gleiche formale, normative Bindungswirkung zuzuerkennen wie dem kodifizierten Gesetzesrecht[511].

Auch wenn eine ganze Reihe richterrechtlicher Entwicklungen vom Gesetzgeber – zuletzt in besonderem Maße im Rahmen des Schuldrechtsmodernisierungsgesetzes – nahezu unverändert übernommen wurden, so erfahren diese Rechtsätze hierdurch gerade einen entscheidenden qualitativen Bedeutungszuwachs. Die Höherwertigkeit des Gesetzesrechts gegenüber dem Richterrecht ergibt sich aus der überlegenen Qualität der vom demokratisch legitimierten Gesetzgeber geschaffenen Norm, die letztlich erst einen universellen Geltungsanspruch begründet[512]. Demgegenüber gründet sich der Normgehalt des Richterrechts ausschließlich auf das pflichtgemäße, allein von der Richtigkeitsüberzeugung getragene Gesetzesverständnis des einzelnen Richters[513]. Hierzu gehört es aber auch, dass der Instanzrichter die Begründetheit einer höchstrichterlichen Rechtsfortbildung in eigener Verantwortung und in Anschauung des

508 *Niebling*, WM 1992, S. 845 (847).

509 *Stoffels*, Gesetzlich nicht geregelte Schuldverhältnisse, 2001, S. 320.

510 *Larenz*, Methodenlehre, S. 429 f.; *Eidenmüller*, JZ 1999, S. 53 (58).

511 Vgl. *Stoffels*, Gesetzlich nicht geregelte Schuldverhältnisse, 2001, S. 319 f.; *Richardi*, FS Zöllner (1998), S. 935 ff.

512 *Schumacher*, NZM 2003, S. 13 (14).

513 *Esser*, FS v.Hippel (1967), S. 113 f.

von ihm konkret zu beurteilenden Falls überprüfen kann[514], und ihm so die Möglichkeit gelassen wird, „zu einer besseren Erkenntnis zu gelangen“[515]. Gerade diese der materialen Entscheidungsrichtigkeit verpflichtete Anwendung richterrechtlicher Rechtssätze bietet die Möglichkeit, diese für eine Vielzahl gleich gelagerter Fälle zu bestätigen, sie auf ähnlich gelagerte Fälle zu erweitern oder aber weiter auszuprägen sowie sie gegebenenfalls modifizierend zu konkretisieren. Dies ist wesentlicher Bestandteil der Legitimation des Richterrechts im Hinblick auf seinen abstrakt normativen Gehalt, was sich auch daran zeigt, dass richterliche Fortbildungen des Rechts in aller Regel erst dann kodifiziert werden, wenn sie sich über einen langen Zeitraum und in einer Vielzahl von Fällen bewährt haben. Und auch dann setzt die Kodifizierung von Richterrecht als Verwirklichung gesetzgeberischer Gestaltungsmacht idealtypischerweise voraus, dass die vorhandene judikative Praxis in ihren wesentlichen Grundzügen überprüft und auf dieser Basis entweder akzeptiert, modifiziert, ergänzt oder auch verworfen wird[516].

Überträgt man diese Grundsätze auf die Interpretation des Begriffs der Rechtsvorschriften in § 307 Abs. 3 S. 1 BGB, so zeigt sich, dass die Subsumtion des Richterrechts hierunter dessen Wesen widerspricht, da sie eine eigenverantwortliche Akzeptanz des Richterrechts durch das kontrollierende Gericht von vorneherein ausschließt. Wenn *Dylla-Krebs* an diesem Punkt aber meint, das Prüfungsrecht des einzelnen Richters beschränke sich lediglich auf die Wirksamkeit der Rechtsfortbildung und erfasse nicht die Angemessenheit einer Klausel, die eine gesetzesimmanente oder gesetzesübersteigende Rechtsfortbildung deklariere[517], so greift dies zu kurz. Die Wirksamkeit richterrechtlicher Rechtsfortbildung bemisst sich notwendigerweise auch daran, dass sie für eine Vielzahl von Fällen – und damit auch für den konkret zu prüfenden Einzelfall – einen angemessenen Interessenausgleich ermöglicht. Nur so kann der gefundene Rechtssatz näher konkretisiert und gegebenenfalls erweitert werden, um sich schließlich abstrakt generalisierend zu etablieren. Das in § 307 Abs. 3 S. 1 BGB enthaltene absolute Präjudiz inhaltlicher Angemessenheit kommt demnach nur den vom Wortlaut her nahe liegenden Gesetzen im materiellen Sinne zu. Im Hinblick auf die Inhaltskontrolle indiziert die Wiedergabe richterrechtlicher Sätze jedoch in besonderem Maße die Angemessenheit der Klausel. Das

514 *Stoffels*, Gesetzlich nicht geregelte Schuldverhältnisse, 2001, S. 320.
515 *Niebling*, WM 1992, S. 845 (847).
516 *Dauner-Lieb*, Kodifikation von Richterrecht, in Beiträge zum Symposium Zivilrechtswissenschaft und Schuldrechtsreform in Regensburg, 2000, S. 305 (307); *Diederichsen*, AcP 182 (1982), S. 105 ff.; *Picker*, AcP 183 (1983), S. 369 (517 ff.).
517 *Dylla-Krebs*, Schranken der Inhaltskontrolle Allgemeiner Geschäftsbedingungen, 1990, S. 73.

richtig ausgelegte, also gesetzesimmanent fortgebildete Recht, bindet ebenso wie das Gesetz selbst[518].

III. *Auslegung deklaratorischer Klauseln*

Bevor die Anwendung des Transparenzgebots auf deklaratorische Klauseln untersucht werden kann, ist noch auf eine Besonderheit im Umgang mit deklaratorischen Klauseln in Allgemeinen Geschäftsbedingungen einzugehen. Die Auslegung von Klauseln, die lediglich den Inhalt einer einschlägigen gesetzlichen Regelung wiedergeben, richtet sich nach ganz herrschender Meinung ausnahmsweise nach den allgemeinen für die Gesetzesauslegung geltenden Grundsätzen[519]. Dies bedeutet insbesondere, dass nicht, wie bei sonstigen Klauseln in Allgemeinen Geschäftsbedingungen üblich[520], die Verständnismöglichkeiten eines rechtlich nicht vorgebildeten Durchschnittskunden als Maßstab miteinbezogen werden können. Die Notwendigkeit einer von den sonstigen Grundsätzen abweichenden Auslegung ergibt sich aus der Natur deklaratorischer Klauseln, wonach lediglich das Gleiche gelten soll wie bei einer unmittelbaren Anwendung der gesetzlichen Vorschrift. Bei einer AGB-spezifischen Auslegung bestünde indessen die Möglichkeit, dass der Klausel ein nicht mehr gesetzeskonformer Regelungsgehalt zukäme, so dass im Ergebnis eine nicht beabsichtigte konstitutive Regelung vorläge.

IV. *Transparenzkontrolle deklaratorischer Klauseln*

Im Folgenden gilt es schließlich zu untersuchen, inwieweit die Anforderungen des Transparenzgebots mit den bisher herausgearbeiteten Grundsätzen der inhaltlichen Kontrollfreiheit deklaratorischer Klauseln in Allgemeinen Geschäftsbedingungen vereinbar sind. Hierfür soll eine Differenzierung nach einzelnen Fallgruppen vorgenommen werden.

---

518 *Dylla-Krebs*, Schranken der Inhaltskontrolle Allgemeiner Geschäftsbedingungen, 1990, S. 72.

519 BGH 22.03.2000, NJW 2000, S. 2103 (2104); BGH 20.01.1993, NJW 1993, S. 1061 (1063); Staudinger/*Schlosser*, § 305c BGB, Rn. 104; Ulmer/Brandner/Hensen/*Ulmer*, § 305c BGB, Rn. 83; Wolf/Horn/Lindacher/*Lindacher*, § 5 AGBG, Rn. 27; *Dreher*, AcP 189 (1989), S. 342 (375 f.); *Roth*, WM 1991, S. 2130; *a.A. Dylla-Krebs*, Schranken der Inhaltskontrolle Allgemeiner Geschäftsbedingungen, 1990, S. 81 f.

520 Vgl. nur BGH 25.09.2001, NJW 2002, S. 285 (286).

1. Gesetzesrezitierende Klauseln

Ohne Zweifel handelt es sich um eine kontrollfreie Klausel nach § 307 Abs. 3 S. 1 BGB, wenn diese ausschließlich den vollständigen Wortlaut einer gesetzlichen Vorschrift wiedergibt[521]. Fraglich ist nunmehr, ob die wortgetreue Wiedergabe einer einschlägigen gesetzlichen Bestimmung in Allgemeinen Geschäftsbedingungen in jedem Fall dem Transparenzgebot genügt. Zu dieser Frage herrscht in der Literatur sowohl vor wie auch nach der Kodifizierung ein divergierendes, teilweise indifferentes Meinungsbild.

a) Die Ansichten zu § 8 AGBG

Bereits unter Geltung des § 8 AGBG war es durchaus umstritten, ob deklaratorische Klauseln überhaupt einer Transparenzkontrolle unterzogen werden können oder ob sie sowohl inhalts- als auch transparenzkontrollfrei zu stellen waren.

aa) Befürwortende Ansichten

Vor der Kodifikation des Transparenzgebots haben bereits *Coester* und *Brandner* dafür plädiert, das Transparenzgebot uneingeschränkt auch auf deklaratorische Klauseln anzuwenden[522]. So könnten in bestimmten Vertragsverhältnissen die wirtschaftlichen Vertragsfolgen einen über den abstrakten Gesetzestext hinausgehenden Aufklärungsbedarf begründen[523], die Klarheitsanforderungen können also im Einzelfall an den Verwender von Allgemeinen Geschäftsbedingungen höher sein als an den Gesetzgeber[524]. Wann dies regelmäßig der Fall sein soll und wie eine derartige Präzisierung des Gesetzeswortlauts auszusehen hat, wird jedoch offen gelassen.

Ebenso hält *Schwintowski* das Transparenzgebot bei rein deklaratorischen Klauseln für uneingeschränkt anwendbar, da dieses keine materielle Kontrolle begründe und ein solches zudem auf verfassungsrechtlicher Ebene nicht für den Gesetzgeber statuiert sei[525].

Demgegenüber hat sich *Basedow* zwar auch grundsätzlich für eine Transparenzkontrolle im inhaltskontrollfreien Bereich der Klauselgestaltung ausgespro-

---

521 Vgl. nur MüKo/*Basedow*, 3. Aufl., § 8 AGBG, Rn. 6.

522 Staudinger/*Coester*, § 8 AGBG, 13. Aufl. 1998, Rn. 36 (a.E.); Ulmer/Brandner/Hensen/*Brandner*, § 8 AGBG, 9. Aufl., Rn. 32a.

523 Ulmer/Brandner/Hensen/*Brandner*, § 8 AGBG, 9. Aufl., Rn. 32a.

524 Staudinger/*Coester*, § 8 AGBG, 13. Aufl. 1998, Rn. 36 (a.E.).

525 *Schwintowski*, VuR 1999, S. 166.

chen, dies aber für deklaratorische Klauseln in dem Sinne eingeschränkt, dass eine intransparente Klausel als solche schon gar nicht rein deklaratorischer Natur sein könne[526]. Diese ersichtlich auf Klauseln, die den Gesetzeswortlaut lediglich sinngemäß wiedergeben, abzielende Ansicht bedeutet im Umkehrschluss, dass solche Klauseln, die den Gesetzestext wortgleich beinhalten, stets den Anforderungen des Transparenzgebots genügen.

bb) Ablehnende Ansichten

Innerhalb der Vertreter der Ansicht, dass deklaratorische Klauseln umfassend kontrollfrei zu stellen sind, geht *Niebling* am weitesten, wenn er bereits in Abrede stellt, dass es sich bei deklaratorischen Klauseln überhaupt um Bestimmungen im Sinne des § 305 Abs. 1 S. 2, Abs. 2 BGB handelt[527]. Einem derart restriktiven Verständnis des Begriffs der Bestimmungen kann jedoch nicht gefolgt werden. Das Gesetz erfasst vielmehr sämtliche Regelungen, die der Verwender dadurch zum Vertragsgegenstand machen will, dass er sie in das vorformulierte Vertragswerk aufnimmt, unabhängig davon, ob sie auch ohne eine Vereinbarung inhaltsgleich gälten[528].

Aus systematischen Erwägungen lehnen *von Hoyningen-Huene* und *Präve* eine Transparenzkontrolle im Anwendungsbereich des § 8 AGBG grundsätzlich ab[529]. Da das Transparenzgebot in § 9 Abs. 1 AGBG verankert sei, könnten solche Klauseln, die bereits durch die Vorprüfung anhand des § 8 AGBG herausgefiltert worden seien, auch nicht mehr auf ihre Transparenz hin kontrolliert werden[530]. Überdies gerieten anderenfalls die gesetzlichen Bestimmungen selbst auf den Prüfstand des AGBG[531].

Römer lehnt schließlich eine Transparenzkontrolle deklaratorischer Klauseln mit dem Hinweis auf den Wortlaut von Art. 4 Abs. 2 der Richtlinie 93/13/EWG ab, wonach sich das Transparenzgebot ausschließlich auf die von der Inhaltskontrolle ausgenommenen Hauptgegenstände des Vertrages erstrecke[532]. Im Umkehrschluss soll das Transparenzgebot für solche Klauseln, die auf bindenden Rechtsvorschriften beruhen, nicht gelten, was im Wege der

---

526 MüKo/*Basedow*, § 8 AGBG, 3. Aufl., Rn. 20.
527 *Niebling*, Schranken der Inhaltskontrolle nach § 8 AGBG, 1988, S, 24 ff.; ders. WM 1992, S. 845 (848 f.).
528 Staudinger/*Coester*, § 307 BGB, Rn. 289; *Armbrüster*, FS Kollhosser Bd. I (2004), S. 3 (5).
529 *v.Hoyningen-Huene*, FS Trinkner (1995), S. 179 (184); *Präve*, VersR 2001, S. 138 (139).
530 *v.Hoyningen-Huene*, FS Trinkner (1995), S. 179 (184).
531 *Präve*, VersR 2001, S. 138 (139).
532 *Römer*, NVersZ 1999, S. 97 (98 f.).

richtlinienkonformen Auslegung dann auch innerhalb des § 8 AGBG für die deklaratorischen Klauseln gelten müsse[533].

Die Rechtsprechung hat sich bisher mit dieser Fragestellung noch nicht allzu häufig befassen müssen, soweit sie dies aber getan hat, tendiert sie eher dahin, deklaratorische Klauseln umfassend kontrollfrei zu stellen, diese also aus dem Anwendungsbereich des Transparenzgebots herauszunehmen. So hatte der BGH[534] beispielsweise die Wirksamkeit folgender Klausel eines Formularmietvertrages zu überprüfen: *„Für einen durch nicht rechtzeitige Anzeige verursachten weiteren Schaden ist der Mieter ersatzpflichtig"*. Diese mit § 545 Abs. 2 HS. 1 BGB a.F.[535] inhaltlich übereinstimmende[536] Klausel hatte das Berufungsgericht wegen Verstoßes gegen das Transparenzgebot für unwirksam erklärt, da sowohl die Klausel wie auch der Gesetzestext nicht erkennen ließen, dass der Mieter nur dann seine Anzeigepflicht verletzt, wenn er den Mangel zumindest grob fahrlässig nicht erkennt[537]. Der BGH lehnte indessen eine Transparenzkontrolle der Klausel mit dem Hinweis darauf ab, dass deklaratorische Klauseln nicht der Inhalts- und damit einhergehend auch nicht der Transparenzkontrolle unterlägen, wobei er allerdings indirekt feststellte, dass der Wortlaut des § 545 Abs. 2 HS. 1 BGB a.F. durchaus die Gefahr einer rechtsirrigen Annahme des Mieters, er hafte bei unterlassener Anzeige auch für einen schuldlos nicht erkannten Schaden, in sich berge[538].

Eine Änderung dieser Rechtsprechung zeichnet sich auch nicht durch die Urteile des IV. Senats des BGH vom 09.05.2001[539] ab, in denen eine Klausel der Versicherungsbedingungen eines Lebensversicherers zur Kontrolle stand, die im Hinblick auf den Rückkaufswert lediglich den durch §§ 176 Abs. 3 S. 1 und 174 Abs. 2 VVG vorgegebenen Rahmen wiedergab[540]. Gibt der Gesetzge-

---

533 *Römer*, NVersZ 1999, S. 97 (99).

534 BGH 20.01.1993, NJW 1993, S. 1061 f.

535 Jetzt § 536c Abs. 2 S. 1 BGB, der Wortlaut ist unverändert geblieben.

536 Die Tatsache, dass die Klauselformulierung überdies nicht identisch mit dem Gesetzeswortlaut war, kann hier vernachlässigt werden, da nicht hierin die Ursache für eine mögliche Intransparenz lag, sondern in dem Umstand, dass sowohl die Klausel wie auch der Gesetzestext nicht erkennen ließen, dass der Mieter nur dann seine Anzeigepflicht verletzt, wenn er den Mangel zumindest grob fahrlässig nicht erkennt.

537 OLG Frankfurt 19.12.1991, NJW-RR 1992, S. 396 (401 f.).

538 BGH 20.01.1993, NJW 1993, S. 1061 (1063).

539 BGH 09.05.2001 (IV ZR 138/99), NJW 2001, S. 2012 f.; BGH 09.05.2001 (IV ZR 121/00), NJW 2001, S. 2014 f.

540 *Evermann*, Die Anforderungen des Transparenzgebots an die Gestaltung von Allgemeinen Versicherungsbedingungen, 2002, S. 74 f. sowie Fn. 300, sieht in dem Umstand, dass der BGH in einem Urteil die Frage nach der Transparenzkontrolle deklaratorischer Klauselen ausdrücklich offen ließ [BGH 09.05.2001 (IV ZR 121/00), NJW 2001, S. 2014 (2015)], allerdings eine Modifizierung der bisherigen Rechtsprechung.

ber nämlich nur einen Rahmen vor, der noch der näheren Ausfüllung durch die Vertragspartner bedarf, so ist bereits die Qualifizierung einer derartigen Ausfüllung in Allgemeinen Geschäftsbedingungen als deklaratorische Klausel fraglich[541]. Allerdings ist zuzugeben, dass der BGH in der zweiten Entscheidung[542] unter anderem prüft, ob eine unangemessene Benachteiligung darin liegt, dass der Versicherer in den AVB die aus § 81c VAG und der Verordnung über die Mindestbeitragsrückerstattung folgenden Regelung nicht „weiter erläutert"[543] beziehungsweise nicht „weiter erklärt"[544]. Hierin kann über die Kontrolle der Ausübung von gesetzlichen Gestaltungsspielräumen hinaus die Statuierung einer selbständigen Informationspflicht mit dem Inhalt, dem Kunden objektives Recht weitergehend zu erklären, gesehen werden[545]. Eine solche Informationspflicht zu bejahen, hieße aber nichts anderes, als den Gesetzeswortlaut als nicht hinreichend klar und verständlich und damit als intransparent zu bewerten.

b) Der bisherige Meinungsstand zu § 307 Abs. 3 S. 2 BGB

Nach Einführung des § 307 Abs. 3 S. 2 in das BGB ist das Schrifttum – soweit es überhaupt auf die Neufassung eingeht – in der Frage nach der Anwendung des Transparenzgebots im kontrollfreien Bereich der deklaratorischen Klauseln uneins. So stellt *Koch* beispielsweise lapidar fest, dass auf Grund des insoweit eindeutigen Wortlauts des § 307 Abs. 3 S. 2 BGB, der für sämtliche Fälle der inhaltlichen Kontrollfreiheit die Vorschrift des § 307 Abs. 1 S. 1 i.V.m. S. 2 BGB für anwendbar erklärt, auch deklaratorische Klauseln dem Transparenzgebot unterliegen, wenn dies in der Praxis auch äußerst selten zur Anwendung käme[546].

Demgegenüber äußert sich *Hinz* kritisch zu einer wortgetreuen Anwendung des § 307 Abs. 3 S. 2 BGB auch auf rein deklaratorische Klauseln, da damit dem Verwender von Formularklauseln mehr an Transparenz abverlangt werde als dem Gesetzgeber[547]. Zudem gestatte die Rechtsprechung dem Verwender von Allgemeinen Geschäftsbedingungen auch in anderen Bereichen, (unbestimmte) Rechtsbegriffe aus dem Gesetz zu übernehmen, wie zum Beispiel den

541 Vgl. *Stoffels*, AGB-Recht, 2003, Rn. 438.
542 BGH 09.05.2001, NJW 2001, S. 2014 ff.
543 BGH 09.05.2001, NJW 2001, S. 2014 (2015).
544 BGH 09.05.2001, NJW 2001, S. 2014 (2015).
545 So ausdrücklich *Armbrüster*, FS Kollhosser, Bd. I (2004), S. 3 (5 f.).
546 *Koch*, WM 2002, S. 2173 (2175), ebenso *Kappus*, NJW 2003, S. 322.
547 *Hinz*, ZMR 2003, S. 77 (78).

der groben Fahrlässigkeit, der Unmöglichkeit, des Verzugs oder des Erfüllungsgehilfen[548].

Grundsätzlich abgelehnt wird die Anwendung des Transparenzgebots auf wortgleiche Wiedergaben des Gesetzes in Allgemeinen Geschäftsbedingungen von *Evermann*[549] und *Armbrüster*[550], die § 307 Abs. 3 S. 2 BGB im Hinblick auf den Schutzzweck der Regelungen des Rechts der Allgemeinen Geschäftsbedingungen teleologisch reduzieren wollen. Das AGB-Recht reagiere nicht auf solche Klauseln, die nur das wiedergeben, was auch ohne Vereinbarung für den Vertrag gelten würde, da hierdurch keine Vertragsgestaltungsfreiheit seitens des Verwenders ausgenutzt werden könne, der Verwender gebe ja nur den von der Rechtsordnung akzeptierten Rechtsausgleich wieder[551]. Selbst bei einem abstrakt anzuerkennenden Informationsbedürfnis des Vertragspartners, wie etwa bei der Nichtaufnahme einschlägiger gesetzesspezifizierender oder -erweiternder Rechtsprechung in den Vertragstext, lägen keine spezifischen, mit der Verwendung von Allgemeinen Geschäftsbedingungen zusammenhängenden Gefahren vor, die eines Ausgleichs durch das AGB-Recht bedürften, da die gleichen Informationsdefizite auch bei individuell ausgehandelten Vertragsabschlüssen vorlägen[552]. Nach dieser Auffassung sind also sämtliche Klauseln in Allgemeinen Geschäftsbedingungen, die lediglich den Wortlaut einer gesetzlichen Regelung wiedergeben, auch von der Transparenzkontrolle ausgeschlossen.

c) Folgerungen aus der Richtlinie 93/13/EWG

Art. 1 Abs. 2 der Richtlinie 93/13/EWG bestimmt, dass solche Klauseln nicht in den Anwendungsbereich der Richtlinie fallen, die bindende Rechtsvorschriften enthalten. Der Begriff der „bindenden Rechtsvorschriften" wird von der herrschenden Meinung analog dem Begriff der Rechtsvorschriften in § 307 Abs. 1 S. 1 BGB ausgelegt, so dass hierunter jedenfalls auch die materielles Gesetzesrecht rezitierenden Klauseln fallen[553]. Somit unterliegen sie auch nicht dem Klarheits- und Verständlichkeitsgebot des Art. 5 S. 1 der Richtlinie

---

548 *Hinz*, ZMR 2003, S. 77 (78), Rechtsprechungsnachweise in Fn. 26.

549 *Evermann*, Die Anforderungen des Transparenzgebots an die Gestaltung von Allgemeinen Versicherungsbedingungen, 2002, S. 75 ff. (83).

550 *Armbrüster*, FS Kollhosser, Bd. I, 2004, S. 3 (5 f.).

551 *Evermann*, Die Anforderungen des Transparenzgebots an die Gestaltung von Allgemeinen Versicherungsbedingungen, 2002, S. 76.

552 *Evermann*, Die Anforderungen des Transparenzgebots an die Gestaltung von Allgemeinen Versicherungsbedingungen, 2002, S. 80.

553 Wolf/Horn/Lindacher/*Wolf*, Art 1 RiL, Rn. 34 m.w.N.

93/13/EWG. Damit einhergehend betrifft die Grenze der Missbrauchskontrolle nach Art. 4 Abs. 2 der Richtlinie 93/13/EWG lediglich die in Verbrauchervertragsklauseln geregelten Hauptleistungspflichten. Die Bereichsausnahme des Art. 1 Abs. 2 der Richtlinie 93/13/EWG wird allerdings teilweise dergestalt einschränkend ausgelegt, dass im Hinblick auf das Transparenzgebot nur solche Klauseln erfasst sind, die bindende Rechtsvorschriften entweder wörtlich oder nahezu textgleich wiedergeben[554]. Gibt der Gewerbetreibende demgegenüber den Inhalt der bindenden Rechtsvorschriften lediglich mit eigenen Formulierungen wieder, so sind diese Klauseln insoweit nicht von der Anwendung des Transparenzgebots befreit, als es darum geht, die inhaltliche Übereinstimmung mit der bindenden Rechtsvorschrift zu ermitteln[555].

Diese Vorgaben der Richtlinie 93/13/EWG stehen einer umfassenderen Anwendung der Transparenzkontrolle im nationalen Recht allerdings nicht entgegen, da ein Transparenzerfordernis für rein deklaratorische Klauseln grundsätzlich verbraucherfreundlicher wäre und somit unter den generellen Vorbehalt einer für den Verbraucher günstigeren nationalen Gesetzgebung fiele.

d) Stellungnahme

Soweit der Wortlaut des § 307 Abs. 3 S. 2 BGB eindeutig für eine Transparenzkontrolle rein deklaratorischer Klauseln spricht und die Vorgaben der Richtlinie 93/13/EWG dem jedenfalls nicht entgegenstehen, kommt eine Einschränkung der Anwendbarkeit lediglich auf Grund des Schutzzwecks der Norm in Betracht. Wie gesehen reagiert das AGB-Recht auf gesetzesrezitierende Klauseln deswegen nicht mit dem Mittel der Inhaltskontrolle, weil in diesen Fällen eine unangemessene Benachteiligung bereits von vorneherein ausgeschlossen werden kann[556], das materielle Gesetzesrecht hält insoweit einen angemessenen Interessenausgleich bereit. Hieraus kann aber noch nicht geschlossen werden, dass das AGB-Recht überhaupt nicht auf derartige Klauseln reagiert, denn der Schutzzweck der Vorschriften zur Regelung des Rechts der Allgemeinen Geschäftsbedingungen muss zumindest nach der Kodifikation des Transparenzgebots auch die spezifischen Gefahren umfassen, die dem Kunden aus der Verwendung für ihn unklarer und unverständlicher Klauseln drohen. Auch die Tatsache, dass bei einer möglichen Unwirksamkeit einer deklaratorischen Klau-

---

554 *Evermann*, Die Anforderungen des Transparenzgebots an die Gestaltung von Allgemeinen Versicherungsbedingungen, 2002, S. 82; Wolf/Horn/Lindacher/*Wolf*, Art 1 RiL, Rn. 35.

555 Wolf/Horn/Lindacher/*Wolf*, Art 1 RiL, Rn. 35.

556 S.o. Dritter Teil, § 9 I.

sel infolge einer festgestellten Intransparenz die gleiche intransparente gesetzliche Regelung Anwendung auf das Vertragsverhältnis findet, erübrigt die Frage nach der Transparenzkontrolle in diesem Bereich nicht. Zum einen ist dieser Umstand nicht Bestandteil des Normzwecks von § 307 Abs. 3 S. 1 BGB[557] und zum anderen entfaltet die mit der Transparenzkontrolle verbundene Sanktionswirkung im Verbandsklageverfahren als Instrument des vorbeugenden Rechtsschutzes eine maßgebliche Wirkung[558]. Darüber hinaus kann ein Verstoß gegen das Transparenzgebot grundsätzlich auch schadensersatzrechtliche Folgen haben[559], weswegen es zumindest nicht fernliegend ist, dem Verwender einer deklaratorischen, aber erkennbar unverständlichen Regelung eine Pflichtverletzung im Sinne des § 280 BGB vorzuwerfen[560].

Entsprechend ist also für die Transparenzkontrolle rein deklaratorischer Klauseln danach zu fragen, ob die wörtliche Wiedergabe des Gesetzestextes neben der inhaltlichen Benachteiligung auch eine solche infolge intransparenter Klauselgestaltung bereits von vorneherein ausschließt. Grundsätzlich ist eine Regelung nicht automatisch deshalb verständlich und klar, nur weil sie der Gesetzgeber formuliert hat. Auch besteht hierzu keine entsprechende Verpflichtung des Gesetzgebers[561]. Somit besteht die gleiche Gefahr wie bei vom Verwender formulierten Klauseln, dass der Vertragspartner den Inhalt der Klausel nicht richtig erfasst und somit beispielsweise in seiner Rechtswahrung beeinträchtigt wird. *Evermann* stellt in diesem Zusammenhang aber darauf ab, dass der Verwender deklaratorischer Klauseln keine eigene Formulierungsverantwortung übernehme, sondern lediglich als Mediator des Gesetzgebers auftrete, so dass kein durch die AGB-Verwendung hervorgerufenes spezifisches Informationsdefizit bestehe. Der Vertragspartner habe sich vielmehr genau so mit der den gesetzlichen Vorschriften auseinander zu setzen wie im Falle einer Nichtaufnahme der betreffenden Klausel in das Vertragswerk oder im Falle eines ausgehandelten Vertragsabschlusses[562]. Dem kann indessen nur eingeschränkt zugestimmt werden. So ist der deklaratorische Charakter einer Klausel für den Vertragspartner häufig gar nicht erkennbar, da die entsprechende Gesetzesquelle im Vertragstext meist nicht genannt wird und die übrigen Klauseln

---

557 S.o. Dritter Teil, § 9 I.

558 *Evermann*, Die Anforderungen des Transparenzgebots an die Gestaltung von Allgemeinen Versicherungsbedingungen, 2002, S. 78.

559 Vgl. grundlegend *Kornau*, Schadensersatzansprüche bei Verwendung Allgemeiner Geschäftsbedingungen, 1998, S. 73 f.

560 Darauf weist auch *Kappus*, NJW 2003, S. 322 (323), hin.

561 *Schwintowski*, VuR 1999, S. 166.

562 *Evermann*, Die Anforderungen des Transparenzgebots an die Gestaltung von Allgemeinen Versicherungsbedingungen, 2002, S. 80.

ähnlich abstrakt-generell formuliert sind. Der Vertragspartner kann bei der Auseinandersetzung mit der betreffenden Regelung also nicht unterscheiden, ob diese auf Grund vertraglicher Vereinbarung oder gesetzlicher Geltung Anwendung findet, was für die Rechtswahrungsstrategie mitunter aber von erheblicher Bedeutung sein kann.

Des Weiteren übernimmt der Verwender deklaratorischer Klauseln zwar keine eigene Formulierungsverantwortung, er entscheidet sich aber bewusst dafür, den Vertragspartner in Bezug auf bestimmte, für das Vertragsverhältnis relevante gesetzliche Regelungen zu informieren. Von daher kommt ihm eine gewisse Verantwortung zu, denn der Vertragspartner informiert sich hinsichtlich der bestehenden Rechte und Pflichten in aller Regel zunächst aus dem ihm unmittelbar zugänglichen Vertragswerk. Darin liegt umgekehrt auch vielfach der Sinn der Aufnahme deklaratorischer Klauseln in die Allgemeinen Geschäftsbedingungen. Der Verwender ist bestrebt, sämtliche das Vertragsverhältnis betreffenden Regelungen in einem Text zusammenzufassen, um so einen einheitlichen Bezugspunkt für sich ergebende Fragen aus dem Vertragsverhältnis zu haben. Dies dient im Massenverkehr vielfach auch dazu, den eigenen am Vertragsschluss beziehungsweise der Vertragsabwicklung beteiligten Mitarbeitern eine umfassende Vorgabe an die Hand zu geben. Schließlich ist ein weiterer Zweck der Aufnahme deklaratorischer Klauseln in das Vertragswerk darin zu sehen, dass nach den Erfahrungen des Verwenders besonders häufig vorkommende Fragestellungen bereits im Vorfeld klargestellt werden, um so den Abwicklungs- und Bearbeitungsaufwand zu reduzieren.

Von daher ist die Situation nicht gänzlich vergleichbar mit dem Fall, dass eine gesetzliche Regelung ohne vorherige Aufnahme in den Vertragstext Anwendung fände. Auch deklaratorische Klauseln haben nämlich Teil an dem Rationalisierungs- und Vereinfachungseffekt Allgemeiner Geschäftsbedingungen im (Massen-)Rechtsverkehr, der wesentlicher Grund dafür ist, dass die Rechtsordnung den Vertragsschluss unter Einbeziehung einseitig gestellter und vorformulierter Vertragsbedingungen akzeptiert. Findet der Vertragspartner in den Allgemeinen Geschäftsbedingungen eine Antwort auf eine sich ihm stellende Frage im Zusammenhang mit dem abzuschließenden oder abgeschlossenen Vertrag, so wird er sich regelmäßig – auch in dem Bewusstsein, diese Regelung vertraglich akzeptiert zu haben – damit zufrieden geben. Dies birgt im Vergleich zu einer Informationsbeschaffung aus Drittquellen die erhöhte Gefahr, dass der Vertragspartner die Regelung nicht vollständig erfasst, etwa weil relevante Konkretisierungen oder Einschränkungen durch die ständige Rechtsprechung fehlen, oder er sogar irrigerweise davon ausgeht, diese seien wirksam abbedungen. Infolgedessen kann es dazu kommen, dass der Vertragspartner bestehende Ansprüche nicht geltend macht oder vermeintlich berechtigten

Forderungen des Verwenders nachgibt und so im Sinne des Transparenzgebots unangemessen benachteiligt wird. Von daher kann eine Transparenzkontrolle rein deklaratorischer Klauseln nicht unter Hinweis auf einen diesbezüglich fehlenden Schutzzweck des AGB-Rechts generell ausgeschlossen werden.

Vielmehr gebietet es der Schutzzweck des AGB-Rechts einschließlich des Transparenzgedankens, die Aufnahme deklaratorischer Klauseln in den Vertragstext daraufhin zu kontrollieren, dass der Vertragspartner nicht darin beeinträchtigt wird, sich umfassend über die das Vertragsverhältnis betreffenden Rechtsfragen zu informieren, beziehungsweise diese richtig einzuschätzen.

e) Folgerungen für die Transparenzkontrolle gesetzesrezitierender Klauseln

Die gefundenen Grundsätze zur Transparenzkontrolle rein deklaratorischer Klauseln ermöglichen lediglich eine eingeschränkte Kontrolle derartiger Klauseln. Der Schutzzweck der Transparenzkontrolle deklaratorischer Klauseln ist nämlich darauf beschränkt, den typischen Gefahren der Wiedergabe gesetzlicher Vorschriften in privaten Vertragstexten vorzubeugen. Inwieweit der Transparenzkontrolle in diesem Bereich Grenzen zu setzen sind, soll im Folgenden anhand von Fallgruppen dargelegt werden.

aa) Allgemeine Kontrolle gesetzgeberischer Formulierungen

Eine Unwirksamkeit auf Grund eines Verstoßes gegen das Transparenzgebot allein bei bloßen, in aller Regel sprachlich bedingten Verständnisschwierigkeiten hinsichtlich des Gesetzeswortlauts kommt im Gegensatz zu sonstigen Klauseln grundsätzlich nicht in Betracht, da es sich insoweit um ein allgemeines Risiko beim Umgang mit gesetzlichen Vorschriften handelt, dem sich der Vertragspartner auch dann ausgesetzt sähe, wenn die betreffende Regelung nicht in den Vertragsbedingungen enthalten wäre[563]. Auch vor dem Hintergrund, dass der Anwendungsbereich von Allgemeinen Geschäftsbedingungen häufig enger und branchenspezifischer als der von Gesetzen ist, können von dem Verwender keine konkreteren Formulierungen verlangt werden[564], denn das Risiko der Konkretisierung des jeweiligen Normgehalts auf einen spezifischen Anwendungsbereich ist ebenfalls vom Vertragspartner zu tragen. Dies folgt daraus, dass allein die Tatsache, dass eine bestimmte gesetzliche Regelung durch die Aufnahme in den Vertragstext notwendigerweise mit dem betreffenden Ver-

---

563 *Evermann*, Die Anforderungen des Transparenzgebots an die Gestaltung von Allgemeinen Versicherungsbedingungen, 2002, S. 80.

564 So aber Staudinger/*Coester*, § 307 BGB, Rn. 198.

tragstyp beziehungsweise der jeweiligen Branche in Zusammenhang gebracht wird, noch nicht aus sich heraus die Gefahr von Fehldeutungen erhöht. Eine dem Verwender sicherlich mögliche branchenspezifische Konkretisierung des Gesetzeswortlauts bedeutete zwar eine grundsätzlich das Verständnis der deklaratorischen Klausel für den Durchschnittskunden steigernde Darstellung, sie ist aber nicht erforderlich, um eine unter Transparenzgesichtspunkten spezifische Gefahr zu vermeiden, und stellt demnach eine dem AGB-Verwender nicht obliegende Rechtserläuterung dar.

Ein anderes Problem aus Transparenzschutzerwägungen stellt jedoch der Umstand dar, dass deklaratorische Klauseln anders als sonstige Klauseln in Allgemeinen Geschäftsbedingungen nach den für Gesetze geltenden Regeln ausgelegt werden[565]. Dies kann dazu führen, dass der Regelung bei gesetzeskonformer Auslegung ein anderer Gehalt zukommt, als es bei einer AGB-spezifischen Auslegung unter besonderer Berücksichtigung der Eigenarten des jeweiligen Vertragstyps sowie der durchschnittlichen Erkenntnisfähigkeit und den Erwartungen des beteiligten Personenkreises der Fall wäre. Soweit sich aber deklaratorische Klauseln formell häufig nicht von den übrigen konstitutiven Vertragsbedingungen unterscheiden, besteht in diesen Fällen gerade auf Grund der Aufnahme der gesetzlichen Regelung in den Vertragstext eine erhöhte Gefahr der Fehlinterpretation seitens des Vertragspartners. In diesen Fällen ist es angezeigt, dem Transparenzgebot durch eine klarstellende Zitierung zu genügen, etwa durch die Nennung der entsprechenden Norm. Wird auf diese Weise klar gemacht, dass es sich bei der jeweiligen Klausel um die bloße Wiedergabe einer gesetzlichen Vorschrift handelt, so kann von einem durchschnittlichen verständigen Teilnehmer am Rechtsverkehr generell das Bewusstsein dafür erwartet werden, dass für die Auslegung und Anwendung gesetzlicher Normen andere Maßstäbe gelten als der Wille und das Verständnis der am Vertrag beteiligten Parteien.

Darüber hinaus wäre zur generellen Vermeidung von Missverständnissen eine derartige Kennzeichnung sämtlicher deklaratorischer Klauseln wünschenswert.

bb) Nichtwiedergabe richterrechtlicher Ergänzungen oder Einschränkungen

Die Frage der Transparenz gesetzesrezitierender Klauseln stellt sich ferner in solchen Fällen, in denen zwar der Gesetzeswortlaut wiedergegeben wird, nicht jedoch eine diesbezüglich in ständiger Rechtsprechung anerkannte Einschränkung oder erweiternde Fortbildung.

---

565 S.o. Dritter Teil, § 9 IV.

aaa) Anwendbarkeit des § 307 Abs. 1 S. 1 BGB

Auch in dieser Konstellation gilt es zunächst zu klären, ob es sich überhaupt um eine Klausel deklaratorischen Charakters handeln kann. Dies wird bereits von einem Teil der Literatur mit dem Hinweis darauf, dass es sich lediglich um die Teilwiedergabe der geltenden Rechtslage handele, bestritten[566]. Nach ganz herrschender Auffassung hat eine Klausel, die nicht den vollständigen Inhalt einer rechtlichen Regelung wiedergibt, stets konstitutiven Charakter, da sie ein Weniger und damit gerade etwas anderes als die geltende Rechtslage enthält[567]. Damit unterlägen Klauseln, die zwar den Gesetzeswortlaut, nicht jedoch eine dessen Regelungsgehalt modifizierende ständige Rechtsprechung wiedergeben, der allgemeinen Inhaltskontrolle sowie der Transparenzkontrolle nach § 307 Abs. 1 S. 2 BGB[568].

Soweit nach hier vertretener Auffassung das Richterrecht aber gerade keinen Maßstab zur Bestimmung der objektiven Rechtslage im Sinne des § 307 Abs. 3 S. 1 BGB darstellt[569], handelt es sich bei dieser Konstellation zunächst um eine rein deklaratorische Klausel und nicht um eine bloße Teilwiedergabe der einschlägigen Rechtslage. Derartige Klauseln sind demnach inhaltskontrollfrei. Es bleibt insofern zu klären, inwieweit die Nichtaufnahme des einschlägigen Richterrechts einen Verstoß gegen das Transparenzgebot nach § 307 Abs. 3 S. 2 BGB i.V.m. § 307 Abs. 1 S. 2 BGB darstellt.

bbb) Intransparenz auf Grund der Nichtwiedergabe richterrechtlicher Grundsätze?

Teilweise wird eine Anwendung des Transparenzgebots auf gesetzesrezitierende Klauseln ohne Wiedergabe einer einschlägigen richterrechtlichen Modifizierung abgelehnt[570]. Zur Begründung wird wiederum der Umstand angeführt, dass die objektive Rechtslage, also auch die Ausprägung des Gesetzesrechts

566 *Dylla-Krebs*, Schranken der Inhaltskontrolle Allgemeiner Geschäftsbedingungen, 1990, S. 75 f. und S. 81 f.; Staudinger/*Coester*, § 307 BGB, Rn. 299.

567 Soergel/*Stein*, § 8 AGBG, Rn. 17; Wolf/Horn/Lindacher/*Wolf*, § 8 AGBG, Rn. 22.

568 Insofern inkonsequent *Evermann*, Die Anforderungen des Transparenzgebots an die Gestaltung von Allgemeinen Versicherungsbedingungen, 2002, S. 79 f., die zwar der herrschenden Meinung folgt und das Richterrecht als Vergleichsmaßstab zur Bestimmung der objektiven Rechtslage anerkennt (a.a.O. S. 70), Klauseln, die ein derartiges Recht neben dem Gesetzesrecht aber nicht wiedergeben, gleichwohl als rechtsdeklaratorisch einstuft.

569 S.o. Dritter Teil, § 9 II. 2.

570 *Evermann*, Die Anforderungen des Transparenzgebots an die Gestaltung von Allgemeinen Versicherungsbedingungen, 2002, S. 80; im Ergebnis ebenso *Armbrüster*, FS Kollhosser, Bd. I (2004), S. 3 (5).

durch das Richterrecht, ebenfalls dann gelte, wenn diese Rechtslage nicht in dem Vertragswerk wiedergegeben wäre. Es könne im Ergebnis also zu keiner spezifisch AGB-bedingten Gefährdung der Interessen des Vertragspartners kommen, so dass auf die durchaus mögliche falsche Rechtsvorstellung des Vertragspartners infolge der – ausschließlichen – Lektüre der Vertragsbedingungen nicht mit den Mitteln des AGB-Rechts reagiert werden müsse[571].

Dieser Auffassung kann nicht gefolgt werden. Wie bereits im Allgemeinen dargelegt, kann nicht bereits aus der Tatsache, dass es sich bei dem Regelungsgehalt einer Klausel um unmittelbar geltendes Recht handelt, geschlossen werden, dass das AGB-Recht hierauf auch nicht mit den Mitteln der Transparenzkontrolle reagiert[572]. Dagegen spricht zum einen der Zweck gesetzesrezitierender Klauseln, der entweder darin zu sehen ist, dass der Verwender die das Vertragsverhältnis betreffenden Regelungen umfassend im Vertragstext niederlegen will, oder aber, dass er bestimmten, erfahrungsgemäß besonders konfliktanfälligen Konstellationen mit dem Hinweis auf die einschlägige gesetzliche Regelung vorzubeugen beabsichtigt. In beiden Fällen macht der Verwender nicht nur bewusst den Vertragstext zur primären Informationsquelle für den Vertragspartner, sondern verfolgt dabei auch ganz spezifische eigene Interessen, die es gebieten, eine Transparenzkontrolle durchzuführen. Darüber hinaus bildet allein die Tatsache, dass das im Vertragswerk inhaltsgleich wiedergegebene Gesetzesrecht auch ohne diese schriftliche Fixierung gilt, für sich genommen auch noch nicht den Hauptgrund für die Inhaltskontrollfreiheit derartiger Klauseln, sondern liefert lediglich ein Zusatzargument im Rahmen der teleologischen Auslegung des § 307 Abs. 3 BGB[573].

Schließlich stellt sich auch aus Sicht des Vertragspartners die Situation unterschiedlich dar, je nachdem, ob er eine Regelung unmittelbar dem Vertragswerk entnimmt, oder ob er sich im Streitfall selbst kundig zu machen hat. Zunächst besteht bei einer im Vertragstext wiedergegebenen gesetzlichen Regelung bereits die Gefahr, dass der Vertragspartner diese so, wie sie ihm aus sich heraus verständlich ist, hinnimmt, und zwar alleine deshalb, weil er sie für vertraglich vereinbart hält, so lange ihm der Charakter als deklaratorische Klausel unbekannt ist. Die gesetzliche Regelung erhält somit auf Grund ihrer vertraglichen Niederschrift eine vermeintliche Legitimation, die gerade im Hinblick auf ein nicht wiedergegebenes modifizierendes Richterrecht ein spezifisches Ge-

---

571 *Evermann*, Die Anforderungen des Transparenzgebots an die Gestaltung von Allgemeinen Versicherungsbedingungen, 2002, S. 80.

572 S.o. Dritter Teil, § 9 IV.

573 *Dylla-Krebs*, Schranken der Inhaltskontrolle Allgemeiner Geschäftsbedingungen, 1990, S. 63 f.; Staudinger/*Coester*, § 307 BGB, Rn. 290 („Hilfsargument"); *Stoffels*, AGB-Recht, 2003, Rn. 424.

fahrenpotential in sich birgt. Zum einen wird derjenige Vertragspartner, der irrig annimmt, die Regelung so, wie sie im Vertrag wiedergegeben ist, vertraglich akzeptiert zu haben, in aller Regel keine weitere eigene Rechtsaufklärung betreiben, so dass ihm die einschlägige richterrechtliche Modifizierung verborgen bleibt. Zum anderen liegt die Gefahr nahe, dass der Vertragspartner, welcher Kenntnis von der einschlägigen richterrechtlichen Ergänzung oder Einschränkung hat beziehungsweise erlangt, diese fälschlicherweise für abbedungen hält, da in einem solchen Fall nicht eindeutig ist, ob es sich um eine konstitutive oder deklaratorische Klausel handelt.

Aber auch wenn man voraussetzt, dem Vertragspartner sei der Charakter als deklaratorische Klausel bewusst, so beeinflusst die Aufnahme der gesetzlichen Regelung ebenfalls sein Informationsverhalten bezüglich einer weitergehenden beziehungsweise konkretisierenden ständigen Rechtsprechung. In der Situation nämlich, in der er zunächst mit einem Konfliktfall konfrontiert wird und dann unvoreingenommen und insbesondere nicht wie zu erwarten unter Hinweis auf die jeweilige Klausel die Rechtslage in Erfahrung zu bringen sucht, wird er in aller Regel nicht selbst auf die entsprechende Rechtsquelle zurückgreifen, sondern erfahrungsgemäß einen qualifizierten Rechtsrat einholen, sei es bei Anwälten, Interessen- und Verbraucherverbänden oder in einem der zahlreichen auf Laien zugeschnittenen Ratgeber. Dabei ist die Wahrscheinlichkeit, Kenntnis von der entsprechenden über den Gesetzeswortlaut hinausgehenden Ausprägung zu erlangen, wesentlich höher, als wenn er selbst unmittelbar mit dem Gesetzeswortlaut konfrontiert wird. Im letzteren Fall besteht also tendenziell die Gefahr, dass sich der Vertragspartner auf die Informationen aus dem Vertragswerk verlässt und keinen weiteren Rechtsrat einholt. Damit lässt sich aber eine AGB-spezifische Gefährdung der Interessen des Vertragspartners bei der Wiedergabe gesetzlicher Regelungen, ohne dass ein entsprechend modifizierendes Richterrecht ebenfalls wiedergegeben wird, zumindest nicht von vorneherein ausschließen. Der Vertragspartner kann anhand des Vertragstextes die für seine Rechtswahrungsstrategie gegenüber dem Verwender erhebliche Konkretisierung beziehungsweise Fortschreibung der gesetzlichen Rechtslage nicht erkennen und lässt sich insoweit von falschen Rechtsvorstellungen leiten. Zudem erscheint es auch nicht unzumutbar, dem Verwender eine derartige Formulierungsverantwortung aufzuerlegen, da dieser durch die Verwendung deklaratorischer Klauseln eigene Ziele und Vorteile verfolgt[574] und sich darüber hinaus vor der Verwendung derartiger Klauseln fachkundig über die in der Rechtsprechung herausgebildeten Grundsätze zur Anwendung der betreffen-

574 S.o. Dritter Teil, § 9 IV. 1. d), daneben aber auch die allgemeinen Vorteile bei der Verwendung von AGB, insbesondere die Einsparung von Transaktionskosten.

den gesetzlichen Regelungen informieren lassen kann[575]. Demnach ist es grundsätzlich möglich, dass die textgleiche Wiedergabe einer gesetzlichen Regelung eine intransparente Klauselgestaltung im Sinne von § 307 Abs. 3 S. 2 i.V.m. § 307 Abs. 1 S. 2 und S. 1 BGB darstellt, wenn gleichzeitig eine einschlägige richterrechtliche Ergänzung oder Einschränkung nicht dargelegt wird.

cc) Folgerungen für die Transparenzkontrolle derartiger Klauseln

Nach hier vertretener Auffassung[576] ist die Wiedergabe richterrechtlicher Grundsätze keine Voraussetzung für die Charakterisierung einer Klausel als deklaratorisch gemäß § 307 Abs. 3 S. 1 BGB, da letztere nicht dem objektiven Recht im Sinne der Vorschrift zuzurechnen sind. Die Ergänzung einer deklaratorischen Klausel um diese Grundsätze kann jedoch vor dem Hintergrund des nach § 307 Abs. 3 S. 2 BGB auch für den inhaltskontrollfreien Bereich vertraglicher Klauselgestaltung geltenden Transparenzgebots erforderlich sein.

Voraussetzung hierfür ist zunächst, dass die entsprechende richterrechtliche Fortbildung oder Einschränkung für das konkrete Vertragsverhältnis überhaupt relevant ist. Dabei ist generell unerheblich, ob es sich um eine für den Vertragspartner materiell vorteilhafte oder nachteilige Weiterbildung beziehungsweise Konkretisierung des Gesetzes handelt. Soweit es sich nämlich um eine deklaratorische Klausel handelt, finden im Gegensatz zu sonstigen Regelungen in Allgemeinen Geschäftsbedingungen nicht die AGB-spezifischen Auslegungsgrundsätze Anwendung, sondern die für die Auslegung von Gesetzen geltenden Regeln[577]. Dementsprechend kommt es bei einer deklaratorischen Klausel auch nicht in Betracht, diese so auszulegen, als sei die richterrechtliche Ausprägung abbedungen beziehungsweise diese nur dann anzuwenden, wenn sie eine für den Vertragspartner günstigere Rechtslage schafft.

Weiterhin muss es sich um eine gefestigte Rechtsprechung handeln, die in ihrem wesentlichen Aussagegehalt sowohl von den Ober- als auch den Instanzgerichten ständig angewandt wird. Dieses Erfordernis liegt zum einen in der Natur des gegenüber legislativem Recht sich erst in einem längeren Findungs- und Bestätigungsprozess entwickelnden Richterrechts und zum anderen daran, dass es dem Verwender Allgemeiner Geschäftsbedingungen häufig schon gar nicht möglich, zumindest aber nicht zumutbar ist, seine Vertrags-

575 Staudinger/*Coester*, § 307 BGB, Rn. 309.

576 S.o. Dritter Teil, § 9 II. 2. b).

577 BGH 20.10.1993, NJW 1993, S. 1061 (1063 f.); *Kreienbaum*, Transparenz und AGB-Gesetz, 1998, S. 60; Ulmer/Brandner/Hensen/*Ulmer*, § 305c BGB, Rn. 83; Wolf/Horn/Lindacher/*Lindacher*, § 5 AGBG, Rn. 27; Dreher, AcP 189 (1989), S. 342 (375).

klauselwerke permanent den aktuellen Tendenzen und Strömungen in der Rechtsprechung anzupassen.

2. Verweisungen

Den gesetzesrezitierenden Klauseln stehen hinsichtlich ihres Charakters als deklaratorische Klauseln solche gleich, die lediglich auf eine bestimmte gesetzliche Vorschrift verweisen, ohne jedoch deren Inhalt wörtlich wiederzugeben[578]. Dies gilt notwendigerweise nur für solche Klauseln, die auf Gesetzesrecht verweisen, das auch ohne diese Verweisung unmittelbar auf das Vertragsverhältnis anwendbar wäre, alle übrigen Verweisungen sind konstitutiver Natur und fallen nicht unter § 307 Abs. 3 S. 1 BGB.

Grundsätzlich werfen Verweisungen auf außerhalb des Vertragswerks liegende Regelungen im Hinblick auf die Einbeziehungskontrolle nach § 305 Abs. 2 Nr. 2 BGB und die Transparenzkontrolle gemäß § 307 Abs. 1 S. 2 BGB eine Reihe von Problemen auf. So wird dem Vertragspartner zwar Kenntnis von einer zusätzlich bestehenden Regelung verschafft, deren Inhalt bleibt ihm aber in aller Regel vorenthalten, insbesondere wenn die Verweisungsobjekte dem Vertrag nicht beigefügt werden, so dass die Möglichkeit des Vertragspartners, von dem Klauselinhalt zumutbar Kenntnis zu erlangen und die Vollständigkeit und Verständlichkeit der Allgemeinen Geschäftsbedingungen beeinträchtigt werden[579]. Hinzu kommt, dass bei so genannten dynamischen Verweisungen der Vertragspartner regelmäßig keinen Einfluss haben und nur sehr begrenzt Kenntnis davon erlangen wird, wann und inwiefern sich der Inhalt des Verweisungsziels und damit der Regelungsgehalt der Klausel in den vereinbarten Allgemeinen Geschäftsbedingungen ändert[580].

Vor diesem Hintergrund gestaltet sich die Konstellation, in der das Verweisungsziel eine ohnehin auf das Vertragsverhältnis anwendbare Rechtsnorm ist, allerdings vergleichsweise einfach. Soweit der Regelungsgehalt deklaratorischer Klauseln auch dann gilt, wenn die entsprechende Klausel nicht oder nicht wirksam in den Vertrag einbezogen wurde, ist eine Kenntnisverschaffungspflicht im Sinne des § 305 Abs. 2 Nr. 2 BGB funktionslos, so dass diese Vorschrift nicht auf deklaratorische Verweisungen anzuwenden ist[581]. Damit konzentriert sich

---

578 Staudinger/*Coester*, § 307 BGB, Rn. 293.

579 *Kreienbaum*, Transparenz und AGB-Gesetz, 1998, S. 26; Staudinger/*Coester*, § 307 BGB, Rn. 200; *Oetker*, JZ 2002, S. 337.

580 *Oetker*, JZ 2002, S. 337.

581 Staudinger/*Schlosser*, § 2 AGBG, 13. Aufl. 1998, Rn. 30 a.E.; unberührt bleibt davon indessen die Eigenschaft deklaratorischer Klauseln als Allgemeine Geschäftsbedingungen im Sinne von § 305 Abs. 1 S. 1 BGB, dies folgt bereits aus der Systematik des § 307

die Problematik der beeinträchtigten Kenntniserlangung vom Geltungsgehalt der Klausel auf die grundsätzlich anwendbare Transparenzkontrolle[582]. Dabei schließt jedoch gerade die Verweisung als Mittel deklaratorischer Klauselgestaltung die bereits herausgearbeiteten typischen Gefahren dieser Klauselart im Hinblick auf die Verständnismöglichkeiten des durchschnittlichen Vertragspartners von vorneherein aus. So ist einer Verweisung die Information, dass es sich nicht um eine originär vom Verwender gestaltete und formulierte Klausel handelt, immanent. Darüber hinaus besteht seitens des Vertragspartners auch keine Gefahr der Fehldeutung der Klausel, da ihm deren Inhalt ja gerade nicht im Vertragstext zugänglich gemacht wird. Es handelt sich bei der Verweisung um die bloße Information, dass es eine bestimmte auf das Vertragsverhältnis und die sich daraus ergebenden beiderseitigen Rechte und Pflichten anwendbare gesetzliche Regelung gibt. Damit macht es in dieser Konstellation bezüglich der Informationschancen des Vertragspartners tatsächlich keinen Unterschied, ob er von der Existenz der gesetzlichen Vorschrift durch eine Verweisung im Vertragstext erfährt oder sich sonst mit ihr konfrontiert sieht. In beiden Fällen muss er selbst den gleichen Aufwand betreiben, um die geltende Rechtslage inklusive etwaiger Besonderheiten in der Rechtsanwendungspraxis in Erfahrung zu bringen. Die Informationschancen des Vertragspartners werden mithin durch Verweisungen in den Allgemeinen Geschäftsbedingungen nicht in spezifischer Weise beeinträchtigt, so dass bei Verweisen auf einschlägiges Gesetzesrecht regelmäßig kein Verstoß gegen § 307 Abs. 3 S. 2 BGB i.V.m. § 307 Abs. 1 S. 2 BGB vorliegt[583].

Dies gilt nach dem Vorangesagten auch dann, wenn der Wortlaut des Verweisungsziels selbst bei einer wörtlichen Wiedergabe im Vertragstext ergänzungsbedürftig wäre, um den Anforderungen des Transparenzgebots zu genügen.

3. Sinngemäße Wiedergabe gesetzlicher Vorschriften

Schließlich handelt es sich ebenfalls um deklaratorische Klauseln, wenn der Verwender den Inhalt einer gesetzlichen Regelung sinngleich wiedergibt, sich dabei aber eigener Formulierungen bedient. Dabei ist zunächst im Wege der

---

Abs. 3 S. 1 BGB. Auch wäre anderenfalls eine Transparenzkontrolle nach § 307 Abs. 3 S. 2 BGB unmöglich, da einer solchen nur Allgemeine Geschäftsbedingungen unterliegen können. Diesbezüglich zu weit gehend: *Kreienbaum*, Transparenz und AGB-Gesetz, 1998, S. 87.

582 Vgl. vorangehende Fn.

583 So im Ergebnis auch *Kreienbaum*, Transparenz und AGB-Gesetz, 1998, S. 26; Staudinger/*Coester*, § 307 BGB, Rn. 200; *Oetker*, JZ 2002, S. 337.

Auslegung festzustellen, dass die betreffende Klausel inhaltlich vollständig mit einer gesetzlichen Vorschrift übereinstimmt, wobei sich die Auslegung an dem Verständnishorizont eines durchschnittlichen Kunden zu orientieren hat[584]. Ist dies der Fall, muss in einer weiteren Prüfung geklärt werden, ob durch die eigene Formulierung des Verwenders die gesetzliche Regelung hinreichend klar und verständlich wiedergegeben wurde. Es findet also eine vollständige Transparenzkontrolle statt, damit gewährleistet ist, dass der Vertragspartner nicht gerade durch die bloße sinngemäße Wiedergabe des Gesetzeswortlauts davon abgehalten wird, seine der tatsächlichen Rechtslage entsprechenden Rechte und Pflichten zu erkennen[585]. Darüber hinaus finden die bereits zu der Transparenzkontrolle gesetzesrezitierender Klauseln herausgearbeiteten Grundsätze ebenfalls Anwendung[586]. Kommt man indessen bei der Auslegung zu dem Ergebnis, dass der Klauselinhalt nicht oder nicht vollständig mit der gesetzlichen Regelung übereinstimmt, so handelt es sich um eine konstitutive Klausel, die sowohl der Inhalts- als auch der Transparenzkontrolle nach den §§ 307 ff. BGB unterliegt[587].

4. Gesetzlich eröffnete Gestaltungsspielräume

Eine weitere Fallgruppe rechtsdeklaratorischer Klauseln im Sinne des § 307 Abs. 3 S. 1 BGB können solche Regelungen in Allgemeinen Geschäftsbedingungen darstellen, die von einem gesetzlich eröffneten Gestaltungsspielraum Gebrauch machen. Zu unterscheiden ist dabei zwischen Normen, die eine bestimmte vertragliche Gestaltungsform – teilweise unter bestimmten tatbestandlichen Voraussetzungen –, und solchen, die der Vertragsgestaltung lediglich einen bestimmten Rahmen vorgeben, der noch einer näheren Ausfüllung durch die Vertragspartner bedarf[588].

a) Rechtsergänzende Ausgestaltung

Dabei ist jedoch grundsätzlich davon auszugehen, dass es sich um rechtsergänzende und damit um nicht inhaltskontrollfreie Klauseln handelt, während nur

---

584 Wolf/Horn/Lindacher/*Lindacher*, § 5 AGBG, Rn. 27.

585 *Evermann*, Die Anforderungen des Transparenzgebots an die Gestaltung von Allgemeinen Versicherungsbedingungen, 2002, S. 78.

586 Anders *Evermann*, Die Anforderungen des Transparenzgebots an die Gestaltung von Allgemeinen Versicherungsbedingungen, 2002, S. 78, die insoweit nur eine auf die Formulierung des Verwenders „*beschränkte Transparenzkontrolle*" annimmt.

587 Staudinger/*Coester*, § 307 BGB, Rn. 299.

588 Vgl. hierzu *Stoffels*, AGB-Recht, 2003, Rn. 436 und 438.

ganz ausnahmsweise eine gesetzliche Erlaubnis als derart qualifiziert eingestuft werden kann, dass deren Umsetzung in Allgemeinen Geschäftsbedingungen als rechtsdeklaratorische Gesetzeswiedergabe bewertet werden kann[589]. Im ersten Urteil über die Unzulässigkeit einer Klausel über die nachschüssige Tilgungsverrechnung aus dem Jahr 1988 hat der BGH sogar ganz lapidar festgestellt, „für die Kontrollunterworfenheit genüge es, dass die Klausel einen vom Gesetz eröffneten Gestaltungsspielraum nutze“[590]. In der Fortführung dieser Rechtsprechung hat der BGH nochmals klargestellt, dass eine Klausel, die den Wortlaut eines ergänzungsbedürftigen Gesetzes wiedergibt, insoweit der Inhaltskontrolle unterliegt, als zu prüfen ist, ob und inwieweit der Verwender das Gesetz ergänzt hat[591]. Hintergrund waren eine Umwandlungs- und Rückkaufswertklausel in den Allgemeinen Versicherungsbedingungen zu einer kapitalbildenden Lebensversicherung. Der Versicherer verwies diesbezüglich lediglich auf die Regelungen der §§ 174 Abs. 2, 176 Abs. 2 S. 1 VVG, diese Vorschriften enthalten jedoch nur einen Rahmen, innerhalb dessen sich die Berechnungen halten müssen. Die konkreten Berechnungsmethoden zur Ermittlung der Rückkaufswerte ergeben sich indessen aus den anerkannten Regeln der Versicherungsmathematik, wobei dem jeweiligen Versicherungsunternehmen geschäftspolitische Spielräume verbleiben, die im Ergebnis zu unterschiedlichen Rückkaufswerten führen können[592].

Die Kontrollfähigkeit derartiger Klauseln folgt daraus, dass solche gesetzlich eröffneten Gestaltungsspielräume naturgemäß nicht das wiedergeben, was sowieso von Gesetzes wegen gilt, sondern der Rückgriff auf diese Gestaltungsmöglichkeiten der vertraglichen Konstitution bedarf[593]. Dass eine bestimmte vertragliche Gestaltungsform erst eine besondere gesetzliche Erlaubnis erfordert, zeigt umgekehrt, dass es sich dabei im Gegensatz zu den sonstigen dispositiven Normen nicht um einen generell für das Vertragsverhältnis als angemessen erachteten Interessenausgleich handelt. Ein solcher soll erst dadurch erreicht werden, dass die Vertragsparteien sich einvernehmlich über das Ob und Wie der Umsetzung der erlaubten Gestaltungsmöglichkeit innerhalb des konkreten Vertragsabschlusses einigen. Ein funktionierender Vertragsschlussmechanismus auf Basis des gesetzlich vorgegebenen Gestaltungsspielraums gewährleistet demnach den angemessenen vertraglichen Interessenausgleich,

---

589 Soergel/*Stein*, § 8 AGBG, Rn. 18; Staudinger/*Coester*, § 307 BGB, Rn. 306; *Stoffels*, AGB-Recht, 2003, Rn. 436; *Niebling*, WM 1992, S. 845 (849).

590 BGH 24.11.1988, BGHZ 106, S. 42 (45).

591 BGH 09.05.2001 (IV ZR 138/99), NJW 2001, S. 2012 (2013); BGH 09.05.2001 (IV ZR 121/00), NJW 2001, S. 2014 (2015 f.).

592 *Schwintowski*, NVersZ 2001, S. 337 (338).

593 *Niebling*, WM 1992, S. 845 (849).

weswegen trotz der normativen Erlaubnis eine unangemessene Benachteiligung bei deren Umsetzung nicht von vorneherein ausgeschlossen werden kann, so dass es sich grundsätzlich auch nicht um deklaratorische Klauseln im Sinne des § 307 Abs. 3 S. 1 BGB handelt. Daraus folgt weiterhin, dass einer Ausfüllung gesetzlich erlaubter Gestaltungsspielräume durch Regelungen in Allgemeinen Geschäftsbedingungen mit besonderer Vorsicht begegnet werden muss, da hier gerade ein strukturelles Versagen des Vertragsschlussmechanismus vorliegt. Dies wird besonders deutlich im Hinblick auf Vertragsstrafen, deren Vereinbarung zwar grundsätzlich in den §§ 339 ff. BGB als zulässige Gestaltungsform vorgesehen ist. Einer Vereinbarung in Allgemeinen Geschäftsbedingungen steht indessen das Klauselverbot des § 309 Nr. 6 BGB entgegen[594].

b) Deklaratorische Ausgestaltung

Nur wenn der Gesetzgeber eindeutig zu erkennen gibt, dass die Erlaubnisnorm gerade auch für formularmäßige Vereinbarungen gelten soll, kann ausnahmsweise bei der Umsetzung in Allgemeinen Geschäftsbedingungen von einer deklaratorischen Klausel ausgegangen werden, wobei jedoch an die entsprechende Normanalyse hohe Anforderungen zu stellen sind[595]. Die Auslegung anhand des Wortlauts und gegebenenfalls der Gesetzesmaterialien muss also ergeben, dass der Gesetzgeber gleichsam eine „besondere Klauselerlaubnis" statuieren wollte. Eine solche Klauselerlaubnis stellt zum Beispiel § 651h Abs. 1 BGB dar, wonach ein Reiseveranstalter seine Vertragshaftung auf den dreifachen Reisepreis beschränken darf. Obwohl die Rechtsprechung hierin keine Erlaubnisnorm sah[596], bejaht die überwiegende Literaturmeinung die Eigenschaft von § 651h Abs. 1 BGB als qualifizierte Erlaubnisnorm[597]. So belegen die entsprechenden Gesetzesmaterialien[598], dass der Gesetzgeber gerade auch die klauselmäßige Festlegung von Haftungsobergrenzen im Reisemassengeschäft vor Augen hatte[599].

---

594 *Fastrich*, Richterliche Inhaltskontrolle im Privatrecht, 1992, S. 296; Staudinger/*Coester*, § 307 BGB, Rn. 301; *Stoffels*, AGB-Recht, 2003, Rn. 436.

595 Staudinger/*Coester*, § 307 BGB, Rn. 301; *Stoffels*, AGB-Recht, 2003, Rn. 436; Wolf/Horn/Lindacher/*Wolf*, § 8 AGBG, Rn. 25.

596 BGH 12.03.1987, NJW 1987, S. 1931 (1937).

597 *Dylla-Krebs*, Schranken der Inhaltskontrolle Allgemeiner Geschäftsbedingungen, 1990, S. 106 f.; Staudinger/*Coester*, § 307 BGB, Rn. 301, Rn. 39; *Stoffels*, AGB-Recht, 2003, Rn. 436; Ulmer/Brandner/Hensen/*Fuchs*, § 307 BGB, Rn. 33.

598 BT-Drucks. 8/2343, S. 11 f.

599 *Stoffels*, AGB-Recht, 2003, Rn. 436.

c) Folgerungen für die Transparenzkontrolle derartiger Klauseln

Soweit es sich um den seltenen Fall einer als deklaratorisch zu charakterisierenden Erlaubnisnorm handelt, ergeben sich hinsichtlich der Transparenzkontrolle nach § 307 Abs. 3 S. 2 BGB keine Besonderheiten zu den bereits dargestellten Fallgruppen. Bedarf die Ausfüllung durch den Klauselverwender einer eigenständigen Formulierung, so ist nach allgemeinen Grundsätzen darauf zu achten, dass diese klar und verständlich vorgenommen wird.

Bei der Beurteilung der Transparenzkriterien bei Erlaubnisnormen, beziehungsweise ergänzungsbedürftigen Regelungen, deren Umsetzung in Allgemeinen Geschäftsbedingungen als konstitutiv zu bewerten ist, findet eine Transparenzkontrolle gemäß § 307 Abs. 1 S. 2 BGB statt.

Fraglich ist indessen, ob an die Formulierung derartiger Klauseln auf Grund deren soeben dargestellter Stellung zwischen normativer Vorgabe und privatautonomer Klauselgestaltung nicht insgesamt besondere Transparenzanforderungen zu stellen sind. Dies soll im Folgenden an dem Beispiel der Überschussermittlung und Überschussbeteiligung bei kaptalbildenden Lebensversicherungsverträgen verdeutlicht werden[600].

Erzielt ein Kapitallebensversicherer einen Unternehmensgewinn, so sind die einzelnen Versicherungsnehmer regelmäßig an diesem zu beteiligen. Ein derartiger Überschuss entsteht grundsätzlich aus dem Risiko-, dem Kosten- sowie dem Kapitalanlageergebnis des Versicherers [601]. Aus diesem Überschuss kann der Lebensversicherer in einem gewissen, vom Gesetz zugelassenen Rahmen wiederum so genannte stille Reserven bilden, die zum einen zu Lasten des ermittelten beteiligungsfähigen Überschusses gehen, zum anderen aber auch dann wieder zum Überschuss beitragen, wenn aus ihrer Anlage Gewinne resultieren beziehungsweise wenn sie vollständig aufgelöst werden. Die Bildung solcher Reserven ist grundsätzlich zulässig und stellt überdies auch keine unangemessene Benachteiligung des Vertragspartners dar[602], da sie dazu dienen, die Versicherungsnehmer gegen das Risiko einer negativen Entwicklung des Unternehmens abzusichern, es sich so also um einen sekundären Versicherungseffekt gegen die Volatilität der Märkte handelt[603]. Die Grenzen werden hier durch § 81c VAG sowie die dazu erlassenen Rechtsverordnungen gezogen, die den Versicherer zum Unterlassen ohnehin aufsichtsrechtlich verbotener Missbräuche verpflichten. Der BGH fasst es sogar dahingehend zusammen, dass sich

---

600 Grundlegend hierzu: BGH 09.05.2001, NJW 2001, S. 2014 ff.

601 *Schwintowski*, NVersZ 2001, S. 337 (339).

602 BGH 09.05.2001, NJW 2001, S. 2014 (2018).

603 *Rosenow/Schaffelhuber*, ZIP 2001, S. 2211 (2220).

aus dem Gesetz nicht ergebe, dass ein Versicherungsunternehmen gegenüber dem Versicherungsnehmer gegen Treu und Glauben verstößt, wenn es die ihm vom Gesetz eingeräumten Bilanzierungsspielräume nutzt[604].

Diese Bezugnahme des BGH auf die im gesetzlich eröffneten Gestaltungsspielraum enthaltenen Treu- und Glauben-Erwägungen ist in ihrer Undifferenziertheit nicht ganz unproblematisch. Geht man nämlich derart bedingungslos davon aus, dass der Gebrauch des eröffneten Gestaltungsspielraums durch den Klauselverwender zulässig ist, drängt sich die Frage auf, warum es sich dabei dann nicht um eine deklaratorische Klausel handeln soll. Allein auf die erforderliche Prüfung, ob und wie die konkrete Klausel das Gesetz ergänzt, kann es insoweit jedenfalls nicht ankommen, da diese Frage ebenfalls für das Vorliegen einer deklaratorischen Klausel entscheidend ist. Maßgeblich ist demnach, ob der von dem Gesetz vorgegebene Gestaltungsspielraum auch gerade unter Verwendung Allgemeiner Geschäftsbedingungen konkretisiert werden darf. Ein derartiges Verständnis der gesetzlichen Vorgaben könnte hier schon alleine deswegen nahe liegen, da es kaum vorstellbar ist, dass solch komplexe Vertragstypen wie die Kapitallebensversicherung anders als durch Verwendung Allgemeiner Versicherungsbedingungen gestaltet werden können. Die Beantwortung dieser Frage kann indessen dahinstehen, da die Transparenzkontrolle in beiden Fällen das einzig verbleibende ernsthafte Kontrollinstitut ist. Die inhaltliche Angemessenheit wird nämlich bereits durch die Einhaltung des Gestaltungsspielraums in besonderem Maße indiziert.

Damit konzentriert sich die Frage darauf, inwieweit der Verwender die von ihm angewandten Grundsätze der Überschussermittlung sowie der Überschussbeteiligung konkretisiert im Vertragstext niederlegen muss. In dem vom BGH entschiedenen Fall hatte der Versicherer in der entsprechenden Klausel lediglich auf § 81c VAG verwiesen und dem Kunden dadurch nicht mehr mitgeteilt, als dass er sich bei der Ermittlung und Beteiligung an die gesetzlich zulässigen Grenzen halten werde[605]. Durch diesen vertraglichen Verweis auf die äußersten Grenzen seiner Gestaltungsmacht räumt er sich faktisch eine weitestgehende Bestimmungsfreiheit ein. Der Kunde ist dabei weder in der Lage, einen ermittelten Überschuss nachzuvollziehen, noch kann er in irgendeiner Form vorab erkennen, welche Faktoren bei der Ermittlung eine Rolle spielen, um so beispielsweise abstrakt die Wahrscheinlichkeit eines zu erwartenden Überschusses zu kalkulieren. In dieser Konstellation kommt dem Transparenzgebot eine besondere Bedeutung zu, da es sich um einen der echten Fälle han-

---

604 BGH 09.05.2001, NJW 2001, S. 2014 (2018).
605 BGH 09.05.2001 (IV ZR 121/00), NJW 2001, S. 2014 (2018).

delt, in denen das Bestimmtheitsgebot ausschließlich aus der Pflicht zur klaren und verständlichen Darstellung abzuleiten ist[606].

Anstatt sich mit der Frage auseinander zu setzen, welchen Grad an Bestimmtheit das Transparenzgebot in derartigen Fällen verlangt, hat der BGH direkt festgestellt, dass bereits der Bereich notwendiger, produktimmanenter Intransparenz erreicht und eine Kontrolle am Maßstab des Transparenzgebots nicht möglich sei, da dem durchschnittlichen Versicherungsnehmer die Grundsätze der Überschussermittlung nicht verständlich dargelegt werden könnten und es überdies dem Versicherer unmöglich sei, bereits bei Vertragsschluss ein Überschussermittlungssystem vorzugeben, mit Hilfe dessen ein bestimmter, jährlich nachprüfbarer Anspruch festgestellt werden kann[607]. Wenn er dann noch ausführt, es gebe keine Rechtsgrundlage für eine solche Festlegung genauer Maßstäbe der Überschussbeteiligung[608], so ist dies geradezu zirkulär, da es vorrangig darum geht, solche Maßstäbe der Bestimmtheit aus dem Transparenzgebot herzuleiten[609]. Erst dabei sind dann die tatsächlichen Darstellungsschwierigkeiten im Sinne einer interessengerechten Abwägung zu berücksichtigen.

Es ist zuzugeben, dass dem Versicherungsnehmer im Zeitpunkt des Vertragsschlusses weder konkrete Zahlen noch eine einigermaßen nachvollziehbare Berechnungsformel zur Überschussermittlung und -beteiligung an die Hand gegeben werden können[610]. Dies stellt entgegen der Ansicht des BGH aber auch nicht das Kernproblem dar, da insoweit lediglich der Aspekt konkreter Ausübungskontrolle abgedeckt ist. Vielmehr geht es darum, den Versicherungsnehmer davor zu schützen, über die Weite des Ermessens des Versicherungsunternehmens im Unklaren gelassen zu werden[611], das durch den Verweis auf die gesetzlichen Regelungen einen besonderen Anschein der Legitimität erhält. Dabei ist zu berücksichtigen, dass die Überschussbeteiligung nicht zwingend ist, sondern durchaus auch Verträge ohne Überschussbeteiligung abgeschlossen werden können, auch wenn diese bisher kaum praktische Bedeutung haben. Die Überschussbeteiligung ist also vertraglich zu vereinbaren.

An dieser Vereinbarung hat der Versicherer regelmäßig auch ein besonderes Interesse, da sie einen anreizenden Aspekt für die Entscheidung zum Abschluss einer Kapitallebensversicherung bedeutet. Insofern gebietet es eine gerechte Interessenabwägung bereits, dem Kunden auch deutlich zu machen,

---

606 Vgl. hierzu oben, Zweiter Teil, § 5 II. 1. c).
607 BGH 09.05.2001, NJW 2001, S. 2014 (2018).
608 BGH 09.05.2001, NJW 2001, S. 2014 (2018).
609 *Rosenow/Schaffelhuber*, ZIP 2001, S. 2211 (2221).
610 Ebenso *Schwintowski*, NVersZ 2001, S. 337 (339 f.).
611 *Rosenow/Schaffelhuber*, ZIP 2001, S. 2211 (2222).

dass sich der Versicherer bei der Berechnung der Überschussbeteiligung lediglich ein durch die Grenzen des Missbrauchs beschränktes Ermessen vorbehält. Dies gewährleistet der Verweis auf die gesetzlichen Grenzen aber gerade nicht.

Da eine entsprechende Formulierung im Hinblick auf die materielle Inhaltskontrolle wie auch auf die Transparenzkontrolle zulässig, marktwirtschaftlich jedoch unsinnig wäre, bleibt dem Versicherer nur, sich vorab für eine Ermittlungsmethode zu entscheiden und diese dann auch konkret in den Versicherungsbedingungen niederzulegen. Die regelungsimmanente Intransparenz ist dabei wie im Falle der Zinsanpassungsklauseln[612] hinzunehmen, da hierdurch der tatsächlich bestehende Ermessensspielraum nicht verschleiert und der Kunde zumindest in die Lage versetzt wird, seine Rechte und Pflichten mittels fachkundiger Hilfe ermitteln zu lassen, beziehungsweise die konkrete Berechnung des Versicherers zu überprüfen.

V. Fazit

Das in § 307 Abs. 1 S. 1 BGB enthaltene absolute Präjudiz inhaltlicher Angemessenheit kommt nur den vom Wortlaut her nahe liegenden Gesetzen im materiellen Sinne zu. So genannte deklaratorische Klauseln, die allgemein anerkannte Regelungen eines gesetzlich nicht geregelten Vertragstypus wiedergeben, sind ebenso wenig als kontrollfrei anzusehen wie richterrechtliche Rechtssätze. Die Auslegung von Klauseln, die lediglich den Inhalt einer einschlägigen gesetzlichen Regelung wiedergeben, richtet sich nach ganz herrschender Meinung ausnahmsweise nach den allgemeinen für die Gesetzesauslegung geltenden Grundsätzen. Für die Transparenzkontrolle schließlich ist danach zu differenzieren, ob es sich bei der deklaratorischen Klausel um eine gesetzesrezitierende Klausel, eine Verweisung auf eine bestimmte gesetzliche Vorschrift, die sinngemäße Wiedergabe gesetzlicher Vorschriften oder gesetzlich eröffnete Gestaltungsspielräume handelt.

§ 10 Preis- und leistungsbestimmende Klauseln

Nach anfänglichem Zögern[613] gehen der BGH in ständiger Rechtsprechung[614] und ihm folgend die ganz herrschende Meinung im Schrifttum[615] davon aus,

612 S.o. Zweiter Teil, § 5 II. 1. a).
613 BGH 09.07.1981, BGHZ 81, S. 229 (232).

dass neben den deklaratorischen Klauseln auch die in Allgemeinen Geschäftsbedingungen enthaltenen Leistungsbeschreibungen einschließlich der Bestimmungen der Entgelte von der Inhaltskontrolle ausgenommen sind.

I. Gründe der Kontrollfreiheit preis- und leistungsbestimmender Klauseln

Im Gegensatz zu den rein rechtsdeklaratorischen Klauseln, bei denen trotz des Versagens des privatautonomen Vertragsmechanismus eine darauf beruhende materiell unangemessene Benachteiligung von vorneherein ausgeschlossen werden kann, zeichnet sich diese Fallgruppe von Regelungen in Allgemeinen Geschäftsbedingungen dadurch aus, dass bei ihnen das Funktionieren des Vertragsschlussmechanismus mit einer derart hohen Wahrscheinlichkeit vermutet werden kann, dass wiederum eine unangemessene Benachteiligung auf Grund der zu unterstellenden Vertragsgerechtigkeit des Regelungsinhalts auszuschließen ist. Der Austausch von Leistung und Gegenleistung bildet den innersten Kern privatautonomer Rechtsgestaltung, so dass deren Ausgestaltung regelmäßig die Hauptmotivation zum Abschluss des konkreten Vertrages darstellt. Von daher kann ein situatives Versagen des Vertragsmechanismus trotz der Verwendung Allgemeiner Geschäftsbedingungen in diesem Bereich nicht ohne weiteres festgestellt werden, da tendenziell, wenn auch nicht ausnahmslos, ein funktionierender Konditionenwettbewerb stattfindet[616].

Hinsichtlich der essentialia negotii ist nämlich davon auszugehen, dass der Kunde zum einen vor Vertragsabschluss diese mit erhöhter Aufmerksamkeit zur Kenntnis nehmen wird, und dass er zum anderen seine Abschlussentscheidung gegebenenfalls von der Änderung einzelner Bestimmungen abhängig macht beziehungsweise anderenfalls das Angebot eines konkurrierenden Anbieters annimmt[617]. Hinzu kommt, dass das Erfassen der unmittelbaren Hauptleistungspflichten an den Kunden auch dann keine übermäßigen intellektuellen Anforderungen stellt, wenn diese in Allgemeinen Geschäftsbedingungen nie-

---

614 BGH 30.11.1993; BGHZ 124, S. 254 (256 ff.); BGH 30.10.1991, BGHZ 115, S. 391 (395 f.); BGH 07.05.1991, BGHZ 114, S. 330 (333); BGH 17.01.1989, BGHZ 106, S. S. 259 (263); BGH 24.11.1988, BGHZ 106, S. 42 (45 f.); BGH 12.03.1987, BGHZ 100, S. 157 (173 f.); BGH 19.09.1985, BGHZ 95, S. 362 (370 f.); BGH 06.02.1985, BGHZ 93, S. 358 (360 ff.).

615 Ulmer/Brandner/Hensen/*Fuchs*, § 307 BGB Rn. 18; Staudinger/*Coester*, § 307 BGB, Rn. 310; Wolf/Horn/Lindacher/*Wolf*, § 8 AGBG, Rn. 1; *Dylla-Krebs*, Schranken der Inhaltskontrolle Allgemeiner Geschäftsbedingungen, 1990, S. 118 ff. (m.w.N.).

616 S.o. Kap. 1, III. 3. c).

617 S.o. Erster Teil, § 2. III. 3.

dergelegt sind. Das für die sonstigen Nebenbestimmungen charakteristische Informationsdefizit des Kunden gegenüber dem Verwender kann demnach ebenfalls für die Hauptpflichten nicht konstatiert werden. Insofern spricht eine starke Vermutung dafür, dass in diesem Bereich auf Grund des existierenden marktmäßigen Konditionenwettbewerbs eine unangemessene Benachteiligung des Vertragspartners durch die Verwendung Allgemeiner Geschäftsbedingungen regelmäßig ausgeschlossen werden kann.

Aber selbst das verbleibende Restrisiko einer Benachteiligung rechtfertigt keine staatliche Intervention mittels der Inhaltskontrolle. Eine liberale, marktwirtschaftlich verfasste und auf dem Grundsatz der Privatautonomie beruhende Wirtschaftsordnung garantiert den Privatrechtssubjekten lediglich eine ausgewogene Chance der Teilnahme am Wirtschaftleben und überlässt es im Übrigen der Selbstverantwortlichkeit, von diesen Möglichkeiten individuell Gebrauch zu machen. Das Risiko eines ungünstigen Vertragsabschlusses ist damit ebenso systemimmanent wie die Chance, ein ausgewogenes Verhältnis von Leistung und Gegenleistung zu erzielen. Die äußerste Grenze bildet lediglich die Sittsamkeitskontrolle[618]. Darüber hinaus wäre das freie marktwirtschaftliche Modell geradezu gefährdet, wenn dem Staat oder den von ihm eingerichteten Gerichten die Kompetenz zufiele, das Leistungsangebot, die Preisfestsetzung und damit das Äquivalenzverhältnis einer Angemessenheitskontrolle zu unterziehen[619]. Dementsprechend existiert in aller Regel auch schon kein rechtlicher Maßstab, anhand dessen die vertraglichen Hauptleistungspflichten überprüft und bewertet werden könnten[620]. Von daher liegt in dem Umstand, dass § 307 Abs. 3 S. 1 BGB eine Ausdehnung der richterlichen Inhaltskontrolle in die Bereiche „funktionierender" Privatautonomie verhindert, die Ursache dafür, dass sich das AGB-Recht bisher bruchlos in die Zivilrechtsordnung eingefügt hat[621], was dann letztlich in der Integration in das BGB im Rahmen der Schuldrechtsreform den kodifikatorischen Abschluss gefunden hat.

Die Tatsache, dass sowohl die vertraglichen Hauptleistungspflichten als solche als auch ihr Verhältnis zueinander von der Inhaltskontrolle ausgenommen sind, lässt sich zwar dem Wortlaut des § 307 Abs. 3 S. 1 BGB nicht direkt entnehmen, der explizit nur Bestimmungen in Allgemeinen Geschäftsbedingun-

---

618 Staudinger/*Coester*, § 307 BGB, Rn. 321.

619 Staudinger/*Coester*, § 307 BGB, Rn. 310; Wolf/Horn/Lindacher/*Wolf*, § 8 AGBG, Rn. 1; Ulmer/Brandner/Hensen/*Fuchs*, § 307 BGB, Rn. 18; *Dylla-Krebs*, Schranken der Inhaltskontrolle Allgemeiner Geschäftsbedingungen, 1990, S. 154 ff.; *Stoffels*, AGB-Recht, 2003, Rn. 423; *ders.* JZ 2001, S. 843 (844); *Pfeiffer*, VuR 2001, S. 95 (96 f.).

620 Staudinger/*Coester*, § 307 BGB, Rn. 310; Wolf/Horn/Lindacher/*Wolf*, § 8 AGBG, Rn. 1; *Stoffels*, AGB-Recht, 2003, Rn. 423.

621 *Pfeiffer/Schinkels*, Schuldrechtsreform und Verbraucherschutz, 2001, S. 134 (164 f.).

gen, die von Rechtsvorschriften abweichen oder diese ergänzen, kontrollfrei stellt. Dennoch ist nach der ganz herrschenden Meinung in Rechtsprechung[622] und Literatur[623] § 307 Abs. 3 S. 1 BGB dahingehend auszulegen, dass zumindest auch die unmittelbar preis- und leistungsbestimmenden Klauseln kontrollfrei sind. Dies folgt zum einen bereits aus der soeben dargestellten ratio legis der Vorschrift, entspricht zum anderen aber auch dem gesetzgeberischen Willen[624] sowie den Vorgaben des Art. 4 Abs. 2 der Richtlinie 93/13/EWG.

Gleichwohl folgt die grundsätzliche Existenz eines kontrollfähigen Bereichs leistungsbezogener Klauseln schon daraus, dass es eine Reihe leistungsbezogener Klauseln gibt, für die entweder schon auf einen vorhandenen Vergleichsmaßstab zurückgegriffen werden kann oder aber ein solcher zumindest entwickelbar ist und die nicht an einem funktionierenden Konditionenwettbewerb teilhaben, da ihr Regelungsgehalt regelmäßig nicht im Fokus der Abschlussentscheidung des Vertragspartners steht[625]. Auch der Gesetzgeber ist nicht von einer absoluten Kontrollfreiheit sämtlicher preis- und leistungsbezogener Klauseln ausgegangen[626], da mehrere Klauselverbote der §§ 308 und 309 BGB diesen betreffen, so insbesondere das Verbot eines Änderungsvorbehalts nach § 308 Nr. 4 BGB und das Verbot kurzfristiger Preiserhöhungen nach § 309 Nr. 1 BGB.

II. Die Bestimmung des kontrollfreien Bereichs

Während im Allgemeinen Übereinstimmung herrscht, rechtsdeklaratorische sowie preis- und leistungsbestimmende Klauseln kontrollfrei zu stellen, ist die Abgrenzung kontrollfreier von kontrollunterworfenen Klauseln im Einzelnen problematisch.

---

622 BGH 14.10.1997, NJW 1998, S. 383; BGH 09.05.2001, NJW 2001, S. 2014 (2016).

623 Erman/*Roloff*, § 307 BGB; Rn. 42; Müko/*Basedow*, § 307 BGB, Rn. 12 ff.; Palandt/*Heinrichs*, § 307 BGB, Rn. 54 und 57 ff.; Soergel/*Stein*, § 8 AGBG, Rn. 1; Wolf/Horn/Lindacher/*Wolf*, § 8 AGBG; *Dylla-Krebs*, Schranken der Inhaltskontrolle Allgemeiner Geschäftsbedingungen, 1990, S. 118 ff.; *Stoffels*, AGB-Recht, 2003, Rn. 439 ff.

624 BT-Drucks. 7/3919, S. 22: „Die Leistungsbeschreibungen einschließlich etwaiger in AGB enthaltener Festlegungen des Entgelts unterliegen der Inhaltskontrolle demnach ebenso wenig wie AGB, die lediglich den Inhalt gesetzlicher Regelungen wiedergeben.“, dies bestätigend BT-Drucks. 13/2713, S. 5 und BT-Drucks. 14/6040, S. 154 sowie BT-Drucks. 14/7052, S. 188.

625 Staudinger/*Coester*, § 307 BGB, Rn. 320.

626 Dies ergibt sich überdies aus der Begründung zu dem Gesetzentwurf BT-Drucks. 7/3919.

Hinzu kommt, dass sich mittlerweile mehrere Methoden zur Bestimmung der Abgrenzungskriterien von inhaltskontrollfreien und -unterworfenen Hauptleistungsklauseln herausgebildet haben.

1. Modifikationsansatz

Die Rechtsprechung und ihr folgend ein großer Teil des Schrifttums unterscheiden die Klauseln, durch die vertragliche Hauptleistungen in Allgemeinen Geschäftsbedingungen festgelegt werden, in Leistungsbeschreibungen und Preisvereinbarungen. Bei den Leistungsspezifikationen sollen nur diejenigen kontrollfrei bleiben, ohne deren Vorliegen mangels Bestimmtheit oder Bestimmbarkeit des wesentlichen Vertragsinhalts ein wirksamer Vertrag nicht mehr angenommen werden kann[627]. Dies bedeutet, dass grundsätzlich Klauseln in Allgemeinen Geschäftsbedingungen, durch die ohne gesetzliche Festlegung, allein auf Grund der vertraglichen Vereinbarung einerseits das Ob der Leistung und andererseits Gegenstand, Art, Umfang und Güte der vertraglichen Waren-, Dienst- oder sonstigen Leistung unmittelbar festgelegt werden, nicht Gegenstand der Inhaltskontrolle sind[628]. Demgegenüber sollen Klauseln, die das eigentliche Hauptleistungsversprechen einschränken, verändern oder aushöhlen beziehungsweise auch nur weitergehend ausgestalten oder modifizieren, der Inhaltskontrolle unterfallen[629]. Entscheidend für die Abgrenzung zwischen unmittelbarer Leistungsspezifikation und deren Einschränkung beziehungsweise Modifikation sei der sich insbesondere aus § 307 Abs. 2 Nr. 2 BGB ergebende Schutzzweck des AGB-Rechts, den Vertragspartner des Verwenders durch die Inhaltskontrolle vor einseitig ausbedungener, inhaltlich unangemessener Verkürzung der vollwertigen Leistung, wie er sie nach Gegenstand und Zweck des Vertrages erwarten dürfe, zu schützen[630].

In ähnlicher Weise differenziert der BGH auch hinsichtlich der Klauseln, welche die vertragliche Gegenleistung in Form einer Zahlungsverpflichtung regeln, den so genannten Preisvereinbarungen. Hier seien grundsätzlich nur die-

---

627 BGH 09.05.2001, NJW 2001 S. 2014 (2016); BGH 28.03.2001, NJW 2001 S. 1934 (1935);BGH 22.11.2000, NJW 2001 S. 1132 ff.; BGH 23.06.1999, NJW 1999 S. 3558 (3559); BGH 24.03.1999, NJW 1999 S. 2279 (2280); BGH 12.03.1987, NJW 1987, S. 1931 (1935).

628 BGH 06.07.2000, NJW 2000, S. 3348; BGH 23.06.1999, NJW 1999, S. 3558 (3559); BGH 24.03.1999, NJW 1999, S. 2279 (2280).

629 BGH 12.12.2000, NJW 2001, S. 751 (752); BGH 22.11.2000, NJW 2001, S. 1132 (1133); BGH 23.06.1999, NJW 1999, S. 3558 (3559); BGH 24.03.1999, NJW 1999, S. 2279 (2280); BGH 12.03.1987, NJW 1987, S. 1931 (1935).

630 BGH 12.03.1987, NJW 1987, S. 1931 (1935).

jenigen Klauseln in Allgemeinen Geschäftsbedingungen nach § 307 Abs. 1 S. 1 BGB inhaltskontrollfrei, die unmittelbar den vom Erwerber einer Wirtschaftsleistung zu entrichtenden Geldbetrag sowie die Festlegung der maßgeblichen Bewertungsfaktoren und des einzuhaltenden Preisfindungsverfahrens bestimmen[631], es sei denn, es handele sich ausnahmsweise um eine Abweichung von einer gesetzlichen Preisregelung für bestimmte Leistungen[632], zum Beispiel die Gebührenordnung für Ärzte[633] oder die Bundesrechtsanwaltsgebührenordnung[634]. Klauseln indessen, deren Regelungsgehalt sich nur mittelbar auf den Preis auswirkt[635], die die Entstehungsvoraussetzungen für den Vergütungsanspruch regeln[636], oder die die Zahlungsbedingungen festschreiben[637], sind als so genannte Preisnebenabreden grundsätzlich nach den §§ 307 ff. BGB kontrollfähig.

Ergänzt wird das Kriterium der Modifikation des Leistungskernbereichs durch das Kriterium der Abweichung vom dispositiven Recht[638]. So seien „Abreden, die zwar mittelbare Auswirkungen auf Preis und Leistung haben, an deren Stelle aber, wenn eine vertragliche Regelung fehlt, dispositives Gesetzesrecht treten kann“, grundsätzlich kontrollfähig[639]. Dabei fasst der BGH den Begriff des dispositiven Rechts wohl sehr weit, wenn er im Hinblick auf Preisnebenabreden ausführt: „Sie weichen im Allgemeinen von Vorschriften des dispositiven Rechts ab, oder ihr Regelungsgehalt könnte – wären sie nicht in Allgemeinen Geschäftsbedingungen enthalten – aus §§ 157, 242 BGB gewonnen werden[640].“

Bei diesem Abgrenzungsansatz geht es also im Wesentlichen darum, die wechselseitigen Hauptleistungspflichten jeweils aufzuspalten in einen engen

---

631 BGH 16.11.1999, NJW 2000, S. 577 (579).

632 BGH 16.11.1999, NJW 2000, S. 577 (579); BGH 19.02.1998, NJW 1998, S. 1786 (1789); BGH 09.07.1981, NJW 1981, S. 2351; *Hübner*, FS Steindorff (1990), S. 589 ff.; *Niebling*, WM 1992, S. 845 (850).

633 BGH 30.10.1991, NJW 1992, S. 746.

634 BGH 17.09.1998, NJW 1998, S. 3567.

635 BGH 19.10.1999, ZIP 2000, S. 16 (17); BGH 30.11.1993, NJW 1994 S. 318; BGH 14.04.1992, ZIP 1992, S. 751; BGH 19.09.1985, NJW 1986, S. 46 (48).

636 BGH 06.02.1985, NJW 1985, S. 3013 (3014).

637 BGH 10.01.1996, NJW 1996, S. 988; BGH 29.03.1994, NJW 1994, S. 1532; BGH 10.10.1991, NJW 1992, S. 1107; BGH 24.11.1988, NJW 1989, S. 222; zustimmend *Horn*, WM 1997, Beil. 1, S. 3 (12 f.).

638 BGH 30.11.1993, BGHZ 124, S. 254 (256); BGH 17.11.1992, NJW-RR 1993, S. 430 (431); BGH 06.02.1985, BGHZ 93, S. 358 (361 ff.).

639 BGH 30.11.1993, BGHZ 124, S. 254 (256).

640 BGH 06.02.1985, BGHZ 93, S. 358 (361).

Kernbereich[641] und in einen peripheren Bereich, der in einem mittelbaren Wirkungszusammenhang zu dem Kern der Leistungsversprechen steht.

2. *Der Ansatz von Joost*

Gegen eine Abgrenzung des kontrollfreien vom kontrollunterworfenen Bereich leistungs- und preisbestimmender Klauseln in Allgemeinen Geschäftsbedingungen anhand der Kategorisierung von Haupt- und Nebenbestimmungen wendet sich *Joost*[642] mit einem eigenen Abgrenzungsansatz. Hiernach werde der kontrollfreie Bereich gemäß § 307 Abs. 1 S. 1 BGB ausschließlich durch das Fehlen rechtsnormativer Vorgaben in bestehenden Rechtsvorschriften umrissen, wobei es unerheblich sei, ob die jeweilige Klausel eine Haupt- oder Nebenleistung regele oder eine Haupt- oder Nebenabrede enthalte[643]. Joost begründet seinen Ansatz damit, dass das durch den Ausschluss der Inhaltskontrolle gemäß § 307 Abs. 1 S. 1 BGB geschützte Interesse darin liege, in den Bereichen, in denen von der Rechtsordnung keine Wertentscheidung vorgegeben sei, eine solche mittels privatautonomer Vertragsgestaltung herbeiführen zu können[644]. Mangels rechtsnormativer Kriterien könne ein Schutz des Vertragspartners nicht über die §§ 307 ff. BGB, sondern nur über die allgemeinen Schranken der Privatautonomie sowie die §§ 305 Abs. 2, 305a und 305c BGB gewährleistet werden[645]. In der Konsequenz dieses Ansatzes liegt es dann auch, den Begriff der Hauptleistungspflicht als Abgrenzungskriterium für den inhaltskontrollfreien Bereich der Vertragsgestaltung mittels Allgemeiner Geschäftsbedingungen gänzlich aufzugeben, da in Ausnahmefällen auch für Hauptleistungspflichten gesetzliche Wertvorgaben existieren und umgekehrt auch andere Vertragsteile als Leistungsbeschreibungen so gestaltet sein können, dass es keine vorgegebenen rechtsnormativen Wertungen als Grundlage für eine Angemessenheitsabwägung gibt[646].

3. *Der Ansatz von Dylla-Krebs*

Dylla-Krebs schlägt vor, den kontrollfreien Bereich der Leistungsbestimmungen danach abzugrenzen, ob die effektive Gesamtbelastung des Vertragspartners,

641 So bzgl. der Leistungsspezifikationen ausdrücklich Ulmer/Brandner/Hensen/*Brandner*, § 8 AGBG, 9. Aufl., Rn. 28; insgesamt zustimmend *Horn*, WM 1997, Beil. 1, S. 3 (12 f.).
642 *Joost*, ZIP 1996, S. 1685 ff.
643 *Joost*, ZIP 1996, S. 1685 (1693).
644 *Joost*, ZIP 1996, S. 1685 (1690).
645 *Joost*, ZIP 1996, S. 1685 (1690 und 1693 a.E.).
646 *Joost*, ZIP 1996, S. 1685 (1690).

so wie sie sich bei planmäßiger, störungsfreier Vertragsabwicklung ergäbe, durch die betreffende Klausel beeinflusst werde[647]. Diese Formulierung beschränkt die Inhaltskontrolle auf Regelungen in Allgemeinen Geschäftsbedingungen, die für Fälle unplanmäßiger, gestörter Vertragsabwicklung relevant werden, so dass alle Bestimmungen, die zu Lasten des Vertragspartners die zu erbringende Leistung regeln, modifizieren oder einschränken, kontrollfrei bleiben müssten, was im Ergebnis zu einem wesentlich umfangreicheren Bereich der Inhaltskontrollfreiheit führt, als er sich bei Anwendung des Modifikationsansatzes ergäbe, worauf *Brandner* zutreffend hinweist[648].

4. Markt- und wettbewerbsbezogener Ansatz

Ein neuerer Abgrenzungsansatz im Schrifttum wendet sich von der stark begrifflichen Unterscheidung von Haupt- und Nebenleistungen ab und ermittelt den Bereich inhaltkontrollfreier Leistungsbestimmungen anhand des Normzwecks des § 307 Abs. 3 S. 1 BGB[649]. Für die Kontrollfreiheit einer Klausel soll demnach entscheidend sein, ob diese an den funktionierenden Kontrollmechanismen von Markt und Wettbewerb teilnimmt, so dass im Umkehrschluss eine hoheitliche Kontrolle nach den §§ 307 ff. BGB einer Legitimation entbehrt und somit ausscheidet[650]. Die entscheidende Testfrage soll demnach lauten, ob die jeweilige Vertragsbedingung, deren Kontrolle in Frage steht, den Kräften von Markt und Wettbewerb in einer Weise ausgesetzt ist, dass damit gerechnet werden kann, dass der durchschnittliche Vertragspartner sie zur Kenntnis nimmt und in seine Abschlussentscheidung einbezieht[651].

Davon ausgehend bilde der Begriff der essentialia negotii ein erstes wesentliches Abgrenzungskriterium, da regelmäßig davon ausgegangen werden könne, dass der Vertragspartner diesem engen Leistungskern seine höchste Aufmerksamkeit entgegenbringe und hiervon seine Abschlussentscheidung maßgeblich abhängig mache[652]. Aber auch über diesen engen Leistungskern hinausgehend könnten Klauseln auf Grund diverser Umstände in den Fokus der Abschlusserwägungen des Kunden gelangen, so dass bezüglich dieser Klauseln ein Kon-

647 *Dylla-Krebs*, Schranken der Inhaltskontrolle Allgemeiner Geschäftsbedingungen, 1990, S. 185 ff.

648 Ulmer/Brandner/Hensen/*Brandner*, § 8 AGBG, 9. Aufl., Rn. 11.

649 Insbesondere *Stoffels*, AGB-Recht, 2003, Rn. 449 ff.

650 Staudinger/*Coester*, § 307 BGB, Rn. 320; *Stoffels*, AGB-Recht, 2003, Rn. 449 ff.; *Canaris*, AcP 200 (2000), S. 273 (330).

651 *Stoffels*, AGB-Recht, 2003, Rn. 449; ähnlich *Fastrich*, Richterliche Inhaltskontrolle im Privatrecht, 1992, S. 265.

652 Staudinger/*Coester*, § 307 BGB, Rn. 310; *Stoffels*, AGB-Recht, 2003, Rn. 452.

ditionenwettbewerb entfacht werde, der ein inhaltliches Kontrollbedürfnis überflüssig mache[653].

Eingegrenzt wird dieser Abgrenzungsansatz durch zwei Kriterien. So sollen zum einen Klauseln, die das Hauptleistungsversprechen derart einschränken, dass eine Vertragszweckgefährdung vorliegt, stets der Inhaltskontrolle unterfallen[654], was insoweit auf der Linie der Rechtsprechung liegt[655]. § 307 Abs. 2 Nr. 2 BGB reicht demnach in die Auslegung des § 307 Abs. 3 S. 1 BGB hinein. Zum anderen hat *Stoffels* nachgewiesen, dass sich den in §§ 308 und 309 BGB enthaltenden besonderen Klauselverboten Hinweise auf die im Gesetzesplan liegende Reichweite der Inhaltskontrolle entnehmen lassen, was dazu führt, dass nicht nur konkret einem solchen Verbot unterfallende Klauseln unabhängig von § 307 Abs. 3 S. 1 BGB kontrollfähig sind[656], sondern auch solche, die nach ihrem Regelungsgehalt zwar in den thematischen Anwendungsbereich eines besonderen Klauselverbots fallen, mit diesem aber nicht konkret kollidieren[657].

5. Kritische Würdigung

Dem von der Rechtsprechung entwickelten Modifikationsansatz begegnen bereits methodische Bedenken. Um feststellen zu können, ob eine leistungsbezogene Klausel das Hauptleistungsversprechen einschränkt oder sonst modifiziert, müssen vorab Inhalt und Umfang der Hauptleistungsverpflichtung bestimmt werden, um einen tauglichen Vergleichsgegenstand zu erhalten. Soweit aber auch gerade die in den Allgemeinen Geschäftsbedingungen getroffenen Regelungen selbst diesen Umfang bestimmen können, bleibt völlig unklar, anhand welcher Kriterien der „unmodifizierte" Bereich der Leistungsbestimmungen ermittelt werden soll. Bezieht man nämlich eine Klausel in die Bestimmung des vereinbarten Leistungsbereichs mit ein, so kann diese denknotwendig nicht mehr daraufhin überprüft werden, ob sie diesen Bereich modifiziert. Lässt man

---

653 *Stoffels*, AGB-Recht, 2003, Rn. 452, der als Beispiel für einen solchen Umstand die besondere Betonung einer Vertragsbestimmung durch gezielte Werbung anführt; *Canaris*, AcP 2000 (200), S, 273 (330), der mittelbar preisbeeinflussende Klauseln, in denen nur die Voraussetzungen für die Zahlungspflicht oder für deren Höhe festgelegt sind, dann ausnahmsweise für kontrollfrei erachtet, wenn ihre Konsequenzen Eingang in die Kennzeichnung des Preises gefunden haben.

654 Staudinger/*Coester*, § 307 BGB, Rn. 327; *Stoffels*, AGB-Recht, 2003, Rn. 452; ausdrücklich offen gelassen bei *Canaris*, AcP 200 (2000), S. 273 (329, Fn. 198).

655 Vgl. nur BGH 14.10.1997, BGHZ 137, S. 27 (31, unter bb)).

656 Insoweit bereits herrschende Meinung: BGH 12.12.2000, NJW 2001, S. 751 (752); *Niebling*, WM 1992, S. 845 (852).

657 *Stoffels*, AGB-Recht, 2003, Rn. 455.

hingegen eine leistungsbezogene Klausel bei der Festlegung des Inhalts und Umfangs der Hauptleistungsverpflichtung außer acht, so liegt hierin bereits vorab die Feststellung, der Regelungsgehalt der betreffenden Klausel weiche in irgendeiner Art und Weise von der Hauptleistungsbestimmung ab.

Die Unterscheidung zwischen einer von vorneherein vertraglich ausgestalteten Hauptleistungsbestimmung und deren gedanklich nachträglicher Veränderung kann kaum nachvollziehbar anhand des Kriteriums der Modifizierung der Leistungsbestimmung vorgenommen werden. Bei diesem handelt es sich vielmehr nur um den programmatischen Prüfungsansatz. Insoweit ist die Modifizierungstheorie in dieser Hinsicht zirkulär[658], da das zu findende Prüfungsergebnis – die modifizierende Wirkung der Klausel – bereits Voraussetzung zur Bestimmung der Vergleichsgegenstände ist. Aber auch die zweite Testfrage dieses Ansatzes, ob an die Stelle der betreffenden Klausel dispositives Recht treten könne, liefert kein taugliches Abgrenzungskriterium. Da der BGH zur Bestimmung des dispositiven Rechts auch das zum Beispiel nach §§ 157, 242 BGB ad hoc gebildete oder fortentwickelte Recht mit einbezieht[659], könnte zu jeder inhaltlichen Frage eine anhand der Maßstäbe von Treu und Glauben entwickelte Regelung gefunden werden, was wiederum bedeutet, das bei einer derartigen Abgrenzung die Maßstäbe der Inhaltskontrolle selbst in die Frage ihrer Anwendbarkeit hineingetragen würden[660].

Damit bleibt dieser Abgrenzungsansatz überwiegend den Begrifflichkeiten der Haupt- beziehungsweise Nebenleistungspflicht verhaftet, ohne ein überzeugendes materielles Abgrenzungskonzept zu liefern[661].

Die von *Dylla-Krebs*[662] vorgeschlagene Restriktion der Inhaltskontrolle anhand des Kriteriums der Beeinflussung der effektiven Gesamtbelastung des Vertragspartners lässt sich schon im Hinblick auf den Wortlaut sowie den Schutzzweck des § 307 Abs. 1 BGB nicht rechtfertigen[663]. Überdies steht das Kriterium der Gesamtbelastung im Widerspruch dazu, dass sich das AGB-Recht ganz überwiegend an der Einzelabrede orientiert, diese insbesondere zum Gegenstand der Angemessenheitsabwägung macht[664].

---

658 Ebenso Staudinger/*Coester*, § 307 BGB, Rn. 322.

659 BGH 06.02.1985, BGHZ 93, S. 358 (361).

660 Insoweit zutreffende Kritik an der Rechtsprechung: *Joost*, ZIP 1996, S. 1985 (1691).

661 *Stoffels*, AGB-Recht, 2003, Rn. 448; *Börner*, JZ 1997, S. 595 (597).

662 *Dylla-Krebs*, Schranken der Inhaltskontrolle allgemeiner Geschäftsbedingungen, 1990, S. 185 ff.

663 Wolf/Horn/Lindacher/*Wolf*, § 8 AGBG, Rn. 8.

664 *Stoffels*, AGB-Recht, 2003, Rn. 448.

Demgegenüber fasst der von *Joost*[665] entwickelte Ansatz, wonach die Abgrenzung kontrollfreier von kontrollunterworfenen Klauseln ausschließlich davon abhängen soll, ob rechtsnormative Vorgaben in bestehenden Rechtsvorschriften existieren, an denen die Angemessenheit der jeweiligen Klausel gemessen werden kann, den Schutzzweck des AGB-Rechts erkennbar zu kurz. Wenn er ausführt, dass, soweit Rechtsvorschriften fehlten, der Schutz des Kunden durch die allgemeinen Schranken der Privatautonomie und durch § 305c Abs. 1 BGB gewährleistet werde[666], verkennt dies, dass die Schutzbedürftigkeit des Kunden in den Fällen der Vertragsgestaltung mittels Allgemeiner Geschäftsbedingungen maßgeblich darin begründet ist, dass es zu einem funktionalen Versagen des die Privatautonomie kennzeichnenden Vertragsschlussmechanismus kommt. Der Umstand aber, dass sich eine vertragliche Regelungsmaterie außerhalb rechtsnormativer Vorgaben bewegt, erlaubt für sich genommen noch nicht den erforderlichen Umkehrschluss, dass damit automatisch sämtliche sich spezifisch aus der AGB-Verwendung ergebenden Gefahren einer inhaltlichen Benachteiligung durch das der Privatautonomie zu Grunde liegende Konzept des freien Vertragschlusses ausgeschlossen wären. Die alternativ zu erbringende Begründung, warum in den Fällen fehlender rechtsnormativer Vorgaben ausgerechnet der Vertragspartner das Risiko, durch die Verwendung Allgemeiner Vertragsbedingungen unangemessen benachteiligt zu werden, tragen soll, fehlt indessen, und es erscheint mehr als zweifelhaft, ob eine solche plausibel gelingen kann.

Für den markt- und wettbewerbsbezogenen Ansatz, der die Inhaltskontrollfreiheit einer Klausel danach bemisst, ob diese an einem funktionierenden Konditionenwettbewerb teilnimmt, spricht zunächst dessen Ausrichtung an dem Normzweck des § 307 Abs. 1 S. 1 BGB und damit einhergehend an der übergeordneten Legitimation der Inhaltskontrolle von Allgemeinen Geschäftsbedingungen. Allerdings muss aus dem Normzweck auch eine praktikable Abgrenzungsmethode herzuleiten sein, das heißt, es müssen autarke Kriterien benannt werden, anhand derer bestimmt werden kann, ob die in Rede stehende Klausel derart in das Blickfeld des Vertragspartners gelangt ist, dass sie eine mögliche Relevanz für die Abschlussentscheidung hatte und somit den Kontrollmechanismen von Markt und Wettbewerb unterliegt, so dass eine hoheitliche Inhaltskontrolle zu unterbleiben hat.

Auch wenn man es als gesichert ansehen kann, dass jedenfalls der „engste Kern der Leistungszusage“[667], „glasklar als bezifferte Preisfestsetzungen“ aus-

665 *Joost*, ZIP 1996, S. 1685 ff.
666 *Joost*, ZIP 1996, S. 1685 (1693).
667 Ulmer/Brandner/Hensen/*Brandner*, § 8 AGBG, 9. Aufl., Rn. 26.

gewiesene Preisabreden[668] und über die Preishöhe auch das Äquivalenzverhältnis zwischen Leistung und Gegenleistung[669] regelmäßig von der Aufmerksamkeit des Durchschnittskunden erfasst sind und demnach bezüglich derartiger Klauseln ein funktionierender Konditionenwettbewerb existiert, so ist damit für die Abgrenzung im Einzelnen und insbesondere in Zweifelsfällen noch nicht viel gewonnen. Denn gerade an dieser Stelle kann die marktbezogene Abgrenzung zu einem Zirkelschluss verführen, wenn man zu stark das Augenmerk auf diesen Kernbereich der Hauptleistungspflichten richtet. Es besteht die Gefahr, den Regelungsgehalt einer Klausel gedanklich vorab diesem Leistungsbereich zuzuordnen und eine Kontrollfähigkeit dann unter Hinweis darauf, dass Regelungen in diesem Bereich allgemein an den Kontrollmechanismen von Markt und Wettbewerb teilnehmen, abzulehnen. Die Bestimmung, ob eine Klausel an einem funktionierenden Konditionenwettbewerb teilnimmt, muss demnach auch ohne Rückgriff auf den Begriff der Hauptleistungspflicht möglich sein. Insofern wird zutreffend darauf hingewiesen, dass die Unterscheidung zwischen den essentialia negotii und naturalia zwar ein wertvoller Ausgangspunkt für die Abgrenzung sein kann, es aber notwendigerweise weiterer Kriterien zur Bestimmung der Kontrollfreiheit bedarf[670].

Von großer Bedeutung ist in diesem Zusammenhang die generelle Erwartung des durchschnittlichen Kunden an den Inhalt und Umfang der erworbenen Leistung und der hierfür selbst zu erbringenden Gegenleistung.

III. *Transparenzkontrolle im inhaltskontrollfreien Bereich der Preis- und Leistungsbestimmungen*

1. *Die Ansichten zu § 8 AGBG*

Die herrschende Meinung im Schrifttum unterzog auch vor der gesetzlichen Kodifikation des Transparenzgebots in § 307 Abs. 3 S. 2 BGB die an sich inhaltskontrollfreien Preis- und Leistungsbestimmungen der Transparenzkontrolle[671]. Methodisch wurde dieses Ergebnis überwiegend mit einer richtlinienkon-

668 *Köndgen*, NJW 1989, S. 943 (948).

669 Wolf/Horn/Lindacher/*Wolf*, § 8 AGBG, Rn. 8; *Fastrich*, Richterliche Inhaltskontrolle im Privatrecht, 1992, S. 258.

670 Staudinger/*Coester*, § 307 BGB, Rn. 321; *Stoffels*, AGB-Recht, 2003, Rn. 452.

671 Staudinger/*Coester*, § 8 AGBG, 13. Aufl. 1998, Rn. 17; Wolf/Horn/Lindacher/*Wolf*, § 8 AGBG, Rn. 11 und 14; *Canaris*, AcP 2000 (200), S. 273 (328); *Frey*, ZIP 1993, S. 572 (578); *Horn*, WM 1997, Sonderbeil. 1, S. 1 (19); *Kieninger*, VersR 1998, S. 1071 (1074); *Präve*, VersR 2000, S. 138 (139); *Römer*, NVersZ 1999, S. 97 (98 f.); *a.A. Dylla-Krebs*,

formen Auslegung des § 8 AGBG vor dem Hintergrund des Art. 4 Abs. 2 der Richtlinie 93/13/EWG begründet, wonach die Missbrauchskontrolle *„weder den Hauptgegenstand des Vertrages noch die Angemessenheit zwischen dem Preis beziehungsweise dem Entgelt und den Dienstleistungen beziehungsweise den Gütern, die die Gegenleistung darstellen, betrifft, sofern diese Klauseln klar und verständlich abgefasst sind"*[672]. Der Rückgriff auf eine derartige richtlinienkonforme Auslegung war erforderlich, da sich die Anwendung des Transparenzgebots zum einen nicht aus dem Wortlaut des § 8 AGBG ergab und zum anderen das Transparenzgebot aus dem präkludierten § 9 Abs. 1 AGBG entwickelt und dort verankert war. Dennoch wurde auch schon vor der Kodifizierung des § 307 Abs. 3 S. 2 BGB eine Lösung aus dem deutschen AGB-Recht selbst entwickelt. Unter Rückgriff auf den Normzweck des § 8 AGBG, der der Inhaltskontrolle nach den §§ 9 ff. AGBG dort eine Grenze setze, wo eine Kontrolle auf Grund einer funktionierenden Marktregulierung gewährleistet sei, stelle die transparente Klauselgestaltung eine immanente Vorbedingung der Kontrollfreiheit dar, da es sich hierbei um eine unabdingbare Voraussetzung eines funktionierenden Konditionenwettbewerbs handele[673].

In der – zumindest höchstrichterlichen – Rechtsprechung hat in der Frage der Anwendbarkeit des Transparenzgebots auf an sich inhaltskontrollfreie Preis- und Leistungsbestimmungen bisher keine eindeutige Positionierung stattgefunden. Stand ein Verstoß gegen das Transparenzgebot zur Disposition, so prüfte der BGH stets zunächst die Kontrollfähigkeit der betreffenden Klausel anhand des § 8 AGBG[674]. Ausdrücklich aufgeworfen hat der BGH die Frage, ob § 8 AGBG im Hinblick auf Art. 4 Abs. 2 der Richtlinie 93/13/EWG ei-

---

Schranken der Inhaltskontrolle Allgemeiner Geschäftsbedingungen, 1990, S. 148 ff., *v.Hoyningen-Huene*, FS Trinkner (1995), S. 179 (187); *Ziegler/Rieder*, ZIP 2001, S. 1789 (1792) für das alte Recht.

672 MüKo/*Basedow*, § 8 AGBG, 3. Aufl., Rn. 20; *Kreienbaum*, Transparenz und AGB-Gesetz, S. 307 f.; *Kretschmar*, Die Richtlinie 93/13 EWG des Rates v. 5.4.1993 über missbräuchliche Klauseln in Verbraucherverträgen und das deutsche AGB-Recht, S. 183; *Canaris*, AcP 200 (2000), S. 273 (328); *Heinrichs*, NJW 1996, S. 1381 (1385); *Horn*, WM 1997, Sonderbeil. Nr. 1, S. 3 (19); *a.A. v.Hoyningen-Huene*, FS Trinkner (1995), S. 189, der Art. 4 Abs. 2 der RL 93/13/EWG entsprechend § 8 AGBG auslegt und diesen nur auf Preisnebenabreden für anwendbar erachtet. Ein solcher Ansatz verstößt jedoch bereits gegen den Grundsatz der autonomen Auslegung, worauf *Staudinger*, WM 1999, S. 1546 (1552, Fn. 104), zutreffend hinweist.

673 Staudinger/*Coester*, § 307 BGB, Rn. 315; *Stoffels*, AGB-Recht, 2003, Rn. 428 ff.; *ders.*, JZ 2001, S. 843 (845 f.); ähnlich, aber noch mit Rückgriff auf die richtlinienkonforme Auslegung absichernd *Römer*, NVersZ 1999, S. 97 (98).

674 Besonders deutlich, BGH 17.11.1992, NJW-RR 1993, S. 430 (431 f.), der zunächst die Kontrollfreiheit einer werkvertraglichen Preisregelung feststellt (S. 431) und dann *ergänzend* ausführt, die Klausel verstoße überdies nicht gegen das Transparenzgebot (S. 432).

ne Transparenzkontrolle preis- und leistungsbestimmender Klauseln zulasse, in dem Urteil vom 24.03.1999 zur Arbeitslosenversicherung, diese im Ergebnis jedoch offen gelassen, da er die fraglich Klausel als kontrollunterworfen erachtete[675]. Seitdem hat der BGH diese Frage zwar noch mehrfach angesprochen, allerdings immer als entscheidungsunerheblich offen gelassen, da er jeweils keinen Verstoß gegen das Transparenzgebot sah[676].

Die instanzgerichtlichen Urteile beziehen in diesem Punkt indessen wesentlich klarer Stellung, wenn im Ergebnis auch nicht gleichlautend. So hat beispielsweise das OLG Hamburg[677] als Berufungsgericht im später vom BGH[678] entschiedenen Fall der privaten Arbeitslosenversicherung konsequenterweise einen Verstoß gegen das Transparenzgebot überhaupt nicht mehr angeprüft, nachdem es die Kontrollfähigkeit der betreffenden Klausel verneint hatte. Demgegenüber hat zum Beispiel das OLG Köln ausdrücklich festgestellt, dass jedenfalls eine eingeschränkte Kontrolle im Hinblick auf das Transparenzgebot auch bei Klauseln, die das Preis-/Leistungsverhältnis betreffen und daher grundsätzlich unter § 8 AGBG fallen, möglich sei[679]. Ebenso führt das OLG Hamm aus, § 8 AGBG sei richtlinienkonform dahingehend auszulegen, dass Kontrollfreiheit nur dann gegeben sei, wenn eine leistungsbeschreibende Klausel nicht gegen das Transparenzgebot verstoße[680].

2. § 307 Abs. 3 S. 2 BGB

Der im Rahmen der Schuldrechtsmodernisierung neu geschaffene § 307 Abs. 3 S. 2 BGB bestätigt die bisher überwiegende Anwendung des Transparenzgebots auch im Bereich der ansonsten inhaltskontrollfreien Klauselgestaltung. Einer gesonderten Herleitung, wie zum Beispiel über die richtlinienkonforme Auslegung, bedarf es insoweit also nicht mehr. Dennoch ist es wichtig, den Normzweck des § 307 Abs. 3 S. 2 BGB herauszustellen, da dieser wesentlicher Ausgangspunkt zur Bestimmung der konkreten Transparenzanforderungen bei preis- und leistungsbestimmenden Klauseln ist.

---

675 BGH 24.03.1999, NJW 1999, S. 2279 (2279 f.).

676 BGH 10.06.1999, NJW 1999, S. 3260 (3261); BGH 06.07.2000, VII ZR 73/00 unter III. 2. (die Passage: „Die Frage, ob die Verletzung des Transparenzgebots die Inhaltskontrolle einer Klausel eröffnen kann, ist nicht entscheidungserheblich." ist in NJW 2000, S. 3348 f. nicht mit abgedruckt).

677 OLG Hamburg, 11.03.1998, VersR 1998, S. 627 (627 f.).

678 BGH 24.03.1999, NJW 1999, S. 2279 (2279 f.).

679 OLG Köln 26.06.2002, BKR 2002, S. 914; ohne Angabe von Gründen zuvor bereits OLG Köln 23.08.2000, ZIP 2000, S. 1836 (1837 f.).

680 OLG Hamm 03.11.1999, NJW-RR 2000, S. 763 (765); ebenso LG München I 30.03.2000, NJW-RR 2001, S. 529 (529 f).

Der Gesetzgeber führt in seiner Begründung an, mit der Einführung des § 307 Abs. 3 S. 2 BGB werde der Zweck des bisherigen § 8 AGBG, der lediglich der Inhaltskontrolle, nicht aber der Transparenzkontrolle in bestimmten Fällen Grenzen setzten wollte, verdeutlicht und eine bisher bestehende Lücke bei der Umsetzung von Art. 4 Abs. 2 der Richtlinie 93/13/EWG geschlossen[681]. Sieht man einmal davon ab, dass sich ein konkreter Umsetzungsbedarf im Hinblick auf die Richtlinie 93/13/EWG spätestens mit dem Urteil des EuGH vom 10.05.2001[682] ergab, so stellt sich darüber hinaus die Frage, ob sich die Anwendbarkeit der Transparenzkontrolle nicht auch aus der Systematik des AGB-Rechts und insbesondere aus der Logik des dualen Kontrollsystems von Transparenz- und Inhaltskontrolle begründen lässt.

Anders als bei der Inhaltskontrolle handelt es sich bei der Transparenzkontrolle um ein prozedurales Kontrollinstrument, wobei die Verletzung des sich hieraus ergebenden Gebots lediglich mittelbar zu einer Störung der materialen Vertragsgerechtigkeit führt. Damit stellt es aber auch im Vergleich zur Inhaltskontrolle den wesentlich geringeren Eingriff in die Privatautonomie dar, weswegen umgekehrt auch grundsätzlich der Anwendungsbereich weiter gezogen werden kann, insbesondere im Hinblick auf die bezüglich der Vertragsfreiheit besonders sensiblen Bereiche der Leistungs- und Entgeltvereinbarungen. Allerdings bedarf es nichtsdestotrotz des Nachweises eines entsprechenden Kontrollbedürfnises, denn auch prozedurale Kontrollmittel stellen immer noch einen Eingriff in die generell zu schützende Vertragsfreiheit dar. Die preis- und leistungsbestimmenden Klauseln sind gerade deshalb von der Inhaltskontrolle ausgenommen, weil diesbezüglich ein funktionierender Konditionenwettbewerb eine externe hoheitliche Kontrolle des Verhandlungsergebnisses überflüssig macht.

Ein solcher Konditionenwettbewerb besteht immer dann, wenn davon ausgegangen werden kann, dass der Durchschnittskunde die entsprechende Klausel in seine Abschlussentscheidung miteinbezieht, nachdem er diese einem Marktvergleich unterzogen oder gegebenenfalls Änderungswünsche gegenüber dem Verwender geltend gemacht hat. Grundvoraussetzung ist hierfür wiederum ein gewisses Mindestmaß an Informiertheit[683]. Nur wenn der Kunde über die für seine Abschlussentscheidung relevanten Informationen verfügt, beziehungsweise diese ohne großen Aufwand in Erfahrung bringen kann, ist er in der Lage, die einzelnen Klauseln für sich zu bewerten und mit denen anderer

---

681 BT-Drucks. 14/6040, S. 154.

682 EuGH 10.05.2001, NJW 2001, S. 2244 f.; eine konkrete Umsetzung trotz richtlinienkonformer Auslegung wurde teilweise schon vorher gefordert, so z.B. *Staudinger*, WM 1999, S. 1546 (1552 f.).

683 *Stoffels*, AGB-Recht, 2003, Rn. 428.

Wettbewerber zu vergleichen. Transparenz ist demnach Voraussetzung eines funktionierenden Konditionenwettbewerbs und somit bereits Vorbedingung der Inhaltskontrollfreiheit[684].

Andererseits ist sie aber auch gegenüber den individuell ausgehandelten Vertragsbedingungen bei der Bestimmung der Hauptleistungspflichten in Allgemeinen Geschäftsbedingungen geboten. Dies folgt zum einen bereits aus der Formulierungsverantwortung des Verwenders, zum anderen aber auch aus dem generellen Schutzzweck des AGB-Rechts. Eine in Allgemeinen Geschäftsbedingungen vorformulierte Leistungs- oder Preisbestimmung kann vom Vertragspartner lediglich rezeptiv aufgenommen werden. Auf Grund des Rationalisierungszwecks einer derartigen Vertragsgestaltung ist also der vorformulierte Vertragstext in aller Regel die primäre und wesentliche Informationsquelle, die für einen Vergleich mit anderen Anbietern beziehungsweise einer individuellen Bewertung der Günstigkeit des Vertrages und somit für die Abschlussentscheidung des Kunden relevant ist. Insofern besteht auch ein besonderes Schutzbedürfnis des Kunden vor den spezifischen Gefahren, die mit der Vorformulierung derartiger Bedingungen einhergehen, namentlich der Gefahr, auf Grund einer unklaren und unverständlichen Gestaltung der Bestimmungen zu einer falschen Bewertung des Vertrages zu gelangen. Demnach ist eine Transparenzkontrolle an sich inhaltskontrollfreier Preis- und Leistungsbestimmungen in Allgemeinen Geschäftsbedingungen insgesamt geboten.

3. Transparenzanforderungen bei preis- und leistungsbestimmenden Klauseln

Auf Basis dieser Erkenntnisse zum Grund der Transparenzkontrolle im Leistungsbereich sind im Weiteren die Anforderungen zu untersuchen, die an die Klarheit und Verständlichkeit dieser Klauseln zu stellen sind. Kriterien für Transparenzanforderungen im Leistungsbereich sind bisher nur vereinzelt erörtert worden[685].

a) Grundsätzliches

Die Bestimmung der Kriterien der Transparenzkontrolle im Leistungsbereich hat sich im Wesentlichen an dem ihr zu Grunde liegenden Normzweck zu orientieren, also der Ermöglichung und Förderung des Marktmechanismus[686]. Das

684 Staudinger/*Coester*, § 307 BGB, Rn. 315; *Stoffels*, AGB-Recht, Rn. 430.
685 Staudinger/*Coester*, § 307 BGB, Rn. 317 ff.; *Koller*, FS Steindorff (1990), S. 667 (680 ff.) und insbesondere für Entgeltklauseln *Horn*, WM 1997 Sonderbeil. Nr. 1, S. 3 (19 ff.).
686 Staudinger/*Coester*, § 307 BGB, Rn. 317.

folgt im Rückschluss schon aus der in diesem Bereich spezifischen Gefahr der Beeinträchtigung des Kunden bei seiner Abschlussentscheidung und der damit einhergehenden Benachteiligung durch die intransparente Klauselgestaltung. Zu berücksichtigen sind also insbesondere die regelmäßige Erwartungshaltung des potentiellen Kunden, alle zur Bestimmung der Leistung und des Preises wesentlichen Faktoren unmittelbar erkennen zu können, sowie der damit verbundene Zweck, anhand dieser Faktoren einen Marktvergleich anstellen, beziehungsweise eine individuelle Bewertung des Vertrages vornehmen zu können.

b) Hervorgehobene Darstellungsweise

Da die benachteiligenden Folgen einer Intransparenz im Bereich der Klauseln, die regelmäßig an einem Konditionenwettbewerb partizipieren, ihre Ursachen vor Vertragsschluss auf Ebene der Abschlussentscheidung haben, müssen diese entscheidungsrelevanten Informationen dem potentiellen Kunden in besonderer Weise präsentiert werden[687]. Dies bedeutet, dass sie von dem Durchschnittskunden zunächst ohne besonderen Zeitaufwand als Regelung der für ihn relevanten Faktoren erkannt und ohne Investition einer besonderen intellektuellen Leistung in ihrem Bedeutungsgehalt erfasst werden können. Verfehlt wäre es indessen, an dieser Stelle zu argumentieren, dass dem Kunden ein erhöhter Aufwand zur Rezeption derartiger Klauseln zugemutet werden könne, da es sich um Regelungen handelt, die regelmäßig stärker im Zentrum seiner Aufmerksamkeit liegen. Die Idee eines derartigen Ansatzes könnte sich zwar dem ersten Anschein nach noch auf die Überlegung stützen, dass ein funktionierender Konditionenwettbewerb hinsichtlich der konkurrierenden Bestimmungen zu einer gewissen Sensibilisierung und vielleicht sogar zu entsprechenden Sonderkenntnissen auf Seiten der Kunden führt und er insoweit eines geringeren Schutzes bedarf. Jedoch verwirklicht sich der Kundenschutz gerade über den Schutz des funktionierenden Konditionenwettbewerbs. Dabei liegt es auf der Hand, dass die Bereitschaft, einzelne Bestimmungen konkurrierender Anbieter miteinander zu vergleichen, steigt, je geringer der hierfür erforderliche Aufwand ist. Auf Grund dessen sowie der Tatsache, dass in diesem Bereich der Vertragsgestaltung mittels Allgemeiner Geschäftsbedingungen die Mechanismen von Markt und Wettbewerb die hoheitliche Kontrolle ersetzten, sind also gesteigerte Transparenzanforderungen geboten[688].

---

687 Staudinger/*Coester*, § 307 BGB, Rn. 317.
688 Staudinger/*Coester*, § 307 BGB, Rn. 317; *Horn*, WM 1997 Sonderbeil. Nr. 1, S. 3 (19 ff.).

Im Einzelnen bedeutet dies, dass die bereits herausgestellten allgemeinen Kriterien transparenter Klauseldarstellung[689] durch weitere auf die spezifische Situation im Rahmen der Abschlussentscheidung zugeschnittene Anforderungen ergänzt werden müssen.

Dabei tritt zunächst das Kriterium der Übersichtlichkeit stärker in den Vordergrund. Die Pflicht zu einer abschließenden und zusammenhängenden Darstellung folgt hier nicht primär aus dem Gebot, das Zusammenwirken mehrerer Klauseln zu verdeutlichen oder die systematische Stellung der Regelung innerhalb des Vertragswerks zu berücksichtigen, sondern unmittelbar aus der Notwendigkeit für den Vertragspartner, die für seine Abschlussentscheidung relevanten Informationen schnell erfassen zu können. Dies erfordert, dass die entsprechenden Bestimmungen in dem Vertragswerk gleichsam auf einen Blick erfasst werden können, und nicht erst eine Lektüre sämtlicher Vertragsbedingungen erforderlich ist, um so die einzelnen Informationen zusammenzutragen. Dabei ist allerdings auf die Besonderheiten des jeweiligen Vertragstyps Rücksicht zu nehmen, so können zum Beispiel die unterschiedlichen Tarifmodelle der Mobilfunkanbieter von dem Durchschnittskunden kaum „auf einen Blick" erfasst werden. Die leistungs- und preisbestimmenden Klauseln müssen vielmehr an privilegierter Stelle deutlich gekennzeichnet und für den Fall, dass es mehrere sind, zusammenhängend und vollständig im Vertragstext niedergelegt sein. Auch wenn diese Anforderungen unmittelbar darauf basieren, dass nur der schnelle und ungehinderte Zugang zu den entscheidungsrelevanten Informationen eine Teilhabe der jeweiligen Klauselbestimmung an den Kontrollmechanismen von Markt und Wettbewerb gewährleistet, so decken sie sich doch auch mit den allgemeinen Prinzipien der aus dem Transparenzgebot hergeleiteten Erfordernisse an eine besondere strukturelle Gestaltung von Allgemeinen Geschäftsbedingungen[690]. So ergibt sich beispielsweise die wirtschaftliche Gesamtbelastung auf Grund der beabsichtigten Inanspruchnahme der Leistungen aus dem Vertrag erst aus dem Zusammenwirken der preis- und leistungsbestimmenden Klauseln.

Aus diesem Gebot der Übersichtlichkeit folgt im Umkehrschluss, dass solche Regelungen, die zwar auch den Preis oder die Leistung beeinflussen aber dabei Umstände mit einbeziehen, die regelmäßig keine oder nur eine sehr untergeordnete Relevanz für die Abschlussentscheidung des Durchschnittskunden aufweisen, dann nicht in diesem Teil der Vertragsbedingungen aufgeführt werden dürfen, wenn hierdurch die schnelle Rezeption der übrigen wesentlichen Bestimmungen erheblich beeinträchtigt wird. Aufbau und Struktur der

689 S.o. Zweiter Teil, § 4.

690 Hierzu ausführlich s.o. Erster Teil. § 1 III.

Vertragsbedingungen haben sich in diesem Punkt vorrangig an der Bedeutung der jeweiligen Regelung für die Abschlussentscheidung des durchschnittlichen Vertragspartners auszurichten und erst sekundär am inhaltlichen Sachbezug. So kann es im Einzelfall ratsam sein, die einzelnen preisgestaltenden Bestimmungen nicht sämtlich in eine Klausel aufzunehmen, sondern aus Gründen der besseren Übersicht- und Verständlichkeit aufzuteilen und nach Bedeutung für die Abschlussentscheidung des Kunden zu ordnen. Die Grenze bilden jedoch zum einen die Anforderungen der Abwicklungstransparenz. Das heißt der Kunde muss im Bedarfsfall trotz aufgespaltener Preisregelung in der Lage sein, das Tarifwerk insgesamt für jeden Bedarfsfall zu verstehen. Allerdings sind insoweit dem Vertragspartner grundsätzlich erhöhte Anforderungen an die Verständnismöglichkeit zumutbar. Zum anderen bildet außerhalb der Transparenzkontrolle der Überraschungsschutz des § 305c Abs. 1 BGB die äußerste Gestaltungsgrenze. Der Vertragspartner muss auch nicht damit rechnen, dass preisrelevante Regelungen an versteckter Stelle im Vertragswerk enthalten sind.

Aus dem Vorgesagten ergibt sich des Weiteren, dass die preis- und leistungsbestimmenden Klauseln nicht nur ihrer Stellung und Systematik nach, sondern auch hinsichtlich ihrer sprachlichen und gedanklichen Gestaltung der möglichst einfachen und schnellen Rezeption durch den Durchschnittskunden verpflichtet sind. Von daher kommt der Frage, ob für das Verständnis des Klauselgehalts eine gewisse gedankliche Interpretationsleistung des Vertragspartners erforderlich ist, innerhalb der Abwägung zwischen Informationsinteresse und Rationalisierungseffekt eine größere Bedeutung zu als bei Klauseln, die überdies der Inhaltskontrolle unterliegen.

c) Berücksichtigung der werblichen Darstellung

Hinsichtlich der Beurteilung der Transparenz einer preis- oder leistungsbestimmenden Klausel ist es grundsätzlich irrelevant, ob ihr Regelungsgehalt von Kundenerwartungen abweicht, die durch eine gesonderte werbliche Darstellung geweckt wurden[691]. Bei der Beurteilung der Transparenz ist allein der Klauseltext Gegenstand der Kontrolle. Nur dieser ist durch vertragliche Einbeziehung Vertragsbestandteil geworden. Zwar kann sich aus der inhaltlichen Divergenz von Klauselgehalt und diesbezüglicher Werbung eine Irritation seitens des Kunden ergeben, jedoch ist eine solche nicht über die Transparenzkontrolle justiziabel. Es können zwar bei Verbraucherverträgen gemäß § 310 Abs. 3 Nr. 3 BGB auch die den Vertragsschluss begleitenden Umstände zur Beurteilung einer unangemessenen Benachteiligung nach § 307 Abs. 1 BGB herangezogen

691 *A.A. Horn*, WM 1997, Sonderbeil. Nr. 1, S. 3 (20 ff.).

werden, jedoch bedeutete dies in der beschriebenen Konstellation, eine an sich transparente Klausel auf Grund dieser Umstände als intransparent zu qualifizieren. Das hieße, die den Vertragsschluss begleitenden Umstände zur Bestimmung der faktischen Voraussetzungen der Intransparenz heranzuziehen anstatt sie bei der Abwägung zu berücksichtigen.

Auch wenn es generell möglich ist, durch die Hervorhebung einer bestimmten in Allgemeinen Geschäftsbedingungen getroffenen Regelung diese derart in den Mittelpunkt des Kundeninteresses zu stellen, dass sie im Ergebnis der Inhaltskontrolle nach § 307 Abs. 3 S. 1 BGB entzogen ist[692], so bedeutet dies noch nicht, dass die werbliche Darstellung damit gleichermaßen Gegenstand oder Maßstab der verbleibenden Transparenzkontrolle würde, sofern die betreffende Klausel für sich genommen klar und verständlich verfasst ist.

d) Entgeltregelungen

Eine besondere Bedeutung kommt in der Praxis den Entgeltregelungen in Allgemeinen Geschäftsbedingungen zu. Der aus der Privatautonomie folgende Grundsatz der Preisgestaltungsfreiheit erlaubt dem Verwender Allgemeiner Geschäftsbedingungen die Höhe des für die vertraglichen Leistungen zu erbringenden Entgelts sowie die Bestimmung des Preisgrundes, also die Art und Weise, wie der Verwender seine Entgelte mit bestimmten Kriterien der von ihm selbst angebotenen Leistungen verknüpft, frei festzulegen, sofern diese Bestimmungen gemäß § 307 Abs. 3 S. 2 BGB transparent sind[693]. Insbesondere allgemein zulässig sind die Aufgliederung des Preises in Teilentgelte, sowie die Erhebung von Zusatz- und Sonderentgelten[694].

aa) Einheitliche Entgeltregelungen

Bestimmungen in Allgemeinen Geschäftsbedingungen, die ein einheitliches Entgelt für sämtliche Vertragsleistungen des Verwenders festlegen, sind regelmäßig transparent, wenn sie entweder die Entgeltsumme oder aber eine einfache Berechnungsgrundlage, aus welcher der Durchschnittskunde das zu erbringende Gesamtentgelt ohne besonderen Aufwand entnehmen kann, mitteilen[695]. Diese Form der vertraglichen Entgeltregelung in Allgemeinen Geschäftsbedingungen wirft in aller Regel keine besonderen Transparenzprobleme auf, da der

---

692 *Stoffels*, AGB-Recht, 2003, Rn. 452.

693 Staudinger/*Coester*, § 307 BGB, Rn. 317; Wolf/Horn/Lindacher, § 8 AGBG, Rn. 14; *Horn*, WM 1997, Sonderbeil. Nr. 1, S. 3 (20).

694 *Horn*, WM 1997, Sonderbeil. Nr. 1, S. 3 (20).

695 *Horn*, WM 1997, Sonderbeil. Nr. 1, S. 3 (20).

Vertragspartner aus einer Bestimmung direkt die ihn treffende wirtschaftliche Gesamtbelastung erfährt.

bb) Teilentgelte

Diffiziler ist die Bewertung, wenn die Entgeltbestimmung nicht einheitlich, sondern in einzelne Teile aufgespaltet erfolgt. Teilentgelte müssen in der Summe diejenige wirtschaftliche Belastung des Kunden wiedergeben, die sich bei der regelmäßig zu erwartenden Leistungsinanspruchnahme ergibt. Teilentgelte in diesem Sinne sind zum Beispiel bei einem Mobilfunkvertrag[696] die monatliche Grundgebühr, die Einzeltarife für geführte Gespräche im In- und Ausland sowie für die Nutzung des Short-Message-Services und der Mailbox, da es sich hierbei allesamt um Leistungen eines Mobilfunkanbieters handelt, die der Durchschnittskunde im Regelfall in Anspruch zu nehmen gedenkt. Hinsichtlich ihrer transparenten Darlegung in den Allgemeinen Geschäftsbedingungen ist zunächst zu beachten, dass dem Kunden der Additionseffekt der einzelnen Entgeltbestimmungen zu der allgemein zu erwartenden wirtschaftlichen Gesamtbelastung bewusst wird[697].

Es kommt hierbei neben dem Additionseffekt auch darauf an, dass die Art und Weise, wie sich die einzelne Entgeltbestimmung auf das Gesamtentgelt auswirkt, deutlich aus der Regelung hervorgeht, also insbesondere, ob es sich um einen Fixposten oder um eine variable Position handelt. Letzteres ist beispielsweise bei wiederkehrenden Gebühren für einzelne Leistungen der Fall, wie etwa dem Postenpreis pro Buchungskosten bei einem Girokontovertrag[698]. Hier hängt das zu zahlende Entgelt davon ab, wie oft der Kunde die Serviceleistungen der Bank am Kundenschalter in Anspruch nimmt. Darstellungstechnisch ist darauf zu achten, dass dem Vertragspartner die Gesamtschau der anfallenden Teilentgelte übersichtlich und einfach ermöglicht wird, zum Beispiel durch eine tabellarische Zusammenfassung, synoptische Auflistungen oder Ähnliches[699].

---

696 Vgl. bereits zum Festnetztarifsystem der Deutschen Telekom AG OLG Hamburg 22.07.1997, NJW 1997, S. 3246 ff.; im Anschluss BGH 02.07.1998, NJW 1998, S. 3188 ff.

697 *Horn*, WM 1997, Sonderbeil. Nr. 1, S. 3 (21).

698 Der BGH 07.05.1996, NJW 1996, S. 2032 f., sieht in solchen Postenpreisklauseln, die auch Ein- und Auszahlungen am Kassenschalter erfassen, kontrollunterworfene Preisnebenabreden; anders jedoch bei Postenpreisklauseln für die Inanspruchnahme von Geldautomaten, da es sich hierbei um das Entgelt für eine Sonderleistung handele.

699 Staudinger/*Coester*, § 307 BGB, Rn. 317.

aaa) Bezugnahme auf den Preisgrund

Fraglich ist, ob bei Teilentgelten, die unter § 307 Abs. 3 S. 1 BGB fallen, zur transparenten Darstellung in Allgemeinen Geschäftsbedingungen auch die Angabe des Preisgrundes erforderlich ist, also die Zuordnung des Teilentgelts zu einem bestimmten Leistungsaspekt oder Leistungsteilabschnitt der vertraglichen Gegenseite. Allgemein wird eine solche Einbeziehung des Preisgrundes dann nicht als Transparenzerfordernis erachtet, wenn sich für den Kunden aus der Zusammenschau sämtlicher regelmäßig zu entrichtender Teilentgelte klar und verständlich die wirtschaftliche Gesamtbelastung ablesen lässt[700]. Richtig ist zunächst, dass für einen Marktvergleich beziehungsweise eine individuelle Bewertung des Vertrages durch den Kunden der Gesamtumfang des Leistungsversprechens in Bezug zum Gesamtumfang des hierfür zu erbringenden Entgelts von maßgeblicher Bedeutung ist, während die Beziehungen der einzelnen Posten untereinander generell keine Relevanz für die Abschlussentscheidung des Vertragspartners aufweisen und damit bedeutungslos für dessen Marktverhalten sind. Die Zuordnung von Teilentgelten zu bestimmten Leistungsbestandteilen resultiert in erster Linie aus internen Preiskalkulationen des Verwenders, deren Kenntnis allgemein kein schützenswertes Interesse des Vertragspartners darstellt[701]. Etwas anderes gilt indessen in den Fällen, in denen der Kunde durch sein Verhalten bei der Vertragsdurchführung selbst Einfluss auf das tatsächliche Entgelt nimmt, also generell dann, wenn für eine bestimmte Leistungsinanspruchnahme ein wiederkehrendes Teilentgelt vorgesehen ist. Dieser Bezug und die sich daraus ergebende Variabilität des Gesamtentgelts müssen dem Vertragspartner deutlich gemacht werden, damit er in Ansehung seines individuell zu erwartenden Verhaltens bei der Vertragsabwicklung die wirtschaftliche Gesamtbelastung einschätzen kann. Ebenso kann eine Angabe des Preisgrundes nicht unterbleiben, wenn nur daraus die Art der Entgeltbestimmung hergeleitet werden kann, wenn der Preisgrund also erforderlich ist, um die Regelung dem Hauptpflichtensynallagma zuzuordnen. Daraus lässt sich verallgemeinernd der Grundsatz ableiten, dass eine Angabe des Preisgrundes für ein einzelnes Teilentgelt aus Transparenzgesichtspunkten immer dann geboten ist, wenn ohne eine solche die verständige Bemessung des zu erwartenden Gesamtentgelts nicht oder nur erschwert möglich wäre.

---

700 Staudinger/*Coester*, § 307 BGB, Rn. 317; *Horn*, WM 1997, Sonderbeil. Nr. 1, S. 3 (21).

701 BGH 04.06.1997, ZIP 1997, S. 1457 (1458).

bbb) Plausibilitätsprüfung des Preisgrundes

Streitig ist im Weiteren, ob im Falle einer erforderlichen, beziehungsweise einer tatsächlich erfolgten Angabe des Preisgrundes in einer Entgeltregelung in Allgemeinen Geschäftsbedingungen im Rahmen der Transparenzkontrolle nach § 307 Abs. 3 S. 1 BGB eine Plausibilitätskontrolle der Verknüpfung von Teilentgelt und dem diesem zugeordneten Leistungsaspekt vorgenommen werden kann[702].

Horn ist der Ansicht, dass als Teil der Transparenzkontrolle zu überprüfen sei, ob der vom Verwender gewählte Anknüpfungspunkt für das Teilentgelt irreführend sei[703]. Eine derartige Irreführung kann allgemein darin liegen, dass die Verknüpfung eines Entgelts mit einem bestimmten Tatbestand Kosten des Verwenders, zum Beispiel in Form eines durch den Anknüpfungstatbestand verursachten besonderen Arbeitsaufwandes, vorgibt, die tatsächlich gar nicht oder jedenfalls nicht in dem angeführten Maße anfallen. Der Vertragspartner wird damit zumindest in seiner Günstigkeitsabwägung des Vertrages dergestalt beeinträchtigt, dass durch die irreführende Anknüpfung der Anschein einer nach wirtschaftlichen Maßstäben erhöhten Legitimität des entsprechenden Teilentgeltspostens erweckt und damit seine Akzeptanz zu Gunsten des Verwenders beeinflusst wird.

Coester hingegen lehnt jegliche Art einer Plausibilitätsprüfung im Rahmen der Transparenzkontrolle mit dem Hinweis darauf ab, dass es sich bei derartigen Erwägungen bereits um Angemessenheitsfragen im Leistungsbereich und damit um eine – wenn auch abgeschwächte – Preiskontrolle handele[704].

In der Tat folgt aus der grundsätzlichen Preisgestaltungsfreiheit, die uneingeschränkt im Rahmen des § 307 Abs. 3 S. 1 BGB gilt, dass der Verwender keinen Bindungen dahingehend unterliegt, wofür im Einzelnen und in welcher Höhe er ein Entgelt in Allgemeinen Geschäftsbedingungen festsetzt, so lange dies in transparenter Weise geschieht und dem Vertragspartner so ermöglicht, jederzeit die wirtschaftliche Gesamtbelastung ohne Mühe zu ermitteln. Ist diesen Anforderungen seitens des Verwenders genüge getan, so obliegt es dem verständig handelnden Kunden, die Leistungs- und Entgeltaufspaltung am Markt zu vergleichen beziehungsweise sie selbst einer Günstigkeitskalkulation

---

702 Diese Problematik lässt sich dem Grundsatz nach auch auf die Transparenzkontrolle von Entgeltbestimmungen, die nicht unter § 307 Abs. 3 S. 1 BGB fallen, also Sonder- und Nebenentgelte, übertragen, auch wenn sie dort nicht von gleicher Bedeutung ist, da die Kontrolle des Preisgrundes in diesen Fällen jedenfalls über § 307 Abs. 1 S. 1 BGB möglich bleibt.

703 *Horn*, WM 1997, Sonderbeil. Nr. 1, S. 3 (21).

704 Staudinger/*Coester*, § 307 BGB, Rn. 317 (a.E.).

zu unterziehen, innerhalb derer er das Verhältnis von Leistung und Gegenleistung abwägen kann. Letzteres schließt bereits notwendig eine grobe Plausibilitätsprüfung des vom Verwender in Anschlag gebrachten Aufwandes der Leistung mit ein. Es obliegt daher nicht hoheitlicher Kontrolle, ob im Hauptleistungsverhältnis geltend gemachte Posten plausibel erscheinen oder nicht. Grenzen sind hier nur durch die §§ 138, 242 BGB gesetzt sowie durch das allgemeine Täuschungsverbot, was zum Beispiel für die Fälle greift, in denen fälschlicherweise Kosten veranschlagt werden, die vermeintlich von dritter Seite entstanden sind.

Allerdings kann bei einer Zuordnung von Teilentgelten zu bestimmten Leistungsaspekten der nunmehr notwendig ebenfalls aufgespaltene Bereich der Leistungsbestimmung auf seine Transparenz hin überprüft werden. Bei der wechselseitigen Bezugnahme einzelner Leistungsteile mit jeweils bestimmten Teilentgelten muss nämlich nicht nur gewährleistet bleiben, dass das zu zahlende Gesamtentgelt dem Kunden klar und verständlich dargelegt wird, sondern auch, dass sich aus den einzeln aufgeführten Leistungsaspekten ein klares und durchschaubares Bild des vom Verwender zu erbringenden Gesamtleistungsvolumens ergibt. Hierfür ist neben der generell gebotenen Transparenz der einzelnen Leistungsaspekte erforderlich, dass diese untereinander klar voneinander abgegrenzt sind[705] und dass ihre Summierung zu dem Gesamtleistungsversprechen hinreichend deutlich wird. Von einer Intransparenz ist insbesondere dann auszugehen, wenn unklar bleibt, ob es sich bei verschieden bezeichneten und aufgeführten Leistungsaspekten nicht tatsächlich um ein und dieselbe Leistung beziehungsweise den gleichen Teil einer solchen handelt.

Anders als bei den Entgeltregelungen geht es im Leistungsbereich nicht nur darum, gleichsam den größten gemeinsamen Nenner zu ermitteln, sondern auch darum, die einzelnen Bestandteile so exakt wie möglich spezifizieren zu können. Werden gleiche Leistungsmerkmale mehrfach angeführt, so spielt es auch keine Rolle, ob hierfür ein oder mehrere Teilentgelte veranschlagt sind, denn allein die Tatsache, dass so der Eindruck eines erhöhten Leistungsvolumens geweckt wird, bewirkt bereits dessen Intransparenz. So ist die Möglichkeit des Vergleichs mit konkurrierenden Angeboten beziehungsweise die Bewertung des Vertrages durch den Kunden in Ansehung der zu erbringenden Gegenleistung bereits allein durch die unklare Leistungsbeschreibung beeinträchtigt und damit die Kontrollfunktion von Markt und Wettbewerb eingeschränkt.

Betont sei, dass diese Kontrolle des Leistungsbereichs bei einzelnen Teilentgelten zugeordneten Leistungsaspekten nichts mit der oben dargelegten

705 Diesen Aspekt besonders betonend: OLG Köln 26.06.2002, BKR 2002, S. 914.

Problematik der Plausibilitätskontrolle zu tun hat. Bei dieser ergibt sich der irreführende Rückschluss auf ein erhöhtes Leistungsvolumen nämlich erst aus der Höhe des jeweils in Bezug gesetzten Teilentgelts, während bei einer auf die Leistungsbeschreibung beschränkten Transparenzkontrolle die irreführende Wirkung allein aus den einzeln aufgeführten Leistungsaspekten resultieren kann. So wäre eine einzeln aufgeführte Postenpreisklausel, also die Teilentgeltpflicht des Kunden bei Transaktionen am Bankschalter,[706] unter Transparenzgesichtspunkten dann nicht zu beanstanden, wenn zum einen eine tatsächliche Leistung der Bank mit dem in der Klausel beschriebenen Tatbestand verbunden ist – was in diesem Beispiel eindeutig vorliegt – und die bezeichnete Leistung nicht bereits vom Verständnis durch einen anderen Teil der Leistungsbeschreibung umfasst ist. Ob für diesen Leistungsaspekt überhaupt ein Teilentgelt gefordert wird beziehungsweise in welcher Höhe, ist hingegen irrelevant.

ccc) Angabe der Rechtsnatur des Preisgrundes

Neben der Plausibilität der Entgelterhebung ist zudem die Frage aufgeworfen worden, ob bei der Angabe eines Preisgrundes für ein Entgelt in Allgemeinen Geschäftsbedingungen auch dessen rechtliche Einordnung dem Vertragpartner erkennbar sein muss, um dem Transparenzgebot zu genügen. Das LG Köln hat eine Klausel in dem Preisverzeichnis einer Bank, die eine Zeichnungsgebühr von 10 EUR je Order bei Aktienneuemissionen für den Fall vorsah, dass eine Zuteilung nicht erfolgte, als intransparent verworfen, da aus ihr nicht hervorging, als was und wofür mit dieser Klausel ein Entgelt verlangt wurde[707]. In Betracht kamen insoweit eine Provision, ein Aufwendungsersatz für die Zeichnung oder ein Entgelt für das Recht des Kunden auf Teilnahme am Zuteilungsverfahren. Die fehlende Offenlegung der rechtlichen Einordnung des Entgelts wertete das LG Köln als Beeinträchtigung des Kunden, sich später mit Aussicht auf Erfolg gegen die Inanspruchnahme auf Grund einer solchen Klausel zur Wehr zu setzen, und damit als Transparenzverstoß[708]. Das OLG Köln und in einem anderen Verfahren der BGH lehnten hingegen eine Verletzung des Transparenzgebots durch eine derartige Klausel mit der Begründung ab, dass den Transparenzanforderungen bereits dann genüge getan sei, wenn die Voraussetzungen und die Höhe der Zahlungsverpflichtungen hinreichend klar dargelegt seien; die Angabe der Rechtsnatur der Zahlungsverpflichtung sei

706 BGH 07.05.1996, NJW 1996, S. 2032 f.
707 LG Köln 04.07.2001, BKR 2002, S. 40 (41).
708 LG Köln 04.07.2001, BKR 2002, S. 40 (41).

indessen nicht erforderlich[709]. Die Angabe eines Festpreises je Order unabhängig von der Zuteilung sei insoweit ausreichend, als das Transparenzgebot keine Offenlegung der Kalkulation, sondern nur einen hinreichend bestimmbaren Betrag verlange[710].

Dabei ist zunächst anzumerken, dass alle erkennenden Gerichte letztendlich davon ausgingen, dass es sich bei derartigen Entgeltvereinbarungen um kontrollfähige Preisnebenabreden handelt[711], auch wenn das LG und OLG Köln diese Frage zumindest im Hinblick auf die jedenfalls mögliche Transparenzkontrolle für nicht entscheidungserheblich hielten[712]. Folgt man dieser Ansicht, so ist bei der Beurteilung der Transparenzanforderungen maßgeblich auf den Aspekt der Durchführungstransparenz abzustellen. Demnach soll der Vertragpartner dann, wenn er sich mit einem Anspruch, der sich auf eine in den Allgemeinen Geschäftsbedingungen getroffene Regelung stützt, konfrontiert sieht, dessen Berechtigung ohne weiteres nachvollziehen können[713]. Dabei kommt es jedoch gerade nicht darauf an, dass der Kunde die Wirksamkeit der formularmäßigen Regelung überprüfen kann. Das Transparenzgebot kann seinem Inhalt und Zweck nach nicht davor schützen, auf Grund einer materiell unwirksamen Vertragsklausel in Anspruch genommen zu werden. Vielmehr zielt die Durchführungstransparenz lediglich darauf ab, dass der Vertragpartner mögliche eigene Ansprüche beziehungsweise solche des Verwenders anhand der in den Allgemeinen Geschäftsbedingungen getroffenen Regelungen dem Grunde nach sowie hinsichtlich ihres Umfangs nachvollziehen kann. Vor diesem Hintergrund ist es unerheblich, dass eine Klausel über Zeichnungsgebühren bei Aktienneuemissionen dem Kunden nicht erläutert, ob die von ihm verlangte Zahlung als Entgelt für eine Tätigkeit oder für die Verschaffung einer Zuteilungschance oder als Aufwendungsersatz einzuordnen ist, sofern aus ihr eindeutig hervorgeht, dass die Zeichnungsgebühr auch dann zu zahlen ist, falls eine Zuteilung nicht erfolgt, beziehungsweise dass die Zeichnungsgebühr im Falle einer erfolgreichen Zuteilung mit der dann fälligen Provision verrechnet wird. Die Frage, auf welcher rechtlichen Grundlage die Erhebung einer solchen Zeichnungsgebühr basiert, ist hingegen allenfalls bei der Kontrolle der materiellen

---

709 OLG Köln 26.06.2002, BKR 2002, S. 914 (914 f.); BGH 28.01.2003, NJW 2003, S. 1447 (1449).

710 OLG Köln 26.06.2002, BKR 2002, S. 914 (915).

711 BGH 28.01.2003, NJW 2003, S. 1447; OLG Köln 26.06.2002, BKR 2002, S. 914 (915); LG Köln 04.07.2001, BKR 2002, S. 40 (41), ebenso zur Kontrollunterworfenheit: OLG Brandenburg 30.03.2002, BKR 2002, S. 916 (917).

712 OLG Köln 26.06.2002, BKR 2002, S. 914 (915); LG Köln 04.07.2001, BKR 2002, S. 40 (41).

713 So. Erster Teil, § 2 III. 3. b).

Angemessenheit der Klausel relevant und zwar im Hinblick auf die Überprüfung, ob die Regelung von wesentlichen Grundgedanken einer Gesetzesvorschrift abweicht[714].

Aber auch wenn man davon ausgeht, dass es sich bei der Klausel entgegen der Annahme des BGH sowie der meisten Untergerichte um eine inhaltskontrollfreie Preisvereinbarung handelt, lassen sich die Anforderungen des Transparenzgebots nicht auf die Darlegung der rechtlichen Grundlage für die Entgelterhebung erstrecken. Für die Abschlussentscheidung des Kunden ist es nämlich nur relevant, zu erfahren, welche Kosten insgesamt mit der Zeichnung von Aktienneuemissionen auf ihn zukommen. Dies betrifft sowohl die Höhe der zu zahlenden Provision im Erfolgsfalle als auch die anfallenden Gebühren bei einer nicht erfolgten Zuteilung, da der Kunde vernünftigerweise auch mit dieser Möglichkeit rechnen muss. Sind diese Informationen zusammenhängend und verständlich in einer einheitlichen Preisklausel dargelegt, ist es ohne weiteres möglich, die finanziellen Belastungen abzuschätzen und darauf aufbauend das so festgelegte Preis-Leistungs-Verhältnis abzuwägen beziehungsweise einem Marktvergleich zu unterziehen.

cc) Preisaushänge und Preisverzeichnisse

Häufig finden sich differenzierte Entgeltregelungen in vom Vertragstext gesonderten Preisaushängen oder Preisverzeichnissen. In den Allgemeinen Geschäftsbedingung wird dann regelmäßig auf diese verwiesen beziehungsweise es wird lediglich ein näher bezeichneter Tarif im Vertragswerk aufgenommen, dessen ausdifferenziertes Leistungsangebot inklusive der einzeln zugeordneten Entgelte in einem gesonderten Dokument aufgeführt sind, zum Beispiel einem Prospekt oder Ähnlichem. Gegen die Zulässigkeit solcher gesonderten Preisaushänge oder -verzeichnisse bestehen grundsätzlich keine Bedenken[715]. Sowohl die Bezugnahme als auch die in dem Preisverzeichnis enthaltene Preisregelung müssen für sich genommen den bisher erarbeiteten Transparenzanforderungen genügen. Darüber hinaus müssen die relevanten Preisregelungen vollständig dem Vertragspartner zugänglich gemacht werden. Enthält ein Preisverzeichnis weitere Preisbestimmungen für Leistungen, die den Kunden nach dem von ihm abgeschlossenen Vertrag überhaupt nicht betreffen, da sie sich auf andere von demselben Verwender angebotene Verträge beziehen, so ist dies generell unschädlich. Dem Kunden ist es bei entsprechender übersichtli-

---

714 Vgl. insoweit BGH 28.01.2003, NJW 2003, S. 1447 (1448).

715 BGH 14.10.1997, NJW 1998, S. 383 (384); Staudinger/*Coester*, § 307 BGB, Rn. 317; *Horn*, WM 1997, Sonderbeil. Nr. 1, S. 3 (21).

cher Gestaltung des Preisverzeichnisses durchaus zuzumuten, den für ihn maßgeblichen Teil des Verzeichnisses selbst aufzufinden.

Die Bezugnahme auf ein gesondertes Preisverzeichnis ist allerdings nur dann unter Transparenzgesichtspunkten unbedenklich, wenn insoweit eine klare Trennung der Preisregelungen von den übrigen Bestimmungen in den Allgemeinen Geschäftsbedingungen erfolgt. Insgesamt unübersichtlich wäre es, einzelne Preisregelungen gesondert in dem Vertragswerk zu treffen und ansonsten pauschal auf ein Preisverzeichnis zu verweisen. Dies verstieße bereits gegen die Obliegenheit des Verwenders, die bei der Vertragsdurchführung regelmäßig anfallenden (Teil-)Entgelte in einer bestimmten Klausel zusammenzufassen[716].

e) Beschaffenheitsvereinbarungen

Eine besondere Fallgruppe der Leistungsbestimmungen und -beschreibungen stellen schließlich die Beschaffenheitsvereinbarungen im Sinne des § 434 Abs. 1 S. 1 BGB dar. Gemäß § 434 Abs. 1 S. 1 BGB kommt es beim Kaufvertrag für die Verteilung der Haftungsrisiken entscheidend auf die vereinbarte Beschaffenheit der Kaufsache an. Fehlt es an dieser, so ist die Sache mangelhaft und dem Käufer entstehen die Mängelrechte nach § 437 BGB. Eine Beschaffenheitsvereinbarung konkretisiert demnach das Pflichtenprogramm des Verkäufers, indem sie die gesetzlichen Rechte des Käufers bei Mängeln auslöst[717].

aa) Formularvertragliche Beschaffenheitsvereinbarungen

Derartige Beschaffenheitsvereinbarungen können ohne weiteres in Allgemeinen Geschäftsbedingungen getroffen werden, sofern es sich bei der Kaufsache nicht um einen Einzelgegenstand mit individuellen Beschaffenheitsmerkmalen wie zum Beispiel bei einem Gebrauchtwagen handelt[718]. Auch handelt es sich bei ihnen um Klauseln im Sinne des § 307 Abs. 3 S. 2 BGB[719], da sie die Hauptleistungsverpflichtung des Verkäufers originär festlegen. Dies ist bereits aus der Gesetzessystematik erkennbar. In § 433 Abs. 1 S. 2 BGB wird der Verkäufer verpflichtet, dem Käufer die Kaufsache sachmängelfrei zu verschaffen. Sachmängelfreiheit liegt gemäß § 434 Abs. 1 S. 1 BGB vor, wenn die Kaufsache die vereinbarte Beschaffenheit aufweist. Damit konkretisiert die Beschaffen-

---

716 *Horn*, WM 1997, Sonderbeil. Nr. 1, S. 3 (21).

717 *Schulte-Nölke*, ZGS 2002, S. 72 (74).

718 Zur Anwendbarkeit des Transparenzgebots auf individualvertragliche Beschaffenheitsvereinbarungen in Verbraucherverträgen sogleich (s.u.).

719 *Schulte-Nölke*, ZGS 2002, S. 72 (76).

heitsvereinbarung nicht nur die Leistungspflicht des Verkäufers, sie konstituiert sie vielmehr. Nur wenn es an einer Beschaffenheitsvereinbarung mangelt, soll es gemäß § 434 Abs. 1 S. 2 BGB auf die Beschaffenheit mittlerer Art und Güte ankommen, was der Gesetzgeber als diejenige Beschaffenheit, die bei Sachen gleicher Art üblich ist und die der Käufer nach der Art der Sache erwarten kann, in § 434 Abs. 1 S. 2 Nr. 2 BGB legal definiert hat.

Damit wird es sich bei der vereinbarten Beschaffenheit regelmäßig um eine qualitativ niedrigere als die durchschnittlich zu erwartende Beschaffenheit einer vergleichbaren Kaufsache handeln, da der Verkäufer so unmittelbar seine Mängelhaftung begrenzen kann. Damit müsste es sich nach der Modifikationstheorie zur Abgrenzung kontrollfreier Hauptleistungspflichten von den kontrollunterworfenen mittelbaren Leistungsbestimmungen[720] bei den Beschaffenheitsvereinbarungen konsequent um eine kontrollunterworfene Nebenbestimmung handeln, da sie die durchschnittlich zu erwartende Beschaffenheit der Kaufsache zu Lasten des Käufers modifiziert. Dass dem aber gerade nicht so sein kann, folgt bereits aus der vorangehend skizzierten Gesetzessystematik, die auf die objektive Durchschnittsbeschaffenheit eben nur subsidiär abstellt.

Die Vereinbarung der Beschaffenheit der Kaufsache stellt demnach eine unmittelbare Hauptleistungsbeschreibung dar und ist somit uneingeschränkt von der Inhaltskontrolle auszunehmen. Ihr Korrektiv finden Beschaffenheitsvereinbarungen in ökonomischen Erwägungen. Auch wenn es generell möglich ist, die Kaufsache derart negativ zu beschreiben, dass die Anwendung des Mängelgewährleistungsrechts faktisch minimiert wird, so ist gleichermaßen zu bedenken, dass das Hervorheben schlechter Eigenschaften regelmäßig den Kaufanreiz verringert, beziehungsweise den am freien Markt erzielbaren Kaufpreis negativ beeinflusst[721]. Dieser Aspekt unterstreicht eine Einordnung von formularvertraglichen Beschaffenheitsvereinbarungen in die an den allgemeinen Kontrollmechanismen von Markt und Wettbewerb teilnehmenden Leistungsbestimmungen. Beschaffenheitsvereinbarungen unterliegen somit ausschließlich der Transparenzkontrolle gemäß § 307 Abs. 3 S. 2 i.V.m. Abs. 1 S. 2, S. 1 BGB.

bb) Transparenzanforderungen

Dem Transparenzgebot kommt hinsichtlich formularvertraglicher Beschaffenheitsvereinbarungen eine besondere Bedeutung zu. Diese ergibt sich daraus, dass die Beschaffenheitsvereinbarung regelmäßig dazu eingesetzt werden wird, eine qualitativ geringere Beschaffenheit als die übliche und somit die vom Käu-

720 S.o. Dritter Teil, § 9 III. 3.
721 *Schulte-Nölke*, ZGS 2002, S. 72 (74).

fer erwartete festzulegen. Diese Diskrepanz zwischen regelmäßig erwarteter und tatsächlich beschriebener Eigenschaft bedingt besonders hohe Anforderungen an die Transparenz derartiger Vertragsklauseln[722]. So sind diese zwingend an privilegierter Stelle im Vertragstext zu verorten und dürfen nicht an nachgeordneter oder gar versteckter Stelle im Vertragswerk untergebracht werden.

Besteht die Beschaffenheitsvereinbarung aus der Darstellung sowohl negativer, das heißt unterdurchschnittlicher Beschaffenheitsmerkmale, als auch positiver Eigenschaften der Kaufsache, müssen die negativen Merkmale zusammenhängend und textlich getrennt von den positiven Beschaffenheitsmerkmalen ausgewiesen werden. Anderenfalls besteht die Gefahr, dass die Abweichungen hinsichtlich des einzelnen Ausmaßes sowie ihrer Summe von dem Käufer nicht zutreffend erfasst werden können. Eine Vermengung positiver wie negativer Beschaffenheitsmerkmale könnte zu einer Verschleierung führen und es dem Kunden unangemessen erschweren, die Günstigkeit des Preis-Leistungsverhältnisses für sich zu bestimmen. Auch kann es zu einer verfälschten Gewichtung seitens des Kunden führen, wenn neben einigen negativen Beschaffenheitsmerkmalen eine Vielzahl von Merkmalen aufgeführt wird, die der zu erwartenden Eigenschaft der Kaufsache entsprechen. Zudem besteht für die Auflistung letzterer auch kein Bedarf, da diese gemäß § 434 Abs. 1 S. 2 BGB auch ohne vertragliche Fixierung Grundlage für die Mängelbestimmung ist. Grundsätzlich sollte daher bei der Aufzählung einzelner Beschaffenheitsmerkmale in Allgemeinen Geschäftsbedingungen das Gewicht auf die ungünstig von der gewöhnlich zu erwartenden Beschaffenheit der Kaufsache abweichenden Merkmale gelegt werden, um dem Transparenzgebot zu genügen.

IV. Rückschluss von der Transparenz auf die Kontrollfreiheit?

Aus der Erkenntnis, dass Preis- und Leistungsbestimmungen in mehreren Einzelklauseln niedergelegt sein können, sofern sowohl die Einzelbestimmungen als auch ihr Zusammenwirken untereinander den Anforderungen des Transparenzgebots genügen, lässt sich im Umkehrschluss die Frage ableiten, ob nicht das gesamte in Allgemeinen Geschäftsbedingungen geregelte Preis-Leistungs-Verhältnis ausnahmsweise dann inhaltskontrollfrei bleiben soll, wenn es eine insgesamt klar und verständlich dargestellte Einheit bildet[723]. Die Fragestellung

---

722 *Schulte-Nölke*, ZGS 2002, S. 72 (76).
723 Grundlegend hierzu, *Canaris*, AcP 200 (2000), S. 273 (329 f.).

spitzt sich dahingehend zu, ob anzunehmen ist, dass eine isoliert betrachtete nicht im Zentrum des Abschlussinteresses des Kunden stehende Preisregelung oder mittelbar preisbeeinflussende Bestimmung ausnahmsweise der Inhaltskontrolle entzogen ist, wenn ihre Voraussetzungen und Konsequenzen Eingang in die Kennzeichnung der Hauptleistungsbestimmung gefunden haben und somit insoweit volle Transparenz besteht.

Canaris bejaht diese Frage grundsätzlich für die so genannten transparenten Preisnebenabreden[724]. Dieser Umkehrschluss ergebe sich bereits mit Blick auf Art. 4 Abs. 2 der Richtlinie 93/13/EWG, der eine Unterscheidung zwischen unmittelbar preisregelnden Hauptabreden und Preisnebenabreden nicht kenne[725], so dass sämtliche Regelungen, die die Angemessenheit zwischen Preis beziehungsweise Entgelt und Dienstleistungen oder Gütern betreffen, der Missbrauchskontrolle entzogen sind, sofern sie klar und verständlich dargestellt sind[726]. Darüber hinaus erhalte der Kunde bei einem derart umfassenden und transparenten Preisverzeichnis die optimale Orientierungsgrundlage für seine Entscheidung über den Vertragsschluss und insbesondere für den Vergleich mit anderen Angeboten, dass auch die immanenten Voraussetzungen, die eine Inhaltskontrolle überhaupt erst legitimieren, wie vor allem das Versagen des Wettbewerbs, nicht erfüllt seien und so bereits die ratio legis des § 307 Abs. 1 S. 1 BGB derartige Klauseln von der Inhaltskontrolle ausschließe[727]. Schließlich komme hinzu, dass das dispositive Recht für unmittelbar preisbestimmende Nebenabreden in aller Regel keine Vorgaben enthalte, an denen diese gemessen werden können[728].

Dogmatisch läuft dieser Ansatz darauf hinaus, dass die Transparenz in bestimmten Fällen nicht nur den ausschließlichen Kontrollmaßstab, sondern gleichzeitig den entscheidenden Grund für die Inhaltskontrollfreiheit darstellt. Aus Sicht einer wettbewerbsbezogenen Interpretation des § 307 Abs.1 S. 1 BGB kann der Begründungsansatz nur in der Argumentation liegen, dass eine an sich inhaltlich nicht für die Abschlussentscheidung des Kunden relevante Regelung durch die rein formale, transparente Verknüpfung mit einer solchen grundsätzlich ebenfalls in das Zentrum der Aufmerksamkeit des Kunden gelangt und so ebenfalls an einem funktionierenden Konditionenwettbewerb teilnimmt. Dies rechtfertigte es wiederum, auch eine solche Regelung nach § 307 Abs.1 S. 1 BGB von der Inhaltskontrolle auszunehmen. Die bisher rein mate-

---

724 *Canaris*, AcP 200 (2000), S. 273 (329 f.); im Ansatz ähnlich Staudinger/Coester, § 307 BGB, Rn. 321 ff. und 25 ff.; *Horn*, WM 1997, Sonderbeil. Nr. 1, S. 3 (19 ff.).

725 *A.A.* Wolf/Horn/Lindacher/*Wolf*, Art. 4 RiL, Rn. 20.

726 *Canaris*, AcP 200 (2000), S. 273 (328).

727 *Canaris*, AcP 200 (2000), S. 273 (330).

728 *Canaris*, AcP 200 (2000), S. 273 (331).

rielle Bestimmung des Charakters einer Klausel als Hauptleistungsbestimmung würde so um ein formales Kriterium erweitert.

Diese Argumentation vermag indessen nicht zu überzeugen, da sie ausschließlich auf die Wahrscheinlichkeit der Kenntnisnahme der betreffenden Regelung durch den Kunden abstellt. Die Wahrscheinlichkeit oder sogar die tatsächliche Kenntnisnahme sind jedoch nicht das entscheidende Kriterium dafür, dass der Regelungsgehalt einer Klausel auch wirklich den Kontrollmechanismen von Markt und Wettbewerb unterworfen ist. Hierfür ist vielmehr der Einfluss maßgeblich, den die jeweilige Klausel auf die Willensbildung des Kunden nimmt. Es kommt nämlich nicht bloß darauf an, dass die Regelung sachgedanklich miterfasst, sondern insbesondere darauf, dass sie in Bezug auf die Abschlussentscheidung intellektuell verwertet wird. Diese wichtige Anforderung resultiert aus dem besonderen Schutzzweck der Inhaltskontrolle, die maßgeblich auf den Schutz vor den typischen, aus der Verwendung Allgemeiner Geschäftsbedingungen resultierenden Gefahren abzielt. Teil dieser typischen Gefahr ist es, dass der Kunde den inhaltlichen Regelungen, die für seine Abschlussentscheidung ohne Relevanz sind, gerade keine oder nur eine diffuse Erwartungshaltung entgegenbringt, selbst wenn er sie zur Kenntnis nimmt. Der Verzicht auf eine Inhaltskontrolle rechtfertigt sich nur dann, wenn der Vertragspartner des Verwenders die betreffende Regelung für sich selbst zur Disposition stellt, also bezüglich des Klauselgehalts oder zumindest in Ansehung desselben eine Abwägung vornimmt und sie so in den auf Privatautonomie basierenden Vertragsschlussmechanismus einbezieht[729].

Da die Inhaltskontrolle wie die Transparenzkontrolle keine Vertragshilfe im Einzelfall, sondern die Gewährleistung gesetzlich vorgegebener Mindeststandards ist[730], gebietet das AGB-Recht grundsätzlich eine überindividuell-generalisierende, typisierende, von den konkreten Umständen des Einzelfalls absehende Betrachtungsweise[731]. Daraus ergibt sich für die Bestimmung einer inhaltskontrollfreien Hauptleistungsklausel, dass diese objektiv nur anhand des Regelungsgehalts getroffen werden kann und nicht auf überwiegend formale Kriterien wie eine transparente Verknüpfung abgestellt werden darf. Es ist geradezu charakteristisch für Allgemeine Geschäftsbedingungen, dass selbst Regelungen, die in einer Klausel zusammenhängend enthalten sind, alleine auf Grund des jeweiligen Regelungsgehalts völlig unterschiedlich durch den Kunden aufgenommen werden. Insofern genügt auch nicht der inhaltliche Sachbezug einer Preisnebenbestimmung, die beispielsweise bloße Zahlungsmodalitä-

729 Vgl. zu dem Ganzen oben, Dritter Teil, § 9 I.

730 *Fastrich*, Richterliche Inhaltskontrolle im Privatrecht, 1992, S. 310.

731 Vgl. nur Ulmer/Brandner/Hensen/*Fuchs*, § 307 BGB, Rn. 110 m.w.N.

ten regelt, um in Verbindung mit der transparenten Einbeziehung eine Kontrollfreiheit nach § 307 Abs. 3 S. 1 BGB zu begründen[732].

§ 11 Rechtsfolgen intransparenter preis- oder leistungsbestimmender Klauseln

Ein besonderes Problem stellt die Frage nach den Rechtsfolgen einer intransparenten preis- oder leistungsbestimmenden Klausel dar. § 307 Abs. 3 S. 2 BGB enthält insoweit keine unmittelbare Rechtsfolgenanordnung, sondern verweist auf die Regelung des § 307 Abs. 1 S. 2 in Verbindung mit Abs. 1 S. 2 BGB sowie die daraus folgende Möglichkeit der Unwirksamkeit.

I. Eröffnung der Inhaltskontrolle für intransparente preis- oder leistungsbestimmende Klauseln

Diese gesetzgeberische Verweisungstechnik lässt zunächst die Möglichkeit zu, § 307 Abs. 3 S. 2 BGB dahingehend auszulegen, dass preis- oder leistungsbestimmende Klauseln für den Fall, dass sie unklar oder unverständlich sind, entgegen § 307 Abs. 3 S. 1 BGB der vollen Inhaltskontrolle nach dem Maßstab von Treu und Glauben unterliegen[733]. Dafür spricht, dass die Verweisung in § 307 Abs. 3 S. 2 BGB ausdrücklich den Abs. 1 S. 1 mit einbezieht, wohingegen bei einer unmittelbaren Unwirksamkeit infolge der Intransparenz ein Verweis auf den Satz 2 des ersten Absatzes von § 307 BGB genügt hätte, da § 307 Abs. 3 S. 2 BGB insoweit ebenfalls die Möglichkeit einer Unwirksamkeit nennt. Der Verweis auf § 307 Abs. 1 S. 1 BGB ist vor dem Hintergrund einer Rechtsfolgenverweisung insofern überflüssig.

Die insoweit missverständliche gesetzgeberische Fassung des § 307 Abs. 3 S. 2 BGB lässt sich auch nicht unmittelbar mit Hilfe des Art. 4 Abs. 2 der Richtlinie 93/13/EWG klarstellen, da auch dieser dem Wortlaut nach preis- und leistungsbestimmende Klauseln von der Missbrauchskontrolle nur ausnimmt, *„sofern diese Klauseln klar und verständlich abgefasst sind"*. Im Hinblick auf die mangelnde Rechtsfolgenanordnung des Art. 5 S. 1 der Richtlinie 93/13/EWG liegt auch hier die Deutung, dass eine intransparente Hauptleistungsklausel lediglich der Missbrauchskontrolle zugänglich sein soll, zumindest vom Wortlaut

---

732 So aber ausdrücklich *Canaris*, AcP 200 (2000), S. 273 (330).

733 Vgl. hierzu *Weick*, JZ 2002, S. 442 (445).

her im Bereich des Möglichen[734]. So wird im Schrifttum auch die Ansicht vertreten, dass ein Verstoß gegen Art. 4 Abs. 2 der Richtlinie 93/13/EWG zu einer Anwendung der Missbrauchskontrolle mit der Maßgabe führt, dass unter diesen Umständen der materielle Gehalt der preis- beziehungsweise leistungsbestimmenden Klausel und so letztlich das dem Vertrag zu Grunde liegende Äquivalenzverhältnis der vollen hoheitlichen Kontrolle unterfällt[735].

Schließlich erscheint diese Deutungsvariante auch auf den ersten Blick dem Normzweck des § 307 Abs. 3 S. 1 BGB zu entsprechen. Davon ausgehend, dass solche Klauseln, die an den Kontrollmechanismen von Markt und Wettbewerb teilhaben, nicht der Inhaltskontrolle bedürfen[736], lässt sich der Rückschluss ziehen, dass Klauseln, bei denen diese Mechanismen auf Grund ihrer intransparenten Gestaltung versagen, automatisch wieder in den Anwendungs- und damit in den Schutzbereich fallen. Man nähme so das Postulat der Transparenz als Vorbedingung der Kontrollfreiheit[737] wörtlich.

Eine solche Auslegung griffe allerdings zu kurz und würde weder dem Zweck des § 307 Abs. 3 S. 1 BGB noch dem der Inhaltskontrolle gerecht. Die Abgrenzung zwischen inhaltskontrollfreien und kontrollunterworfenen Klauseln in Allgemeinen Geschäftsbestimmungen erfolgt ausschließlich nach dem Regelungsgehalt der betreffenden Klausel. Ist eine Klausel ihrem materiellen Gehalt nach dem an Markt und Wettbewerb orientierten System privatautonomer Rechtsgestaltung zuzuordnen, so sind die diesem System immanenten Kontrollfunktionen zwar durch eine intransparente Klauselgestaltung zumindest erheblich gefährdet, eine hoheitliche Inhaltskontrolle ist jedoch nur dann gerechtfertigt, wenn keine andere Möglichkeit besteht, dieser Störung zu begegnen. Dies ergibt sich schon daraus, dass die Inhaltskontrolle anhand der §§ 307 ff. BGB nicht darauf gerichtet ist, Störungen im freien Vertragsschlussmechanismus zu beseitigen, sondern diesen im Hinblick auf das Ziel materialer Vertragsgerechtigkeit zu ersetzen. Der Vertragspartner wird durch sie nicht etwa wieder in die Lage versetzt, auf Grund einer bereinigten Informationsasymmetrie das Vertragergebnis selbst und eigenverantwortlich zu bestimmen, sondern er wird dadurch in seinen Interessen geschützt, dass der ohne seinen

---

734 *Evermann*, Die Anforderungen des Transparenzgebots an die Gestaltung von Allgemeinen Versicherungsbedingungen, 2002, S. 87.

735 *Basedow*, VersR 1999, S. 1045 (1049): *Langheid*, NVersZ 2000, S. 63 (64 f.); *a.A. Evermann*, Die Anforderungen des Transparenzgebots an die Gestaltung von Allgemeinen Versicherungsbedingungen, 2002, S. 87 ff., m.w.N.

736 S.o. Dritter Teil, § 9 III.

737 Staudinger/*Coester*, § 307 BGB, Rn. 315; *Stoffels*, AGB-Recht, 2003, Rn. 428; (selbstverständlich ohne die beschriebene Konsequenz einer Anwendung der Inhaltskontrolle bei Nichterfüllung dieser „Vorbedingung“ zu fordern!).

Einfluss zustande gekommene Vertragsinhalt unter dem Vorbehalt der von hoheitlicher Seite zu bestimmenden Angemessenheit des Interessenausgleichs steht. Anderenfalls bedürfte es auch gar keiner Transparenzkontrolle in dem Bereich der Klauselgestaltung, die grundsätzlich einer Inhaltskontrolle zugänglich ist.

Die Inhaltskontrolle ist bereits von ihren Voraussetzungen und Ergebnissen nicht die geeignete Rechtsfolge für einen Transparenzverstoß im Bereich der preis- und leistungsbestimmenden Klauseln. Hinzu kommt, dass der Transparenzverstoß auch im Rahmen der Inhaltskontrolle für sich genommen zur Unwirksamkeit der Klausel führen kann, so dass eine weitergehende materielle Prüfung des Klauselgehalts schon kaum noch Sinn macht, ganz abgesehen von den allgemeinen Problemen, einen vernünftigen Kontrollmaßstab für derartige Klauseln zu entwickeln. Letztlich macht die, wenn auch zugegebenermaßen etwas unglücklich formulierte Regelung des § 307 Abs. 3 S. 2 BGB deutlich, dass es sich bei der Transparenzkontrolle um ein eigenständiges und umfassendes Kontrollinstitut des AGB-Rechts handelt, das neben der Inhaltskontrolle steht. Die aus einem Transparenzverstoß resultierenden Benachteiligungen sind derart eigener Natur, dass sie sowohl in dem Bereich der kontrollunterworfenen Klauseln eine zusätzliche Kontrollinstitution zulassen, als auch eine solche außerhalb derselben rechtfertigen. Eine damit einhergehende eigenständige Rechtsfolgenanordnung ist eine logische Notwendigkeit. Die Intransparenz einer preis- oder leistungsbestimmenden Klausel in Allgemeinen Geschäftsbedingungen führt unmittelbar zu deren Unwirksamkeit. Auf die Wertungen des ebenfalls auslegungsbedürftigen Art. 4 Abs. 2 der Richtlinie 93/13/EWG kommt es insoweit nicht mehr an, da wie gesehen bereits aus der Auslegung des nationalen Rechts die strengere und damit für den Verbraucher günstigere der beiden Rechtsfolgemöglichkeiten folgt. Allerdings kommt eine Auslegung des Art. 4 Abs. 2 der Richtlinie 93/13/EWG zu dem gleichen Ergebnis wie die Interpretation des § 307 Abs. 3 S. 2 BGB[738].

II. Rechtsfolgen der Unwirksamkeit intransparenter Hauptleistungsklauseln für den Gesamtvertrag

Die Rechtsfolgen bei der Unwirksamkeit einer Klausel in Allgemeinen Geschäftsbedingungen richten sich generell nach § 306 Abs. 1 BGB. Danach bleibt der Vertrag im Übrigen wirksam, wenn Allgemeine Geschäftsbedingun-

---

738 *Evermann*, Die Anforderungen des Transparenzgebots an die Gestaltung von Allgemeinen Versicherungsbedingungen, 2002, S. 87 ff., m.w.N.

gen ganz oder teilweise unwirksam sind, die Regel des § 139 BGB wird mithin umgekehrt. Grund hierfür ist, dass bei Fortfall der belastenden Klausel der Kunde regelmäßig ein Interesse an der Aufrechterhaltung des Vertrages hat, so dass das Rechtsfolgenkonzept des § 139 BGB der besonderen Schutzbedürftigkeit des AGB-unterworfenen Kunden nicht hinreichend Rechnung trägt[739]. Eine Aufrechterhaltung des Vertrages setzt allerdings ein entsprechend ergänzungsfähiges Übriges voraus, also zumindest eine Einigung über die essentialia negotii und damit auch über die gegenseitigen Hauptleistungspflichten[740]. Deren Unwirksamkeit gibt in den vorliegenden Fällen aber gerade Anlass zur Auseinandersetzung mit den Rechtsfolgen für den Vertrag.

Hinsichtlich der essentialia negotii genügt in Bezug auf die allgemeine Rechtsgeschäftslehre allerdings deren Bestimmbarkeit[741], so dass die Unwirksamkeit eines Teils der Hauptleistungsbestimmungen nicht zwingend zur Gesamtnichtigkeit des Vertrages führen muss[742], soweit ein transparenter Kern synallagmatischer Hauptpflichten verbleibt. Damit können aus diesem Problemfeld bereits die Konstellationen ausgeschlossen werden, in denen nur ein Teil der Leistungs- oder Preisbestimmungen intransparent und infolgedessen unwirksam ist. Dies wird regelmäßig auf die bereits dargestellten Fälle unwirksamer Teilentgeltbestimmungen zutreffen, bei denen die übrigen Preisbestimmungen wirksam bleiben. Dann ist gemäß § 306 Abs. 1 BGB lediglich die betreffende Klausel unwirksam mit der Folge, dass das jeweilige Teilentgelt nicht erhoben werden darf.

Als Beispiel hierfür sei wieder auf die Zeichnungsgebühren bei der Order von Aktienneuemissionen verwiesen[743]. Eine Klausel, nach der eine gewisse Gebühr zu zahlen ist, wenn der Kunde trotz Order bei der Zuteilung neu emittierter Aktien nicht berücksichtigt wurde, ist nach hier vertretener Ansicht[744] dem Bereich der Hauptleistungsbestimmungen zuzuordnen[745], da es sich hierbei um einen Geschäftsvorgang handelt, den der Durchschnittskunde bei der Anlage eines Wertpapierdepots bei seiner Bank regelmäßig in Anspruch zu

---

739 *Stoffels*, AGB-Recht, 2003, Rn. 583.

740 Erman/*Roloff*, § 306 BGB, Rn. 4; Palandt/*Heinrichs*, § 306, Rn. 10; Ulmer/Brandner/Hensen/*Schmidt*, § 306 BGB, Rn. 10; Wolf/Horn/Lindacher/*Wolf*, § 6 AGBG, Rn. 53.

741 MüKo/*Kramer*, § 145 BGB, Rn. 4.

742 *Evermann*, Die Anforderungen des Transparenzgebots an die Gestaltung von Allgemeinen Versicherungsbedingungen, 2002, S. 91.

743 BGH 28.01.2003, NJW 2003, S. 1447; OLG Köln 26.06.2002, BKR 2002, S. 914 (915); OLG Brandenburg 30.03.2002, BKR 2002, S. 916 (917); Köln 04.07.2001, BKR 2002, S. 40 (41).

744 S.o. Dritter Teil, § 9 II. 5.

745 Für eine Einordnung als primäre Preisbestimmung auch: *Köndgen*, NJW 2004, S. 1288 (1293 f.).

nehmen gedenkt. Ebenso lebensnah ist es, davon auszugehen, dass nicht jede Order auf Grund der begrenzten Anzahl gehandelter Aktien und des naturgemäß hohen Interesses an derartigen Neuemissionen erfolgreich sein wird. Somit handelt es sich bei solchen formularmäßig vereinbarten Zeichnungsgebühren um Preisregelungen, die einen Leistungsteil betreffen, der im Zentrum des Abschlussinteresses des Durchschnittskunden steht; wie die Gegenleistung rechtlich zu qualifizieren ist, spielt hingegen keine Rolle, wenn dem Kunden in den Allgemeinen Vertragsbedingungen in hinreichend klarer und verständlicher Weise dargelegt wird, wie viel er wofür zu bezahlen hat[746], da insoweit nur sein Abschlussinteresse geschützt ist. Ist nun eine solche Klausel aber intransparent, etwa weil sie an einer versteckten Stelle im Vertragswerk niedergelegt oder weil die Regelung insgesamt unklar beziehungsweise unverständlich formuliert ist, so sind von der Unwirksamkeit dieser Klausel insbesondere die übrigen formularmäßig vereinbarten Preis- und Leistungsbestimmungen nicht berührt, es gilt § 306 Abs. 1 BGB uneingeschränkt.

Eine Gesamtnichtigkeit des Vertrages könnte sich nur noch über eine Anwendung des § 306 Abs. 3 BGB ergeben, wenn es sich beispielsweise bei der intransparenten Entgeltklausel um ein Teilentgelt für eine regelmäßig wiederkehrende vom Vertragspartner in Anspruch genommene Leistung handelt, so dass sich das Äquivalenzverhältnis von Leistung und Gegenleistung durch die Unwirksamkeit der Teilentgeltklausel in für den Verwender unzumutbarer Art und Weise verschöbe. Im Rahmen des § 306 Abs. 3 BGB werden jedoch sehr hohe Anforderungen zu stellen sein, da noch nicht jeder wirtschaftliche Nachteil eine Gesamtnichtigkeit des Vertrages nach sich zieht, sondern vielmehr erst eine einschneidende Störung des Äquivalenzverhältnisses[747]. Grund für eine derart restriktive Auslegung ist der absolute Ausnahmecharakter der Vorschrift gegenüber § 306 Abs. 1 BGB[748], deren Gemeinschaftskonformität, soweit es um Verbraucherverträge geht, sogar teilweise bezweifelt wird[749].

Auf das Beispiel der Zeichnungsgebühr für Aktienneuemissionen bei nicht erfolgter Zuteilung übertragen käme eine Gesamtnichtigkeit der entsprechenden (Depot-)Verträge bei Unwirksamkeit dieser Teilentgeltklausel nur dann in Betracht, wenn anderenfalls den jeweiligen Banken ein unzumutbarer wirtschaftlicher Nachteil erwüchse. Der BGH hat ein maßvolles Entgelt hauptsächlich mit dem Argument für materiell angemessen gehalten, dass den Banken bei

---

746 Ebenso argumentiert der BGH, 28.01.2003, NJW 2003, S. 1447 (1449), allerdings unter der Prämisse, dass er die betreffende Klausel als Preisnebenabrede eingestuft hat.

747 BGH 09.05.1996, NJW-RR 1996, S. 1009 (1010).

748 Löwe/Graf von Westphalen/Trinkner, § 6 AGBG Rn. 10; *Stoffels*, AGB-Recht, 2003, Rn. 631; Wolf/Horn/Lindacher/*Lindacher*, § 6 AGBG, Rn. 60.

749 Ulmer/Brandner/Hensen/*Schmidt*, § 306 BGB, Rn. 59.

massenhafter Überzeichnungen von Aktienneuemissionen, bei denen bereits im Vorfeld absehbar ist, dass es mehrheitlich zu keiner Zuteilung kommen kann, ein beträchtlicher Arbeitsaufwand entstehe, an dessen Kosten sie die Kunden zum gewissen Teil beteiligen können[750]. Ob dies aber bereits im Umkehrschluss dazu führt, dass die Unwirksamkeit einer solchen intransparenten Teilentgeltklausel schon zu einer schweren Verschiebung des vertraglichen Äquivalenzverhältnisses führt, muss mittlerweile insbesondere vor dem Hintergrund, dass es sich bei der massenhaften Überzeichnung neu emittierter Aktien im Privatkundengeschäft um ein zeitlich begrenztes Phänomen des so genannten „Neuen Marktes" gehandelt hat, bezweifelt werden. Hätte dieses Phänomen indessen eine gewisse Dauerhaftigkeit erreicht, so wäre der Wegfall der entsprechenden Entgeltklausel im Bankenmassengeschäft sicherlich geeignet, eine erhebliche Störung im Äquivalenzverhältnis entsprechender Depotverträge zu begründen; der BGH spricht insoweit sogar von einer vom Gesetzgeber nicht vorhergesehenen Zwangslage der Banken[751].

Ist jedoch der Kern einer Leistungszusage infolge intransparenter Klauselgestaltung in Allgemeinen Geschäftsbedingungen unwirksam, so ist die Aufrechterhaltung des Rechtsgeschäfts regelmäßig ausgeschlossen, was wiederum zur Folge hat, dass sich das Regel-Ausnahme-Verhältnis des § 306 Abs. 1 BGB umkehrt[752].

1. Überblick zum bisherigen Meinungsstand

Insoweit ist streitig, ob die Unwirksamkeit beziehungsweise Nichteinbeziehung von Regelungen in Allgemeinen Geschäftsbedingungen, welche die essentialia negotii betreffen, stets eine Gesamtnichtigkeit des Vertrages nach sich zieht[753], oder unter besonderen Umständen eine Ersetzung anhand des üblichen oder angemessenen Entgelts beziehungsweise Leistungsumfangs entsprechend den §§ 157, 315, 316 BGB im Wege der ergänzenden richterlichen Rechtsfortbildung in Betracht kommt[754].

---

750 BGH 28.01.2003, NJW 2003, S. 1447 (1448 f.).

751 BGH 28.01.2003, NJW 2003, S. 1447 (1448 f.).

752 *Rosenow/Schaffelhuber*, ZIP 2001, 2211 (2222).

753 Erman/*Roloff*, § 306 AGBG, Rn. 4; Ulmer/Brandner/Hensen/*Schmidt*, § 306 BGB, Rn. 10; *H.Schmidt*, Vertragsfolgen der Nichteinbeziehung und Unwirksamkeit von AGB, 1986, S. 50; *Heinrichs*, NJW 1996

754 So Palandt/*Heinrichs*, 59. Aufl. (2000), § 6 AGBG Rn. 10 (diese Darstellung wird ab der 60. Auflage jedoch ersatzlos aufgegeben); *Schlosser*, Jura 1986, S. 642 f.; tendenziell auch *Schwintowski*, NVersZ 2001, S. 337 (339).

Ausdrücklich schlägt *Prölss* vor, einer intransparente Hauptleistungsklausel ausnahmsweise Bestandskraft zukommen zu lassen und deren Intransparenz im Wege einer gesetzesähnlichen Auslegung zu beseitigen[755]. *Ziegler* und *Rieder* wollen die dem Vertragspartner günstigste Auslegungsvariante zum Inhalt des bestehen bleibenden Vertrages machen[756]. Noch weitergehend schlägt *Wandt* schließlich vor, dass an die Stelle einer unwirksamen intransparenten Vertragsklausel im Wege der ergänzenden Vertragsauslegung regelmäßig die inhaltsgleiche Regelung in transparenter Form tritt[757].

Rosenow und *Schaffelhuber* plädieren schließlich im Falle einer intransparenten und infolgedessen unwirksamen Hauptleistungsklausel in Allgemeinen Geschäftsbedingungen für ein einseitiges Lösungsrecht des Vertragspartners, so dass letztlich diesem die Entscheidungsfreiheit über den Fortbestand des Vertragsverhältnisses zukommt[758]. Entwickelt haben *Rosenow* und *Schaffelhuber* diesen Lösungsweg primär für das Versicherungsvertragsrecht, wobei die für das Lebensversicherungsrecht in § 172 Abs. 2 VVG geregelte Lückenfüllungskompetenz des Versicherers bei Unwirksamkeit von Vertragsbestimmungen die dogmatische Grundlage bildet. Insbesondere bei kapitalbildenden Lebensversicherungsverträgen stelle die Gesamtnichtigkeitsfolge regelmäßig eine einseitige Belastung des Versicherungsnehmers dar, da dieser seine Dispositionen langfristig angelegt habe und im Falle einer Vertragsrückabwicklung erhebliche wirtschaftliche Nachteile hinnehmen müsste. Aus diesem Grunde sei § 172 Abs. 2 VVG nicht nur lex specialis zu § 306 Abs. 2 BGB sondern auch zu § 306 Abs. 1 BGB. Vor diesem Hintergrund sei das einseitige Lösungsrecht des Vertragspartners generell die vorzugswürdige Rechtsfolge sämtlicher Fälle der intransparenten Hauptleistungsbeschreibungen in Allgemeinen Geschäftsbedingungen. Eine dogmatische Begründung für die Übertragung des anhand des § 172 Abs. 2 VVG entwickelten Lösungsweges auf das gesamte AGB-Recht bleiben sie jedoch schuldig[759].

2. *Teleologische Reduktion des § 306 BGB*

Für eine Einschränkung der Gesamtnichtigkeitsfolge des § 306 BGB im Fall der Unwirksamkeit einer Hauptleistungsbestimmung in Allgemeinen Geschäftsbedingungen wegen Intransparenz bedarf es methodisch einer teleologi-

---

755 *Prölss*, VersR 2000, S. 1441 (1450).
756 *Ziegler/Rieder*, ZIP 2001, S. 1789 (1792).
757 *Wandt*, VersR 2001, S. 1449 (1455 f.).
758 *Rosenow/Schaffelhuber*, ZIP 2001, 2211 (2222 f.).
759 Aus diesem Grunde ablehnend *Evermann*, Die Anforderungen des Transparenzgebots an die Gestaltung von Allgemeinen Versicherungsbedingungen, 2002, S. 93 f.

schen Reduktion. Voraussetzung dafür ist, dass der Zweck der Vorschrift eine Anwendung auf intransparente Hauptleistungsklauseln entweder nicht umfasst oder aber einer solchen sogar entgegensteht.

a) Gesamtnichtigkeit

Wie das gesamte AGB-Recht orientiert sich auch § 306 BGB an dem besonderen Schutzbedürfnis des Kunden vor den Gefahren einer Verwendung von Allgemeinen Geschäftsbedingungen bei der Vertragsgestaltung[760]. Im Falle der Belastung durch einzelne unangemessene Vertragsregelungen hat der Kunde regelmäßig kein Interesse an einem Wegfall des gesamten Vertragsverhältnisses[761]. Grund dafür ist zuvorderst, dass nach der Gesamtstruktur des AGB-Rechts von einer möglichen Unwirksamkeit überwiegend vertragliche Nebenabreden betroffen sind, denen der Kunde bereits bei Vertragsschluss keine besondere Beachtung geschenkt haben wird. Bereits damit kommt zum Ausdruck, dass der Kunde der Abwicklung des von ihm bei Vertragsschluss intellektuell erfassten Kernbereichs des Vertragsverhältnisses absolute Priorität einräumt. Das AGB-Recht ist darauf angelegt, ihn genau in dieser Erwartungshaltung zu schützen, indem es durch die Inhaltskontrolle einen Standard schafft, der es dem Kunden erlaubt, den in Allgemeinen Geschäftsbedingungen enthaltenen Regelungen allenfalls eine diffuse Erwartungshaltung entgegenzubringen, da er die Gewissheit haben kann, durch diese jedenfalls nicht unangemessen benachteiligend verpflichtet zu werden. Es besteht so konsequenterweise stets die Möglichkeit, sich gegen belastende Vertragsbestimmungen im Einzelnen zur Wehr zu setzen, ohne direkt den Bestand des gesamten Vertrages zu gefährden, wodurch insgesamt die Sanktionswirkung für den Verwender erheblich gestärkt wird. Er kann sich nämlich so nicht auf eine Position zurückziehen, in der es für den Kunden nur die Alternative „Vertrag zu den Konditionen des Verwenders" oder „gar kein Vertrag" gibt, was in vielen insbesondere auf Dauer angelegten Verhältnissen, wie zum Beispiel bei Mietverträgen, den Vertragspartner davon abhalten würde, seine Rechte hinsichtlich einzelner Klauseln geltend zu machen. Somit ist das gesamte AGB-Recht vom Gesetzgeber mit Bedacht dahingehend ausgelegt, dass lediglich die Einzelbestimmung auf den Prüfstand gestellt wird, nicht jedoch der Vertrag als Ganzes[762]. Dies setzt sich in der Rechtsfolgenanordnung des § 306 Abs. 1 BGB logisch fort.

---

760 Palandt/*Heinrichs*, § 306 BGB, Rn. 1; Staudinger/*Schlosser*, § 306 BGB, Rn. 2; Ulmer/Brandner/Hensen/*Schmidt*, § 306 BGB, Rn. 1.

761 *Stoffels*, AGB-Recht, 2003, Rn. 583.

762 *Stoffels*, AGB-Recht, 2003, Rn. 448.

Die Transparenzkontrolle einer in Allgemeinen Geschäftsbedingungen enthaltenen Hauptleistungsbestimmung weicht von dem soeben dargestellten Regelfall der Inhaltskontrolle in zwei wesentlichen Punkten ab. Zum einen ist ein im Zentrum des Kundeninteresses liegender Punkt des Vertrages betroffen und dem folgend ist zum anderen mit dem Unwirksamkeitsverdikt noch keine Aussage über die materielle Angemessenheit des Interessenausgleichs getroffen. Daraus ergibt sich, dass weder von vorneherein ein Interesse des Kunden am Fortbestand des Vertrages unterstellt werden kann, noch dass ein solcher Fortbestand bei ersatzlosem Wegfall der Klausel nach allgemeinen vertragsrechtlichen Grundsätzen ohne weiteres möglich ist. Das Transparenzgebot schützt in diesem Bereich vornehmlich die Möglichkeit des Kunden, im Vorfeld des Vertragsschlusses zu einer eigenen, privatautonom verantwortlichen Angemessenheitsabwägung zu gelangen, anstatt eine solche im Nachhinein im Wege der hoheitlichen Kontrolle wieder her zu stellen[763].

Während die Unwirksamkeit und damit die inhaltliche Unbeachtlichkeit einer unangemessen benachteiligenden Klausel im Ergebnis die Benachteiligung aufhebt, ist die aus der Intransparenz einer Klausel folgende spezifische Benachteiligung des Kunden nicht bereits zwingend mit der Unwirksamkeitsfolge behoben, da insoweit vornehmlich die freie Willensbildung und Entscheidungsfindung des Kunden geschützt wird. Dies wird dort besonders deutlich, wo Klauseln nur auf ihre Transparenz hin überprüfbar sind, eine Inhaltskontrolle hingegen gemäß § 307 Abs. 3 S. 1 BGB unzulässig ist. Zusammengefasst bedeutet dies für eine Hauptleistungsbestimmung, dass im Falle eines Verstoßes gegen das Transparenzgebot von vornherein weder ein generelles Interesse des Kunden an der Unbeachtlichkeit der Klausel noch ein solches an der Aufrechterhaltung des Vertrages im Übrigen vermutet werden kann. Vielmehr ist das Interesse des Kunden darauf gerichtet, Klarheit hinsichtlich des Regelungsgehalts der Klausel zu erlangen, um so gegebenenfalls zu einer individuellen Neubewertung des Äquivalenzverhältnisses von Leistung und Gegenleistung zu gelangen.

Damit bleibt im Ergebnis festzuhalten, dass die Rechtsfolge der zwingenden Gesamtnichtigkeit bei im Kern intransparenten Leistungszusagen oder Preisregelungen weder dem allgemeinen Schutzgedanken des AGB-Rechts noch dem Zweck des § 306 BGB entspricht.

---

763 S.o. Erster Teil, § 2 III. 3. a).

b) Vertragsaufrechterhaltung im Wege ergänzender Vertragsauslegung

Diese Feststellung an sich lässt gleichwohl noch nicht den Schluss zu, dass § 306 BGB generell von seinen Voraussetzungen und Rechtsfolgen unanwendbar auf intransparente Hauptleistungsregelungen in Allgemeinen Geschäftsbedingungen ist. Es verbleibt insoweit noch die Möglichkeit, den Vertrag gemäß § 306 Abs. 2 BGB im Wege der ergänzenden Vertragsauslegung aufrecht zu erhalten[764]. Für eine ergänzende Vertragsauslegung im Falle der Unwirksamkeit infolge intransparenter Hauptleistungsregelungen in Allgemeinen Geschäftsbedingungen könnte insbesondere sprechen, dass mit der intransparenten Regelung immerhin ein vertragsimmanenter Anknüpfungspunkt für die Auslegung zur Verfügung stünde[765]. Denn die ergänzende Vertragsauslegung, so sie denn als zulässiges Instrumentarium zur vertraglichen Lückenfüllung in Betracht kommt, hat sich maßgeblich an dem hypothetischen Parteiwillen zu orientieren, also danach zu fragen, wie die Parteien den Vertrag gestaltet hätten, wäre ihnen die Klauselunwirksamkeit bewusst gewesen[766]. Hinzu kommt in derartigen Fällen, dass man nicht Gefahr liefe, eine an sich materiell unwirksame Klausel zum Ausgangspunkt der ergänzenden Vertragsklausel zu machen, was von der herrschenden Meinung als generell unzulässig gewertet wird[767].

Dennoch ist dieser Ansatz abzulehnen. Soweit er den Inhalt der intransparenten Bestimmung zum Ausgangspunkt einer Aufrechterhaltung des Vertrages macht[768], verkennt dieser Lösungsweg, dass gerade die gestörte Willensbildung und die sich daraus ergebende störungsbedingte Vertragsbindung Anlass des Unwirksamkeitsverdikts sind. Es mutet geradezu zirkulär an, das unter einem gestörten Vertragsschlussmechanismus zustande gekommene Ergebnis als Grundlage für eine hypothetische Willensermittlung zu nehmen. Hinzu kommt, dass eine ernst gemeinte Ermittlung des hypothetischen Parteiwillens nicht ohne grundsätzliche Überlegungen zur materiellen Angemessenheit des Leistungsaustauschs auskommt, und so unter dem Deckmantel der Transparenzkontrolle letztlich eine verkappte Inhaltskontrolle der Hauptleistungspflichten

764 *Prölss*, VersR 2000, S. 1441 (1450); *Schlosser*, Jura 1986, S. 642 f.; *Wandt*, VersR 2001, S. 1449 (1455 f.).

765 Für den generellen Rückgriff auf den Inhalt der unwirksamen Klausel im Rahmen der ergänzenden Vertragsauslegung allgemein: *Fastrich*, Richterliche Inhaltskontrolle im Privatrecht, 1992, S. 341.

766 BGH 04.11.1992, NJW 1993, S. 326 (330); BGH 12.07.1989, NJW 1990, S. 115 (116); Palandt/*Heinrichs*, § 306 BGB, Rn. 7; Staudinger/*Schlosser*, § 306 BGB Rn. 12; *Stoffels*, AGB-Recht, 2003, Rn. 616.

767 Staudinger/*Schlosser*, § 306 BGB, Rn. 12; *Stoffels*, AGB-Recht, 2003, Rn. 613; *a.A. Fastrich*, Richterliche Inhaltskontrolle im Privatrecht, 1992, S. 341.

768 So *Prölss*, VersR 2000, S. 1441 (1450); *Schlosser*, Jura 1986, S. 642 f.

stattfände. Denn die für den hypothetischen Parteiwillen maßgebliche Frage nach dem Willen zweier verständiger Rechtsgenossen lässt sich nur dann überzeugend beantworten, wenn die Brauchbarkeit beziehungsweise die Unvernünftigkeit des Vertragsschlusses objektivierend nach der Verkehrsanschauung bestimmt wird. Der tatsächliche Wille der Parteien ist in diesem Verfahren keine relevante Größe[769].

Damit ist der Rückgriff auf den materiellen Regelungsgehalt im Speziellen sowie die ergänzende Vertragsauslegung allgemein kein taugliches Mittel zur Geltungserhaltung intransparenter Hauptleistungsklauseln in Allgemeinen Geschäftsbedingungen, da entweder auf das unter gestörter Willensbildung zustande gekommene Vertragsergebnis zurückgegriffen oder aber im Kernbereich der Privatautonomie die freie Willensbildung durch eine objektiv-normative Wertung ersetzt wird. Schließlich entbehrt ein derart weitgehender Ansatz, der sogar offen eine unveränderte inhaltliche Fortgeltung der intransparenten Regelungen zum Ziel hat[770], jeglicher Sanktionswirkung, ohne dabei auch nur im Geringsten die dem Kunden entstandenen Benachteiligungen zu beseitigen. Die Beibehaltung des intransparent formulierten Regelungsgehalts ist nichts anderes als die geltungserhaltende Reduktion auf formeller Ebene und als solche aus den gleichen Gründen wie bei der materiellen Unwirksamkeit abzulehnen.

Zusammenfassend ist damit festzuhalten, dass die Rechtsfolgenanordnungen des § 306 BGB im Hinblick auf das Schicksal des Gesamtvertrages keine dem besonderen Zweck der Transparenzkontrolle hauptleistungsbestimmender Klauseln gerecht werdende Lösungen bereithalten. Das AGB-Recht ist insoweit nicht auf die Transparenzkontrolle an sich inhaltskontrollfreier Klauseln ausgelegt, so dass eine teleologische Reduktion des § 306 BGB geboten ist. Weder Gesamtnichtigkeit noch Aufrechterhaltung des Vertrages im Wege ergänzender Vertragsauslegung sind in Anbetracht des Schutzzwecks der Transparenzkontrolle von Hauptleistungsklauseln geeignete Rechtsfolgen.

Diese Erkenntnis hat jedoch zur Folge, dass eine überzeugende Alternative zu den Rechtsfolgen des § 306 BGB gefunden werden muss, denn das ursprüngliche Problem, dass infolge des Unwirksamkeitsverdikts einer intransparenten leistungs- oder preisbestimmenden Klausel in Allgemeinen Geschäftsbedingungen die Wirksamkeit des gesamten Vertrages in Frage steht, ist damit erst zum Teil gelöst.

---

769 *Stoffels*, AGB-Recht, 2003, Rn. 617; Ulmer/Brandner/Hensen/*Schmidt*, § 306 BGB, Rn. 37.

770 So *Wandt*, VersR 2001, S. 1449 (1455 f.).

3. Einseitiges Lösungsrecht des Vertragspartners

Es ist ein Verdienst von *Rosenow* und *Schaffelhuber*[771], nachgewiesen zu haben, dass ein einseitiges Lösungsrecht des Kunden dem Zweck der Unwirksamkeitserklärung wegen Intransparenz gerecht wird[772] und dem Kunden die Möglichkeit privatautonomer Entscheidung in voller Kenntnis der Risiken nachträglich ermöglicht[773]. Kann der durch die Intransparenz benachteiligte Vertragspartner selbst über den Bestand des Vertrages entscheiden, so wird ihm zumindest ein Teil der ursprünglichen, beeinträchtigten privatautonomen Entscheidungsfreiheit zurückgegeben, auch wenn die Situation des ursprünglichen Vertragsabschlusses – insbesondere bei Dauerschuldverhältnissen – nicht wieder herstellbar ist. Es wäre demnach Aufgabe hoheitlicher Kontrolle, über die Unwirksamkeit einer intransparenten Hauptleistungsklausel zu befinden, während es im Anschluss der privatautonomen Entscheidung des Kunden überlassen bliebe, über die Fortsetzung des Vertrages mit den aus seiner Sicht geänderten Bedingungen zu entscheiden und damit die durch die Unwirksamkeit der Klausel entstandene Lücke wieder zu füllen.

Diese dem Normzweck des § 307 Abs. 3 S. 2 BGB entsprechende Lösung begegnet jedoch konstruktiven Schwierigkeiten. Auch wenn man die zwingende Nichtigkeitsfolge durch eine teleologische Reduktion des § 306 BGB beseitigt, fehlt es an einer rechtlichen Grundlage für ein Wahlrecht des betroffenen Vertragspartners. Derartige Gestaltungsrechte infolge einer Klauselunwirksamkeit kennt das AGB-Recht nicht. Die von *Rosenow* und *Schaffelhuber*[774] für das Lebensversicherungsrecht vorgeschlagene Lösung über die in § 172 Abs. 2 VVG geregelte Lückenfüllungskompetenz des Versicherers bei Unwirksamkeit von Vertragsklauseln stellt jedenfalls keinen für das gesamte AGB-Recht gangbaren Weg dar, da diese Vorschrift nicht analogiefähig und damit außerhalb des Lebensversicherungsrechts nicht anwendbar ist[775].

771 *Rosenow/Schaffelhuber*, ZIP 2001, 2211 (2222 f.).

772 Insoweit im Hinblick auf die Sanktionswirkung zustimmend *Evermann*, Die Anforderungen des Transparenzgebots an die Gestaltung von Allgemeinen Versicherungsbedingungen, 2002, S. 93 f.

773 Tendenziell ebenfalls zustimmend *Stoffels*, AGB-Recht, 2003, Rn. 570.

774 *Rosenow/Schaffelhuber*, ZIP 2001, 2211 (2222 f.).

775 *Evermann*, Die Anforderungen des Transparenzgebots an die Gestaltung von Allgemeinen Versicherungsbedingungen, 2002, S. 93; Prölss/Martin/*Kollhosser*, § 172 VVG, Rn. 6.

4. Vertragsaufhebung im Rahmen vorvertraglicher Informationshaftung

Die Grundlage für ein einseitiges Vertragslösungsrecht des von der Intransparenz einer Hauptleistungsklausel betroffenen Vertragspartners könnten die Grundsätze der Verwenderhaftung aus §§ 280 Abs. 1, 311 Abs. 2 BGB bilden. Wenn auch im Einzelnen heftig umstritten, so erkennt doch die herrschende Meinung mittlerweile das richterrechtlich entwickelte Rechtsinstitut der schadensrechtlichen Rückabwicklung von Verträgen nach den Grundsätzen der vorvertraglichen Informationshaftung an[776].

Es ist allerdings zwischenzeitlich die Befürchtung geäußert worden, dass mit der Anerkennung eines Vertragsaufhebungsanspruchs aus §§ 280 Abs. 1, 311 Abs. 2 BGB eine Möglichkeit geschaffen werde, sich ohne die Voraussetzungen des gesetzlichen Rücktrittsrechts von einem Vertrag zu lösen und so die §§ 323 ff. BGB zu unterlaufen[777]. Dem ist jedoch entgegenzuhalten, dass § 323 Abs. 1 BGB die Verletzung einer leistungsbezogenen und § 324 BGB die Verletzung einer nicht leistungsbezogenen Pflicht aus einem gegenseitigen Vertrag verlangt. Nach beiden Vorschriften muss der Vertrag also bereits geschlossen sein, wenn die Pflichtverletzung erfolgt. Die vorvertragliche Informationshaftung knüpft jedoch systematisch an eine Pflichtverletzung in der Phase vor Abschluss des Vertrages an. Dieser Zeitraum ist von den §§ 323 ff. BGB ersichtlich nicht erfasst, so dass das gesetzliche Rücktrittrecht gegenüber den §§ 280 Abs. 1, 311 Abs. 2 BGB auch keine Spezialitätswirkung entfalten kann[778].

Voraussetzung dieses Abwicklungsinstruments ist haftungsbegründend eine vorsätzliche oder fahrlässige Beeinträchtigung der Willensbildung; daran anknüpfend können der störungsbedingte Vertrag und seine Folgen als Schaden qualifiziert werden, so dass die Vertragsaufhebung rechtsfolgenseitig aus den allgemeinen Grundsätzen der Naturalrestitution, § 249 S. 1 BGB, abgeleitet

---

776 BGH 04.04.2001, NJW 2001, S. 2163 (2164); BGH 19.12.1997, NJW 1998, S. 898; BGH 26.09.1997, NJW 1998, S. 302 ff.; MüKo/*Emmerich*, Vor § 275 BGB, Rn. 203; Palandt/*Heinrichs*, § 311 BGB, Rn. 24 und 42; Staudinger/*Schiemann*, § 249 BGB, Rn. 195; Staudinger/*Löwisch*, Vorbem. zu §§ 275 BGB ff., Rn. 78 f.; *Fleischer*, Informationsasymmetrien im Vertragsrecht, 2001, S. 432; *ders.*, AcP 200 (2000), S. 91 (99); *Grigoleit*, Vorvertragliche Informationshaftung, 1997, S. 40 ff.; *ders.*, NJW 1999, S. 900 ff.; *Larenz*, FS Ballerstedt (1975), S. 397 (411); *Lorenz*, ZIP 1998, S. 1053 (1054); *Schwab*, JuS 2002, S. 773 (774 f.); *Wiedemann*, JZ 1998, S. 1176 (1177); kritisch: *Lieb*, FS Medicus (1999), S. 337 (343 ff.).

777 *Dauner-Lieb* in Ernst/Zimmermann, Zivilrechtswissenschaft und Schuldrechtsreform, 2001, S. 305 (320).

778 *Muthers* in Henssler/Graf v. Westphalen, Praxis der Schuldrechtsreform 2002, § 311, Rn. 10; *Schwab*, JuS 2002, S. 773 (775).

werden kann[779]. Das Rechtsinstitut der schadensrechtlichen Vertragsaufhebung, insbesondere bei fahrlässiger Verletzung bestehender Aufklärungspflichten, ist bisher hauptsächlich im Spannungsverhältnis zur Anfechtung nach § 123 BGB diskutiert worden[780]. Im Folgenden bleibt daher zu untersuchen, ob dieses Institut auch auf die Verwendung intransparenter Hauptleistungsklauseln in Allgemeinen Geschäftsbedingungen anwendbar ist und als solches eine tragfähige Alternative zu § 306 BGB als Rechtsfolge der Unwirksamkeit derartiger Klauseln darstellt[781].

a) Anwendbarkeit der Grundsätze vorvertraglicher Pflichtverletzung im AGB-Recht

Die grundsätzliche Anwendung der richterrechtlich entwickelten Grundsätze zur culpa in contrahendo, die nunmehr in § 311 Abs. 2 BGB kodifiziert sind, im Bereich vorformulierter Vertragsbedingungen ist seit langem anerkannt. Bereits vor Inkrafttreten des AGBG ist die Figur der culpa in contrahendo als Grundlage für die Inhaltskontrolle von Allgemeinen Geschäftsbedingungen in Betracht gezogen worden[782]. Heute ist sie als Begründung einer Schadensersatzpflicht des Verwenders AGB-gesetzwidriger Klauseln in Rechtsprechung[783] und Literatur[784] allgemein anerkannt. Die Verwendung unwirksamer Vertragsbedingungen stellt eine Verletzung der vorvertraglichen Pflicht zur Rücksichtnahme dar[785] und begründet eine Haftung des Verwenders nach §§ 280 Abs. 1, 311 Abs. 2 Nr. 1 BGB, soweit dieser die Unwirksamkeit der Klausel zu vertreten hat.

Die Schadensersatzverpflichtung umfasst regelmäßig Aufwendungen des Vertragspartners, die dieser zur Bekämpfung einer unwirksamen Klausel gemacht hat, sowie die Vermögenseinbußen, die er infolge der Scheinbindung an die unwirksame Bestimmung erleidet, zum Beispiel durch die Nichtwahrung

779 *Grigoleit*, NJW 1999, S. 900.

780 *Grigoleit*, NJW 1999, S. 900; *Schwab*, JuS 2002, S. 773 (774 f.).

781 Zu den einzelnen Ansätzen einer Beschränkung des Anwendungsbereichs der c.i.c. bei fahrlässiger Falschaufklärung ausführlich unten bei den Voraussetzungen der Haftung.

782 *Diederichsen*, ZHR 132 (1969), S. 232 ff.

783 BGH 14.06.1994, NJW 1994, S. 2754; BGH 08.10.1987, NJW 1988, S. 197 (198); BGH 12.11.1986, NJW 1987, S. 639 (640); BGH 28.05.1984, NJW 1984, S. 2816 (2817); OLG Oldenburg 28.02.1996, NJW-RR 1996, S. 1054.

784 Erman/*Roloff*, § 306 BGB, Rn. 22; Palandt/*Heinrichs*, § 306, Rn. 13; Ulmer/Brandner/Hensen/*Schmidt*, § 306 BGB, Rn. 49; Staudinger/*Coester*, § 307 BGB, Rn. 46; *Stoffels*, AGB-Recht, Rn. 636 ff.; Wolf/Horn/Lindacher, § 9 AGBG, Rn. 167; *Brandner*, FS Oppenhoff (1985), S. 11 (15, 17, 24).

785 BGH 28.05.1984, NJW 1984, S. 2816 (2817), *Brandner*, FS Oppenhoff (1985), S. 11 (12).

von Rechten oder wegen auf Grund der unwirksamen Klausel getroffenen Vermögensdispositionen[786]. Die bisherige Anwendung der Grundsätze der culpa in contrahendo im Bereich unwirksamer Allgemeiner Geschäftsbedingungen beschränkt sich darauf, dem Vertragspartner die Nachteile zu ersetzen, die über die Anwendung wirksam einbezogener und inhaltlich gültiger Allgemeiner Geschäftsbedingungen hinausgehen[787]. Es handelt sich also um den Ersatz der dem Vertragspartner real entstandenen wirtschaftlichen Folgeschäden, die nicht bereits durch das Unwirksamkeitsverdikt der benachteiligenden Klausel beseitigt werden können.

b) Haftungsbegründende Voraussetzungen

Zunächst ist zu überprüfen, inwieweit sich die haftungsbegründenden Voraussetzung der §§ 280 Abs. 1, 311 Abs. 2 BGB mit den die Unwirksamkeit infolge von Intransparenz begründenden Umständen decken. Eine Identität der Unwirksamkeitsanforderungen mit denen der Schadensersatzhaftung ist deshalb von entscheidender Bedeutung, da anderenfalls bei der Erforderlichkeit zusätzlicher Voraussetzungen die schadensrechtliche Vertragsaufhebung nicht zwingend in sämtlichen Fällen intransparenter Hauptleistungspflichten griffe und somit auch nicht als generelle Rechtsfolge in Betracht käme. Dabei gilt es aber auch zu beachten, dass dem Vertragspartner eine Neubewertung des Vertragsabschlusses in voller Kenntnis der Umstände ermöglicht werden soll, anstatt ihn mit der zwingenden Gesamtnichtigkeit zu belasten. Damit bewegen sich die Grundsätze der schadensrechtlichen Vertragsabwicklung in einem anderen Verhältnis zu den Rechtsfolgen des AGB-Rechts als zu der Anfechtung nach § 123 BGB, in deren Spannungsfeld sie bislang ausschließlich diskutiert wurden[788]. Während die schadensrechtliche Vertragsaufhebung zur Anfechtung in unmittelbarer Konkurrenz steht, kommt ihr aus der Perspektive des AGB-Rechts im Falle intransparenter Hauptleistungspflichten als Instrument der Lückenfüllung infolge der teleologischen Reduktion des § 306 BGB ein ganz anderer Stellenwert zu. Im Vordergrund steht damit nicht die konstruktive Abgrenzung, sondern die systematische Integration.

786 *Stoffels*, AGB-Recht, Rn. 638; Wolf/Horn/*Lindacher*, § 9 AGBG, Rn. 167; *Brandner*, FS Oppenhoff (1985), S. 11 (13).

787 *Brandner*, FS Oppenhoff (1985), S. 11 (18).

788 Vgl. *Grigoleit*, NJW 1999, S. 900 ff.

aa) Schuldhafte Pflichtverletzung

Erforderlich ist zunächst das Vorliegen einer schuldhaften Pflichtverletzung.

aaa) Pflichtverletzung im Sinne des § 241 Abs. 2 BGB

Die intransparente und damit gegen § 307 Abs. 3 S. 2 BGB verstoßende Klauselformulierung stellt grundsätzlich wie jede Verwendung unwirksamer Klauseln in Allgemeinen Geschäftsbedingungen einen Verstoß gegen die vorvertragliche Rücksichtnahmepflicht des Verwenders dar[789]. § 311 Abs. 2 BGB setzt allerdings voraus, dass es sich bei der verletzten Pflicht um eine nicht leistungsbezogene im Sinne des § 241 Abs. 2 BGB handelt, denn nur mit einer solchen Pflicht entsteht das vorvertragliche Schuldverhältnis. Grundsätzlich stellen vorvertragliche Rücksichtnahmepflichten solche nicht leistungsbezogenen schuldrechtlichen Pflichten dar[790]. Hinsichtlich der Aufklärungs- und Informationspflichten wird auch vertreten, dass diese derart eng auf die späteren Hauptleistungspflichten bezogen seien, dass es nicht einleuchte, jene Pflichten zu nicht leistungsbezogenen Pflichten zu degradieren[791]. Der Bezug zu den leistungsbezogenen Pflichten wird in der hier zu diskutierenden Konstellation besonders deutlich, da es gerade um die informationssichernde Darstellungspflicht bezüglich der Hauptleistungsbestimmungen geht. Allerdings können leistungsbezogene Pflichten erst dann entstehen, wenn die primäre Leistungspflicht im Sinne des § 241 Abs. 1 BGB bereits entstanden ist, das heißt frühestens im Zeitpunkt des Vertragsschlusses[792]. Vorvertragliche Informationspflichten sind demnach zutreffend als nicht leistungsbezogene Pflichten einzuordnen, auch wenn sie sich inhaltlich auf die später entstehenden Hauptleistungspflichten beziehen.

bbb) Verschulden des Verwenders

Hinsichtlich der Anforderungen an das Verschulden des Verwenders in derartigen Fällen genügt bloße Fahrlässigkeit. Fraglich ist aber, ob bereits aus der Verwendung intransparenter Klauseln auf ein Außerachtlassen der im Verkehr

789 Vgl. BGH 28.05.1984, NJW 1984, S. 2816 (2817), *Brandner*, FS Oppenhoff (1985), S. 11 (12).

790 *Schwab*, JuS 2002, S. 773.

791 *Köndgen* in Schulze/Schulte-Nölke, Die Schuldrechtsreform vor dem Hintergrund des Gemeinschaftsrechts, 2001, S. 231 (238), der dementsprechend die Verletzung einer leistungsbezogenen Pflicht annimmt (S. 241 f.).

792 *Schwab*, JuS 2002, S. 773 (775).

erforderlichen Sorgfalt des Verwenders geschlossen werden kann. Im Hinblick auf die Verwendung materiell benachteiligender Klauseln gilt diesbezüglich, dass den Verwender dann noch kein Fahrlässigkeitsvorwurf trifft, wenn die Wirksamkeit der Klausel im Vorfeld unter Berücksichtigung der bisher ergangenen Rechtsprechung nicht sicher beurteilt werden kann[793]. Maßgebliches Kriterium ist also die Vorhersehbarkeit der Unwirksamkeit. Übertragen auf die Intransparenz bedeutet dies, dass ein haftungsbegründendes Verschulden dann anzunehmen wäre, wenn der Verwender unter Berücksichtigung bisheriger Rechtsprechung sowie gegebenenfalls unter Hinzuziehung professioneller Hilfe die Intransparenz für den Durchschnittskunden hätte voraussehen können.

Ein maßgeblicher Unterschied zu der Situation bei inhaltlich benachteiligenden Klauseln liegt darin, dass die Beurteilung der Intransparenz in wesentlich geringerem Maße von rechtlichen Einordnungen und Wertungen abhängt. Vielmehr kommt es im Wesentlichen darauf an, dass sich der Verwender bei der Formulierung Allgemeiner Geschäftsbedingungen in den Verständnishorizont des für den jeweiligen Vertragstypen durchschnittlichen Kunden hineinversetzt. Diese rein tatsächliche Voraussetzung ist auch von jedermann zu erfüllen, generelle oder spezielle Formulierungsschwierigkeiten, die in der Natur des durch Allgemeine Geschäftsbedingungen gestalteten Rechtsgeschäfts beziehungsweise des konkreten Klauselgegenstandes liegen, werden zudem bereits bei der Angemessenheitsabwägung im Rahmen der Transparenzkontrolle berücksichtigt und sind damit schon mit in das Unwirksamkeitsverdikt eingeflossen[794]. Einer gesonderten Berücksichtigung im Rahmen des festzustellenden Fahrlässigkeitsvorwurfs bedarf es daher ebenfalls nicht. Die intransparente Gestaltung oder Formulierung Allgemeiner Geschäftsbedingungen ist damit stets eine vom Verwender zumindest fahrlässig herbeigeführte Pflichtverletzung.

bb) Vertragsabschluss als Schaden

Die schadensrechtliche Vertragsaufhebung setzt denknotwendig einen Schaden voraus. Als solcher kommt nur der abgeschlossene Vertrag selbst in Betracht, denn dieser ist das Resultat der durch die Intransparenz der Hauptleistungsklausel beeinträchtigten Selbstbestimmung des Vertragspartners. In Teilen der Literatur[795] sowie auch vom BGH[796] wird zudem gefordert, dass die schadens-

793 *Locher*, Recht der AGB, 1997, S. 21; *Stoffels*, AGB-Recht, 2003, Rn. 637.

794 S.o. Zweiter Teil, § 4.

795 MüKo/*Emmerich*, 3. Aufl. (1994), Vorb. § 275 BGB, Rn. 195; *Schubert*, AcP 168 (1968), S. 470 (505 ff.).

796 BGH 26.09.1997, NJW 1998, S. 302 (303 f.).

rechtliche Rückabwicklung von Verträgen zwingend von dem Vorliegen eines konkreten Vermögensschadens abhängig zu machen ist. Damit müsste der Vertragsschluss zusätzlich wirtschaftlich nachteilig gewesen sein, das heißt es besteht entweder keine objektive Werthaltigkeit zwischen Leistung und Gegenleistung, oder aber nach der Verkehrsanschauung unter Berücksichtigung der obwaltenden Umstände muss der Vertragsschluss als unvernünftig, den konkreten Vermögensinteressen nicht angemessen und damit als nachteilig angesehen werden[797]. Diese Position führte auf die Situation der intransparenten Hauptleistungsklauseln übertragen dazu, dass es im Rahmen der Rechtsfolgen zu einer nachträglichen Äquivalenzkontrolle der Hauptleistungspflichten und damit zu einem nicht hinnehmbaren Wertungswiderspruch mit § 307 Abs. 3 S. 1 BGB käme. Zudem wäre dadurch wiederum nicht gewährleistet, dass sich der schadensersatzrechtliche Vertragsaufhebungsanspruch stets als unmittelbare Rechtsfolge der Klauselunwirksamkeit ergebe.

Allerdings ist die Forderung eines Vermögensschadens als Voraussetzung einer schadensrechtlichen Rückabwicklung von Verträgen mit den §§ 249, 253 BGB nicht vereinbar, da insoweit die gesetzlichen Schadensausgleichskonzeptionen der Naturalrestitution und des Wertersatzes unzulässig miteinander vermischt werden[798]. Vertragsaufhebung ist nämlich dem Wesen nach Naturalrestitution und damit grundsätzlich dem Geldersatz nach § 251 Abs. 1 BGB vorrangig. Naturalrestitution hingegen kann generell bei jeder Art der Schädigung verlangt werden und setzt keinen Vermögensschaden voraus, was sich aus dem Umkehrschluss aus § 253 BGB ergibt, der die Naturalrestitution gerade nicht mit einbezieht[799]. Es bedarf also keines konkreten Vermögensschadens, vielmehr kann im Wege der Naturalrestitution jede Einbuße an einem rechtlich anerkannten Interesse als ersatzfähiger Schaden geltend gemacht werden[800]. Danach ist jede auf Grund rechtswidriger gestörter Willensbildung zustande gekommene Vertragsbindung notwendigerweise ein beseitigungsfähiger Schaden, soweit die verletzten Informationspflichten vorrangig darauf gerichtet sind, die Entscheidungsfreiheit des Geschädigten zu schützen[801]. Bei der Pflicht zur transparenten Gestaltung und Formulierung von Hauptleistungspflichten in Allgemeinen Geschäftsbedingungen ist dies uneingeschränkt zu bejahen, da diese die Teilnahme dieser Klauseln an den Kontrollmechanismen von Markt

---

797 BGH 26.09.1997, NJW 1998, S. 302 (304).

798 *Fleischer*, Informationsasymmetrien im Vertragsrecht, 2002, S. 442; *Lorenz*, Der Schutz vor dem unerwünschten Vertrag, 1997, S. 72 ff.; *Grigoleit*, NJW 1999, S. 900 (901); *Lorenz*, ZIP 1998, S. 1053; *Schwab*, JuS 2002, S. 773 (775); Wiedemann, JZ 1998, S. 1176.

799 *Grigoleit*, NJW 1999, S. 900 (901) m.w.N.

800 Palandt/*Heinrichs*, Vorb v. § 249 BGB, Rn. 7.

801 *Grigoleit*, NJW 1999, S. 900 (901); *Schwab*, JuS 2002, S. 773 (775).

und Wettbewerb erst möglich machen und so die Grundlage dafür bilden, dass der Vertragspartner von seiner privatautonomen Gestaltungsfreiheit im Sinne eines funktionierenden Vertragsschlussmechanismus Gebrauch machen kann. Dies manifestiert sich insbesondere darin, dass § 307 Abs. 3 S. 2 BGB gerade keinen konkreten – wirtschaftlichen – Nachteil der intransparenten Klausel als Voraussetzung ihrer Unwirksamkeit verlangt, sondern als solchen bereits die Beeinträchtigung in der Willensbildung des Kunden anerkennt[802].

Damit kann als Zwischenergebnis festgehalten werden, dass der unter Verwendung intransparenter Hauptleistungsklauseln in Allgemeinen Geschäftsbedingungen zustande gekommene Vertrag an sich einen Schaden darstellt, unabhängig davon, ob der Vertrag selbst wirtschaftlich nachteilig ist.

cc) Kausalität

Schließlich ist es unabdingbare Voraussetzung eines Anspruchs aus §§ 280 Abs. 1, 311 Abs. 2 Nr. 1 BGB, dass die schuldhafte Pflichtverletzung kausal für den eingetretenen Schaden war[803]. Die Inanspruchnahme des Verwenders kann also daran scheitern, dass der Vertragspartner dieselben Vermögensdispositionen unabhängig vom Vertragstext vorgenommen hätte[804]. Diesbezüglich wirft die Intransparenz von Hauptleistungspflichten in Allgemeinen Geschäftsbedingungen zwei Fragen auf. So steht zum einen mit dem Unwirksamkeitsverdikt auf Grund der Intransparenz noch nicht gleichermaßen fest, dass der Vertragspartner in Kenntnis des Bedeutungsgehalts der unklaren beziehungsweise unverständlichen Hauptleistungsbestimmungen den konkreten Vertrag nicht beziehungsweise nicht so abgeschlossen hätte. Die hiermit unmittelbar zusammenhängende Frage ist diejenige nach einer im Einzelfall konkret vorliegenden Willensbeeinträchtigung des Vertragspartners und damit des Geschädigten durch die Intransparenz. Während nämlich bei der Beurteilung der Intransparenz weder auf die Umstände des Einzelfalls noch auf den konkreten Vertragspartner abzustellen, sondern eine typisierende, generalisierende Betrachtungsweise, die sich an dem Durchschnittskunden des von dem jeweiligen Vertragstyp angesprochenen Kundenkreis orientiert, geboten ist[805], setzt ein

---

802 S.o. Erster Teil. § 2 III. 3. a).

803 Vgl. nur Palandt/*Heinrichs*, Vorb v. § 249 BGB, Rn. 54.

804 BGH 08.10.1987, NJW 1988, S. 197 (198); Wolf/Horn/Lindacher, § 9 AGBG, Rn. 167; *Locher*, Recht der AGB, S. 21, *Stoffels*, AGB-Recht, 2003, Rn. 637.

805 Staudinger/*Coester*, § 307 BGB, Rn. 183 ff.; *Stoffels*, AGB-Recht, 2003, Rn. 473 f.; Ulmer/Brandner/Hensen/*Fuchs*, § 307 BGB, Rn. 344 ff.

Schadensersatzanspruch stets voraus, dass die schadensbegründenden Umstände in der Person des Geschädigten vorliegen[806].

Ein derartiger Ursachenzusammenhang im Einzelfall ist demgegenüber für das AGB-Recht nicht erforderlich, da es darum geht, die spezifischen Gefahren, die aus der Verwendung Allgemeiner Geschäftsbedingungen resultieren, zu beseitigen. Es gilt insoweit das allgemeine Verwenderrisikoprinzip. Allerdings beinhaltet die Abgrenzung der Haupt- von den Nebenleistungspflichten im Rahmen des § 307 Abs. 1 S. 1 BGB bereits die Feststellung, dass es sich bei der intransparenten Bestimmung um eine solche handelt, die nach allgemeiner Verkehrsanschauung im Zentrum des Interesses eines typischen Durchschnittskunden der jeweiligen Vertragsart liegt[807]. Damit spricht aber bereits eine Vermutung dafür, dass die Intransparenz einer solchen Klausel auch die konkrete Willensbildung beeinflusst hat, denn die genannten Erfordernisse entsprechen den Anforderungen des ersten Anscheinsbeweises, also eines nach der allgemeinen Lebenserfahrung typischen Geschehensablaufes[808]. Das Vorliegen einer intransparenten Hauptleistungsklausel indiziert also in besonderem Maße eine beeinträchtigte Entscheidungsfindung hinsichtlich des Vertragsabschlusses auf Seiten des Kunden. So stellt auch im Ergebnis der BGH klar, dass sich eine Beweislastumkehr dergestalt, dass der Irregeführte vom Nachweis des Einflusses einer Täuschung auf den Vertragsschluss entlastet ist, aus der Judikatur des BGH als „feststehender Grundsatz vertraglicher und vorvertraglicher Aufklärungspflichten" ergebe[809].

Darüber hinaus gilt es zu beachten, dass es in der zu beurteilenden Situation gerade darum geht, dem Vertragspartner eine Neubewertung des Vertragsabschlusses in voller Kenntnis der Umstände zu ermöglichen, anstatt ihn mit der zwingenden Gesamtnichtigkeit zu belasten. Der Rückgriff auf die Grundsätze der schadensersatzrechtlichen Vertragsauflösung bedeutet hier keine Umgehung des § 306 BGB, sondern im Gegenteil dessen teleologisch sinnvolle Ergänzung[810], so dass es auch zweckmäßig erscheint, die Vermutung einer konkreten Willensbeeinträchtigung sowie des darauf beruhenden Vertragsabschlusses als haftungsbegründende Voraussetzungen genügen zu lassen.

Einen Sonderfall hingegen stellt die Konstellation dar, in welcher der Vertragspartner gewissermaßen „sehenden Auges" die vertragliche Bindung trotz vorliegender Intransparenz eingeht, das heißt in der er den tatsächlichen Be-

806 Palandt/*Heinrichs*, Vorb v. § 249 BGB, Rn. 7.
807 S.o. Dritter Teil, § 10 III.
808 BGH 04.12.2000, NJW 2001, S. 1140 f.; BGH 19.03.1996, NJW 1996, S. 1828 f.; Thomas/Putzo/*Reichold*, § 286 ZPO, Rn. 12.
809 BGH 26.09.1997, NJW 1998, S. 302 (303).
810 S.o. Dritter Teil § 11 II. 3.

deutungsgehalt der Klausel trotz ihrer Intransparenz erkannt hat. Auch hier eine nachträgliche Vermutung für das Vorliegen einer konkreten Willensbeeinträchtigung genügen zu lassen, liefe auf die mit §§ 280 Abs. 1, 311 Abs. 2 Nr. 1 BGB unvereinbare und insoweit systemwidrige Konstruktion einer abstrakten Gefährdungshaftung hinaus. Eine Haftung des Verwenders ist in derartigen Fällen also trotz festgestellten pflichtwidrigen Verhaltens nicht begründbar. Dies stellt jedoch keinen grundsätzlichen Wertungswiderspruch zum AGB-Recht dar.

Es ist nämlich auch im AGB-Recht möglich, dem Vertragspartner den Einwand unzulässiger Rechtsausübung entgegen zu halten, wenn er bei Vertragsschluss ausreichend informiert war und sich ausschließlich auf die Intransparenz der Klausel beruft[811]. Diese Ausnahme vom objektiv-überindividuellen Grundsatz des AGB-Rechts rechtfertigt sich dadurch, dass die Transparenzkontrolle nicht nur das Funktionieren des Konditionenwettbewerbs, sondern über diesen hinaus im Individualverhältnis den Kundenschutz bezweckt, so dass gegenüber der Berufung auf die Unwirksamkeit der Einwand unzulässiger Rechtsausübung, zum Beispiel unter dem Aspekt des venire contra factum proprium, nicht generell ausgeschlossen ist[812].

Damit kann festgehalten werden, dass bei der Unwirksamkeit einer in Allgemeinen Geschäftsbedingungen niedergelegten Hauptleistungspflicht infolge der Intransparenz der jeweiligen Klausel gleichermaßen die haftungsbegründenden Voraussetzungen der §§ 280 Abs. 1, 311 Abs. 2 Nr. 1 BGB gegeben sind, die dem Vertragspartner nach den Grundsätzen der schadensrechtlichen Vertragsaufhebung die Möglichkeit bieten, sich von dem Vertrag zu lösen. Damit ist konstruktiv die Grundlage geschaffen für ein einseitiges Vertragslösungsrecht des durch die Intransparenz bei Vertragsschluss benachteiligten Vertragspartners. Dort, wo ausnahmsweise die haftungsbegründenden Voraussetzungen nicht gegeben sind, besteht auch nach AGB-rechtlichen Grundsätzen kein Recht, sich auf die Klauselunwirksamkeit zu berufen.

c) Umfang der Haftung

Wendet man die schadensersatzrechtliche Lösung an, ist abschließend noch der mögliche Haftungsumfang zu bestimmen.

---

811 BAG 27.10.2005, BB 2006, S. 1003 (1004); *Stoffels*, AGB-Recht, 2003, Rn. 89; Ulmer/Brandner/Hensen/*Fuchs*, § 307 BGB, Rn. 108.

812 Wolf/Horn/Lindacher/*Wolf*, § 9 AGBG, Rn. 28.

aa) Vertragsauflösung als negatives Interesse

Zu ersetzen ist grundsätzlich das negative Interesse des Geschädigten, er ist also so zu stellen, wie er stünde, wenn die jeweilige Hauptleistungsklausel in den Allgemeinen Geschäftsbedingungen klar und verständlich formuliert gewesen wäre. Der Umstand, dass der Vertragspartner sich nach Kenntnis des tatsächlichen Bedeutungsgehalts der Klausel für eine Vertragsauflösung entscheidet, indiziert nach der bereits dargelegten Vermutungsregel[813], dass er in diesem Fall den Vertrag nicht geschlossen hätte. Die Naturalrestitution besteht also konsequenterweise darin, dass der Vertragspartner Aufhebung und Rückabwicklung des Vertrages verlangen kann[814].

bb) Vertragsanpassung als positives Interesse

Von dieser Erkenntnis aus ist es systematisch ein logischer Schritt, zu überlegen, ob dem Vertragspartner darüber hinaus aus den Grundsätzen der vorvertraglichen Informationshaftung nicht sogar der Vertrauensschaden ersetzt werden kann, wenn er sich dazu entschließt, an dem Vertrag festzuhalten. Der Vertrauensschaden ist im Rahmen des § 311 BGB grundsätzlich ersetzbar[815] und könnte daher zu einem Anspruch des Geschädigten auf eine Vertragsanpassung führen. Dies könnte, auf die hier zu beurteilende Konstellation übertragen, zur Folge haben, dass der Vertragspartner anstatt des Anspruchs auf Vertragsaufhebung gegen den Verwender intransparenter Hauptleistungsbeschreibungen einen Anspruch geltend macht, den Vertrag so fortzuführen, wie er den Inhalt der Hauptleistungsbeschreibung verstanden hat oder redlicherweise verstehen durfte. Ein solcher Vertragsanpassungsanspruch wird jedoch von der Literatur[816] sowie der Rechtsprechung[817] ganz überwiegend mit Recht als mit dem geltenden Schadensrecht des BGB unvereinbar generell abgelehnt.

Abgesehen davon wäre ein derartiger Anspruch auf Vertragsanpassung aber auch nicht mit den AGB-rechtlichen Grundsätzen, an denen er sich in der hier zu beurteilenden Konstellation ebenfalls messen lassen muss, in Einklang zu bringen. Zwar scheint er auf den ersten Blick mit dem in § 305c Abs. 2 BGB niedergelegten Prinzip, dass das Formulierungsrisiko grundsätzlich der Verwender trägt, konform zu gehen. Maßgeblich sind aber nicht die AGB-

---

813 S.o. Dritter Teil, § 11 II. 4. c).

814 Vgl. auch *Schwab*, JuS 2002, S. 773 (774).

815 BGH 06.04.2001, NJW 2001, S. 2875; Palandt/*Heinrichs*, § 311 BGB, Rn. 57.

816 Palandt/*Heinrichs*, § 311 BGB, Rn. 59; *Lorenz*, NJW 1999, S. 1001; *Tiedtke*, WM 1993, S. 1228 (1231).

817 BGH 19.05.2006, BB 2006, S. 1650 ff.; BGH 06.04.2001, NJW 2001, S. 2875 ff.

rechtlichen Auslegungsregeln, sondern alleine die Rechtsfolgenanordnungen. Ausgehend davon, dass die Grundsätze der vertragsrechtlichen Schadenshaftung als primäre Rechtsfolge intransparenter Hauptleistungsklauseln überhaupt nur auf Grund der teleologischen Reduktion der Gesamtnichtigkeitsfolge des § 306 Abs. 3 BGB Anwendung finden, müsste eine schadensrechtliche Vertrauenshaftung in Form der Vertragsanpassung ebenso wie die schadensrechtliche Vertragsaufhebung geeignet sein, den mit der Einschränkung des § 306 BGB verfolgten Zweck zu erreichen.

Das Ausgangsproblem der rein AGB-rechtlichen Rechtsfolgen der Unwirksamkeit intransparenter Hauptleistungsbestimmungen in Allgemeinen Geschäftsbedingungen lag darin, dass der Vertragspartner entgegen dem generellen Kundenschutzgedanken Gefahr lief, mit einer Gesamtvertragsnichtigkeit konfrontiert zu sein, die nicht seinen Interessen entsprach. Dieser Wertungswiderspruch ist mit dem Wahlrecht des Vertragspartners zwischen Vertragsaufhebung und Vertragsfortführung bereits beseitigt. Interessen des Verwenders brauchten hierbei nicht berücksichtigt zu werden, da sich die gefundene Lösung für ihn grundsätzlich als günstiger erweist. Da ein Vertragslösungsrecht überhaupt nur dann in Betracht kommt, wenn die Alternative in der zwingenden Gesamtnichtigkeit des Vertrages liegt, besteht für ihn so die Möglichkeit, dass ein Teil der betroffenen Verträge trotz Verstoßes gegen das AGB-Recht fortgeführt werden können.

Bei einer etwaigen Vertragsanpassung unter Berücksichtigung des vom Vertragspartner Verstandenen spielen die Interessen des Verwenders indes überhaupt keine Rolle mehr. Dies entspricht nicht dem Zweck des § 306 BGB, der sowohl bei der Reduktion als auch bei der anschließenden ergänzenden Lückenfüllung stets zu beachten ist. Das AGB-Recht verwirklicht den Kundenschutz ganz überwiegend über den Gedanken des angemessenen Interessenausgleichs, der einerseits seine stärkste Ausprägung in der Interessenabwägung im Rahmen der Inhaltskontrolle, andererseits aber auch in der konsequenten Anwendung innerhalb des § 306 BGB gefunden hat. So verhilft der Rückgriff auf das dispositive Gesetzesrecht in § 306 Abs. 2 BGB dem im materiellen Gesetzesrecht enthaltenen Gerechtigkeitsgehalt zur Geltung. Ebenso orientiert sich die ergänzende Vertragsauslegung an einem gerechten Interessenausgleich, indem sie darauf abstellt, welche Regelung die Vertragsparteien bei sachgerechter Abwägung ihrer beiderseitigen Interessen getroffen hätten, wäre ihnen die Unwirksamkeit der konkreten Regelung bei Vertragsschluss bekannt gewesen[818]. Schließlich schreibt § 306 Abs. 3 BGB selbst fest, dass im Zweifel eine Gesamtnichtigkeit des Vertrages anzunehmen ist, wenn das Festhalten an den

818 *Stoffels*, AGB-Recht, 2003, Rn. 612.

wirksam gebliebenen Vertragsbestimmungen für eine der Parteien, also insbesondere auch den Verwender, eine unzumutbare Härte darstellt.

Da eine schadensrechtliche Vertragsanpassung diese Wertungen nicht zu berücksichtigen vermag, ist sie im Rahmen einer ergänzenden Rechtsfolgenlösung für intransparente Hauptleistungsklauseln nicht anwendbar.

d) Verjährung

Abschließend bleibt noch zu klären, in welchen Fristen der Anspruch des Vertragspartners auf Vertragsaufhebung aus §§ 280 Abs. 1, 311 Abs. 2 BGB verjährt. Teilweise wird zur schadensrechtlichen Vertragsaufhebung vertreten, dass ein solcher Anspruch analog § 124 BGB in der dort bestimmten Frist verjähre, um Wertungswidersprüche zwischen der vorsätzlichen und der fahrlässigen Täuschung zu vermeiden[819]. Nach § 124 BGB analog betrüge die Verjährungsfrist ein Jahr ab dem Zeitpunkt, in dem der Vertragspartner Kenntnis von dem tatsächlichen Bedeutungsgehalt der intransparenten Hauptleistungsklausel erlangt. Der Anspruch auf die schadensrechtliche Vertragsaufhebung verjährt als Schadensersatzanspruch gemäß §§ 195, 199 Abs. 1 BGB drei Jahre, nachdem der Vertragspartner Kenntnis von den anspruchsbegründenden Umständen des entstanden schadensrechtlichen Vertragslösungsanspruch erlangt hat. Erlangt der Vertragspartner keine Kenntnis von der Intransparenz der jeweiligen Hauptleistungsklausel, so verjährt der Anspruch unabhängig davon gemäß § 199 Abs. 3 S. 1 Nr. 1 BGB mit Eintritt des Schadens[820], also ab Vertragsschluss, da die Eingehung der vertraglichen Bindung gleichzeitig den Schadenseintritt markiert.

Verjährungsregelungen sind dem AGB-Recht grundsätzlich fremd, da sich der Vertragspartner jederzeit auf die Unwirksamkeit von Allgemeinen Geschäftsbedingungen berufen kann, es ist also fristneutral. Auch geht das AGB-Recht als Spezialregelung grundsätzlich den allgemeinen Vorschriften zur Vertragsbeendigung infolge beeinträchtigter Willensbildung beziehungsweise -entschließung vor, so dass der für die gesamte Diskussion um die Verjährung ausschlaggebende Wertungswiderspruch zwischen der kurzen Verjährungsfrist für vorsätzliche Täuschungen und der längeren für fahrlässige Willensbeeinflussungen für die Fälle intransparenter Vertragsbedingungen innerhalb des Anwendungsbereichs der §§ 305 ff. BGB überhaupt nicht gegeben ist.

---

819 *Fleischer*, in Schulze/Schulte-Nölke, Die Schuldrechtsreform vor dem Hintergrund des Gemeinschaftsrechts, 2001, S. 243 (263), *ders.*, AcP 200 (2000), S. 91 (119); *Gottwald*, JuS 1982, S. 877 (881); *Grigoleit*, in Schulze/Schulte-Nölke, ebda., S. 269 (281); *ders.*, NJW 1999, 900 (903); *Reinicke*, JA 1982, S. 1 (6); *Schubert*, JuS 2002, S. 773 (774).

820 Palandt/*Heinrichs*, § 199, Rn. 15.

Gleichwohl könnte die Anwendung der kurzen Verjährungsfrist analog § 124 BGB aus Zweckmäßigkeitserwägungen geboten sein, sofern einer solchen keine vorrangigen AGB-rechtlichen Wertungen entgegenstehen. Die Beschränkung der Rückabwicklung schützt allgemein die Rechtssicherheit und den Rechtsverkehr, indem der Schwebezustand hinsichtlich des Vertragsgegenstandes begrenzt wird[821]. Die Jahresfrist des § 124 BGB stellt dabei eine ausschließliche Überlegungsfrist dar. Eine derartige Einschränkung erscheint durchaus sachgerecht, da die Abweichung von dem Grundsatz der zwingenden Gesamtnichtigkeit im Interesse des Vertragspartners erfolgte. Dabei soll ausschließlich der gestörten Abschlussentscheidung des Kunden Rechnung getragen werden. Diese soll, wenn auch nicht unter vergleichbaren Bedingungen, in Kenntnis des tatsächlichen Bedeutungsgehalts sämtlicher Hauptleistungsklauseln derart nachgeholt werden, dass der Kunde nunmehr zumindest über den Fortbestand des Vertrages entscheiden kann. Dabei ist es durchaus legitim, dass er die Wertentwicklung seiner vertraglichen Vor- und Nachteile in seine Überlegungen mit einbezieht. Allerdings kann eine solche Spekulationsmöglichkeit als selbständiger Vorteil des Vertragspartners nicht allzu langfristig gerechtfertigt werden, weder schadens-[822] noch AGB-rechtlich. Das AGB-Recht stellt nämlich nicht nur einseitiges Verbraucherschutzrecht dar[823], sondern bildet insbesondere die Grundlage dafür, dass der Vertragsschluss unter Verwendung Allgemeiner Geschäftsbedingungen erfolgreich in das auf Privatautonomie basierende Vertragsschlusssystem des deutschen Zivilrechts integriert wurde und so einem immensen praktischen Bedürfnis von erheblicher wirtschaftlicher Bedeutung Rechnung getragen werden konnte. Das AGB-Recht dient insoweit auch dazu, die allgemeine Verkehrsfähigkeit dieser Form der Vertragsgestaltung zu erhalten, vornehmlich dadurch, dass es den Kunden vor einer einseitigen belastenden Inanspruchnahme durch den Verwender schützt. Dies setzt sich in der Rechtsfolge der generellen Unbeachtlichkeit derartiger Klauseln fort. Es sollen grundsätzlich eben keine Schwebezustände durch die Verwendung unwirksamer Klauseln entstehen. Insofern erscheint eine Frist für die Geltendmachung des schadensrechtlichen Vertragsaufhebungsanspruchs von einem Jahr analog § 124 BGB auch aus AGB-rechtlicher Perspektive sinnvoll.

---

821 *Grigoleit*, NJW 1999, 900 (903).

822 *Grigoleit*, Vorvertragliche Informationshaftung, 1997, S. 129 ff. und S. 157 ff.

823 MüKo/*Basedow*, § 307 BGB, Rn. 4; *Stoffels*, AGB-Recht, 2003, Rn. 88; *Locher*, JuS 1997, S. 390.

5. Schadensrechtliche Vertragsaufhebung neben § 306 Abs. 1 BGB

Konsequenterweise wird man fragen müssen, ob der Anspruch auf eine schadensrechtliche Vertragsaufhebung auch neben § 306 Abs. 1 BGB bestehen kann, also dann, wenn trotz der Intransparenz einzelner Teile der Hauptleistungsbestimmungen in Allgemeinen Geschäftsbedingungen eine Gesamtnichtigkeit des Vertrages ohnehin nicht in Betracht kommt[824]. Anders gesagt könnte ein Anspruch des Kunden auf Vertragslösung immer dann bestehen, wenn sich die Unwirksamkeit einer Klausel allein aus einem Verstoß gegen das Transparenzgebot ergibt und dieses in dem konkreten Fall vornehmlich auf die Sicherung einer informierten Abschlussentscheidung abzielt[825]. Einer teleologischen Reduktion des § 306 BGB bedarf es in derartigen Fällen nicht, da der Vertragspartner durch dessen Rechtsfolge nicht zweckwidrig in seinen Interessen beeinträchtigt wird. Vielmehr geht es darum, ob neben der Unwirksamkeit der betreffenden Klausel mit dem einseitigen Vertragslösungsrecht ein erweitertes Rechtsfolgenspektrum zur Verfügung stehen soll.

Die Begründung einer Schadensersatzpflicht des Verwenders AGB-gesetzwidriger Klauseln neben der unmittelbaren Unwirksamkeitsfolge ist in Rechtsprechung[826] und Literatur[827] allgemein anerkannt und bildet den eigentlichen Hauptanwendungsfall der Haftung auf Grund vorvertraglicher Pflichtverletzung. Ebenso ist, wie bereits ausführlich dargelegt, ein schadensrechtlicher Vertragsauflösungsanspruch generell über die §§ 280 Abs. 1, 311 Abs. 2 BGB begründbar[828].

Allerdings ist zu beachten, dass ein derartiger Anspruch nicht darauf gerichtet ist, weitergehende, im AGB-Recht nicht berücksichtigte Folgen der Einbeziehung unwirksamer Klauseln zu beseitigen. Er darf nicht dazu herangezogen werden, die Rechtsfolge des § 306 Abs. 1 BGB zu umgehen. Von daher müssen besondere Gründe dafür sprechen, § 306 Abs. 1 BGB in derartigen Fällen nicht als abschließende Rechtsfolgenanordnung einzustufen und so eine schadensrechtliche Vertragsauflösung auch dann zu ermöglichen, wenn der Vertrag an

824 S.o. Dritter Teil, § 11 II. 2. a).

825 Tendenziell: *Stoffels*, AGB-Recht, 2003, Rn. 570.

826 BGH 14.06.1994, NJW 1994, S. 2754; BGH 08.10.1987, NJW 1988, S. 197 (198); BGH 12.11.1986, NJW 1987, S. 639 (640); BGH 28.05.1984, NJW 1984, S. 2816 (2817); OLG Oldenburg 28.02.1996, NJW-RR 1996, S. 1054.

827 Palandt/*Heinrichs*, § 306 BGB, Rn. 13; Ulmer/Brandner/Hensen/*Schmidt*, § 306 BGB, Rn. 49; Staudinger/*Coester*, § 306 BGB, Rn. 46; *Stoffels*, AGB-Recht, 2003, Rn. 636 ff.; Wolf/Horn/Lindacher, § 9 AGBG, Rn. 167; *Brandner*, FS Oppenhoff (1985), S. 11 (15, 17, 24).

828 S.o. Dritter Teil, § 11 II. 3.

sich im Übrigen wirksam bliebe. § 306 Abs. 1 BGB basiert auf dem Grundgedanken, dass mit der Unbeachtlichkeit der unwirksamen Klausel gleichermaßen die unangemessene Belastung des Vertragspartners fortgefallen ist und dieser nunmehr ein überwiegendes Interesse am Fortbestand des Vertrages hat[829]. Diese auf dem engen Begriff der unmittelbaren materiellen Benachteiligung fußende Logik des § 306 Abs. 1 BGB ist im Hinblick auf die infolge der Intransparenz eintretende Benachteiligung nicht in der gleichen Allgemeingültigkeit aufrecht zu erhalten. Bei der Verletzung des vornehmlich auf Abschlusstransparenz gerichteten Gebots klarer und durchschaubarer Klauselgestaltung ist mit der Unwirksamkeit der betreffenden Klausel noch nicht zwingend auch die eingetretene Benachteiligung beseitigt. Diese liegt nämlich primär in der beeinträchtigten Willensbildung und Entscheidungsfindung vor Vertragsschluss und ist als solche weder nachholbar noch durch nachträgliche Korrekturen an dem Vertragsinhalt gleichwertig ersetzbar.

a) Einseitig günstige Äquivalenzverschiebungen

Allerdings wird man von einem hinreichenden Benachteiligungsausgleich immer dann ausgehen können, wenn sich durch den Wegfall der intransparenten Hauptleistungs(teil)klausel das Verhältnis von Leistung und Gegenleistung einseitig zu Gunsten des Vertragspartners verschiebt. Diese ist regelmäßig dann der Fall, wenn der Kunde infolge des § 306 Abs. 1 BGB die bei Vertragsschluss zu Grunde gelegte Leistung für einen insgesamt geringeren Preis beziehungsweise umgekehrt, wenn er ein Mehr an Leistung zu dem bei Vertragsschluss zu Grunde gelegten Entgelt erhält. Hierbei verbessert sich das vertragliche Äquivalenzverhältnis derart, dass ein verständiger Durchschnittskunde den Vertragsinhalt regelmäßig als günstiger im Vergleich zu dem Zeitpunkt des eigentlichen Vertragsschlusses bewerten wird. Es kann also im Sinne des § 306 Abs. 1 BGB davon ausgegangen werden, dass sich die Beeinträchtigung der Willensbildung jedenfalls nicht mehr in dem Abschluss eines ungünstigen Vertrages niedergeschlagen hat, so dass die spezifische Gefahr durch die Verwendung intransparenter Hauptleistungs(teil)klauseln bereits durch das Unwirksamkeitsverdikt beseitigt worden ist. Raum für einen weitergehenden schadensrechtlichen Vertragslösungsanspruch besteht demnach nicht, § 306 Abs. 1 BGB ist in diesen Konstellationen abschließend.

---

829 *Stoffels*, AGB-Recht, 2003, Rn. 583.

b) Äquivalente Veränderung des Preis-/Leistungsvolumens

Anders ist die Situation indessen dann zu bewerten, wenn die Unwirksamkeit intransparenter Hauptleistungs(teil)klauseln im Ergebnis dazu führt, dass sich das Verhältnis von Leistung und Gegenleistung nicht eindeutig zu Gunsten des Vertragspartners verschiebt. Dies ist insbesondere auch dann anzunehmen, wenn sich Leistung und Gegenleistung gleichermaßen durch die Unwirksamkeit der betreffenden Vertragsklausel reduzieren, so zum Beispiel wenn eine gesonderte Leistungsbeschreibung inklusive der in der gleichen Klausel enthaltenen wechselbezüglichen Preisbestimmung intransparent ist. Das übrige Verhältnis der Hauptleistungen zueinander bliebe zwar im ursprünglichen Verhältnis, jedoch ist die individuelle Gesamtgünstigkeit des Vertrages nicht mehr eindeutig bewertbar. So müsste der Vertragspartner, wenn es ihm gerade auf den weggefallenen Leistungsteil ankam oder er ihn zumindest mit in Anspruch nehmen wollte, diesen isoliert und damit regelmäßig teurer anderweitig erwerben. Damit bewirkt der Wegfall der intransparenten Regelung aber gerade nicht die Beseitigung der durch sie hervorgerufenen Benachteiligung. Die Bewertung der Günstigkeit des Vertragsschlusses hängt wieder von vornehmlich individuellen Kriterien ab, weswegen der konkrete Einfluss der Intransparenz auf die Kundenentscheidung nicht zwingend durch die Unwirksamkeit der Klausel kompensiert wird. In diesen Fällen kann eine schadensrechtliche Vertragsaufhebung neben § 306 Abs. 1 BGB nicht bereits von vorneherein ausgeschlossen werden.

Vielmehr ist dem Vertragspartner in diesen Fällen ein einseitiger schadensrechtlicher Vertragslösungsanspruch aus §§ 280 Abs. 1, 311 Abs. 2 BGB nach den gleichen, bereits beschriebenen[830] Grundsätzen zuzuerkennen. Es kann hinsichtlich der Anspruchsvoraussetzungen keinen Unterschied machen, ob die Hauptleistungspflichten einheitlich intransparent gestaltet sind, oder ob einzelne Teile der Preis- oder Leistungsbestimmungen gegen das Transparenzgebot verstoßen. Jeweils handelt es sich um Regelungen, die von besonderer Bedeutung für die Abschlussentscheidung des Kunden waren. Entgegen der sonst im AGB-Recht dominierenden isolierten Betrachtungsweise einzelner Klauseln hat die Verletzung der Orientierungstransparenz denknotwendig eine Relevanz für den gesamten Vertrag. Verändert sich also durch den Wegfall einzelner Hauptleistungs(teil)klauseln das Preis-/Leistungsvolumen des Gesamtvertrages und kann infolgedessen unter Rückgriff auf die verständige Betrachtungsweise eines typischen Durchschnittskunden nicht eindeutig festgestellt werden, dass der Vertrag nunmehr insgesamt günstiger ist als im Zeitpunkt des Abschlusses, dann steht dem Vertragspartner regelmäßig ein einseitiges Lösungsrecht zu.

830 S.o. Dritter Teil, § 11 II. 3.

Diese Voraussetzungen stellen auch keine unzulässige Inhaltskontrolle von Hauptleistungsklauseln dar, da es ausschließlich auf die Auswirkungen der Unwirksamkeit einer Teilklausel im Verhältnis zum ursprünglichen Vertrag ankommt. Eine Preis- oder Leistungskontrolle findet auf diese Art nicht statt.

III. Fazit

Die Intransparenz einer preis- oder leistungsbestimmenden Klausel in Allgemeinen Geschäftsbedingen führt unmittelbar zu deren Unwirksamkeit. Die weiteren Rechtsfolgen der Unwirksamkeit einer Klausel in Allgemeinen Geschäftsbedingungen richten sich generell nach § 306 Abs. 1 BGB. Ist jedoch der Kern einer Leistungszusage in Folge intransparenter Klauselgestaltung in Allgemeinen Geschäftsbedingungen unwirksam, ist die Aufrechterhaltung des Rechtsgeschäfts regelmäßig ausgeschlossen, das Regel-Ausnahmeverhältnis des § 306 Abs. 1 BGB kehrt sich um. Allerdings sind auch weder die Gesamtnichtigkeit, noch die Aufrechterhaltung des Vertrages im Wege ergänzender Vertragsauslegung in Anbetracht des Schutzzwecks der Transparenzkontrolle von Hauptleistungsklausel geeignete Rechtsfolgen. Im Fall der Unwirksamkeit einer in Allgemeinen Geschäftsbedingungen niedergelegten Hauptleistungspflicht in Folge der Intransparenz der jeweiligen Klausel sind gleichermaßen die Haftungsbegründenden Voraussetzungen der §§ 280 Abs. 1, 311 Abs. 2 Nr. 1 BGB gegeben, die dem Vertragspartner nach den Grundsätzen der schadensrechtlichen Vertragsaufhebung die Möglichkeit bieten, sich von dem Vertrag zu lösen.

Verstoßen – nur – einzelne Teile der Preis- oder Leistungsbestimmungen gegen das Transparenzgebot und führt die Unwirksamkeit dieser intransparenten Hauptleistungsteilklausel nicht zu einer Verschiebung von Leistung und Gegenleistung eindeutig zu Gunsten des Vertragspartners, ist die schadensrechtliche Vertragsaufhebung neben § 306 Abs. 1 BGB möglich. Es kann hinsichtlich der Anspruchsvoraussetzungen keinen Unterschied machen, ob die Hauptleistungspflichten einheitlich intransparent gestaltet sind, oder ob einzelne Teile der Preis- oder Leistungsbestimmungen gegen das Transparenzgebot verstoßen.

Vierter Teil: Transparenzkontrolle im Arbeitsrecht

Eine der wesentlichen Änderungen im Rahmen der Integration des AGB-Rechts in das BGB im Zuge der Schuldrechtsmodernisierung stellt die teilweise Aufgabe der Bereichsausnahme für das Arbeitsrecht in § 310 Abs. 4 BGB dar. Das AGB-Recht findet nunmehr gemäß § 310 Abs. 4 S. 1 BGB nur auf Tarifverträge sowie Betriebs- und Dienstvereinbarungen keine Anwendung. Vorformulierte Arbeitsverträge sind hingegen unter der Einschränkung des § 310 Abs. 4 S. 2 BGB, wonach die im Arbeitsrecht geltenden Besonderheiten angemessen zu berücksichtigen sind, voll der Inhaltskontrolle gemäß den §§ 307 ff. BGB unterworfen.

Diese Änderung gegenüber dem alten § 23 Abs. 1 AGBG kam buchstäblich in letzter Minute des Gesetzgebungsverfahrens zur Schuldrechtsmodernisierung auf Initiative des Bundesrats[831] zustande. Die Bundesregierung sah in ihrer Gegenäußerung ein grundsätzliches Bedürfnis nach richterlicher Kontrolle der einseitig vom Arbeitgeber festgelegten Arbeitsbedingungen gerade im Hinblick auf das existentielle Angewiesensein auf einen Arbeitsplatz als gegeben[832]. Die Streichung der Bereichsausnahme für das Arbeitsrecht sei zudem im Hinblick auf die uneinheitliche Rechtsprechung des Bundesarbeitsgerichts zur richterlichen Inhaltskontrolle von Arbeitsverträgen geboten, um so Rechtssicherheit zu schaffen[833].

§ 12 AGB-Kontrolle vor der Schuldrechtsreform

Jedoch hatten sich auch vor dem Wegfall der AGB-rechtlichen Bereichsausnahme für das Arbeitsrecht Grundzüge einer Inhaltskontrolle von Arbeitsverträgen herausgebildet.

---

831 BR-Drucks. 338/01, S. 28.
832 BT-Drucks. 14/6857, S. 54.
833 BT-Drucks. 14/6857, S. 55.

I. *Arbeitsvertragliche Inhaltskontrolle vor dem 01.01.2002*

In der Literatur war bereits vorher nachgewiesen worden, dass die Bereichsausnahme des § 23 Abs. 1 AGBG einer Heranziehung der allgemeinen Rechtsgedanken des AGBG auch im Arbeitsrecht nicht entgegenstand[834].

Das BAG beschritt in der Frage der Inhaltskontrolle von Arbeitsverträgen hingegen einen dogmatischen Sonderweg, ohne dabei jedoch einheitliche Kontrollprinzipien zu entwickeln. So hielt es wohl überwiegend eine unmittelbare sowie eine entsprechende Anwendung des AGBG auf Arbeitsverträge auf Grund des § 23 Abs. 1 AGBG für unmöglich[835]. Stattdessen etablierte es maßgeblich auf Grundlage des § 242 BGB eine eigenständige arbeitsvertragliche Inhaltskontrolle[836]. Daneben griff es auf die Institute der Billigkeitskontrolle (§ 315 BGB) sowie der Sittenwidrigkeit (§ 138 BGB) zurück[837]. So verwarf das BAG beispielsweise eine Arbeitsvertragsklausel wegen *„unangemessener und sachlich nicht gerechtfertigter Benachteiligung des Arbeitnehmers"*[838]. Im Weiteren führt es in diesem Urteil aus: *„Die Bereichsausnahme des § 23 Abs. 1 AGBG lässt die arbeitsrechtliche Inhaltskontrolle unberührt. Der Arbeitgeber, der vorformulierte Arbeitsvertragstexte verwendet, hat diese Formulierungen wegen seiner stärkeren Verhandlungsmacht einseitig durchsetzen können. Aus dieser einseitigen Vertragsgestaltung resultiert seine Pflicht, bei der Abfassung die Interessen des Vertragspartners angemessen zu berücksichtigen. Die Vertragsgestaltung unterliegt damit einer richterlichen Inhaltskontrolle. Dabei kann es dahinstehen, ob sich die richterliche Kontrolle zur Vermeidung eines Missbrauchs der Vertragsfreiheit aus § 242 BGB oder aus § 315 BGB ergibt. Einer richterlichen Korrektur bedarf die Ver-*

834 *Preis*, Grundfragen der Vertragsgestaltung im Arbeitsrecht, 1992, S. 237 ff.; *Coester-Waltjen*, AcP 190 (1990), S. 1 (16); *Fenn*, FS *Söllner* (2000), S. 333 ff.; *Hromadka*, FS Dieterich (1999), S. 251 ff.; *Wolf*, RdA 1988, S. 270; *Zöllner*, RdA 1989, S. 152 (158).

835 BAG 27.05.1992, EzA BGB § 339 Nr 8; BAG 14.11.1993, AP BGB § 611 Mehrarbeitsvergütung Nr. 11; BAG 13.12.2000, NZA 2001, S. 723 (724); BAG 27.02.2002, AP TVG § 4 Ausschlussfristen Nr. 162; *a.A.* LAG Baden-Württemberg 19.07.2001, Az. 21 Sa 40/01 (n.v.), das ausdrücklich feststellte: *„...Der Inhalt des von der Beklagten verwendeten Vertragsmusters unterliegt in besonderer Weise einer Angemessenheitskontrolle nach § 242 BGB. Diese orientiert sich inhaltlich an den Grundgedanken der §§ 8 bis 11 AGBG..."*, das BAG unterzog die Klausel in dem anschließenden Revisionsurteil vom 18.03.2003, AP Nr. 28 zu § 157 BGB unter Hinweis darauf, dass für Altverträge noch die Rechtslage vor dem 01.01.2002 maßgeblich sei, lediglich einer Sittenwidrigkeitskontrolle nach § 138 BGB.

836 BAG 24.11.1993, NZA 1994; S. 759; BAG 29.11.1995, NZA 1996, S. 702; BAG 21.11.2001, NZA 2002, S. 551.

837 BAG 21.11.2001, NZA 2002, S. 551 bezieht sich ausdrücklich auf die §§ 138, 242, 315 BGB als Rechtsgrundlage richterlicher Inhaltskontrolle von Arbeitsverträgen.

838 BAG 24.11.1993, NZA 1994, S. 759 (760).

tragsgestaltung dann, wenn sie die Interessen des Arbeitnehmers unverhältnismäßig außer acht lässt.'[839].

In einem weiteren Urteil zur Wirksamkeit einer Rückzahlungsklausel für Ausbildungskosten folgerte das BAG aus der strukturellen Unterlegenheit des Arbeitnehmers und der damit verbundenen Gefahr der vertraglichen Fremdbestimmung einen richterlichen Kontrollauftrag, der über § 242 BGB im Sinne eines interessengerechten Vertragsausgleichs zu verwirklichen sei[840]. Dabei kam es sogar zu der Schlussfolgerung, dass im Arbeitsrecht die richterliche Vertragskontrolle eine noch größere Rolle als im allgemeinen Zivilrecht spiele, da das Schutzbedürfnis des grundsätzlich schwächeren Arbeitnehmers besonders groß und der Gesetzgeber in vielen Bereichen untätig geblieben sei[841].

Strukturierte und konkretisierbare Kontrollkriterien ließen sich diesen dogmatischen Herleitungen hingegen nicht entnehmen[842]. Es stellte sich vielmehr der Widerspruch solch grundlegender Aussagen zu der kategorischen Ablehnung der Kriterien AGB-rechtlicher Inhaltskontrolle heraus[843], basiert letztere doch auf den gleichen Überlegungen zur materiellen Vertragsgerechtigkeit[844]. Sogar die richterrechtliche Herleitung und Legitimation der AGB-Inhaltskontrolle vor Kodifizierung des AGBG spiegelt sich in den dargelegten Ausführungen des BAG wider. Die kodifizierten Maßstäbe der AGB-Kontrolle stellen eine bewährte Konkretisierung der vom BAG entworfenen und legitimierten Prüfungskompetenz für vorformulierte Arbeitsverträge dar. Auf sie bei der Arbeitsvertragskontrolle zu Gunsten eigenständiger arbeitsrechtlicher Kontrollmaßstäbe gänzlich verzichten zu wollen, hieße daher nichts anderes, als das Rad mit der Maßgabe neu erfinden zu wollen, dass es nicht rund sein dürfe. Diesen Wertungswiderspruch sowie die daraus resultierende Rechtsunsicherheit wollte der Gesetzgeber ausweislich der Begründung mit der Streichung der Bereichsausnahme für das Arbeitsrecht ausräumen[845].

---

839 BAG 24.11.1993, NZA 1994, S. 759 (760).

840 BAG 16.03.1994, NZA 1994, S. 937 (939).

841 BAG 16.03.1994, NZA 1994, S. 937 (940).

842 Vgl. *Thüsing*, AGB-Kontrolle im Arbeitsrecht, 2007, Rn. 32.

843 Zu der unterschiedlichen Entwicklung der Grundsätze der Vertragskontrolle in der Rechtsprechung von BGH und BAG besonders anschaulich: *Preis*, AuR 1994, S. 139 ff.

844 S.o. Erster Teil, § 2 III. 2.

845 BT-Drucks. 14/6857, S. 55.

II. Transparenzkontrolle von Arbeitsverträgen vor dem 01.01.2002

Die Geltung des aus § 9 Abs. 1 AGBG abgeleiteten Transparenzgebots für Arbeitsverträge, die vor dem 01.01.2002 abgeschlossen worden sind und daher formal noch nicht der AGB-Kontrolle unterlagen, ist im Schrifttum namentlich von *Preis* zu Recht gefordert worden[846].

Außerhalb des Kernbereichs arbeitsrechtlicher Materien hat das BAG unmittelbar auf das AGB-rechtliche Transparenzgebot zurückgegriffen. So erklärte es beispielsweise die in Allgemeinen Geschäftsbedingungen über den Verkauf von Autos an Werksangehörige enthaltene Klausel, die den Arbeitnehmer zur Zahlung des ihm eingeräumten Preisnachlasses verpflichtet, wenn er binnen eines Jahres nach Auslieferung fristlos entlassen wird, wegen Verstoßes gegen das Transparenzgebot des § 9 Abs. 1 AGBG für unwirksam, wenn die Höhe des Preisnachlasses im Vertrag nicht angegeben ist[847]. Bei der unmittelbaren Arbeitsvertragskontrolle hingegen ist das Transparenzgebot von der Rechtsprechung des BAG zwar nicht ausdrücklich, aber doch der Sache nach durchaus anerkannt worden. So hat das BAG in älteren Entscheidungen beispielsweise verlangt, dass der Arbeitgeber bei der Gewährung freiwilliger Sondervergütungen nicht nach unbestimmten, dem Arbeitnehmer nicht erkennbaren Kriterien verfahren dürfe[848]. Es verlangte mit anderen Worten eine transparente Vertragsgestaltung. Entsprechende Forderungen im Hinblick auf die Bestimmtheit der Vertragsbestimmungen hat das BAG bei der formularmäßigen Vereinbarung einer auflösenden Bedingung[849] und einer Vertragsstrafe[850] aufgestellt. Eine Verpflichtung zur Rückzahlung von Gratifikationen schließlich müsse ausdrücklich und eindeutig sowie für den Arbeitnehmer überschaubar und klar im Arbeitsvertrag geregelt sein[851]. Allerdings betonte das BAG in einer Entscheidung aus dem Jahre 2003 nochmals ausdrücklich, dass das Transparenzgebot, so wie es in § 307 Abs. 1 S. 2 BGB kodifiziert wurde, kein Maßstab sei für die Inhaltskontrolle von Arbeitsverträgen, die vor dem 01.01.2002 abgeschlossen wurden[852].

---

846 *Preis*, Grundzüge der Vertragsgestaltung im Arbeitsrecht, 1992, S. 324 ff.; *ders.*, FS Kissel (1994), S. 879 (897).

847 BAG 26.05.1993, NZA 1993, S. 1029 (1030 f.); s. hierzu auch *Hebestreit*, BB 1994, S. 281 ff.

848 BAG 22.12.1970, AP Nr. 2 zu § 305 BGB Billigkeitskontrolle.

849 BAG 27.10.1988, NZA 1989, S. 643 (644) allerdings in Bezug auf eine Bestimmung in einer Betriebsvereinbarung.

850 BAG 18.09.1991, NZA 1992, S. 215 (217).

851 BAG 14.06.1995, NZA 1995, S. 1034 (1035).

852 BAG 16.01.2003, NZA-RR 2003, S. 607 (608).

Darüber hinaus hat das Transparenzgebot auch außerhalb der Vertragskontrolle in vielfacher Form Anwendung im Arbeitsrecht gefunden. Beispielhaft sei das vom EuGH aufgestellte Gebot genannt, die Entlohnungsgrundsätze einschließlich der Grundsätze, nach denen eine Ausschüttung von Gratifikationen erfolgt, klar und durchschaubar festzulegen[853]. Eine intransparente Auszahlungspraxis führt nach Ansicht des EuGH dazu, dass von dem Arbeitgeber der Nachweis verlangt werden könne, dass festgestellte Unterschiede in der Entlohnung nicht auf einer Diskriminierung auf Grund des Geschlechts beruhen[854] und wirkt sich somit auf die Beweislast aus[855].

§ 13 Eingeschränkte Geltung des Transparenzgebots im Arbeitsrecht?

Nachdem durch die Streichung der Bereichsausnahme für das Arbeitsrecht in § 310 Abs. 4 S. 1 BGB nunmehr feststeht, dass das AGB-Recht und somit auch das neu kodifizierte Transparenzgebot in § 307 Abs. 1 S. 2 BGB und § 307 Abs. 3 S. 2 BGB bei der Inhaltskontrolle vorformulierter Arbeitsverträge generell zur Anwendung gelangt, ist vorab zu klären, inwieweit die in § 310 Abs. 4 S. 2 BGB festgeschriebene angemessene Berücksichtigung der Besonderheiten des Arbeitsrechts zu einer Einschränkung der Transparenzkontrolle im Arbeitsrecht führen kann.

I. Besonderheiten des Arbeitsrechts gemäß § 310 Abs. 4 S. 2 BGB

Sollten mit der Anwendung des AGB-Rechts auf die Inhaltskontrolle vorformulierter Arbeitsverträge bestehende Rechtsunsicherheiten beseitigt werden, so hat der Schuldrechtsmodernisierungsgesetzgeber mit der Einführung des unbestimmten Rechtsbegriffs der *„im Arbeitsrecht geltenden Besonderheiten"* in § 310 Abs. 4 S. 2 BGB eine im Arbeitsrecht derzeit beispielslose Orientierungslosigkeit bewirkt[856]. Grund hierfür ist, dass es sich um einen bislang in der deutschen Rechtsordnung unbekannten Begriff handelte[857]. Es ist in der Folge zu einer nahezu unüberblickbaren Fülle von Bestimmungsversuchen in Schrifttum und instanzgerichtlicher Rechtsprechung gekommen, was unter der Besonder-

853 EuGH 31.05.1995, DB 1995, S. 1615; EuGH 17.10.1989, NZA 1990, S. 772 (774).

854 EuGH 31.05.1995, DB 1995, S. 1615.

855 Ebenso ArbG Gelsenkirchen 11.02.2000, NZA-RR 2000, S. 296 (297).

856 So zutreffend: *Morgenroth/Leder*, NJW 2004, S. 2797.

857 *Thüsing*, AGB-Kontrolle im Arbeitsrecht, 2007, Rn. 104, der insoweit von einem Neologismus der Gesetzessprache spricht.

heiten des Arbeitsrechts zu verstehen ist und wie sich diese auf die Anwendung des AGB-Rechts im Arbeitsrecht auswirken[858]. Denn die Konkretisierung des § 310 Abs. 4 S. 2 BGB entscheidet letztlich darüber, wieweit eine Angleichung von Zivil- und Arbeitsrecht tatsächlich erfolgt.

1. Übersicht über den Meinungsstand

Dabei reicht das Meinungsspektrum von der Auffassung, dass jede arbeitsrechtliche Besonderheit, die sich gegen die Bestimmungen der §§ 307 ff. BGB durchsetzen könne, als Missbrauch zu qualifizieren sei[859], bis hin zu der entgegengesetzten Ansicht, die über die Besonderheiten des Arbeitsrechts die Inhaltskontrolle wie gehabt praktizieren und dabei lediglich § 307 Abs. 1 BGB als zusätzliche Legitimation verstanden wissen will[860]. Von ähnlich weitreichender Konsequenz ist es, unter die Besonderheiten des Arbeitsrechts die Gesamtheit der Strukturen des Arbeitsverhältnisses zu fassen, die auf den verschiedenen arbeitsrechtlichen Gestaltungsfaktoren einschließlich des Arbeitsvertrages selbst beruhen, so dass Änderungen der bisherigen Rechtsprechung praktisch kaum geboten sind[861].

Daneben wird versucht, den Anwendungsbereich des § 310 Abs. 4 S. 2 BGB einzuschränken. So wird die These vertreten, dass lediglich die Besonderheiten innerhalb spezifischer Bereiche des Arbeitsrechts, beispielsweise Arbeitsverhältnisse in Tendenzunternehmen, eine Abweichung vom AGB-rechtlichen Kontrollmaßstab rechtfertigen könnten[862]. Diese enge Auslegung versteht den Begriff der Besonderheiten des Arbeitsrechts dahingehend, dass lediglich die Besonderheiten innerhalb des Arbeitsrechts gemeint seien[863].

Weiterhin wird vertreten, dass bei den besonderen Klauselverboten des § 309 BGB eine angemessene Berücksichtigung der im Arbeitsrecht geltenden

858 Vgl. Überblicke bei *Thüsing*, AGB-Kontrolle im Arbeitsrecht (2007), Rn. 104 ff.; *Hönn*, ZfA 2003, S. 325; *Preis*, Sonderbeilage 1 zu NZA 2003, S. 19, *Thüsing*, NZA 2002, S. 591.

859 PdSR/v.*Westphalen*, 1. Aufl. 2002, § 310 BGB, Rn. 7; anders nunmehr PdSR/ *Henssler*, 2. Aufl., § 310 BGB, Rn. 6, wonach die besondere Interessenlage des Arbeitsrechts zu berücksichtigen sei.

860 *Lingemann*, NZA 2002, S. 181 (183).

861 *Hromadka*, NZA 2002, S. 2523 (2528); *Bauer/Kock*, DB 2002, S. 42 (45); *Natzel*, NZA 2002, S. 595 (597).

862 *Birnbaum*, NZA 2003, S. 944 (946); *Hümmerich*, NZA 2003, S. 753 (762); *Hümmerich/Holthausen*, NZA 2002, S. 173 (178).

863 *Birnbaum*, NZA 2003, S. 944 (948).

Besonderheiten nicht in Betracht komme, da sich hier jede Wertungsmöglichkeit von vorneherein verbiete[864].

Die ganz überwiegende Meinung nimmt in der Grundtendenz hingegen eine vermittelnde Position ein, wonach im Ergebnis die Vorschriften des AGB-Rechts grundsätzlich auf vorformulierte Arbeitsverträge anwendbar, in besonders begründeten Einzelfällen aber Abweichungen von den nach AGB-rechtlichen Maßstäben gewonnenen Ergebnissen gerechtfertigt sein sollen[865]. Umstritten ist innerhalb dieses Ansatzes insbesondere, ob nur die rechtlichen oder auch die tatsächlichen Besonderheiten des Arbeitsrechts zu einer Modifizierung des AGB-rechtlichen Kontrollergebnisses führen können. Die Vertreter der Auffassung, wonach nur solche Rechtsnormen, die ausschließlich für das Arbeitsrecht abweichende Regelungen von anderen Rechtsgebieten schaffen, unter § 310 Abs. 4 S. 2 BGB fielen, stützen sich im Wesentlichen auf das Wortlautargument, dass nur rechtliche, nicht aber tatsächliche Momente *„gelten"* könnten[866].

Die Gegenansicht will auch Besonderheiten rein tatsächlicher Natur in den Anwendungsbereich des § 310 Abs. 4 S. 2 BGB mit einbeziehen, da deren Ausklammerung der gesetzgeberischen Intention widerspreche und eine Trennung von tatsächlichen und rechtlichen Aspekten praktisch nahezu unmöglich sei[867]. Im Kern geht es bei diesem Streit um die Frage, ob allein aus dem Umstand, dass eine bestimmte Vertragsklausel in der Vertragspraxis weit verbreitet ist, bereits auf eine arbeitsrechtliche Besonderheit geschlossen werden kann[868].

864 LAG Hessen 25.04.2003, ZTR 2004, S. 325; LAG Düsseldorf 08.01.2003, NZA 2003, S. 382; ArbG Bielefeld 02.12.2002, EZA-SD 2003, S. 11 (12); *Hönn*, ZfA 2003, 325 ff.; *Klevemann*, AiB 2002, S. 577 (579); *Schuster*, AiB 2003, S. 708.

865 *Gotthardt*, Arbeitsrecht nach der Schuldrechtsreform, Rn. 235 ff.; *Thüsing*, AGB. Kontrolle im Arbeitsrecht, 2007, Rn. 109; *Stoffels*, AGB-Recht, Rn. 181; ErfK/ *Preis*, §§ 305–310 BGB, Rn. 14; *Richardi*, NZA 2002, S. 106; *Thüsing*, NZA 2002, S. 591.

866 LAG Hessen 07.05.2003, Az. 2 Sa 53/03, juris-Nr: KARE600008485, Rn. 37; LAG Hamm 24.01.2003, NZA 2003, S. 499 (501); ArbG Bochum 08.07.2002, NZA 2002, S. 978 (979); *Preis*, Sonderbeilage 1 zu NZA 2003, S. 19 (26); *Thüsing*, AGB.Kontrolle im Arbeitsrecht, 2007, Rn. 109; *ders.*, NZA 2002, S. 591 (592); *ders.* BB 2002, S. 2666 (2673).

867 *Joost*, FS Ulmer (2003), S. 1199 (1203); *Leder/Morgenroth*, NZA 2002, S. 952 (956); jetzt aber wieder einschränkend *dies.*, NJW 2004, S. 2797 (2798); *v.Steinau-Steinrueck/Hurek*, NZA 2004, S. 965 (967).

868 Dies verneinen *Morgenroth/Leder*, NJW 2004, S. 2797 (2798) jetzt, wollen aber aus der Tarifüblichkeit einer Regelung folgern, dass es sich bei dieser um eine arbeitsrechtliche Besonderheit handelt.

2. Die Urteile des BAG vom 04.03.2004

In drei Urteilen vom 04.03.2004[869] hat sich der 8. Senat des BAG anlässlich der Frage nach der Vereinbarkeit formularmäßiger Vertragsstrafen in Arbeitsverträgen mit dem AGB-Recht, insbesondere dem Klauselverbot des § 309 Nr. 6 BGB, grundsätzlich mit dem soeben skizzierten Meinungsstand in Literatur und Instanzrechtsprechung zu dem Verständnis des § 310 Abs. 4 S. 2 BGB auseinandergesetzt. Dabei entscheidet er, dass die arbeitsrechtlichen Besonderheiten bei allen Formulararbeitsverträgen ungeachtet ihrer rechtlichen Gestaltung zu berücksichtigen sind, und erteilt damit der Ansicht, dass nur die Besonderheiten einzelner Ausschnitte des Arbeitsrechts zu berücksichtigen seien, eine klare Absage[870]. Ebenso wendet sich der Senat mit der Aussage, dass sich die Berücksichtigung der Besonderheiten des Arbeitsrechts auf den gesamten Abschnitt des AGB-Rechts beziehe[871], gegen die Auffassung, die besonderen Klauselverbote des § 309 BGB seien dem Anwendungsbereich des § 310 Abs. 4 S. 1 BGB generell entzogen. Klar gestellt wird hierdurch aber auch, dass die Besonderheiten des Arbeitsrechts einer AGB-Kontrolle von Arbeitsverträgen nicht generell, sondern nur ausnahmsweise entgegenstehen.

Offen lässt der Senat hingegen die Frage, ob es sich bei den Besonderheiten des Arbeitsrechts um solche nur rechtlicher oder auch tatsächlicher Natur handelt. Insoweit stellt er lediglich fest, dass eine rechtliche Regelung auch dann eine arbeitsrechtliche Besonderheit darstellt, wenn sie ihren Anwendungsbereich zwar nicht ausschließlich im Arbeitsrecht hat, aber ein wesentlicher Bereich der Vorschrift im Arbeitsrecht liegt[872]. Es genügt somit, wenn die entsprechende Norm auch eine Besonderheit des Arbeitsrechts darstellt, ansonsten aber beispielsweise auch im Dienstvertragsrecht Anwendung findet.

3. Stellungnahme und AGB-rechtlicher Ansatz zur Bestimmung der „im Arbeitsrecht geltenden Besonderheiten"

Ein Verständnis der eingeschränkten Bereichsausnahme dahingehend, dass die AGB-Kontrolle nur insoweit originär zulässig ist, als sie im Ergebnis der hergebrachten Inhaltskontrolle von Arbeitsverträgen nicht widerspricht, ist ein klarer Verstoß gegen den gesetzgeberischen Anwendungsbefehl der §§ 305 ff. BGB. Selbst der Wortlaut des § 310 Abs. 4 S. 2 BGB verlangt, dass zunächst einmal

869 BAG 04.03.2004, Az. 8 AZR 196/03, NZA 2004, S. 727 ff.; sowie die Urteile vom gleichen Tag: 8 AZR 328/03 und 8 AZR 344/03.
870 BAG 04.03.2004, NZA 2004, S. 727 (731).
871 BAG 04.03.2004, NZA 2004, S. 727 (731).
872 BAG 04.03.2004, NZA 2004, S. 727 (732).

die AGB-rechtlichen Vorschriften angewandt werden, bevor sich die Frage nach dem Vorliegen einer arbeitsrechtlichen Besonderheit und deren Auswirkungen stellt. Auch ausweislich der Entstehungsgeschichte des Wegfalls der Bereichsausnahme für das Arbeitsrecht[873] wollte der Gesetzgeber das arbeitsrechtliche Schutzniveau dem allgemein im Zivilrecht geltenden angleichen und nicht durch die Regelung des § 310 Abs. 4 S. 2 BGB einen dauerhaften arbeitsrechtlichen Sonderweg zementieren.

Gegen das Verständnis der bisherigen richterrechtlichen Grundsätze zur Arbeitsvertragskontrolle als Besonderheiten des Arbeitsrechts spricht ferner, dass diese gerade auf Basis der nunmehr weggefallenen Bereichsausnahme des § 23 Abs. 1 AGBG entwickelt wurden. Eine vorbehaltlose Fortführung dieses Richterrechts liefe also darauf hinaus, die Unanwendbarkeit des AGB-Rechts im Arbeitsrecht als die wesentliche im Arbeitsrecht geltende Besonderheit zu qualifizieren, obwohl die zu Grunde liegende Norm nach der Schuldrechtsmodernisierung gar nicht mehr „gilt"[874]. Es sollte eine Selbstverständlichkeit sein, dass Richterrecht dann auf seine fortgeltende Legitimation hin überprüft wird, wenn die fehlende einschlägige gesetzliche Normierung als Entstehungsanlass weggefallen ist. Dies gilt umso mehr, wenn die gesetzgeberische Tätigkeit in diesem Bereich gerade nicht die Kodifikation dieses Richterrechts zum Ziel hat.

Mit dem Wegfall der Bereichsausnahme für das Arbeitsrecht findet ein Stück materieller und nicht nur formaler Reintegration des Arbeitsvertragsrechts in das BGB statt[875]. Dies bedeutet aber auch, dass § 310 Abs. 4 S. 2 BGB nicht isoliert als arbeitsrechtliche Sondervorschrift zu verstehen ist, sondern als Teil des im allgemeinen Schuldrecht einheitlich kodifizierten AGB-Rechts. Dieser Aspekt ist in der Interpretation der im Arbeitsrecht geltenden Besonderheiten bisher zu kurz gekommen[876]. Dabei ist zunächst zu konstatieren, dass die AGB-rechtlichen Vorschriften – abgesehen von § 309 BGB – erhebliche Wertungsspielräume zulassen. Dies gilt in besonderem Maße für die Generalklausel des § 307 Abs. 1 S. 1 BGB, wonach eine unangemessene Benachteiligung im Einzelfall im Wege einer Abwägung unter Berücksichtigung namentlich des Vertragstyps sowie der Interessen der typischerweise an dem Vertragsschluss beteiligten Personenkreise stattzufinden hat[877]. Dass dabei die in den normativen Regelungen eines Rechtsgebiets zum Ausdruck kommenden Wertungen einen bedeutenden Maßstab einer Treu und Glauben entsprechenden Vertrags-

873 S.o. unter Vierter Teil, § 13.

874 *Dorndorf/Deinert* in Däubler/Dorndorf/Deinert/Bonin, AGB-Kontrolle im Arbeitsrecht, 2007, § 310, Rn. 67.

875 So zutreffend ErfK/*Preis*, §§ 305–310, Rn. 3.

876 *Stoffels*, Sonderbeilage 1 zu NZA 2004, S. 19 (20).

877 Vgl. nur Ulmer/Brandner/Hensen/*Fuchs*, § 307 BGB, Rn. 110.

gestaltung bilden, kommt vornehmlich in § 307 Abs. 2 Nr. 1 BGB, aber auch in § 307 Abs. 3 S. 1 BGB deutlich zum Ausdruck.

Es ist zwar zutreffend, dass es sich bei Umständen, die allein aus dem Arbeitsverhältnis, dem Arbeitsleben an sich oder der besonderen Situation des Arbeitnehmers entnommen werden, nicht um geltende Rechtsgrundsätze handelt[878], dies erlaubt es jedoch nicht, sie losgelöst von einschlägigen Normen zu betrachten. Denn zum einen können diese Tatsachen Anlass für eine normative Regelung sein, in der sie sich dann wiederfinden, und zum anderen – aber auch damit einhergehend – können Rechtsnormen einen erheblichen Einfluss auf die Bewertung rein tatsächlicher Umstände haben. Die originäre AGB-rechtliche Interessenabwägung schließt daher sowohl tatsächliche als auch rechtliche Umstände mit ein, soweit diese sich zu Interessen des am Vertragsschluss typischerweise beteiligten Personenkreises objektivieren lassen. Der Begriff der Besonderheit eines Rechtsgebiets ist also bereits der AGB-rechtlichen Interessenabwägung in einem umfassenden Verständnis immanent[879].

Weiterhin steht auch nicht zu befürchten, dass über § 307 Abs. 2 Nr. 1 BGB normative Wertungen im Arbeitsvertragsrecht zum Tragen kommen, die sich nicht mit dem Arbeitsrecht vereinbaren lassen, so dass über § 310 Abs. 4 S. 2 BGB korrigierend eingegriffen werden müsste. Zwar werden unter dem Begriff „gesetzliche Regelung" im Sinne des § 307 Abs. 2 Nr. 1 BGB jedenfalls sämtliche dispositiven Normen des BGB sowie anderer Gesetze verstanden[880], dennoch enthält auch diese Regelung eine eigene Wertungsstation. So lassen sich nach herrschender Meinung Aussagen zum Schutz- und Gerechtigkeitsgehalt der gesetzlichen Dispositivbestimmung nicht losgelöst von der zu beurteilenden Vertragsgestaltung treffen, sondern müssen bereits von vorneherein auf eine bestimmte typisierbare und in ihrem Interessengegensatz bereits erfasste Konstellation bezogen sein[881]. Da das dispositive Gesetzesrecht für unterschiedliche Vertragstypen nicht zwingend die gleiche Schutzfunktion hat, muss eine solche im konkreten Einzelfall festgestellt werden und darf erst dann im Rahmen des § 307 Abs. 2 Nr. 1 BGB Berücksichtigung finden[882].

Dort, wo das AGB-Recht wertungsoffen ist, können AGB-Recht und Arbeitsrecht bereits alleine aus dem AGB-Recht heraus hinreichend harmonisiert

---

878 *Thüsing*, NZA 2002, S. 591 (592).

879 So auch *Stoffels*, Sonderbeilage 1 zu NZA 2004, S. 19 (20).

880 Soergel/*Stein*, § 9 AGBG, Rn. 33; Staudinger/*Coester*, § 307 BGB, Rn. 231; *Stoffels*, AGB-Recht, 2003, Rn 507.

881 *Stoffels*, AGB-Recht, 2003, Rn. 503 m.w.N.

882 BGH 01.02.1989, NJW 1989, S. 1497; Ulmer/Brandner/Hensen/*Fuchs*, § 307 BGB, Rn. 221.

werden. Schließlich stellt § 310 Abs. 4 S. 2 BGB das AGB-Recht auch unter keinen kategorischen Vorbehalt der Besonderheiten des Arbeitsrechts, sondern verlangt lediglich deren angemessene Berücksichtigung. Dies lässt sich bei einer Gesamtbetrachtung der §§ 305–310 BGB nur so verstehen, dass dort im Einzelfall eine arbeitsrechtsspezifische Interessenbewertung zu erfolgen hat, wo eine solche nicht ausreichend oder, wie im Falle der besonderen Klauselverbote ohne Wertungsmöglichkeit des § 309 BGB, gar nicht erfolgt[883]. Eröffnet das AGB-Recht nämlich keinen Wertungsspielraum, sondern füllt einen solchen selbst aus, so folgt aus dem alten § 23 Abs. 1 AGBG, dass der Gesetzgeber bei diesen Konkretisierungen der Generalklausel das Arbeitsrecht nicht im Blick hatte.

Dementsprechend ist es geboten, die Gründe, die den Gesetzgeber zu der jeweiligen Konkretisierung des Gebots einer an Treu und Glauben ausgerichteten Vertragsgestaltung bewogen haben, auch auf ihre Gültigkeit im Arbeitsrecht hin zu überprüfen.

Unter dem gleichen Aspekt ist es schließlich auch verfehlt, richterrechtliche Ausprägungen der Generalklausel – insbesondere eine gefestigte Rechtsprechung bezüglich einzelner Klauseltypen – unreflektiert auf die Kontrolle von Arbeitsverträgen zu übertragen. Während letzteres eine Selbstverständlichkeit im Rahmen der gesetzlich vorgeschriebenen Interessenabwägung ist, bedurfte es für ersteres rechtstechnisch der Regelung des § 310 Abs. 4 S. 2 BGB. Liegen demnach richterrechtlich oder gesetzlich verfestigte Klauselverbote vor, müssen die maßgeblichen Gründe, die dazu geführt haben, den bestimmten Klauseltyp als für den Vertragspartner unangemessen benachteiligend einzustufen, mit den Gründen abgewogen werden, die hinsichtlich des betreffenden Klauseltyps in Arbeitsverträgen bisher eine abweichende Rechtsprechung getragen haben. Nur so kann im Übrigen der Regelung des § 310 Abs. 4 S. 2 BGB entsprochen werden, die eine „angemessene Berücksichtigung" verlangt.

Stehen sich jedoch unterschiedliche Regelungen gegenüber, so lassen sich diese selbst nicht gegeneinander abwägen oder teilweise berücksichtigen, da nur die eine oder andere Regelung Anwendung finden kann[884].

Eine solche Abwägung hat nach den allgemeinen AGB-rechtlichen Prinzipien anhand der typisierten schutzwürdigen Interessen der am Arbeitsvertragsschluss beteiligten Personenkreise zu erfolgen. Dabei sei bereits an dieser Stelle der allgemeine Grundsatz in der BGH-Rechtsprechung hervorgehoben, dass die bloße Üblichkeit einer bestimmten Klausel kein Indiz für deren Angemes-

---

883 Ebenso *Stoffels*, Sonderbeilage 1 zu NZA 2004, S. 19 (20).

884 *Däubler/Dorndorf* in Däubler/Dorndorf/Deinert/Bonin, AGB-Kontrolle im Arbeitsrecht, 2007, § 310, Rn 74.

senheit ist[885]. Der Hinweis auf einen bestimmten Verbreitungsgrad einer Klausel ist regelmäßig nur eine Tatsachenfeststellung und keine inhaltliche Rechtfertigung[886]. Somit kann auch alleine in dem Umstand der weitläufigen Verwendung einer Klausel in Individualarbeitsverträgen kein Grund für eine abweichende Bewertung im Rahmen einer arbeitsvertragsspezifischen Interessenabwägung gesehen werden. Anderenfalls wäre es einzelnen Arbeitgebern möglich, faktisch arbeitsrechtliche Besonderheiten zu schaffen[887]. Auch hier zeigt sich, dass dieses Ergebnis ohne größere Begründungsschwierigkeiten aus den AGB-rechtlichen Grundsätzen gewonnen werden kann, ohne dabei auf die arbeitsrechtliche Diskussion zur Unterscheidung von tatsächlichen und arbeitsrechtlichen Besonderheiten zurückgreifen zu müssen[888].

In unmittelbarem Zusammenhang hiermit steht die Frage, ob es sich bei der Tarifüblichkeit einer bestimmten Regelung um eine Besonderheit im Sinne des § 310 Abs. 4 S. 2 BGB handelt. *Morgenroth/Leder* befürworten dies unter Bezugnahme auf die Richtigkeitsgewähr des tarifvertraglich fixierten kollektiven Verhandlungsergebnisses[889]. Überwiegend wird es jedoch abgelehnt, von der Tarifüblichkeit einer Klausel auf deren inhaltliche Angemessenheit im Individualarbeitsvertrag zu schließen und so gegebenenfalls eine arbeitsrechtliche Besonderheit gegenüber dem AGB-Recht zu begründen[890]. Zur Begründung wird angeführt, dass eine tarifvertragliche Regelung nicht für sich alleine, sondern immer nur im Gesamtzusammenhang gesehen werden könne, da Bestimmungen, die den Arbeitsgeber begünstigen, regelmäßig durch anderweitige Zugeständnisse ausgeglichen werden, so dass sich die Richtigkeitsgewähr auch nur auf den tarifvertraglichen Gesamtausgleich bezieht[891]. Die gleiche Argumentation trägt aber auch, wenn man umgekehrt danach fragt, ob einzelnen Tarifbestimmungen eine entsprechende normative Leitbildfunktion im Rahmen des § 307 Abs. 2 Nr. 1 BGB zukommt. Der für die Leitbildfunktion maßgebliche normative Gerechtigkeitsgehalt kommt nach dem zuvor Gesagten ausschließlich dem tariflichen Gesamtverhandlungsergebnis zu. Von daher haben einzelne Tarifbestimmungen auch keine eigenständige Schutzfunktion. Der Schutzzweck von Tarifverträgen erschöpft sich darin, dem Sozialpartner in der Ges-

---

885 BGH 12.03.1987, BGHZ 100, S. 157; BGH 05.06.1984, NJW 1984, S. 2160; Ulmer/Brandner/Hensen/*Fuchs*, § 307 BGB, Rn. 140 ff.

886 *Preis*, RdA 2002, S. 42 (45).

887 S.a. *Morgenroth/Leder*, NJW 2004, S. 2797 (2798).

888 So jedoch mit gleichem Ergebnis *Morgenroth/Leder*, NJW 2004, S. 2797 (2798).

889 *Morgenroth/Leder*, NJW 2004, S. 2797 (2798); ähnlich BAG 13.12.2000, RdA 2002, S. 38 (40 f.).

890 *Preis*, RdA 2002, S. 42 (45).

891 *Preis*, RdA 2002, S. 42 (45); *Singer*, RdA 2003, S. 194 (200).

taltung der Arbeitsbedingungen kollektiv gegenüber treten zu können. Tarifnormen passen demnach auch aus AGB-rechtlicher Sicht unter die Begriffe der gesetzlichen Regelungen beziehungsweise der Rechtsvorschriften im Sinne des § 307 BGB. Dass sie in § 310 Abs. 4 S. 3 BGB mit Rechtsvorschriften im Sinne des § 307 Abs. 3 BGB gleichgestellt werden, stellt lediglich eine Rechtsfolgenanordnung dar, mit der der Gesetzgeber verhindert hat, dass Tarifverträge selbst der Inhaltskontrolle unterfallen[892].

4. Ergebnis

Unter der angemessenen Berücksichtigung der im Arbeitsrecht geltenden Besonderheiten ist daher zu verstehen, dass dort, wo das AGB-Recht eigene oder richterrechtlich ausgeprägte Wertungen bezüglich bestimmter Klauseltypen enthält, eine Überprüfung dieser Wertungen anhand einer arbeitsvertragsspezifischen Interessenabwägung nach allgemeinen AGB-rechtlichen Maßstäben zu erfolgen hat.

II. Folgerungen für die Transparenzkontrolle von Arbeitsvertragsbestimmungen

Demnach steht die angemessene Berücksichtigung der im Arbeitsrecht geltenden Besonderheiten der Transparenzkontrolle von formularmäßigen Arbeitsvertragsbestimmungen dann nicht entgegen, wenn diese über ausreichende eigene Wertungsmöglichkeiten verfügt.

Dabei ist vorweg auf die unterschiedliche Ausgangslage im Vergleich zur materiellen Inhaltskontrolle hinzuweisen. So gibt das Transparenzgebot des § 307 Abs. 1 S. 2 BGB keine materiellen Wertungen bezüglich des Klauselinhalts vor. Grundsätzlich trifft auch den Arbeitgeber die gleiche Formulierungsverantwortung wie alle übrigen Verwender vorformulierter und einseitig gestellter Vertragsbedingungen, was das BAG in seiner Rechtsprechung zu unklaren Arbeitsvertragsbestimmungen auch stets betont hat[893]. Es wurde auch bereits aufgezeigt[894], dass das BAG bei der Kontrolle von Arbeitsbedingungen zwar nicht explizit auf das AGB-rechtliche Transparenzgebot zurückgegriffen, aber dennoch eine Reihe von diesem sehr nahestehenden Anforderungen an die

892 *Stoffels*, AGB-Recht, 2003, Rn. 180.

893 BAG 17.11.1998, NZA 1999, S. 938 (939): „Als Erstellerin des Vertragsformulars hat die Beklagte die sich aus einer Unklarheit ergebenden Nachteile zu tragen"; BAG 16.10.1991, AP Nr. 1 zu § 19 BErzGG.

894 S.o. unter Kap. 4, I 2.

Gestaltung von Arbeitsvertragsbestimmungen gestellt hat[895]. Schließlich kann es ein von vorneherein bestehendes, berechtigtes Interesse an einer den Vertragspartner unangemessen benachteiligender Intransparenz naturgemäß nicht geben, was gleichermaßen für das allgemeine Zivilrecht[896] wie für das Arbeitsrecht[897] gilt.

Dennoch haben die Untersuchungen bisher gezeigt, dass auch die Frage der unangemessenen Intransparenz von einer Vielzahl von Wertungen abhängt. Die berücksichtigungsfähigen Interessen wurden oben bereits dargestellt[898]. Es handelt sich hierbei um spezifische, für die Transparenzkontrolle relevante Interessenlagen. Dass die Angemessenheitsprüfung im Rahmen der Transparenzkontrolle grundsätzlich wesentlich stärker präjudiziert ist und dementsprechend einen geringeren Wertungsspielraum als die allgemeine Interessenabwägung bei der materiellen Inhaltskontrolle zulässt, liegt an der grundsätzlichen Formulierungsverantwortung des Verwenders und an der sachlichen Begrenztheit der Interessen, die im Einzelfall für eine Zumutbarkeit einer im gewissen Maß intransparenten Klausel sprechen können. Der Rechtfertigungsdruck ist also insgesamt wesentlich höher. Gleichwohl liegt in den engeren Maßstäben der Angemessenheitsabwägung kein grundsätzliches Argument gegen eine solche.

Von daher ist im Wesentlichen auch die Transparenzkontrolle hinreichend wertungsoffen, um den Besonderheiten des Arbeitsrechts von sich aus gerecht zu werden. Eines Rückgriffs auf § 310 Abs. 4 S. 2 BGB bedarf es insoweit nicht[899]. Es ist deshalb nicht zu erwarten, dass die Vorschrift des § 310 Abs. 4 S. 2 BGB im Bereich der arbeitsvertraglichen Transparenzkontrolle überhaupt wesentliche Bedeutung erlangen wird. Die arbeitsrechtlichen Besonderheiten stehen einer Anwendung des Transparenzgebots auf vorformulierte Arbeitsverträge nicht entgegen[900].

---

895 BAG 18.09.1991, NZA 1992, S. 215 (217); BAG 27.10.1988, NZA 1989, S. 643 (644); BAG 22.12.1970, AP Nr. 2 zu § 305 BGB Billigkeitskontrolle.

896 *Koch*, WM 2002, S. 2173 (2174).

897 *Dorndorf/Bonin* in Däubler/Dorndorf/Deinert/Bonin, AGB-Kontrolle im Arbeitsrecht, 2007, § 307, Rn. 144; *Lindemann*, Flexible Gestaltung von Arbeitsbedingungen nach der Schuldrechtsreform, 2003, S. 142 ff.

898 S.o. unter Zweiter Teil, § 5.

899 *A.A.*: *Hanau/Hromadka*, NZA 2005, S. 73 (77).

900 *Thüsing*, AGB-Kontrolle im Arbeitsrecht (2007), Rn. 102 unter Hinweis auf die entgegenstehende Ansicht für Bezugnahmen auf Tarifverträge von *Oetker* in FS Wiedemann (2002), S. 383 (400).

§ 14 Beispiele für die Transparenzkontrolle im Arbeitsrecht

Grundsätzlich ist jede vorformulierte, einseitig vom Arbeitgeber gestellte Arbeitsvertragsbestimmung im Einzelfall nach den zuvor dargestellten Prinzipien an § 307 Abs. 1 S. 2 BGB zu messen. Dies gilt gemäß § 307 Abs. 3 S. 2 BGB auch für solche Klauseln, die im Übrigen der materiellen Inhaltskontrolle entzogen sind. Es sollen im Folgenden einige ausgewählte Anwendungsfelder untersucht werden, anhand derer die Besonderheiten der Transparenzkontrolle gerade im Bereich der Arbeitsvertragsgestaltung näher dargelegt werden können.

I. Bezugnahmeklauseln

Durch so genannte Bezugnahme- oder Verweisungsklauseln werden außerhalb des Vertrages liegende Regelungswerke entweder zur Gänze, in abgrenzbaren Teilbereichen oder aber auch nur einzelne Bestimmungen zum Gegenstand des Vertrages gemacht. Die tarifvertraglichen Bestimmungen gelten in diesen Fällen nicht normativ, sondern ausschließlich auf Grund der einzelvertraglichen Vereinbarung[901]. Bei der Arbeitsvertragsgestaltung gehören Bezugnahmeklauseln zum Kernbestand arbeitsvertraglicher Regelungen[902]. Überwiegend wird in Arbeitsverträgen auf Tarifverträge verwiesen[903], aber auch Betriebsordnungen, Betriebsvereinbarungen, Arbeitsordnungen oder Versorgungsrichtlinien sind typische Bezugnahmeobjekte. Häufig werden aber auch komplexere Regelungsbereiche aus Gründen der Übersichtlichkeit und Vereinfachung aus dem Arbeitsvertrages ausgegliedert. So werden beispielsweise sämtliche Fragen, welche die Überlassung eines Dienstwagen an den Arbeitnehmer betreffen, in einer so genannten „Dienstwagenverordnung oder -richtlinie" von dem Arbeitgeber zusammengefasst, auf die dann im Arbeitsvertrag Bezug genommen wird.

1. Formen der Bezugnahme auf Tarifverträge

Die nicht, beziehungsweise nicht beiderseitig gebundenen Arbeitsvertragsparteien können einen gesamten Tarifvertrag (so genannte Gesamt- oder Global-

---

901 *Preis*, Arbeitsrecht, 2003, § 99 VI 2.

902 Preis/*Preis*, Der Arbeitsvertrag, 2005, II V 40, Rn. 1; *Stoffels*, Sonderbeilage 1 zu NZA 2004, S. 19 (25).

903 Nach *Preis*, Grundfragen der Vertragsgestaltung im Arbeitsrecht, 1992, S. 62, enthalten etwa 90% aller Arbeitsverträge Bezugnahmen auf Tarifverträge.

verweisung), einen abgrenzbaren Teil (so genannte Teilverweisung) oder nur konkrete Bestimmungen eines Tarifvertrages (so genannte Einzelverweisung) in Bezug nehmen[904]. Diese Bezugnahme kann ferner unmittelbar und ausschließlich auf einen bestimmten Tarifvertrag erfolgen (so genannte statische Verweisung), so dass nur die im Zeitpunkt des Vertragsschlusses geltende Fassung dieses Tarifvertrages Gegenstand des Einzelarbeitsvertrages wird. Wird demgegenüber auf die jeweilige Fassung des Tarifvertrages verwiesen (so genannte kleine dynamische Verweisung), gelten auch spätere Veränderungen des Tarifvertrages im Einzelarbeitsverhältnis. Bei der so genannten großen dynamischen Verweisung wird schließlich nicht nur die jeweilige Fassung eines bestimmten Tarifvertrages sondern darüber hinaus der jeweils für den Betrieb oder Unternehmen sachlich einschlägige Tarifvertrag in Bezug genommen, was insbesondere bei Betriebsänderungen oder Unternehmensumstrukturierungen von Bedeutung ist. Von einer solchen großen dynamischen Verweisungsklausel werden aber auch die Fälle erfasst, in denen die Tarifbindung des Arbeitgebers oder der Arbeitgeber auf Grund eines Betriebsübergangs wechselt, so dass im Ergebnis immer der Tarifvertrag gilt, an den der Arbeitgeber für den Betrieb, in dem der nicht tarifgebundene Arbeitnehmer beschäftigt ist, gebunden ist[905].

2. Zulässigkeit und Zweck von Bezugnahmeklauseln

Die rechtliche Zulässigkeit von Bezugnahmeklauseln in vorformulierten, einseitig vom Verwender gestellten Vertragsbedingungen ist sowohl im allgemeinen Zivilrecht[906] als auch im Arbeitsrecht[907] trotz vielschichtiger Einzelprobleme anerkannt. Dies folgt bereits aus dem Prinzip der Vertragsfreiheit (§§ 241 Abs. 1, 311 Abs. 1 BGB)[908]. Bei der Verwendung von Bezugnahmen soll zumeist eine einheitliche Vertragsgrundlage für die gesamte Belegschaft oder jedenfalls für Teile von diesen geschaffen werden[909]. Dies dient gleichermaßen der Gleichberechtigung der Belegschaft wie dem Rationalisierungsinteresse des Arbeitgebers an einer möglichst effektiven und einfachen Vertragsabwicklung.

---

904 Übersicht bei *Schrader/Schubert*, NZA-RR 2005, S. 225 (236); *Schrader*, BB 2005, S. 714.
905 *Preis*, Arbeitsrecht, 2003, § 99 VI 2; *Schrader*, BB 2005, S. 714.
906 BGH 08.11.2001, JZ 2002, S. 354 ff.; BGH 23.11.1994, WM 1995, S. 27 (30); BGH 21.06.1990, NJW 1990, S. 3197 ff.
907 BAG 05.11.1963, AP Nr. 1 zu § 1 TVG Bezugnahme; *Reichel*, Die arbeitsvertragliche Bezugnahme auf den Tarifvertrag, 2001, S. 7 f. (m.w.N.).
908 Preis/*Preis*, Der Arbeitsvertrag, 2005, II V 40, Rn. 2.
909 *Thüsing*, AGB-Kontrolle im Arbeitsrecht, 2007, Rn. 177.

a) Rationalisierung

Der Grund hierfür liegt zum einen darin, dass Verweisungen den vorformulierten Vertragstext abkürzen und vereinfachen[910] und der Verwender selbst bei der Gestaltung seiner Verträge auf vorformulierte Texte zurückgreifen kann, um sich so die Arbeit zu erleichtern[911].

b) Flexibilisierung

Einen weiteren Zweck verfolgen vor allem die so genannten dynamischen Verweisungen. Diese zeichnen sich dadurch aus, dass sie auf Regelungswerke verweisen, die typischerweise der Veränderung unterliegen und diese dann in ihrer jeweils gültigen Fassung in Bezug nehmen. Solche dynamischen Bezugnahmeklauseln dienen der Anpassung der Arbeitsvertragsbestimmungen an künftige Entwicklungen, mithin der Flexibilisierung des Arbeitsvertrags[912]. So werden die tarifvertraglichen Arbeitsbedingungen turnusmäßig neu verhandelt, wobei zumeist nicht der gesamte Tarifvertrag zur Disposition, sondern vielmehr die Anpassung desselben an die geänderten Wirtschaftsbedingungen im Mittelpunkt steht. Diese Verhandlungen erspart sich der Arbeitgeber und partizipiert an dem kollektiv gefundenen Ausgleich.

Unter den Gesichtspunkt der Flexibilisierung von Arbeitsbedingungen fällt auch ein weiterer Vorteil von Bezugnahmen, nämlich der, dass der Arbeitgeber auf diese Weise auch ohne beiderseitige Tarifbindung von der Tarifdispositivität vieler gesetzlicher Regelungen profitiert[913]. So können beispielsweise gemäß § 13 Abs. 1 S. 3 BUrlG keine zu Ungunsten des Arbeitnehmers von dem BUrlG abweichende Regelungen im Einzelarbeitsvertrag vereinbart werden, gemäß § 13 Abs. 1 S. 1 BUrlG ist dies in einem Tarifvertrag jedoch möglich. Der Arbeitgeber partizipiert so über die Bezugnahme an dem weiteren Gestaltungs- und Regelungsspielraum der Tarifvertragsparteien.

c) Gleichstellung

Schließlich bezwecken insbesondere die Verweisungen auf Tarifverträge die Vereinheitlichung der Arbeitsbedingungen im Betrieb, die ansonsten angesichts

910 BGH 21.06.1990, NJW 1990, S. 3197 ff.; *Oetker*, JZ 2002, S. 337.
911 *Thüsing/Lambrich*, NZA 2002, S. 1361 (1362).
912 *Hanau/Homadka*, NZA 2005, S. 73 (74); *Thüsing/Lambrich*, NZA 2002, S. 1361 (1364).
913 Vgl. *Gaul*, ZFA 2003, S. 75 (77).

nur teilweiser Tarifbindung nicht gewährleistet wäre[914]. Dies dient wiederum einem doppelten Zweck, denn so wird einerseits der soziale Frieden im Betrieb gewahrt und andererseits der Verwaltungsaufwand für den Arbeitgeber vereinfacht.

Das BAG hatte dem Gleichstellungszweck von Verweisungsklauseln in seiner Rechtsprechung eine solche Bedeutung zugemessen, dass es vielfach auch die Bezugnahme eines konkret benannten Tarifvertrages im Falle des Verbandswechsels des Arbeitgebers unter bestimmten Voraussetzungen als große dynamische Verweisungsklausel korrigierend ausgelegt hat[915]. Dies sollte jedenfalls gelten, wenn die Tarifverträge von derselben Gewerkschaft abgeschlossen wurden, der Arbeitgeber in beiden Fällen tarifgebunden ist und bei Vertragsschluss besondere Umstände vorlagen, aus denen zu schließen ist, dass die Arbeitsvertragsparteien den Arbeitsvertrag auch anderen, nicht benannten Tarifverträgen unterstellen wollten, falls der Arbeitgeber in den Geltungsbereich anderer Tarifverträge wechselt[916]. Eine solche korrigierende Auslegung war jedoch nur möglich, wenn die Bezugnahmeklausel ebenfalls als Gleichstellungsabrede verstanden wurde[917].

Allerdings ist das BAG inzwischen von dieser Rechtsprechung wieder abgerückt, jedenfalls für Vertragsschlüsse, die nach dem 01.01.2002 erfolgt sind[918].

2. Bezugnahme und Transparenzgebot

Bei der Kontrolle von Bezugnahmen auf Tarifverträge nach dem AGB-Recht ist zwischen der vertraglichen Bezugnahmeklausel und den in den Arbeitsvertrag einbezogenen tarifvertraglichen Regelungen, dem Bezugnahmeobjekt, zu unterscheiden.

Bezugnahmeklauseln in vorformulierten Arbeitsverträgen unterliegen grundsätzlich der vollen AGB-Kontrolle[919], also auch der Transparenzkontrolle nach § 307 Abs. 1 S. 2 BGB beziehungsweise gegebenenfalls nach § 307 Abs. 3 S. 2 BGB. Letzteres ist insbesondere der Fall, wenn auf tarifliche Entlohnungs-

---

914 Preis/*Preis*, Der Arbeitsvertrag, 2005, II V 40, Rn. 2; *Hanau/Kania*, FS Schaub (1998); S. 239 (245 f.); *Stoffels*, Sonderbeilage 1 zu NZA 2004, S. 19 (25).

915 BAG 04.08.1999, AP Nr. 14 zu § 1 TVG Tarifverträge: Papierindustrie; BAG 04.09.1996, BB 1996, S. 2628 f.

916 BAG 25.10.2000, AP Nr. 13 zu § 1 TVG Bezugnahme auf Tarifvertrag.

917 *Preis*, Arbeitsrecht, 2003, § 99 VI 2.

918 BAG 18.04.2007 (Az.: 4 AZR 652/05), DB 2007, S. 1982 ff.; BAG 18.04.2007 (Az.: 4 AZR 653/05), DB 2007, S. 2598 ff.; BAG 14.12.2005, NZA 2006, S. 607 (609).

919 *Annuß*, ZFA 2005, S. 405 (432); *Gaul*, ZFA 2003, S. 75 (86); *Schrader/Schubert*, NZA-RR 2005, S. 225 (236)

grundsätze Bezug genommen wird. Dabei liegt der unmittelbare, auf seine Transparenz hin zu überprüfende Regelungsgehalt darin, dass ein bestimmtes Regelungswerk auf den Arbeitsvertrag Anwendung finden soll. Insoweit unterscheidet sich die Transparenzkontrolle zunächst von der Inhaltskontrolle, die bei der Überprüfung von Bezugnahmeklauseln direkt auf den Regelungsgehalt des Bezugnahmeobjekts abstellt[920].

Eine Vertragsgestaltung mittels Bezugnahmen stellt auch keine grundsätzlich intransparente Vertragstechnik dar. Der BGH führt hierzu aus, Verweisungen auf andere Rechtsnormen seien dem geltenden Recht nicht fremd und der Gesetzgeber des BGB bediene sich der Verweisungstechnik in einer Vielzahl von Vorschriften[921]. Die Verweisung entspreche somit einer Technik, die auch das Gesetz anwendet, und stelle daher keine unangemessene Benachteiligung der Vertragspartner des Klauselverwenders dar[922]. Diese Argumentation ist zwar im Hinblick auf § 307 Abs. 3 S. 2 BGB und der Tatsache, dass das gesetzgeberische Formulierungsniveau kein Leitbild der AGB-rechtlichen Transparenzkontrolle bildet[923], zweifelhaft, im Ergebnis jedoch richtig. Es sind allerdings das Praktikabilitäts- und Rationalisierungsinteresse, die es dem Vertragspartner zumutbar machen, sich aus den Verweisungsobjekten über seine Rechte und Pflichten zu informieren. Überdies führt eine Verweisung regelmäßig auch nicht dazu, dass ein Vertragswerk übermäßig komplex oder „aufgebläht" wird, da ohne die Verweisung der Inhalt ohnehin zu großen Teilen beziehungsweise sogar gänzlich in dem Klauselwerk hätte aufgeführt werden müssen. Damit ist lediglich eine generelle Vereinbarkeit von Verweisungen mit dem Transparenzgebot zu konstatieren. Eine solche bleibt für jeden Einzelfall konkret festzustellen.

Hinsichtlich des Transparenzgebots kommen sowohl die Bezugnahmeklausel selbst als auch das Bezugnahmeobjekt in Betracht.

a) Intransparente Bezugnahmeklauseln

Bei der Transparenzkontrolle der Bezugnahmeklauseln ist zunächst wiederum zwischen statischen und dynamischen Verweisungsklauseln zu unterscheiden.

---

920 Vgl. nur *Diehn*, NZA 2004, S. 129 (134).
921 BGH 21.06.1990, NJW 1990, S. 3197 (3198).
922 BGH 21.06.1990, NJW 1990, S. 3197 (3198).
923 Staudinger/*Coester*, § 307 BGB, Rn. 198.

aa) Statische Bezugnahmeklauseln

Grundsätzlich können statische Bezugnahmeklauseln in zweierlei Hinsicht intransparent sein, nämlich zum einen im Hinblick auf die Bestimmtheit des Verweisungsobjekts und zum anderen bezüglich des Umfangs der einbezogenen Regelungen.

Sowohl BAG als auch Literatur haben schon vor Anwendung der AGB-Kontrolle auf Arbeitsverträge verlangt, dass die in Bezug genommenen Regelungen so genau bezeichnet werden, dass Irrtümer hinsichtlich der für anwendbar erklärten Regelung ausgeschlossen sind[924]. Ist aus dem Arbeitsvertrag schon nicht erkennbar, welche Regelung überhaupt in Bezug genommen werden soll, fehlt es im Übrigen bereits an einer wirksamen Einbeziehung.

Eine andere Frage ist es aber, inwieweit der Umfang der Bezugnahme aus der Klausel selbst hervorgehen muss. Grundsätzlich liegt es in der Natur der Bezugnahmeklausel, dass sich der Inhalt des Bezugnahmeobjekts nicht aus dieser ergibt[925]. Dennoch könnte es zumindest im Hinblick auf besonders einschneidende Regelungen fraglich sein, ob der Arbeitnehmer nicht wenigstens erkennen können muss, dass eine bestimmte Thematik in dem Bezugnahmeobjekt überhaupt geregelt ist. Dieses Problem stellt sich typischerweise, wenn ein bestimmtes Tarifwerk ausweislich der Bezugnahme „im Übrigen" Anwendung auf den Arbeitsvertrag finden soll. Hier wird kein konkret benannter Teil des Tarifvertrages einbezogen, sondern dessen Regelungen sollen insgesamt gelten, soweit keine abweichenden Vereinbarungen im Arbeitsvertrag getroffen wurden. Bei einer Teil- oder Einzelverweisung hingegen ergibt sich bereits aus der Natur der Verweisungsklausel, welche konkreten Regelungen in Bezug genommen werden sollen.

aaa) Nachweisproblematik

Die Frage, wie detailliert der Arbeitgeber bei einer Bezugnahme auf einen Tarifvertrag über dessen Inhalt informieren muss, ist bisher ausschließlich im Zusammenhang mit § 2 NachwG erörtert worden[926]. Gemäß § 2 Abs. 1 S. 1 NachwG hat der Arbeitsgeber spätestens einen Monat nach dem vereinbarten Beginn des Arbeitsverhältnisses die wesentlichen Arbeitsbedingungen schriftlich niederzulegen, die Niederschrift zu unterzeichnen und dem Arbeitnehmer

924 BAG 02.03.1988, NZA 1988, S. 623 (624); BAG 09.07.1980, AP Nr. 7 zu § 1 TVG Form; Preis/*Preis*, Der Arbeitsvertrag, 2005, II V 40, Rn. 4; *Gaul*, ZTR 1991, S. 188 (190).

925 *Thüsing/Lambrich*, NZA 2002, S. 1361 (1362).

926 Überblick bei *Linde/Lindemann*, NZA 2003, S. 649 ff.

auszuhändigen. Zu den Katalogtatbeständen wesentlicher Vertragsbedingungen in § 2 Abs. 1 S. 2 Nrn. 1–10 NachwG gehört als Nr. 10 auch ein in allgemeiner Form gehaltener Hinweis auf die auf das Arbeitsverhältnis anzuwendenden Tarifverträge. Schließlich kann nach § 2 Abs. 3 S. 1 NachwG die schriftliche Niederlegung der wesentlichen Arbeitsbedingungen insgesamt durch einen Hinweis auf die einschlägigen Tarifverträge ersetzt werden.

Das BAG und die herrschende Ansicht in der Literatur sprechen sich dafür aus, lediglich die Angabe des fachlichen und örtlichen Geltungsbereichs des anwendbaren Tarifvertrages als Nachweis im Sinne des § 2 Abs. 1 S. 2 Nr. 10 NachwG genügen zu lassen, eine Angabe des Inhalts sei nicht in den Nachweis aufzunehmen[927]. Dabei soll der Verstoß gegen die Nachweispflicht, also der fehlende Hinweis auf den einschlägigen Tarifvertrag, generell nicht zu einer Unwirksamkeit oder Unbeachtlichkeit der Bezugnahme führen[928].

Die Gegenansicht verlangt, dass wesentliche Vertragsbedingungen mit ihrem konkreten Inhalt stets in den Arbeitsvertrag aufgenommen werden müssen[929]. So habe der Hinweis auf das tarifliche Entgelt regelmäßig nur einen begrenzten wirtschaftlichen Wert, wenn gleichzeitig eine dem Arbeitnehmer unbekannte tarifliche Ausschlussfrist laufe[930].

Einer vermittelnden Ansicht zufolge soll ein qualifizierter Hinweis analog § 3 Abs. 3 NachwG dergestalt, dass die Bezugnahmeklausel die betreffenden Vertragsgestaltungen nennt und hinsichtlich ihres Inhalts auf den Tarifvertrag verweist, erforderlich aber auch ausreichend sein[931]. Nur ein solch qualifizierter Hinweis berücksichtige sowohl das Informationsinteresse des Arbeitnehmers als auch das Praktikabilitätsinteresse des Arbeitgebers angemessen[932].

bbb) Folgen für die Transparenzkontrolle

Aus Sicht der Transparenzkontrolle ist zunächst festzustellen, dass eine vorformulierte einzelvertragliche Bezugnahme auf einen konkret benannten Tarifvertrag ohne Angabe der in diesem getroffenen Regelungen intransparent ist.

---

927 BAG 17.04.2002, NZA 2002, S. 1096; BAG 23.01.2002, NZA 2002, S. 800 (802 ff.); LAG Bremen 09.11.2001, NZA-RR 2001, S. 98; LAG Köln 06.12.2000, ZIP 2001, S. 477; *Bepler*, ZTR 2001, S. 241 (243 ff.); *Birk*, NZA 1996, S. 281 (287); *Müller-Glöge*, RdA 2001, Sonderbeilage zu Heft 5, S. 46 (54).

928 BAG 05.11.2003, NZA 2005, S. 64 ff.

929 LAG Schleswig-Holstein 08.02.2000, NZA-RR 2000, S. 196; *Koch*, FS Schaub (1998), S. 421 (436).

930 *Koch*, FS Schaub (1998), S. 421 (436).

931 *Linde/Lindemann*, NZA 2003, S. 649 (654 f.); *Preis*, FS Wiedemann (2002), S. 425 (438 f.); *Schwarze*, ZfA 1997, S. 34 (52).

932 *Linde/Lindemann*, NZA 2003, S. 649 (655); *Preis*, FS Wiedemann (2002), S. 425 (438).

Der Arbeitnehmer kann seine Rechte und Pflichten nicht unmittelbar aus dem Arbeitsvertrag entnehmen. Zudem ist es für den nicht gewerkschaftlich organisierten Arbeitnehmer in der Regel mit einigem Aufwand verbunden, sich Kenntnis von dem Inhalt des einschlägigen Tarifvertrages zu verschaffen.

Vorab ist jedoch zu klären, wie sich die Sonderregelungen im NachwG auf die Transparenzkontrolle nach § 307 Abs. 1 S. 2 BGB auswirken.

Die Einbeziehungskontrolle gemäß § 305 Abs. 2 BGB gilt nach § 310 Abs. 4 S. 2 BGB nicht für vorformulierte Arbeitsverträge, wobei der Gesetzgeber diese Ausnahmeregelung ausweislich der Begründung nur geschaffen hat, weil er den Arbeitnehmer durch die Vorschriften des NachwG ausreichend geschützt sah[933]. Hieraus folgt indessen keine generelle Unanwendbarkeit der Transparenzkontrolle auf arbeitsvertragliche Bezugnahmeklauseln. Grundsätzlich stehen Einbeziehungs- und Transparenzkontrolle mit jeweils eigenem Anwendungs- und Schutzbereich unabhängig nebeneinander.

Teilweise wird vertreten, dass dem Arbeitnehmerinteresse, Kenntnis über die jeweils auf sein Arbeitsverhältnis anwendbaren Tarifverträge zu erlangen, durch § 2 Abs. 1 S. 2 Nr. 10 NachwG Genüge getan wird[934]. Zur Begründung wird darauf hingewiesen, dass eine den Anforderungen des NachwG genügende Bezugnahmeklausel nicht an den §§ 307 ff. BGB scheitern dürfe, da anderenfalls ein Wertungswiderspruch zu § 2 Abs. 2 S. 2 Nr. 10 NachwG bestünde[935]. Bei dieser Vorschrift handele es sich um eine spezialgesetzliche Konkretisierung des Transparenzgebots[936].

Dem ist entgegenzuhalten, dass das Nachweisgesetz lediglich eine deklaratorische Dokumentationspflicht aufstellt und nicht auf den Vertragsschluss an sich und schon gar nicht auf den unter Einbeziehung vorformulierter Vertragsbedingungen ausgerichtet ist. Dies folgt bereits aus dem Wortlaut des § 2 Abs. 1 S. 1 NachwG sowie der Tatsache, dass das NachwG gleichermaßen für individuell ausgehandelte oder im Wege der betrieblichen Übung konkludent vereinbarte[937] Vertragsbedingungen gilt. Insofern verbleibt auch bei der Anwendung der §§ 307 ff. BGB auf in Allgemeinen Geschäftsbedingungen enthaltene Bezugnahmeklauseln dem NachwG ein eigener ausschließlicher Anwen-

---

933 BT-Drucks. 14/6857, S. 54.

934 *Thüsing*, AGB-Kontrolle im Arbeitsrecht, 2007, Rn. 193; *Annuß*, ZfA 2005, S. 405 (432); *Diehn*, NZA 2004, S. 129 (134); *Gaul*, ZfA 2003, S. 75 (81 f.); *Oetker*, FS Wiedemann (2002), S. 383 (395).

935 *Annuß*, ZfA 2005, S. 405 (432); *Diehn*, NZA 2004, S. 129 (134); *Gaul*, ZfA 2003, S. 75 (81 f.); *Oetker*, FS Wiedemann (2002), S. 383 (395).

936 *Oetker*, FS Wiedemann (2002), S. 383 (397).

937 BAG 17.04.2002, NZA 2002, S. 1096 (1097); *Annuß*, BB 1999, S. 2558 (2562); *Gaul*, ZfA 2003, S. 75 (77).

dungsbereich. Darüber hinaus enthält das NachwG keinerlei Anforderungen an die inhaltliche Klarheit und Verständlichkeit der zu dokumentierenden Vertragsbedingungen. Das NachwG beinhaltet insoweit nur einen „*verminderten Transparenzgedanken*“[938]. Schließlich überzeugt auch das Argument, der Gesetzgeber habe mit der Unanwendbarkeit des § 305 Abs. 2 BGB auf Arbeitsverträge auch eine Transparenzkontrolle von Bezugnahmeklauseln ausschließen wollen[939], nicht. Hiergegen sprechen nicht nur die oben bereits genannten systematischen und inhaltlichen Unterschiede zwischen Einbeziehungs- und Transparenzkontrolle, sondern auch, dass der Gesetzgeber gleichzeitig mit der Neuregelung des § 310 Abs. 4 BGB das Transparenzgebot im Rahmen der Inhaltskontrolle kodifiziert hat. Eine Ausnahme der Bezugnahmeklauseln hiervon hätte er somit ausdrücklich regeln müssen.

Demzufolge sind sämtliche den Erfordernissen des NachwG genügenden Vertragsdokumentationen uneingeschränkt der Kontrolle nach § 307 Abs. 1 S. 2 BGB zu unterziehen, sofern es sich um Allgemeine Geschäftsbedingungen im Sinne des § 305 Abs. 1 BGB handelt.

Ob nun die intransparente Inbezugnahme tariflicher Regelungen ohne Angabe des Regelungsgegenstandes unwirksam ist, muss im Wege der transparenzspezifischen Interessenabwägung bestimmt werden.

Grundsätzlich stehen sich hierbei zunächst das Rationalisierungsinteresse des Arbeitgebers und das Informationsbedürfnis des Arbeitnehmers gegenüber.

Dabei kann auf eine Aushändigung des einbezogenen Tarifwerks an jeden Arbeitnehmer verzichtet werden, wenn der Arbeitgeber den jederzeitigen Zugang zu diesem in anderer Weise und ohne Schwierigkeiten gewährleistet, etwa durch Auslegen im Betrieb oder Veröffentlichung im Intranet, beziehungsweise durch Überlassung auf einfache Anfrage. Hierzu ist der Arbeitgeber im Übrigen bereits aus § 8 TVG verpflichtet. In neueren Tarifverträgen sind zudem vielfach Normen enthalten, die es dem Arbeitgeber beispielsweise versagen, sich auf eine tarifliche Ausschlussfrist zu berufen, wenn der Tarifvertrag nicht in dem Betrieb ausgelegt wurde[940]. Nicht ausreichend ist jedoch die bloße Ablage des Tarifvertrages in einem allgemein zugänglichen Ordner mit der Aufschrift „Info“[941]. Dem Arbeitnehmer kann es zugemutet werden, sich auf diesem Wege den Tarifvertrag zu verschaffen. Unzumutbar ist es hingegen, wenn sich der Arbeitnehmer nur über Dritte den betreffenden Tarifvertrag verschaffen könn-

---

938 Preis/*Preis*, Der Arbeitsvertrag, 2005, II V 40, Rn. 34.
939 *Oetker*, FS Wiedemann (2002), S. 383 (397).
940 ErfK/*Schaub*, § 8 TVG, Rn. 7.
941 BAG 11.11.1998, AP Nr. 8 zu § 1 TVG Bezugnahme auf Tarifvertrag.

te, zumal viele Verbände die von ihnen abgeschlossenen Tarifverträge nur ihren Mitgliedern zur Verfügung stellen.

Bei der Verpflichtung zur Publizität des in Bezug genommenen Tarifvertrages handelt es sich um eine im Arbeitsrecht nach § 310 Abs. 3 Nr. 3 BGB zu berücksichtigende Organisationsverpflichtung. Der Vorteil gegenüber § 8 TVG liegt darin, dass der Arbeitgeber bei einem Verstoß hiergegen mit der Unwirksamkeit der Bezugnahmeklausel rechnen muss, während § 8 TVG nach umstrittener aber wohl herrschender Ansicht lediglich eine reine Ordnungsverpflichtung darstellt[942]. Allerdings gebietet es die Anwendung des § 310 Abs. 3 Nr. 3 BGB, dass der Arbeitgeber nur bei Vertragsschluss eine dauerhafte und geeignete Informationsstruktur im Betrieb geschaffen haben muss. Eine später im Einzelfall auftretende, vorübergehende Zugangsverhinderung zu dem Tarifvertrag kann demgegenüber regelmäßig keine Unwirksamkeit der Bezugnahmeklausel nach § 307 Abs. 1 S. 2 BGB rechtfertigen.

Darüber hinaus ist es dem Arbeitgeber zuzumuten, jedenfalls die Regelungsgegenstände in der Bezugnahmeklausel konkret zu benennen, also entsprechend der Diskussion um die Nachweisproblematik einen qualifizierten Hinweis zu erteilen. Hierdurch wird das Praktikabilitätsinteresse des Arbeitgebers nicht über Gebühr beeinträchtigt und dem Informationsinteresse des Arbeitnehmers Rechnung getragen[943]. So kann der Arbeitnehmer unmittelbar seinem Arbeitsvertrag entnehmen, welche Regelungen – insbesondere in Abweichung von bestehenden gesetzlichen Vorschriften – getroffen sind. Darüber hinaus rechtfertigt es aber der hohe Rationalisierungseffekt, es unter den vorgenannten Bedingungen hinzunehmen, dass sich der Arbeitnehmer nicht unmittelbar aus dem Arbeitsvertrag über den konkreten Inhalt der arbeitsvertraglichen Regelungen informieren kann.

Im Ergebnis wird damit über die Transparenzkontrolle der jeweiligen Bezugnahmeklausel zum Teil die fehlende Anwendbarkeit der Einbeziehungskontrolle kompensiert.

bb) Dynamische Bezugnahmeklauseln

So genannte dynamische Bezugnahmeklauseln verweisen nicht auf ein konkretes Tarifwerk, sondern entweder auf ein bestimmtes Tarifwerk in seiner jeweils gültigen Fassung[944] oder auf den jeweils für den Betrieb maßgeblichen Tarifver-

---

942 Überblick über den Meinungsstand bei ErfK/*Schaub*, § 8 TVG, Rn. 7.

943 *Linde/Lindemann*, NZA 2003, S. 649 (655); *Preis*, FS Wiedemann (2002), S. 425 (438).

944 Für diese Gruppe haben *Hromadka/Maschmann/Wallner* den Begriff der „kleinen dynamischen Bezugnahmeklausel" geprägt: *Hromadka/Maschmann/Wallner*, Tarifwechsel, 1996, Rn. 112.

trag, an den der Arbeitgeber jeweils gebunden ist[945]. Der Inhalt des Arbeitsvertrages ändert sich also mit jedem Neuabschluss des in Bezug genommenen Tarifwerks.

aaa) Intransparenz auf Grund der Unvorhersehbarkeit künftiger Tarifabschlüsse

Hinsichtlich dieser dynamischen Bezugnahmeklauseln wird namentlich von *Oetker* vertreten, diese verstießen generell gegen das Transparenzgebot, da der Arbeitnehmer die künftige Entwicklung der Tarifabschlüsse nicht vorhersehen könne[946]. Eine Ausnahme sei nur bei arbeitsvertraglichen Bezugnahmeklauseln auf Grund des vorrangig anwendbaren NachwG zu machen[947].

Beide Aussagen sind unzutreffend. Für die Vorrangigkeit des NachwG ist dies bereits dargelegt worden[948]. Hinsichtlich der Intransparenz solcher dynamischer Bezugnahmeklauseln kann über ein Unwirksamkeitsverdikt wiederum erst nach einer Interessenabwägung entschieden werden. Hierbei gilt zunächst grundsätzlich das zu den statischen Bezugnahmeklauseln Gesagte. Zuzugeben ist, dass die künftige Fortentwicklung und damit verbunden die inhaltliche Änderung des einbezogenen Tarifvertrages es dem Arbeitnehmer zusätzlich erschwert, die für ihn geltenden Arbeitsbestimmungen in Erfahrung zu bringen. Soweit damit aber der Umstand verbunden ist, dass sich die Arbeitsvertragsbedingungen im Laufe des Arbeitsverhältnisses ändern und diese Änderungen nicht vom Arbeitnehmer beeinflusst werden, handelt es sich hierbei vornehmlich um eine Frage der materiellen Angemessenheit einer derartigen Vereinbarung. Die Jeweiligkeitsklausel muss unter Transparenzaspekten nur so klar und verständlich formuliert sein, dass sich die Möglichkeit der nachträglichen Änderung der Arbeitsbedingungen für den Arbeitnehmer aus ihr ergibt und jederzeit ermittelt werden kann, welche Regelungen für das Arbeitsverhältnis gelten[949]. Was daneben den Umstand angeht, dass der Arbeitnehmer auf Grund der künftigen Änderungen des Tarifvertrages im Zeitpunkt des Vertragsschlusses seine Arbeitsbedingungen nicht für die gesamte Dauer des Arbeitsverhältnisses seinem Arbeitsvertrag entnehmen kann, so ist die hiermit verbundene zusätzliche Intransparenz durch das beiderseitige Flexibilisierungsinteresse im dauerhaften Arbeitsverhältnis zu rechtfertigen[950].

---

945 Sog. „große dynamische Klausel" nach *Hromadka/Maschmann/Wallner*, Tarifwechsel, 1996, Rn. 111.

946 *Oetker*, JZ 2002, S. 337 (340 ff.); *ders.*, FS Wiedemann (2002), S. 383 (397).

947 *Oetker*, FS Wiedemann (2002), S. 383 (397).

948 S.o. Vierter Teil, § 14 I. 2. a) aa) aaa).

949 *Annuß*, ZfA 2005, S. 405 (433); *Diehn*, NZA 2004, S. 129 (134).

950 *Annuß*, ZfA 2005, S. 405 (433).

bbb) Intransparenz auf Grund der Auslegung dynamischer Bezugnahmeklauseln

Eine weitere Unsicherheit hinsichtlich des Verständnisses dynamischer Bezugnahmeklauseln resultiert daraus, dass das BAG diese unter gewissen Voraussetzungen als Gleichstellungsabrede interpretiert hat. Auch wenn sich der 4. Senat des BAG von seiner langjährigen Auslegungspraxis verabschiedet hat[951], behandelt er gleichwohl noch so genannte Altfälle (Abschluss bis zum 31.12.2001) und so genannte Neufälle (Abschluss ab dem 01.01.2002) unterschiedlich[952]. Die Problematik bleibt demnach zumindest für die Altfälle virulent.

Bezweckt der Arbeitgeber mit der Bezugnahmeklausel, die nicht tarifgebundenen mit den tarifgebundenen Arbeitnehmern gleichzustellen, so muss eine solche Gleichstellungsabrede im Hinblick auf die unterschiedlichen Rechtsfolgen von einer einfachen dynamischen Bezugnahmeklausel abgegrenzt werden. Unterschiede ergeben sich insbesondere dann, wenn für die tarifgebundenen Arbeitnehmer die bisherigen Tarifbestimmungen etwa auf Grund eines Verbands- oder Branchenwechsels des Arbeitgebers oder eines Betriebsübergangs auf einen nicht tarifgebundenen Arbeitgeber nur noch statisch fortgelten, während die nicht tarifgebundenen Arbeitnehmer bei einer dynamischen Bezugnahme, die keine Gleichstellungsabrede enthält, weiter den künftigen Tarifänderungen unterliegen.

Um dieser – vielfach nicht beabsichtigten – Eigendynamik der Bezugnahmeklauseln entgegenzuwirken, hat das BAG früher regelmäßig eine dynamische Bezugnahmeklausel als Gleichstellungsabrede ausgelegt, wenn es keine innerhalb oder außerhalb der Vertragsurkunde liegenden Anhaltspunkte gab, die eine solche Annahme ausschlossen[953]. Dabei hat das BAG nach der Tarifgebundenheit des Arbeitgebers differenziert. War der Arbeitgeber bei Abschluss des Arbeitsvertrages tarifgebunden, so sollte dieser Umstand bereits dafür sprechen, dass mit der Bezugnahme auch eine Gleichstellung bezweckt war[954]. Bei fehlender Tarifbindung des Arbeitgebers sollte umgekehrt eine Auslegung der dynamischen Bezugnahmeklausel als Gleichstellungsabrede generell ausscheiden, da mangels normativer Geltung des Bezugnahmeobjekts in dem Betrieb des Arbeitgebers eine Gleichstellung organisierter und nicht-organisierter Arbeitnehmer unmöglich sei und insofern von dem Arbeitgeber auch nicht be-

---

951 BAG 14.12.2005, NZA 2006, S. 607 (609).

952 Vgl. BAG 18.04.2007 (Az.: 4 AZR 652/05), DB 2007, S. 1982 ff.; BAG 18.04.2007 (Az.: 4 AZR 653/05), DB 2007, S. 2598 ff.

953 So zuletzt noch BAG 19.03.2003, NZA 2003, S. 1207.

954 BAG 25.09.2002, NZA 2003, S. 807 (809); BAG 26.09.2001, NZA 2002 S. 634 (636).

zweckt gewesen sein könne[955]. Folge dieser vom BAG selbst als „korrigierend" bezeichneten[956] Auslegung war, dass die gleiche Bezugnahmeklausel einen verschiedenen Inhalt enthielt, je nachdem, ob der Arbeitgeber bei ihrem Abschluss tarifgebunden war[957].

Problematisch an dieser Auslegungspraxis des BAG war jedoch insbesondere, dass sie sich teilweise über den eindeutigen Wortlaut der jeweiligen Verweisungsklausel hinwegsetzte, weswegen das BAG für seine Rechtsprechung auch vielfach kritisiert wurde[958].

Dieser Kritik hat das BAG inzwischen in seiner Entscheidung vom 14.12.2005 Rechnung getragen und für nach dem 01.01.2002 abgeschlossene vorformulierte Arbeitsverträge (Neufälle) eine Abkehr von seiner bisherigen Auslegungspraxis angekündigt[959]. Zur Begründung dieser angekündigten Rechtsprechungsänderung stellt das BAG zunächst darauf ab, dass nicht mehr im Sinne einer typisierenden Betrachtung davon ausgegangen werden könne, den Arbeitgebern sei die mögliche Bedeutung einer dynamischen Bezugnahmeklausel bei künftigen Änderungen der Tarifgebundenheit nicht bewusst[960]. Darüber hinaus sprächen nicht nur die Unklarheitenregel des § 305c Abs. 2 BGB, sondern auch das Transparenzgebot des § 307 Abs. 1 S. 2 BGB und das Verbot der geltungserhaltenden Reduktion in § 306 BGB als allgemeine Rechtsgrundsätze gegen eine wohlwollende Auslegung zu Gunsten des Klauselverwenders[961]. Mittlerweile liegen auch die ersten Urteile vor, in denen der 4. Senat des BAG seine Ankündigung umgesetzt und dabei die Auswirkungen für Neu- und Altfälle aufgezeigt hat[962].

Dieser Wandel in der Rechtsprechung des BAG ist im Ergebnis zu begrüßen, allerdings in seiner Begründung nicht uneingeschränkt zu bestätigen. Zutreffend ist zunächst, dass einer Klausel in Allgemeinen Geschäftsbedingungen keine Bedeutung zugemessen werden kann, die sich weder aus ihrem Wortlaut noch aus dem Verständnishorizont des durchschnittlichen Vertragspartners ergibt. Dies gebieten bereits die Grundsätze der objektiv-generalisierenden Auslegung Allgemeiner Geschäftsbedingungen. Diese sind ausgehend von den

955 BAG 25.10.2000, NZA 2002, S. 100 (103).
956 BAG 25.10.2000, NZA 2002, S. 100 (103).
957 Vgl. *Hanau*, NZA 2005, S. 489 (490).
958 *Hanau/Kania*, FS Schaub (1998), S. 239 (261); *Hennsler/Heiden*, RdA 2004, S. 241 (246); *Gaul*, BB 2000, S. 1086 (1088).
959 BAG 14.12.2005, NZA 2006, S. 607 ff.
960 BAG 14.12.2005, NZA 2006, S. 607 (609).
961 BAG 14.12.2005, NZA 2006, S. 607 (610).
962 Vgl. BAG 18.04.2007 (Az.: 4 AZR 652/05), DB 2007, S. 1982 ff.; BAG 18.04.2007 (Az.: 4 AZR 653/05), DB 2007, S. 2598 ff.

Verständnismöglichkeiten eines rechtlich nicht vorgebildeten Durchschnittskunden nach ihrem objektiven Inhalt und typischen Sinn einheitlich so auszulegen, wie sie von verständigen und redlichen Vertragsparteien unter Abwägung der Interessen der normalerweise beteiligten Verkehrskreise verstanden werden[963]. Danach kann eine Klausel, die einen konkret bestimmten oder bestimmbaren Tarifvertrag in seiner jeweils gültigen Fassung in Bezug nimmt, nicht dahingehend ausgelegt werden, dass dies nur in dem Maße gilt, wie dieser Tarifvertrag auch Anwendung auf die tarifgebundenen Arbeitnehmer findet. Eine derart einschränkende Bedeutung der Bezugnahmeklausel erschließt sich dem durchschnittlichen Arbeitnehmer regelmäßig nicht. Dementsprechend hatte die Rechtsprechung des BAG auch stets verlangt, dass bei Abschluss des Arbeitsvertrages besondere Umstände vorlagen, die den Rückschluss erlaubten, dass die Arbeitsvertragsparteien den Arbeitsvertrag anderen – nicht benannten – Tarifverträgen unterstellen wollten[964]. Ein solcher Rückgriff auf die individuellen Umstände des Einzelfalls ist jedoch bei der Auslegung Allgemeiner Geschäfts- und damit auch Arbeitsbedingungen nicht zulässig[965]. Hieran ändert es auch nichts, dass der Arbeitnehmer nach Ansicht des BAG[966] zumindest bei Vertragsschluss als Verbraucher im Sinne des § 13 BGB anzusehen ist. Denn die Berücksichtigung der individuellen, den Vertragsschluss begleitenden Umstände bei Verbraucherverträgen ist in § 310 Abs. 3 Nr. 3 BGB ausschließlich für die Beurteilung der unangemessenen Benachteiligung im Rahmen des § 307 Abs. 1 und Abs. 2 BGB angeordnet. Daraus folgt im Umkehrschluss, dass eine Berücksichtigung dieser Umstände bei der der Inhalts- und Transparenzkontrolle vorgeschalteten Auslegung nicht in Betracht kommt, weswegen die bisherige Auslegungspraxis des BAG schon vor diesem Hintergrund für vorformulierte Arbeitsverträge, die nach dem 01.01.2002 abgeschlossen wurden, nicht fortgeführt werden konnte.

Nicht zugestimmt werden kann dem BAG jedoch darin, dass sich dieses Ergebnis aus der Anwendung von § 305c Abs. 2 BGB ergebe[967]. Bei der Unklarheitenregel handelt es sich um eine besondere Auslegungsregel, die in ihrer Anwendung den allgemeinen Grundsätzen der AGB-spezifischen Auslegung nachrangig ist[968]. Sie ist erst anzuwenden, wenn nach Ausschöpfung sämt-

963 BGH 25.09.2001, WM 2001, S. 2158 (2159 f.); BGH 09.05.2001, WM 2001, S. 2008 (2010).

964 BAG 25.10.2000, NZA 2002, S. 100 (103).

965 S.o. Zweiter Teil, § 3 I. 1.

966 BAG 25.05.2005, NJW 2005, S. 3305 (3308).

967 BAG 14.12.2005, NZA 2006, S. 607 (609); *Bauer/Haußman*, DB 2005, 2815.

968 Wolf/Horn/Lindacher/*Lindacher*, § 5 AGBG, Rn. 28; *Roth*, WM 1991, S. 2085 (2086 f.).

licher in Betracht kommender Auslegungsmethoden ein nicht behebbarer Zweifel bleibt und mindestens zwei Auslegungsmethoden rechtlich vertretbar sind[969]. Rechtliche Vertretbarkeit bedeutet in diesem Sinne, dass die verbleibenden Deutungsvarianten nicht nur für den Durchschnittskunden erkennbar sind, sondern dass dieser gerade unter Zugrundelegung sämtlicher ihm zumutbarer Auslegungsbemühungen nicht eine Variante als die maßgebliche bestimmen kann. Insbesondere den letzten Aspekt übersieht das BAG. Die von dem BAG selbst geschaffene Auslegungspraxis kann keine Deutungsvariante aus Sicht des durchschnittlichen Arbeitnehmers sein, zumal eben nicht auf die konkreten Umstände des Vertragsabschlusses zurückgegriffen werden darf. Insofern liegt keine Unklarheit vor, die eine Anwendung des § 305c Abs. 2 BGB rechtfertigen würde. Es kann nur vermutet werden, dass sich das BAG über die Anwendung des § 305c Abs. 2 BGB die Möglichkeit offen halten wollte, eine dynamische Bezugnahmeklausel dann noch als Gleichstellungsabrede auszulegen, wenn die Tarifänderungen zu Lasten der Arbeitnehmer ausfallen.

Bei konsequenter Anwendung der AGB-rechtlichen Auslegungsgrundsätze kommt man zu dem Ergebnis, dass eine dynamische Bezugnahmeklausel die unter Umständen negative Regelungswirkung einer Gleichstellungsabrede im Fall der wechselnden oder wegfallenden Tarifbindung des Arbeitgebers nicht beinhaltet. Dies trägt bereits in wesentlichem Maße zur Förderung der Transparenz derartiger Klauseln bei, da der Arbeitgeber nunmehr gezwungen ist, eine beabsichtigte Gleichstellung in den Wortlaut der Klausel aufzunehmen. Das sich im Falle der Beibehaltung der ursprünglichen Auslegungspraxis ergebende Problem der Intransparenz – insbesondere der möglichen nachteiligen Konsequenzen der Gleichstellung für den Arbeitnehmer – ist dadurch erheblich entschärft. Wie bereits erwähnt, muss eine Bezugnahmeklausel aus sich heraus dem Arbeitnehmer ermöglichen, in jeder Situation des Arbeitsverhältnisses den einschlägigen Tarifvertrag in seiner anwendbaren Fassung zu identifizieren[970]. Dies wäre bei einer dynamischen Globalverweisung mit „verdeckter" Gleichstellungsabrede gerade nicht der Fall gewesen, weswegen solche Klauseln mit dem Regelungsgehalt, den ihnen das BAG beigemessen hat, als intransparent im Sinne des § 307 Abs. 1 S. 2 BGB zu bewerten gewesen wären. Diese Intransparenz war auch nicht zu rechtfertigen, da eine ausdrückliche Gleichstellungsabrede dem Arbeitgeber ohne weiteres möglich und zumutbar ist.

---

969 BGH 03.07.2002, NJW 2002, S. 3232 (3233); BGH 22.03.2002, NJW 2002, 2102 (2103); BGH 11.03.1997, NJW 1997, S. 3434 (3435); Palandt/*Heinrichs*, § 305c BGB, Rn. 18; Soergel/*Stein*, § 5 AGBG, Rn. 2 f.; Staudinger/*Schlosser*, § 305c BGBG, Rn. 106; *Stoffels*, AGB-Recht, 2003, Rn. 370; Ulmer/Brandner/Hensen/ *Ulmer*, § 305c BGB, Rn. 86.

970 *Annuß*, ZfA 2005, S. 405 (433); *Diehn*, NZA 2004, S. 129 (134).

Richtigerweise ist dieses Transparenzproblem aber nunmehr auf der Ebene der Auslegung gelöst.

cc) Staffelverweisungen

Eine weitere Form der Verweisungstechnik sind so genannte Staffelverweisung. Darunter fallen sämtliche Verweisungen, die eine Rangfolgeregelung enthalten, in der die verschiedenen auf das Vertragsverhältnis anwendbaren Bestimmungen zueinander stehen. Die einfachste und auch in Arbeitsverträgen häufig anzutreffende Form der Staffelverweisung ist die, dass neben den Allgemeinen Geschäftsbedingungen ein bestimmter Tarifvertrag insgesamt einbezogen wird. Dies geschieht zumeist durch die Formulierung „Im Übrigen gilt der Tarifvertrag X/Y"[971]. Hierdurch soll zum Ausdruck gebracht werden, dass im Falle einer Kollision von unmittelbar im Arbeitsvertrag und im Bezugnahmeobjekt getroffenen Regelungen die ersteren den letzteren vorgehen. Dies wird durch die oben angeführte Formulierung auch hinreichend klar und verständlich zum Ausdruck gebracht[972]. Es muss für den durchschnittlichen Arbeitnehmer jederzeit erkennbar sein, welche Regelung im Einzelfall gilt. Eine Staffelverweisung wird indessen dann intransparent, wenn die Verwendung mehrerer Klauselwerke wegen des unklaren Verhältnisses konkurrierender Regelungen zur Unverständlichkeit führt[973].

Bei der Staffelung mehrerer Bezugnahmeobjekte können jedoch leicht Transparenzprobleme auftreten. Dies ist unlängst von *Brors* für die gestaffelte Verweisung auf die Zeitarbeitstarifverträge der Christlichen Gewerkschaften und des DGB nachgewiesen worden[974]. Auf Grund der bislang nicht geklärten Tariffähigkeit der Tarifgemeinschaft Christlicher Gewerkschaften für Zeitarbeit und Personalserviceagenturen[975] enthalten in der Praxis viele Verweisungsklauseln, die primär Tarifverträge dieser Tarifgemeinschaft in Bezug nehmen, eine subsidiäre Verweisung auf Branchentarifverträge der DGB-Gewerkschaften. Sollte der Tarifgemeinschaft tatsächlich höchstrichterlich die Tariffähigkeit abgesprochen werden, so ist es umstritten, ob die von dieser abgeschlossenen Ta-

971 Preis/*Preis*, Der Arbeitsvertrag, 2005, II V 40, Rn. 13.
972 Preis/*Preis*, Der Arbeitsvertrag, 2005, II V 40, Rn. 13.
973 So schon BGH 21.06.1990, NJW 1990, S. 3197 (3198).
974 *Brors*, BB 2006, S. 101 (103 f.).
975 Zur Tariffähigkeit der Tarifgemeinschaft Christlicher Gewerkschaften für Zeitarbeit und Personalserviceagenturen zuletzt LAG Niedersachsen 02.07.2007, ArbuR 2008, S. 113 ff.; die Tariffähigkeit der Christlichen Gewerkschaft Metall hat das BAG inzwischen bestätigt: BAG 28.03.2006, NZA 2006, S. 1112 ff.

rifverträge ex tunc oder ex nunc ihre Gültigkeit verlieren[976]. Dementsprechend unklar ist, wann die subsidiäre Verweisung zur Geltung gelangen soll, so dass die Verweisungsklausel insgesamt wegen des Verstoßes gegen das Transparenzgebot des § 307 Abs. 1 S. 2 BGB unwirksam ist[977].

dd) Mehrfachverweisungen

Den Staffelverweisungen ähnlich sind die so genannten Mehrfach- oder Doppelverweisungen. Hierbei wird ein Regelwerk individualvertraglich in Bezug genommen, welches seinerseits wiederum weitere Verweisungen beinhaltet. Eine derartige Mehrfachverweisung birgt das besondere Risiko, dass durch das Zusammenspiel mindestens dreier Vertragswerke der Arbeitsvertrag insgesamt zu unübersichtlich und damit intransparent wird. Ist daher eine durchgreifende Verweisung, also eine unmittelbare Verweisung auf den die eigentliche Regelung enthaltenden Tarifvertrag, bereits im Arbeitsvertrag ohne weiteres möglich, so stellt sich die Frage, ob der Arbeitgeber hiervon nicht Gebrauch machen muss, um eine unangemessene Intransparenz zu vermeiden. Eine solche Sichtweise gäbe dem Arbeitnehmer jedoch Steine statt Brot. Die oben skizzierte „Durchgriffsverweisung" führte ebenso wie die ursprüngliche Doppelverweisung zu einer Bezugnahme (mindestens) beider Tarifwerke, jetzt nur in Form der Staffelverweisung. Das Gesamtvertragswerk würde dadurch in keiner Weise entzerrt oder übersichtlicher. Die Durchgriffsverweisung stellt also keine transparentere Möglichkeit der Klauselgestaltung dar. Es bliebe lediglich die Möglichkeit, statt einer Durchgriffsverweisung die Regelung des mittelbaren Verweisungsobjekts ausdrücklich in dem Arbeitsvertrag selbst niederzulegen. Ein solches Vorgehen kommt jedoch dann nicht in Betracht, wenn es sich – wie in der Praxis regelmäßig – um eine dynamische Weiterverweisung handelt.

Damit bleibt im Ergebnis festzuhalten, dass die Anforderungen an eine insgesamt übersichtliche und transparente Vertragsgestaltung nicht überspannt werden dürfen, in Extremfällen kann jedoch eine zu starke Verschachtelung unterschiedlicher Vertragswerke die Bezugnahme insgesamt intransparent und infolgedessen unwirksam machen. Es sollte daher auf eine Staffel- oder Mehrfachverweisung nur zurückgegriffen werden, wenn ein unbedingtes praktisches Bedürfnis hierfür besteht und alternative Vertragstechniken keinen Transparenzgewinn bedeuten.

---

976 *Brors*, BB 2006, S. 101 (104).
977 *Brors*, BB 2006, S. 101 (104).

b) Intransparenz des Bezugnahmeobjekts

Nachdem die Anforderungen des Transparenzgebots an die im vorformulierten Arbeitsvertrag enthaltene Bezugnahmeklausel erörtert wurden, soll nunmehr der Blick auf die Transparenz der in Bezug genommenen Regelungen gerichtet werden.

aa) Kontrollfähigkeit in Bezug genommener Tarifregelungen

In der Literatur ist es heftig umstritten, ob und gegebenenfalls unter welchen Voraussetzungen und mit welchen Einschränkungen individualvertraglich einbezogene Tarifverträge einer AGB-Kontrolle unterliegen[978]. Das BAG hat dazu zunächst festgestellt, dass eine Inhaltskontrolle dann möglich ist, wenn eine tarifliche Regelung nur teilweise in Bezug genommen wird[979]. Hintergrund des Streits ist, dass § 310 Abs. 4 S. 3 BGB Tarifverträge den Rechtsvorschriften im Sinne des § 307 Abs. 3 S. 1 BGB gleichstellt, Letztere jedoch im Falle der Bezugnahme bei einem nicht tarifgebundenen Arbeitnehmer nicht normativ, sondern lediglich einzelvertraglich gelten.

Der Streit um die Kontrollfähigkeit individualvertraglich einbezogener Tarifregelungen könnte hier jedoch außer Acht gelassen werden, da § 307 Abs. 3 S. 2 BGB die Transparenzkontrolle für sämtliche Rechtsvorschriften im Sinne des § 307 Abs. 3 S. 1 BGB anordnet. Auf Grund dessen wären in Bezug genommene Tarifbestimmungen jedenfalls hinsichtlich ihrer Transparenz kontrollfähig[980]. Das BAG hat jedoch unlängst entschieden, dass bei einer Globalverweisung auf einen Tarifvertrag, dieser insgesamt weder einer Inhalts- noch einer Transparenzkontrolle zugänglich ist, wenn der Arbeitgeber tarifgebunden ist[981].

Ähnlich wie bei der Transparenzkontrolle deklaratorischer Klauseln[982] ist jedoch vorab zu klären, ob aus den Gründen einer möglichen Inhaltskontrollfreiheit tariflicher Regelungen eine einschränkende Auslegung des § 307 Abs. 3 S. 2 BGB geboten ist.

---

978 Überblick bei *Annuß*, ZfA 2005, S. 405 (434 ff.).

979 BAG 25.04.2007, NZA 2007, S. 875 (877).

980 So uneingeschränkt ErfK/*Preis*, §§ 305–310 BGB, Rn. 18; Ulmer/Brandner/Hensen/*Ulmer*, § 310 BGB, Rn. 150; *Preis*, FS Wiedemann (2002), S, 425 (447); *Witt*, NZA 2004, S. 135 (138).

981 BAG 28.06.2007, NZA 2007, S. 1049 (1050).

982 S.o. Dritter Teil, § 9 IV.

aaa) Überblick über den Meinungsstand

Für Globalverweisungen auf Tarifverträge wird überwiegend im Hinblick auf die Regelung des § 310 Abs. 4 S. 3 BGB sowie auf die entsprechende Gesetzesbegründung[983] angenommen, dass eine Inhaltskontrolle des Bezugnahmeobjekts nicht stattfinden dürfe[984]. Ausgenommen hiervon sollen lediglich in Bezug genommene branchenfremde Tarifverträge sein[985], sowie Tarifverträge, die im Zeitpunkt ihrer Inbezugnahme bereits abgelaufen waren[986]. Eine weitere Ausnahme von der Kontrollfreiheit wollen namentlich *Thüsing/Lambrich* für solche Bestimmungen machen, durch die im Tarifvertrag zu Lasten des Arbeitnehmers von tarifdispositivem Gesetzes- oder Richterrecht abgewichen wird, um so zu vermeiden, dass der Arbeitnehmerschutz in einer Weise unterschritten wird, die individualrechtlich an sich unzulässig wäre[987].

Schließlich soll ganz überwiegend auch bei Einzelverweisungen auf Tarifverträge eine uneingeschränkte AGB-Kontrolle des Bezugnahmeobjekts stattfinden, da die Richtigkeitsgewähr nur dem gesamten Tarifwerk innewohne und somit einzelne Regelungen des Tarifvertrages kein Angemessenheitspräjudiz beinhalteten[988].

Ob Gleiches auch für Teilverweisungen auf gesamte inhaltliche Regelungskomplexe eines Tarifvertrages gilt, ist wiederum umstritten. Während teilweise angenommen wird, dass auch sachlich zusammenhängenden Regelungskomplexen die tarifliche Richtigkeitsgewähr innewohne[989], wird überwiegend angenommen, dass eine Kompensation von Vor- und Nachteilen nicht nur innerhalb eines sachlichen Regelungskomplexes sondern auch zwischen verschie-

---

983 In der Antwort der Bundesregierung auf die Stellungnahme des Bundesrats, BT-Drucks. 14/6857, S. 57, führt diese aus, dass „Einzelarbeitsverträge, die Bezug auf einen Tarifvertrag nehmen, ohne dass eine beiderseitige Tarifbindung besteht oder die mit Kollektivverträgen übereinstimmen und lediglich deren gesamten Inhalt wiedergeben (..), ebenfalls nicht der Inhaltskontrolle unterliegen".

984 *Thüsing*, AGB-Kontrolle im Arbeitsrecht, 2007, Rn. 189; *Gaul*, DB 2007, S. 2594 (2597); *ders.*, ZfA 2003, S. 75 (84 f.); *Haußmann*, FS Schwerdtner (2003), S. 89 (95); *Henssler*, RdA 2002, S. 129 (136); *Hromadka*, NJW 2002, S. 2523 (2527); *Lindemann*, AuR 2002, S. 81 (86); *Oetker*, FS Wiedemann (2002), S. 383 (399); *Preis*, FS Wiedemann (2002), S. 425 (441 f.); *Witt*, NZA 2004, S. 135 (136).

985 *Gotthardt*, ZIP 2002, S. 1361 (1363); *Preis*, FS Wiedemann (2002), S. 425 (442); *Richardi*, NZA 2002, S. 1057 (1062); *Witt*, NZA 2004, S. 135 (137).

986 *Thüsing/Lambrich*, NZA 2002, S. 1361 (1362); *Witt*, NZA 2004, S. 135 (137).

987 *Thüsing/Lambrich*, NZA 2002, S. 1361 (1364).

988 *Bayreuther*, RdA 2003, S. 81 (91); *Däubler*, NZA 2001, S. 1329 (1335); *Gaul*, ZfA 2003, S. 75 (89); *Preis*, FS Wiedemann (2002), S. 425 (443 f.).

989 *Gaul*, ZfA 2003, S. 75 (89); *Henssler*, RdA 2002, S. 129 (136); *Preis*, FS Wiedemann (2002), S. 425 (444 f.).

denen Sachthemen stattfinde, weswegen auch Teilverweisungen grundsätzlich eine Inhaltskontrolle des Bezugnahmeobjekts ermöglichten[990].

Schließlich will ein Teil der Literatur den individualrechtlich einbezogenen Tarifvertrag grundsätzlich und unabhängig von der Art der Bezugnahme einer vollständigen AGB-Kontrolle unterziehen[991]. Begründet wird dies zum einen damit, dass Tarifverträge nur dann als Rechtsvorschriften im Sinne des § 307 Abs. 3 S. 1 BGB zu verstehen seien, wenn sie normativ gelten[992]. Nur eine normative Geltung mache die Inhaltskontrolle überflüssig, da in einem solchen Falle die fragliche Regelung unabhängig von ihrer wirksamen vertraglichen Vereinbarung Geltung beanspruche[993]. Zum anderen wird auf die Vorschrift des § 309 Nr. 8 b) ff) BGB verwiesen, die ausdrücklich eine Ausnahme von dem Klauselverbot anordnet, wenn Teil B der Verdingungsordnung für Bauleistungen insgesamt einbezogen wurde[994]. Aus dem Fehlen einer entsprechenden gesetzlichen Anordnung für arbeitsrechtliche Tarifverträge wird auf deren uneingeschränkte Kontrollfähigkeit im Falle einer nur vertraglichen Geltung geschlossen[995].

bbb) Stellungnahme und Konsequenz für die Transparenzkontrolle

Der Streit um die Kontrollfähigkeit individualvertraglich in Bezug genommener Tarifregelungen fußt im Wesentlichen auf der Kernfrage, ob eine Inhaltskontrolle entbehrlich ist, weil die von den Sozialpartnern in einem Tarifvertrag getroffenen Regelungen bereits einen angemessenen Interessenausgleich und damit eine materielle Vertragsgerechtigkeit garantieren[996].

Misst man das Zustandekommen eines Tarifvertrages an den Grundsätzen des die AGB-Kontrolle rechtfertigenden Versagens eines auf Gerechtigkeit zielenden Vertragsmechanismus, so ergibt sich kein Kontrollbedürfnis. Zwischen den Tarifpartnern besteht kein wirtschaftliches, intellektuelles oder informatorisches Gefälle. Der Konsens der Tarifpartner ist demnach unwiderlegliches Indiz für einen angemessenen Interessenausgleich. Insoweit gelten für die nach Art. 9 Abs. 3 GG geschützte Tarifautonomie und die diese ausgestaltende

990 *Däubler*, NZA 2001, S. 1329 (1335 f.); *Hümmerich/Holthausen*, NZA 2002, S. 173 (179); *Joost*, FS Ulmer (2003), S. 1199 (1209); *Thüsing/Lambrich*, NZA 2002, S. 1361 (1363).

991 *Annuß*, ZfA 2005, S. 405 (436 ff.); *Löwisch*, FS Wiedemann (2002), S. 311 (319 ff.).

992 *Annuß*, ZfA 2005, S. 405 (437).

993 *Annuß*, ZfA 2005, S. 405 (437).

994 *Löwisch*, FS Wiedemann (2002), S. 311 (321).

995 *Löwisch*, FS Wiedemann (2002), S. 311 (321).

996 So ausdrücklich für tarifgebundene Arbeitgeber: BAG 28.06.2007, NZA 2007, S. 1049 (1050); zustimmend *Ernst*, NZA 2007, S. 1405 (1406).

Ordnung des Tarifvertragsgesetzes die gleichen Maßstäbe wie für die aus Art. 2 Abs. 1 GG hergeleitete Privatautonomie und ihre Ausgestaltung im Vertragsrecht. § 307 Abs. 3 S. 1 BGB ist der logische Umkehrschluss aus der Rechtfertigung staatlicher Inhaltskontrolle im Bereich autonomer Vertragsgestaltung, denn dort, wo auf Grund anerkannter Umstände eine materiale Vertragsgerechtigkeit angenommen werden kann beziehungsweise muss, ist der AGB-Kontrolle bereits die Legitimation entzogen. Für den Bereich gesetzesdeklaratorischer Klauseln folgt dies aus der demokratischen Legitimation und der Funktion des gesetzlichen Vertragsrechts als Modellvorschlag eines gerechten Ausgleichs, für die Kontrollfreiheit von Hauptleistungspflichten aus ihrer Teilhabe am Konditionenwettbewerb und der damit verbundenen Gewähr des Funktionierens des Vertragsmechanismus. Hier einzureihen ist der Tarifvertrag, bei dem ebenfalls die auf Vertragsgerechtigkeit abzielenden Vertragsmechanismen uneingeschränkt funktionieren. Entgegen der Ansicht von *Annuß* bildet damit auch nicht die fehlende normative Geltung des Tarifvertrages den Begründungsansatz für seine Kontrollfähigkeit[997]. Das Argument, eine Kontrollunfähigkeit leite sich daraus ab, dass eine bestimmte vertragliche Regelung im Falle ihrer AGB-rechtlichen Unwirksamkeit auf Grund anderweitiger normativer Geltung gleichwohl zur Anwendung gelange[998], versagt bereits bei der Kontrollfreiheit vertraglicher Hauptpflichten.

Gegen einen Ausschluss der Transparenzkontrolle auf in Bezug genommene Tarifverträge spricht jedoch ihre Gleichstellung mit den Rechtsvorschriften im Sinne von § 307 Abs. 3 BGB[999]. Denn auch auf diese ist die Transparenzkontrolle grundsätzlich anwendbar. Es besteht weiterhin kein Anlass, die Anwendung der Transparenzkontrolle zu beschränken, da die konstitutive Verweisung Geltungsgrund der Tarifbestimmungen ist, so dass die Transparenzkontrolle im Falle der Unwirksamkeit intransparenter Tarifregelungen gerade nicht leer läuft[1000]. Auch betrifft die Transparenzkontrolle nicht die unmittelbare materielle Vertragsgerechtigkeit, sondern schützt die Vertragsabschlussfreiheit sowie die Vertragsdurchführung. Gerade in diesen Punkten ist der nicht tarifgebundene Arbeitnehmer aber wesentlich schutzwürdiger. Er hat seine Abschlussfreiheit zum einen eben nicht durch freien Willensentschluss auf einen

---

997 *Annuß*, ZfA 2005, S. 405 (437).

998 *Annuß*, ZfA 2005, S. 405 (437).

999 So auch ErfK/*Preis*, §§ 305–310 BGB, Rn. 18; Ulmer/Brandner/Hensen/*Ulmer*, § 310 BGB, Rn. 150.

1000 Dieses Argument bei der Frage der Transparenzkontrolle gesetzesdeklaratorischer Klauseln betont besonders *Evermann*, Die Anforderungen des Transparenzgebots an die Gestaltung von Allgemeinen Versicherungsbedingungen, 2002, S. 80; vgl. hierzu insgesamt oben, Kapitel 3, II. 4.

Verband übertragen und zum anderen kann er sich in Problemfällen und Zweifelsfragen nicht Hilfe suchend an den Verband wenden. Darüber hinaus existiert keine normative Transparenzgewähr. Dementsprechend hat das BAG auch bereits in anderem Zusammenhang festgestellt, dass Regelungen in Tarifverträgen durchaus unklar sein können[1001].

Insoweit argumentiert das BAG nun wenig überzeugend, dass bei einer Zulässigkeit der Transparenzkontrolle insgesamt in Bezug genommener Tarifregelungen die Gefahr drohe, dass einzelne Vorschriften desselben Tarifvertrags bei demselben Arbeitgeber, je nach dem, ob der Arbeitnehmer Mitglied der tarifschließenden Gewerkschaft ist oder nicht, zur Anwendung gelangten oder wegen fehlender Transparenz unwirksam sind[1002]. Dies ist ausschließlich vom Ergebnis her argumentiert ohne jeglichen dogmatischen Bezug. Es gibt keinen übergeordneten Grundsatz der einheitlichen Tarifgeltung, auch wenn der Arbeitgeber sich bemüht, dies vertraglich so zu regeln. Ob die Unpraktikabilität und damit einhergehend die mangelnde Flexibilität im Falle unterschiedlicher Geltung von Tarifbestimmungen eine intransparente Klauselgestaltung rechtfertigt, ist schließlich der jeweils vorzunehmenden Transparenzkontrolle und der innerhalb dieser erfolgenden Abwägung vorbehalten. Ein grundsätzlicher Ausschluss der Transparenzkontrolle ist damit jedoch nicht zu begründen.

Weiter sei eine (Transparenz-)Kontrolle der Tarifbestimmungen mit dem Zweck des § 310 Abs. 4 BGB unvereinbar, der den Gerichten die Prüfung entziehe, ob eine Tarifregelung zweckmäßig, billig und im Einzelfall die „*gerechteste*" Lösung sei[1003]. So zutreffend der Zweck des § 310 Abs. 4 BGB wiedergegeben wurde, so wenig schließt dies eine Transparenzkontrolle aus, sondern bezieht sich nur auf die materielle Inhaltskontrolle.

Damit findet eine uneingeschränkte Transparenzkontrolle des Bezugnahmeobjekts statt, unabhängig davon, in welcher Form auf diese verwiesen wurde[1004].

bb) Transparenzkontrolle tariflicher Regelungen

Die Transparenzkontrolle tariflicher Regelungen, die individualvertraglich in Bezug genommen wurden, folgt grundsätzlich so, als handele es sich um vorformulierte Arbeitsvertragsbedingungen.

1001 BAG 02.03.1988, AP Nr. 11 zu § 1 TVG Form.

1002 BAG 28.06.2007, NZA 2007, S. 1049 (1050).

1003 BAG 28.06.2007, NZA 2007, S. 1049 (1050).

1004 So im Ergebnis auch *Konzen*, FS Hadding (2004), S. 145 (147); nur auf den Fall nicht tarifgebundener Arbeitgeber beschränkend: *Ernst*, NZA 2007; S. 1405 (1406 f.).

aaa) Rechtfertigung intransparenter Tarifregelungen im Fall der Gleichstellungsabrede

Dies kann dazu führen, dass der gegebenenfalls verfolgte Zweck der Gleichstellung sämtlicher Arbeitnehmer in einem Betrieb nicht erreicht werden kann, weil intransparente Regelungen für nicht tarifgebundene Arbeitnehmer nicht Vertragsbestandteil werden, während sie bei tarifgebundenen Arbeitnehmern wegen der normativen Geltung zur Anwendung gelangen[1005]. Infolgedessen stellt sich nach dem hier entwickelten Konzept der Transparenzkontrolle die Frage, ob es der Gleichstellungszweck nicht rechtfertigt, die intransparenten Tarifklauseln vom Unwirksamkeitsverdikt auszunehmen. Hierfür streitet der Gleichstellungszweck, der nicht nur im Interesse des Arbeitgebers liegt. Von einer individualvertraglichen Vereinbarung des jeweils geltenden Tariflohns beispielsweise profitiert der Arbeitnehmer im Falle steigender Tariflöhne ebenfalls. Des Weiteren ist dem Arbeitgeber eine transparentere Gestaltung auf Grund des dynamischen Charakters der Gleichstellungsabrede regelmäßig nicht möglich. Insofern ist der Gleichbehandlungszweck grundsätzlich geeignet, eine etwaige Intransparenz einzelner Tarifbestimmungen als insgesamt nicht unangemessen benachteiligend zu rechtfertigen. Die letzte Entscheidung muss hier jedoch der konkreten Einzelfallabwägung vorbehalten bleiben, die insbesondere in Ansehung des Grads der Intransparenz beziehungsweise des Regelungsgehalts der intransparenten Tarifklausel vorzunehmen ist.

bbb) Rechtsfolgen

Ist eine Tarifklausel auf Grund ihrer Intransparenz unwirksam, so wird sie nicht Bestandteil des Arbeitsvertrages. Die übrigen in Bezug genommenen Tarifregelungen sowie die Bezugnahmeklausel werden hiervon nicht betroffen. Der Grund hierfür ist, dass Gegenstand der Transparenzkontrolle nur das konkrete Bezugnahmeobjekt ist, als handelte es sich hierbei selbst um eine originäre Klausel des vorformulierten Arbeitsvertrags.

Der BGH geht aber zu Recht davon aus, dass es in Ausnahmefällen denkbar sei, dass bereits die Verweisungsklausel das Transparenzgebot verletzt, wenn das in Bezug genommene Regelwerk in tatsächlicher Hinsicht unübersichtlich und in rechtlicher Beziehung undurchdringlich wird, weil es ganz oder überwiegend unwirksame Bestimmungen enthält[1006]. Dieser Fall erlangt insbesondere dann Bedeutung, wenn es sich um eine Teilverweisung oder eine Verweisung auf einen abgelaufenen beziehungsweise branchenfremden Tarifver-

---

1005 Hierauf weist auch *Preis*, FS Wiedemann (2002), S. 425 (447) hin.
1006 BGH 21.06.1990, NJW 1990, S. 3197 (3199).

trag handelt, der der uneingeschränkten AGB-rechtlichen Inhaltskontrolle unterliegt. Sollten gleich mehrere wesentliche Klauseln in dem Bezugnahmeobjekt der Inhaltskontrolle nicht standhalten, kann eine rechtliche Undurchdringlichkeit vorliegen, mit der Folge, dass entgegen dem Grundsatz der Aufrechterhaltung des Vertrages im Übrigen die gesamte Verweisungsklausel unwirksam ist.

II. Änderungsvorbehalte

Änderungs- oder Anpassungsvorbehalte spielen in der Arbeitsvertragspraxis eine besondere Rolle. Sie sind beispielsweise in Form von Direktionsrechtserweiterungen, insbesondere Versetzungsklauseln, Widerrufs-, Freiwilligkeits- und Anrechnungsvorbehalten weit verbreitet[1007]. Hintergrund der Beliebtheit von Änderungsvorbehalten im Arbeitsrecht ist, dass im Arbeitsverhältnis einerseits auf Grund der langen Laufzeit sowie der dieser gegenüberstehenden Veränderlichkeit der wirtschaftlichen Situation des Arbeitgebers ein besonderes Bedürfnis an Flexibilität besteht, zum anderen aber Änderungskündigungen im Entgeltbereich sehr hohen Anforderungen unterliegen und daher nahezu aussichtslos sind[1008]. In der arbeitsvertraglichen Praxis sind insbesondere Zusagen freiwilliger Leistungen des Arbeitgebers, wie etwa ein 13. Monatsgehalt, pauschalierte Sonderzahlungen, Jubiläumsprämien oder übertarifliche Zulagen häufig anzutreffen. Um dem Bedürfnis nach Flexibilität Rechnung zu tragen, ist die Gewährung dieser Leistungen im Arbeitsvertrag zumeist mit einem Freiwilligkeits- oder Widerrufsvorbehalt verbunden.

1. Widerrufsvorbehalte

Widerrufsvorbehalte sind dadurch gekennzeichnet, dass eine bestimmte Leistung zunächst unbefristet vom Arbeitgeber zugesagt wird, dieser sich jedoch die Möglichkeit vorbehält, die Weitergewährung der Leistung durch (jederzeitigen) Widerruf für die Zukunft[1009] zu beenden[1010]. Der Widerrufsvorbehalt hindert also nicht die Entstehung des Anspruchs auf die betreffende Leistung, sondern erleichtert nur die Voraussetzungen, unter denen dieser Anspruch

1007 *Diekmann/Bieder*, DB 2005, S. 722; *Lindemann*, AuR 2004, S. 201.

1008 *Gaul/Naumann*, ArbRB 2005, S. 146; vgl. auch *Stoffels*, ZfA 2002, S. 401 ff.

1009 Der Widerruf muss also dem Arbeitnehmer vor der vertraglich vereinbarten Fälligkeit zugehen, vgl. *Stück*, DB 2006, S. 782.

1010 ErfK/*Preis*, §§ 305–310 BGB, Rn. 56; *Maties*, DB 2005, S. 2689; *Seel*, MDR 2004, S. 1393.

wieder entzogen werden kann[1011]. Voraussetzung ist weiterhin, dass der Widerrufsvorbehalt ausdrücklich im Arbeitsvertrag vereinbart ist. Er folgt nicht bereits automatisch aus dem Umstand, dass die betreffende Leistung zusätzlich zu dem Entgelt gewährt wird[1012].

a) Bisherige Rechtsprechung zur Kontrolle von Widerrufsvorbehalten

Bis zur Erstreckung der AGB-Kontrolle auch auf vorformulierte Arbeitsverträge hat das BAG in ständiger Rechtsprechung vertragliche Widerrufsvorbehalte im Wesentlichen nur einer Ausübungskontrolle in Form der Billigkeitskontrolle nach § 315 BGB unterzogen.

Dabei hat es schon früh den Vorbehalt des Widerrufs übertariflicher Leistungen als von der Vertragsfreiheit gedeckt und damit zulässiges Mittel der Vertragsgestaltung angesehen[1013]. Dieser selbst musste sich lediglich an § 134 BGB messen lassen. Das BAG hat eine Nichtigkeit des vereinbarten arbeitgeberseitigen Widerrufsrechts angenommen, wenn dieser zu einer Umgehung des zwingenden Kündigungsschutzes dadurch führte, dass wesentliche Elemente des Arbeitsverhältnisses einer einseitigen Änderung unterlagen, durch die das Gleichgewicht von Leistung und Gegenleistung gestört würde, mit anderen Worten also der Kernbereich des Arbeitsverhältnisses betroffen wäre[1014]. Zu diesem unveränderlichen Kernbereich des Arbeitsverhältnisses hat das BAG etwa die Arbeitszeit gerechnet, wenn eine arbeitszeitabhängige Vergütung vereinbart war[1015]. Bezüglich des Entgelts sah das BAG den Kernbereich regelmäßig dann als nicht tangiert an, wenn der widerrufliche Teil des Entgelts nicht über 25–30% des Gesamtverdienstes ausmachte und gleichzeitig der Tariflohn bei Ausschöpfung des vollen Widerrufsrechts nicht unterschritten wurde[1016].

Im Schwerpunkt kontrollierte das BAG dann die jeweilige Ausübung des Widerrufsrechts am Maßstab des § 315 BGB: Eine Leistungsbestimmung entspreche dann dem billigen Ermessen im Sinne des § 315 BGB, wenn sie die wesentlichen Umstände des Einzelfalls abgewogen und die beiderseitigen Interessen angemessen berücksichtigt habe, so dass Verdienstbestandteile regelmä-

---

1011 Küttner/*Kania*, Widerrufsvorbehalt/Freiwilligkeitsvorbehalt, Rn. 3; *Reiserer*, DB 1997, S. 426; *Seel*, MDR 2004, S. 1393.

1012 BAG 14.06.1995, NZA 1995, S. 1194.

1013 BAG 09.06.1967, AP Nr. 5 zu § 611 BGB Lohnzuschläge; BAG 09.06.1965, AP Nr. 10 zu § 315 BGB.

1014 BAG 28.05.1997, DB 1997, S. 2620; BAG 15.11.1995, NZA 1996, S. 603; BAG 13.05.1987, NZA 1988, S. 95 (96).

1015 BAG 15.11.1995, NZA 1996, S. 603.

1016 BAG 28.05.1997, NZA 1997, S, 1160 (1162); BAG 15.11.1995, NZA 1996, S. 603.

ßig nur aus „sachlichen Gründen" widerrufen werden konnten[1017]. Für diese „sachlichen Gründe" sollten betriebliche Gründe, die nicht gleichbedeutend mit den dringenden betrieblichen Erfordernissen im Sinne des § 1 KSchG waren, ausreichen[1018].

b) AGB-Kontrolle von Widerrufsvorbehalten

In seiner ersten Entscheidung zur Zulässigkeit eines formularmäßig vereinbarten Widerrufsvorbehalt nach Wegfall der Bereichsausnahme für das Arbeitsrecht hatte das BAG über folgende arbeitsvertragliche Klausel zu befinden: „*Die Firma behält sich vor, alle übertariflichen Bestandteile in seinem Lohn – gleich, welcher Art – bei einem Aufrücken in eine höhere Altersstufe in der Lohngruppe oder in eine höhere Tarifgruppe teilweise oder ganz anzurechnen. Abgesehen davon hat die Firma das Recht, diese übertariflichen Lohnbestandteile jederzeit unbeschränkt zu widerrufen und mit etwaigen Tariferhöhungen zu verrechnen. Auch jede andere Leistung, die über die in den Tarifverträgen festgelegten Leistungen hinausgeht, ist jederzeit unbeschränkt widerruflich und begründet keinen Rechtsanspruch für die Zukunft.*"[1019]. Unter pauschalem Hinweis auf die schlechte wirtschaftliche Lage widerrief die Firma gegenüber sämtlichen Arbeitnehmern die außertarifliche Zulage.

Das BAG sah in diesem Widerrufsvorbehalt einen Verstoß gegen § 308 Nr. 4 BGB, und zwar im Wesentlichen deshalb, weil der Widerrufsvorbehalt selbst keine sachlichen Gründe nannte, unter denen die betroffene Leistung vom Arbeitgeber widerrufen werden konnte, wie etwa wirtschaftliche Gründe, Leistung oder Verhalten des Arbeitnehmers[1020]. Dies ist im Schrifttum vielfach so verstanden worden, als gebiete das Transparenzgebot die Beschränkung des Widerrufsvorbehalts auf – dementsprechend dann auch in der Klauselformulierung zu benennende – sachliche Gründe[1021]. Einer solchen Interpretation des Urteils ist jedoch zu widersprechen. Das BAG führt selber zutreffend aus: „*Der Arbeitsvertrag der Parteien nennt keine Widerrufsgründe. Vielmehr soll die Beklagte das Recht haben, die genannten Leistungen „jederzeit unbeschränkt" zu widerrufen. Dieser Änderungsvorbehalt ist nicht zumutbar.*"[1022]. Damit rügte es zuvorderst die inhaltliche Weite des Änderungsvorbehalts. Auch hier gilt nichts anderes als bei den be-

---

1017 BAG 13.05.1987, NZA 1988, S. 95 (96).

1018 BAG 07.10.1982, BB 1983, S. 1791 (1792).

1019 BAG 12.01.2005, NZA 2005, S. 465 ff.

1020 BAG 12.01.2005, NZA 2005, S. 465 (468).

1021 *Lindemann*, AuR 2004, S. 201 (207); *Preis/Lindemann*, NZA 2006, S. 632 (636); *Reinecke*, NZA 2005, S. 953 (957); *ders.*, JbArbR Bd. 43 (2006), S. 23 (28); *Schimmelpfennig*, NZA 2005, S, 603 (605); *Stück*, DB 2006, S. 782.

1022 BAG 12.01.2005, NZA 2005, S. 465 (468 unter 5. c).

reits diskutierten Anpassungsklauseln. Das BAG führt hierzu weiter aus: „*Die Bestimmung* (des Widerrufsvorbehalts, d. Verf.) *muss Angemessenheit und Zumutbarkeit erkennen lassen. Der Maßstab von §§ 307 I, II, 308 Nr. 4 BGB muss nach dem Text der Klausel zum Ausdruck kommen. Es muss sich aus der Regelung selbst ergeben, dass der Widerruf nicht ohne Grund erfolgen darf* (...).“[1023]. Das BAG beschreibt damit die Wechselwirkung zwischen Auslegung einer Klausel und deren Angemessenheitskontrolle. Die Klausel wird so der Angemessenheitskontrolle unterzogen, wie sie vorab ausgelegt wurde. Einer verkappten Inhaltsbeschränkung dahingehend, dass der Anwendungsbereich des Widerrufsvorbehalts bereits im Hinblick auf das inhaltlich Zulässige auszulegen ist, wird damit endgültig und zu Recht eine Absage erteilt.

Im Hinblick auf das Transparenzgebot ist die Frage viel spannender, wie genau die Widerrufsgründe zu formulieren sind. Das BAG gibt insoweit lediglich vor, dass in der Klausel „*zumindest die Richtung anzugeben ist, aus der der Widerruf möglich sein soll*“, und benennt beispielhaft „*wirtschaftliche Gründe, Leistung oder Verhalten des Arbeitnehmers*“[1024]. Weiterhin müsse der Grad der Störung, zum Beispiel eine wirtschaftliche Notlage des Unternehmens, ein negatives Ergebnis der Betriebsabteilung, ein nicht ausreichender Gewinn, ein Rückgang beziehungsweise Nichterreichen der erwarteten wirtschaftlichen Entwicklung, eine unterdurchschnittliche Leistung des Arbeitnehmers oder aber eine schwerwiegende Pflichtverletzung konkretisiert werden, wenn der Arbeitgeber gerade auf diesen bei dem Widerruf abstellen will und nicht schon ganz allgemein die wirtschaftliche Entwicklung, die Leistungsfähigkeit oder das Verhalten des Arbeitnehmers nach dem Umfang des Änderungsvorbehalts ausreicht und nach der Vertragsgestaltung auch ausreichen soll[1025].

Das BAG geht davon aus, dass im Hinblick auf die materielle Angemessenheit eines Widerrufsvorbehalts je nach Einzelfall eine bloße Richtungsbeschreibung als Widerrufsgrund ausreichen kann oder aber zusätzlich ein bestimmter Grad der Störung innerhalb des Äquivalenzverhältnisses hinzutreten muss. Abgesehen von dem Fall, dass der Arbeitgeber gerade von sich aus auf den Störungsgrad als Widerrufsgrund abstellen will, wird dies im Hinblick auf die materielle Angemessenheit der Klausel umso eher zu fordern sein, je stärker in das Äquivalenzverhältnis durch den Vorbehalt eingegriffen wird. Dabei ist zu beachten, dass, ähnlich wie bei den Zinsanpassungsklauseln, der erforderliche Formulierungsaufwand zur transparenten Beschreibung des Störungsgrades insgesamt steigen kann. Generell wird es jedoch hier auf eine Einzelfallbetrach-

1023 BAG 12.01.2005, NZA 2005, S. 465 (468).
1024 BAG 12.01.2005, NZA 2005, S. 465 (468).
1025 BAG 12.01.2005, NZA 2005, S. 465 (468).

tung ankommen. Das Flexibilitätsinteresse ist gegen das Interesse des Arbeitnehmers an einer klaren und durchschaubaren Regelung der Widerrufsvoraussetzungen abzuwägen. Zu berücksichtigen ist ferner, dass das Interesse an einer zukunftsflexiblen Vertragsgestaltung durchaus auch auf Seiten des Arbeitnehmers liegt, der so nämlich wesentlich eher und länger in den Genuss von Sonderzuwendungen kommt, als wenn der Arbeitgeber bereits bei Vertragsschluss sehr zurückhaltend kalkuliert. Hinzu kommt, dass der Arbeitnehmer im Falle des Widerrufsvorbehalts zusätzlich durch die Ausübungskontrolle nach § 315 BGB in jedem konkreten Anwendungsfall geschützt wird. Dies rechtfertigt es insgesamt, bei der Formulierung der Widerrufsgründe Abstriche bei den Anforderungen an die Konkretisierung zu machen, genau wie in der Formel des BAG wiedergegeben, wonach lediglich die Richtung anzugeben sei, aus der der Widerruf erfolgen könne. Hierbei handelt es sich um einen insgesamt gerechten Interessenausgleich, der sowohl die materiellen als auch die Formulierungs- und Verständlichkeitsinteressen von Arbeitgeber und Arbeitnehmer angemessen berücksichtigt.

2. *Freiwilligkeitsvorbehalte*

Die Erklärung des Arbeitgebers, eine bestimmte Leistung erfolge freiwillig und begründe keinen Rechtsanspruch in der Zukunft, ermöglicht es dem Arbeitgeber, diese Leistung nach einmaliger oder mehrfacher Gewährung ohne weiteres wieder einzustellen[1026]. Grund hierfür ist ein rechtskonstruktiver Unterschied zu den sonstigen Formen vertraglicher Änderungsvorbehalte[1027]. Während bei Widerrufs- oder Anpassungsklauseln der vertragliche Leistungsanspruch zunächst unmittelbar besteht und lediglich auf Grund des Vorbehalts nachträglich einseitig wieder entzogen bzw. verändert werden kann[1028], entsteht bei einer unter Freiwilligkeitsvorbehalt gewährten Leistung der Anspruch nur punktuell mit der Entscheidung über ihre Gewährung und erlischt unmittelbar mit ihrem Bewirken[1029]. Der Freiwilligkeitsvorbehalt diente ursprünglich dazu, in erster Linie Ansprüche aus einer betrieblichen Übung zu verhindern[1030] und bezog sich somit typischerweise auf unregelmäßig oder nicht konstante Sonderzahlungen. Insofern wurde zunächst auch verlangt, dass der Freiwilligkeitsvorbehalt bei jeder Gewährung der Leistung wiederholt wurde, später konnte die

1026 BAG 11.04.2000, DB 2000, S. 2479; ErfK/*Preis*, §§ 305–310 BGB, Rn. 68.

1027 *Strick*, NZA 2005, S. 723 (725).

1028 BAG 12.01.2005, NZA 2005, S. 465.

1029 BAG 12.01.2000, NZA 2000, S. 944; BAG 05.06.1996, NZA 1996, S. 1028; BAG 06.12.1995, NZA 1996, S. 1027.

1030 *Seel*, MDR 2004, S. 1393; *Zöllner*, NZA 1997, S. 121 (124).

Entstehung eines Anspruchs auch dadurch verhindert werden, dass der Vorbehalt einmalig im Arbeitsvertrag erklärt wurde[1031]. Damit hatte der Freiwilligkeitsvorbehalt Eingang in den Arbeitsvertrag gefunden und wurde somit tendenziell auch außerhalb des Bereichs der Gratifikationen als vertragsgestalterisches Flexibilisierungsinstrument interessant[1032]. Wirkliche Aktualität hat dieses Thema dann aber durch die Verschärfung der Anforderungen an die Wirksamkeit von Widerrufsvorbehalten durch das BAG[1033] erhalten. Nunmehr wurde der Freiwilligkeitsvorbehalt vor allem im anwaltlichen Schrifttum als Alternative zum Widerrufsvorbehalt gesehen[1034]. Das BAG hat bisher noch nicht über die Zulässigkeit bzw. die Wirksamkeitsanforderungen eines formularmäßigen Freiwilligkeitsvorbehalts unter Geltung des AGB-Rechts entschieden[1035]. Im Schrifttum sind AGB-Eigenschaft, Kontrollfähigkeit und Kontrollgrundsätze von Freiwilligkeitsvorbehalten sowohl in Formulararbeitsverträgen als auch unmittelbar bei der betrieblichen Übung umstritten[1036].

a) *Anwendbarkeit des AGB-Rechts auf Freiwilligkeitsvorbehalte*

Sowohl die ordentliche[1037] als auch die Arbeitsgerichtsbarkeit[1038] sind bisher davon ausgegangen, dass es sich – zumindest bei formularvertraglichen – Freiwilligkeitsvorbehalten um Allgemeine Geschäftsbedingungen im Sinne des § 305 Abs. 1 S. 1 BGB handelt, ohne dies auch nur gesondert zu erwähnen. Es mehren sich indessen im Schrifttum die Stimmen, die in Freiwilligkeitsvorbehalten schon keine „Vertragsbedingungen" im Sinne des § 305 Abs. 1 S. 1 BGB

1031 ErfK/*Preis*, §§ 305–310 BGB, Rn. 68; *Lakies*, AGB im Arbeitsrecht, 2006, Rn. 622; *Preis*, FS 50 Jahre BAG (2004), S. 123 (138).

1032 Hierzu schon *Preis*, FS 50 Jahre BAG (2004), S. 123 (138 ff.).

1033 BAG 12.01.2005, NZA 2005, S. 465 ff.

1034 Exemplarisch: *Seel*, MDR 2004, S. 1393 (1396), anders ausdrücklich: *Willemsen/Grau*, NZA 2005, S. 1137 (1140 f.).

1035 Es liegt soweit ersichtlich bisher lediglich die Entscheidung des LAG Hamm (vom 09.06.2005, NZA 2005, S. 624 f.) vor, die hinsichtlich der Inhaltskontrolle nach § 307 BGB die bisherigen Kontrollgrundsätze von Freiwilligkeitsvorbehalten bei Gratifikationen (zuletzt BAG 07.08.2002, NZA 2002, S. 1284) bestätigt.

1036 *Lakies*, AGB im Arbeitsrecht, 2006, Rn. 620 ff.; *Thüsing*, AGB-Kontrolle im Arbeitsrecht, 2007, Rn. 269; *Lindemann*, AuR 2004, S. 201 ff.; *Mathies*, DB 2005, S. 2689 ff.; *Natzel*, SAE 2006, S. 225 ff.; *Preis*, FS 50 Jahre BAG (2004), S. 123 (138 ff.); *Preis/Lindemann*, NZA 2006, S. 632 ff.; *Ricken*, DB 2006, S. 1372 ff.; *Schimmelpfennig*, NZA 2005, S. 603 ff.; *Seel*, MDR 2004, S. 1393 ff.; *Soiné*, ZTR 2006, S. 465 ff.; *Ulrici*, BB 2005, S. 1902 ff.; *Willemsen/Grau*, NZA 2005, S. 1137 (1140 f.).

1037 BGH 17.03.1999, NJW 199, S. 3411 ff. (privater Krankenversicherungsvertrag); BGH 21.01,1994, NJW 1994, S. 1060 ff. (Vertragshändlervertrag).

1038 LAG Hamm 09.06.2005, NZA 2005, S. 624 f.

sehen[1039]. So soll es sich bei einem Freiwilligkeitsvorbehalt lediglich um den einseitigen Hinweis des Arbeitgebers handeln, dass eine vertragliche Bindung nicht entstehe[1040]. Bezug genommen wird dabei auf den im AGB-Recht anerkannten Grundsatz, dass einseitige rechtsgeschäftsähnliche Erklärungen des Verwenders wie z.B. die Vollmachterteilung regelmäßig keine Vertragsbedingung darstellen können, da der Verwender lediglich eigene und nicht fremde Gestaltungsmacht in Anspruch nimmt[1041]. Teilweise wird weiter differenziert, ob es sich um eine einmalige Leistung des Arbeitgebers handelt, die der Arbeitgeber ohne Bindung für die Zukunft erbringen können müsse, oder um einen Dauertatbestand[1042]. Im ersten Fall sei der Vorbehalt lediglich an den Grenzen der allgemeinen Missbrauchskontrolle zu messen, die zweite Variante rechtfertige hingegen einen engeren Kontrollmaßstab[1043].

Diese vordergründig recht schlüssige Argumentation hält indessen einer tieferen dogmatischen Überprüfung nicht stand. Zunächst wird übersehen, dass der Freiwilligkeitsvorbehalt im engen Zusammenhang mit dem gesamten Arbeitsverhältnis steht. Der „Hinweis" im Formulararbeitsvertrag, sich hinsichtlich einer bestimmten, im selben Vertrag beschriebenen Leistung nicht rechtlich binden zu wollen, kann nicht isoliert betrachtet werden, denn das Rechtsverhältnis, das auch durch diese Bestimmung geregelt werden soll, ist das Arbeitsverhältnis insgesamt. Nimmt der Arbeitgeber Sonderleistungen direkt in den Arbeitsvertrag auf, so verspricht er sich hiervon in aller Regel eine anreizende Wirkung einerseits im Hinblick auf die Vertragsabschlussentscheidung des Arbeitnehmers, vor allem aber bezüglich dessen Arbeitsleistung. Eine unter dem Vorbehalt der Freiwilligkeit in Aussicht gestellte Leistung ist also stets in Bezug zu den sonstigen Leistungspflichten des Arbeitgebers zu setzen; sie ergänzen diese und bestimmen so den Gesamtumfang der Leistungen, die sich der Arbeitnehmer erhoffen kann. Je mehr Leistungen der Arbeitgeber unter Freiwilligkeitsvorbehalt stellt, desto geringer wird notwendig der Kern seiner verbindlichen Leistungspflicht. So hatte auch der BGH keinen Zweifel daran, dass es sich bei einer Bestimmung in einem Krankenversicherungsvertrag, wo-

---

1039 *Aretz*, Allgemeine Geschäftsbedingungen im Arbeitsvertrag, 2006, S. 175; *Thüsing*, AGB-Kontrolle im Arbeitsrecht, 2007, Rn. 269; *Ricken*, DB 2006, S. 1371 (1374); *Thüsing/Leder*, BB 2005, S. 1563 (1567), *Ulrici*, BB 2006, S. 1902 (1904 f.); in diese Richtung auch *Hanau/Hromadka*, NZA 2005, S. 73 (74f.).

1040 Vgl. nur *Ulrici*, BB 2006, S. 1902 (1903).

1041 Staudinger/*Schlosser*, § 305 BGB, Rn. 10; Ulmer in Ulmer/Brandner/Hensen/*Ulmer*, AGB-Recht, § 305 BGB, Rn. 18.

1042 *Thüsing*, AGB-Kontrolle im Arbeitsrecht (2007), Rn. 268.

1043 *Thüsing*, AGB-Kontrolle im Arbeitsrecht (2007), Rn. 268; Hanau, ZIP 2005, S. 1661 (1666); *Thüsing/Leder*, BB 2005, S. 1563 (1567).

nach eine Kostenbeteiligung bei psychotherapeutischen Behandlungen über die 30. Behandlungseinheit hinaus als freiwillige Leistungszusage allein von der freien Entscheidung des Versicherers abhing und kein Anspruch des Versicherungsnehmers hierauf bestand, um eine Allgemeine Geschäftsbedingung handelte[1044].

Das BAG hat in seinem Urteil vom 25.04.2007[1045] auch grundsätzlich Freiwilligkeitsvorbehalte in vorformulierten Arbeitsverträgen für kontrollfähig nach dem AGB-Recht gehalten.

b) Auslegung von Freiwilligkeitsvorbehalten

Das BAG hat schon vor der Anwendung des AGB-Rechts auf Arbeitsverträge hervorgehoben, dass die bloße Bezeichnung einer Leistung als „freiwillig“, bzw. die gesonderte Aufführung bestimmter Leistungen unter der Überschrift „freiwillige soziale Leistungen“ im Arbeitsvertrag nicht ausreichend ist, um einen Rechtsanspruch auf diese Leistungen wirksam und dauerhaft auszuschließen, da hiermit lediglich zum Ausdruck kommt, dass sich der Arbeitgeber zur Erbringung dieser Leistung verpflichtet, ohne durch Tarifvertrag, Betriebsvereinbarung oder Gesetz hierzu gezwungen zu sein[1046]. Erforderlich ist vielmehr der ausdrückliche Hinweis in der betreffenden Klausel, dass ein Anspruch nicht begründet werden beziehungsweise eine Rechtspflicht zur jetzigen und künftigen Erbringung der Leistung ausgeschlossen sein soll[1047]. Dabei muss deutlich werden, dass ein Anspruch auch bei mehrfacher Gewährung der Leistung nicht begründet werden soll[1048].

An dieser Rechtsprechung ist auch für nach In-Kraft-Treten der Schuldrechtsreform geschlossene Arbeitsverträge festzuhalten[1049]. Die bloße Bezeichnung einer Leistung als freiwillig lässt einen zu großen Verständnisspielraum zu und kann nicht eindeutig dahingehend verstanden werden, dass ein Rechtsanspruch ausgeschlossen sein soll. Überdies ist es dem Arbeitgeber ohne weiteres zumutbar, den Rechtsbindungswillen ausdrücklich auszuschließen, indem er hinzufügt, dass ein Rechtsanspruch nicht begründet wird.

1044 BGH 17.03.1999, NJW 1999, S. 3411 ff.

1045 BAG 25.04.2007, DB 2007, S. 1757 ff.

1046 BAG 23.10.2002, NZA 2003, S. 557 (558); BAG 11.04.2000, NZA 2001, S. 24 (25).

1047 BAG 23.10.2002, NZA 2003, S. 557 (558); BAG 11.04.2000, NZA 2001, S. 24 (25).

1048 BAG 12.01.2000, NZA 2000, S. 944 (945); BAG 05.06.1996, NZA 1996, S. 1028 (1029); BAG 06.12.1995, NZA 1996, S. 1027; BAG 15.02.1990, NZA 1990, S. 601 (603).

1049 *Lakies*, AGB im Arbeitsrecht, 2006, Rn. 628.

Dementsprechend ist auch eine Klausel, wonach die Leistung „freiwillig und unter dem Vorbehalt jederzeitigen Widerrufs gewährt wird" als reine Widerrufsklausel zu verstehen, da die Bezeichnung als freiwillig rechtsunerheblich und gerade nicht geeignet ist, einen Rechtsanspruch zu begründen[1050]. Demzufolge ist bei der gleichzeitigen Verwendung der Worte „*freiwillig*" und „*Widerruf*" auch nicht die Unklarheitenregel des § 305c Abs. 2 BGB anzuwenden, da der Vorbehalt eindeutig im Sinne eines Widerrufsvorbehalts ausgelegt werden kann[1051]. Bei der Unklarheitenregel handelt es sich aber um eine besondere Auslegungsregel, die in ihrer Anwendung den allgemeinen Grundsätzen der AGB-spezifischen Auslegung nachrangig ist[1052]. Sie ist erst anzuwenden, wenn nach Ausschöpfung sämtlicher in Betracht kommender Auslegungsmethoden ein nicht behebbarer Zweifel bleibt und mindestens zwei Auslegungsmethoden rechtlich vertretbar sind[1053]. Eine solche Konstellation kann indessen nur eintreten, wenn gleichzeitig sowohl ein für sich genommen klar formulierter Freiwilligkeits- als auch ein Widerrufsvorbehalt vereinbart worden sind, da dann zwei sich ausschließende Vorbehalte vereinbart worden sind[1054]. Der Fall sich widersprechender Klauseln, beziehungsweise Regelungen ist ein typischerweise zunächst über die Unklarheitenregel im Rahmen der Auslegung zu lösendes Problem[1055]. Erst im Anschluss daran ist die Frage zu klären, ob die Widersprüchlichkeit der Regelung nicht auch wegen Verstoßes gegen das Transparenzgebot nach § 307 Abs. 1 S. 2 BGB zur Unwirksamkeit sämtlicher sich widersprechender Klauseln führt[1056].

1050 BAG 01.03.2006, NZA 2006, S. 749 (748); LAG Düsseldorf 30.11.2005, LAGE Nr. 4 zu § 305c BGB 2002; *Thüsing*, AGB-Kontrolle im Arbeitsrecht, 2007, Rn. 271.

1051 Anders aber *Maties*, DB 2005, S. 2689.

1052 Wolf/Horn/Lindacher/*Lindacher*, § 5 AGBG, Rn. 28; *Roth*, WM 1991, S. 2085 (2086 f.).

1053 BGH 03.07.2002, NJW 2002, S. 3232 (3233); BGH 22.03.2002, NJW 2002, 2102 (2103); BGH 11.03.1997, NJW 1997, S. 3434 (3435); Palandt/*Heinrichs*, § 305c BGB, Rn. 18; Soergel/*Stein*, § 5 AGBG, Rn. 2 f.; Staudinger/*Schlosser*, § 305c BGB, Rn. 106; *Stoffels*, AGB-Recht, 2003, Rn. 370; Ulmer/Brandner/Hensen/ *Ulmer*, § 305c BGBG, Rn. 86.

1054 So der Fall bei LAG Hamm, 27.07.2005, NZA-RR 2006, S. 125 ff., wo innerhalb einer Klausel sowohl ein beschränkter als auch ein unbeschränkter Widerrufsvorbehalt und ein Freiwilligkeitsvorbehalt kombiniert waren.

1055 Staudinger/*Schlosser*, § 305c BGB, Rn. 124.

1056 Siehe hierzu ausführlich oben unter Zweiter Teil, § 3 I. 3.

c) Transparenzkontrolle von Freiwilligkeitsvorbehalten

Wie bereits dargelegt, ist es auf der Ebene der Auslegung bereits erforderlich, dass die Formulierung klar erkennen lässt, dass der Arbeitgeber einen Rechtsanspruch auf die Leistung ausschließen will. Anderenfalls gelangt der Freiwilligkeitsvorbehalt als solcher schon gar nicht mehr in den Anwendungsbereich der Inhaltskontrolle, da die betreffende Leistung als vorbehaltlos vereinbart gilt. Als hinreichend transparent kann etwa die Formulierung „*Die Zahlung erfolgt freiwillig und ohne Einräumung eines Rechtsanspruch. Ein Anspruch für die Zukunft wird hierdurch nicht begründet, sondern es bleibt im freien, unbeschränkten Ermessen des Arbeitgebers eine ähnliche Leistung zukünftig zu erbringen.*“[1057] angesehen werden.

Darüber hinaus muss der Freiwilligkeitsvorbehalt hinreichend klar und verständlich bezeichnen, welche Leistung von ihm erfasst wird. Insoweit gilt nichts anderes als beim Widerrufvorbehalt.

Problematisch sind insbesondere kombinierte Vorbehaltsregelungen. Versieht der Arbeitgeber eine Leistung sowohl mit einem Freiwilligkeits- als auch mit einem Widerrufsvorbehalt, so sind im Ergebnis beide Vorbehalte rechtsunwirksam.

Zunächst gelangt die Unklarheitenregel des § 305c Abs. 2 BGB zur Anwendung, anders als bei der bloßen Ergänzung eines Widerrufsvorbehalts um das Wort „freiwillig“. Hiernach gilt die kundenfreundlichste Variante, welches nach mittlerweile herrschender Meinung[1058] im Individualprozess zunächst diejenige wäre, die einer weitergehenden Inhaltskontrolle nicht stand hielte und somit insgesamt unwirksam wäre. Wäre beispielsweise der Anwendungsbereich des Widerrufsvorbehalts zu weit gefasst, so dass dieser mit § 308 Nr. 4 BGB nicht zu vereinen wäre, müsste die Klausel demnach als Widerrufsvorbehalt ausgelegt werden, welcher sodann unwirksam wäre. Die Klausel enthielte damit nach Auslegung und Inhaltskontrolle insgesamt keinen Vorbehalt mehr.

Anders müsste indessen verfahren werden, wenn sowohl der Widerrufs- als auch der Freiwilligkeitsvorbehalt jeweils für sich genommen inhaltlich wie formell einwandfrei gestaltet wären. Auch dann wäre der Vorbehalt insgesamt im Sinne eines Widerrufsvorbehalts auszulegen, diesmal allerdings deshalb, weil der Widerruf wegen seiner höheren Anforderungen im Ergebnis für den Arbeitnehmer der materiell weniger einschneidende Vorbehalt wäre.

1057 So der Formulierungsvorschlag von *Thüsing*, AGB-Kontrolle im Arbeitsrecht, 2007, Rn. 271.

1058 *Kreienbaum*, Transparenz und AGB-Gesetz, 1998, S. 62 f.; Palandt/*Heinrichs*, § 305c BGB, Rn. 19 f.; Soergel/*Stein*, § 5 AGBG, Rn. 16; *Stoffels*, AGB-Recht, Rn. 374 ff.; Wolf/Horn/Lindacher/*Lindacher*, § 5 AGBG, Rn. 31 und 33.

Jedoch muss nunmehr noch geprüft werden, ob die Vertragsgestaltung durch einen doppelten Vorbehalt nicht als solche gegen das Transparenzgebot verstößt und damit insgesamt nach § 307 Abs. 1 S. 2 BGB unwirksam ist. Dagegen könnte zunächst sprechen, dass die Vorbehalte für sich genommen keinen Einwänden im Hinblick auf ihre transparente Gestaltung begegnen. Des Weiteren ist zu berücksichtigen, dass aufgrund dessen der Arbeitnehmer in jedem Fall ohne Schwierigkeiten erkennen kann, dass die betreffende Leistung keinesfalls vorbehaltlos gewährt werden soll. Andererseits schützt das Transparenzgebot nicht nur die Klarheit und Verständlichkeit einer Regelung an sich, sondern auch den Vertragspartner darin, dass er erkennen kann, welche Regelung gelten soll. Insoweit ist auch der Verstoß gegen das Transparenzgebot stärker sanktioniert als durch die Auslegungsregel des § 305c Abs. 2 BGB. Verpackt der Arbeitgeber wie hier eine Leistungsgewährung zwiebelartig in mehrere Schichten von Vorbehalten, so käme es im Ergebnis einer geltungserhaltenden Reduktion gleich, diese „Mehrfachabsicherung" des Arbeitgebers in Form des schwächsten Vorbehalts aufrecht zu erhalten. Hier zeigt sich deutlich, dass das Transparenzgebot auch einen Präventions- und Sanktionscharakter hat. Es soll nicht nur die Gefahr infolge der konkreten Unklarheit beseitigen, sondern den Verwender auch anhalten, seine Formulierungen und seine Vertragsgestaltung insgesamt klar und verständlich auszugestalten. Damit ist die Mehrfachverwendung unterschiedlicher Vorbehaltstypen auf eine Leistung wegen Verstoßes gegen § 307 Abs. 1 S. 1 BGB insgesamt unwirksam; die Leistung ist damit vertraglich vorbehaltlos gewährt.

Eine vergleichbare Kombinationskonstellation hatte das BAG in seinem Urteil vom 24.10.2007[1059] zu beurteilen. Zu prüfen waren Vertragsbestimmungen, in denen sich der Arbeitgeber einerseits zur Zahlung eines Bonus verpflichtet hatte, diesen aber andererseits wieder ausschloss. So sollte der Anspruch auf den gewinn- und leistungsabhängigen Bonus dem Grunde nach entfallen, wenn der Arbeitnehmer zu einem bestimmten Zeitpunkt nicht mehr in einem ungekündigten Arbeitsverhältnis stand. Das BAG bestätigte zunächst, dass sich der Klauselverwender generell die Entscheidung, ob, unter welchen Bedingungen oder in welcher Höhe er eine Zuwendung auszahlt, ebenso vorbehalten kann, wie das Recht, den Zuwendungsanspruch für die Zukunft gänzlich auszuschließen[1060]. Auch war der Wortlaut der Regelung eindeutig, insbesondere war mit dem Erfordernis des gekündigten Arbeitsverhältnisses eine konkrete Voraussetzung für den Entfall des Rechtsanspruchs genannt.

1059 BAG 24.10.2007, NJW 2008, S. 680 (681).
1060 BAG 24.10.2007, NJW 2008, S. 680 (681).

Gleichwohl hielt das BAG die Regelung insgesamt für intransparent, da des in sich widersprüchlich sei, wenn sich der Arbeitgeber in einer Klausel zu einer Bonuszahlung verpflichte und in einer anderen Klausel diesen Rechtsanspruch wieder relativiere[1061]. Dies ist konsequent[1062], da generell eine Intransparenz auch aus der Regelung von an sich Einheitlichem an unterschiedlichen Stellen im Vertrag zu einer unangemessenen Intransparenz führen kann. Der Vertragspartner darf generell erwarten, dass – soweit möglich – einheitliche Regelungskomplexe in einer Klausel oder zumindest in unmittelbarer Folge in einem Abschnitt innerhalb eines Vertrages geregelt werden. Dies gilt insbesondere, wenn zunächst Ansprüche begründet und dann mittels Vorbehalten wieder eingeschränkt werden sollen.

Im Ergebnis hielt das BAG dann auch nicht die gesamte Bonusregelung für unwirksam, sondern nur den einschränkenden Teil, so dass der Bonusanspruch ungeschmälert bestehen blieb[1063].

III. Vertragsstrafen

In Arbeitsverträgen finden sich häufig Vertragsstrafenvereinbarungen für den Fall, dass der Arbeitnehmer seine neue Arbeitsstelle noch vor dem ersten Arbeitstag wieder kündigt oder seine Arbeitsleistung ohne Einhaltung der gesetzlichen oder vereinbarten Kündigungsfrist einstellt. Ebenso sind Vertragsstrafen für eine Reihe von Nebenpflichtverletzungen, wie zum Beispiel die Verschwiegenheitspflicht, üblich. Derartige Vertragsstrafen wurden vor Wegfall der Bereichsausnahme des § 23 Abs. 1 AGBG zum 01.01.2002 grundsätzlich für zulässig erachtet[1064]. Im Einzelfall überhöhte Vertragsstrafen reduzierte das BAG nach § 343 BGB auf eine noch angemessene Höhe[1065].

Nach dem 01.01.2002 stellte sich die Frage, ob Vertragsstrafen für den Fall, dass sich der Arbeitnehmer vertragswidrig seiner Arbeitspflicht entzog, an § 309 Nr. 6 BGB scheiterten. Da es sich dabei um ein Klauselverbot ohne Wertungsmöglichkeit handelt, kommt insoweit nur eine über § 310 Abs. 4 S. 2 BGB zu legitimierende abweichende Beurteilung in Betracht[1066]. Im Urteil vom

---

1061 BAG 24.10.2007, NJW 2008, S. 680 (681).

1062 Ebenso *Freihube*, DB 2008, S. 124.

1063 BAG 24.10.2007, NJW 2008, S. 680 (682).

1064 BAG 06.09.1989, NZA 1990, S. 147 (148); BAG 05.02.1986, NZA 1986, S. 782.

1065 BAG 23.05.1984, NZA 1984, S. 255 (256).

1066 *Dafür: Annuß*, BB 2002, S. 458 (463); *Bauer/Krieger*, SAE 2006, S. 11 (12); *Conein-Eickelmann*, DB 2003, S. 2546 (2548); *Henssler*, RdA 2002, S. 129 (138); *Lingemann*, NZA 2002, S. 181 (191); *Preis*, NZA 2003 Sonderbeilage zu Heft 16, S. 19 (32); *dagegen:*

04.03.2004 entschied das BAG, dass auch weiterhin Vertragsstrafen, die die vorzeitige Kündigung von Arbeitsverträgen sanktionieren, zulässig sind[1067]. Dabei sieht das BAG in dem Umstand, dass die Arbeitsleistung nach § 888 Abs. 3 ZPO für den Arbeitgeber nicht vollstreckbar ist, eine Besonderheit des Arbeitsrechts, da somit für den Arbeitgeber ein Bedürfnis bestehe, das Erbringen der Arbeitsleistung durch vertragliche Sanktionsmechanismen zu gewährleisten[1068]. Auch verursache der Nichtantritt der Arbeit, beziehungsweise das Nichteinhalten von Kündigungsfristen regelmäßig erhebliche betriebliche Schäden, die jedoch häufig mangels Kausalität der Pflichtverletzung oder Nachweises des Vertretenmüssens nicht gerichtlich geltend gemacht werden könnten[1069].

Im Hinblick auf das Transparenzgebot müssen Vertragsstrafen sowohl die Voraussetzungen des Verfalls der Vertragsstrafe (transparenter Verwirkungstatbestand) als auch deren Art und Höhe (transparente Rechtsfolgenbestimmung) im Formulararbeitsvertrag klar und deutlich zum Ausdruck kommen[1070].

1. Transparenter Verwirkungstatbestand

Mit Blick auf § 307 Abs. 1 S. 2 BGB sind insbesondere solche Vertragsstrafenvereinbarungen problematisch, die als Verwirkungsgrund ganz allgemein auf schuldhafte Vertragspflichtverletzungen abstellen. So hat das BAG im Urteil vom 21.04.2005 eine Klausel für unwirksam erachtet, nach der die Vertragsstrafe verwirkt war, wenn „der Arbeitgeber durch schuldhaftes vertragswidriges Verhalten des Arbeitnehmers zur fristlosen Kündigung veranlasst wird“[1071]. Das BAG sah hierin einen Verstoß gegen das Transparenzgebot des § 307 Abs. 1 S. 1 BGB, da die Pflichtverletzung nicht hinreichend bestimmt sei[1072]. Die vereinbarte Vertragsstrafe müsse nicht nur die zu leistende Strafe, sondern auch die sie auslösende Pflichtverletzung so klar bezeichnen, dass sich der Versprechende in seinem Verhalten darauf einstellen könne[1073]. Die Formulierung, „schuldhaftes vertragswidriges Verhalten“ lasse nicht erkennen, welche konkre-

---

Däubler, NZA 2001, S. 1329 (1336); *Joost*, FS Ulmer, S. 1199 (1204); *Koppenfels*, NZA 2002, S. S. 598 (602); *Reinecke*, DB 2002, S. 583 (585 f.); *Thüsing*, NZA 2002, S. 591 (594).

1067 BAG 04.03.2004, NZA 2004, S. 727 ff.

1068 BAG 04.03.2004, NZA 2004, S. 727 (732 f.).

1069 BAG 04.03.2004, NZA 2004, S. 727 (732 f.).

1070 *Thüsing*, AGB-Kontrolle im Arbeitsrecht, 2007, Rn. 438.

1071 BAG 21.04.2005, NZA 2005, S. 1053 ff.

1072 BAG 21.04.2005, NZA 2005, S. 1053 (1055).

1073 BAG 21.04.2005, NZA 2005, S. 1053 (1055).

ten Pflichten tatsächlich gesichert werden sollen, so dass es an der nötigen Warnfunktion fehle[1074]. In ähnlicher Weise hat das BAG im Urteil vom 18.08.2005 eine Formulierung, wonach die Vertragsstrafe „*... im Falle eines gravierenden Vertragsverstoßes (etwa gegen das Wettbewerbsverbot, die Geheimhaltungspflicht oder bei einem Überschreiten der Befugnisse aus seinen Vollmachten ...*“ verwirkt sein sollte, als mit dem Transparenzgebot nicht zu vereinbarendes Globalstrafversprechen bewertet[1075]. Da in dem konkret vom BAG entschiedenen Fall jedoch eine Vertragsstrafe wegen Verstoßes gegen das Wettbewerbsverbot streitgegenständlich war, nahm das BAG seine Bedenken hinsichtlich des Transparenzgebots nicht zum Anlass, die Klausel für unwirksam zu erklären[1076].

a) Sanktionierung bestimmter Pflichtverletzungen

Es ist dem BAG darin zuzustimmen, dass die einfache Bezeichnung als „*gravierender Pflichtverstoß*“ oder ähnliches nicht ausreicht, um dem Arbeitnehmer hinreichend klar und verständlich kenntlich zu machen, welches konkrete Verhalten sanktioniert ist. Wann ein Pflichtverstoß gravierend ist, bleibt letztlich völlig in das Belieben des Arbeitgebers gestellt und genügt somit nicht, den Verwirkungstatbestand über die Auslegung zu bestimmen. Zudem verlangt die Einordnung eines Verstoßes als gravierend stets eine Prüfung aller Umstände des Einzelfalls. Damit ist das Verständnisrisiko in unangemessener Weise auf den Arbeitnehmer verlagert. Mit dem Transparenzgebot des § 307 Abs. 1 S. 2 BGB ist es prinzipiell nicht vereinbar, einen abstrakt beschriebenen Grad der Schwere eines Pflichtverstoßes zum Tatbestandsmerkmal einer Vertragsstrafe zu machen. Unbenommen ist es jedoch dem Arbeitgeber, bestimmte, einzeln bezeichnete Vertragspflichten als für ihn derart wichtig anzusehen, dass ein – wie auch immer gearteter – Verstoß hiergegen die Vertragsstrafe verwirkt. Er muss diese Pflichten dann nur konkret bezeichnen und einzeln aufführen.

b) Sanktionierung der vom Arbeitnehmer veranlassten fristlosen Kündigung

Anders verhält es sich jedoch dann, wenn der Arbeitgeber wie in der ersten Klauselformulierung hinsichtlich des Verwirkungstatbestandes nicht nur an die Schwere des Pflichtverstoßes, sondern zusätzlich an dessen kündigungsrechtli-

---

1074 BAG 21.04.2005, NZA 2005, S. 1053 (1055).

1075 BAG 18.08.2005, NZA 2006, S. 34 (36 f.).

1076 BAG 18.08.2005, NZA 2006, S. 34 (36), das BAG erklärte die betreffende Klausel jedoch wegen einer im Ergebnis unangemessen hohen Vertragsstrafe für unwirksam, s. dazu auch unten c).

che Folge anknüpft[1077]. Der Arbeitgeber wählt in diesem Fall nämlich einen anderen Anknüpfungspunkt zur Bestimmung des Verwirkungstatbestandes. Zutreffenderweise ist die betreffende Klausel nämlich dahingehend zu verstehen, dass eine fristlose Kündigung ausgesprochen und wirksam sein muss[1078]. Dem Arbeitgeber kommt es weniger auf die Verletzung einer bestimmten Pflicht an, als konkret darauf, dass der Arbeitnehmer infolge der fristlosen Kündigung, deren Ursache er selbst gesetzt und zu verantworten hat, unmittelbar nicht mehr seine Arbeitsleistung erbringt. Diese Konstellation ist vergleichbar mit den Fällen der Nichtaufnahme der Arbeit sowie der Arbeitnehmerkündigung ohne Einhaltung der gesetzlichen oder vertraglichen Kündigungsfrist. In allen drei Fällen setzt der Arbeitnehmer schuldhaft die Ursache dafür, dass dem Arbeitgeber unvorhergesehen und abrupt die Arbeitskraft nicht mehr zur Verfügung steht. Die Klauselformulierung ist insoweit aber eindeutig, der Arbeitnehmer kann klar erkennen, dass die Vertragsstrafe verwirkt sein soll, wenn ihm außerordentlich wegen eines von ihm begangenen Pflichtverstoßes gekündigt wird[1079]. Das Risiko, im Vorfeld abzuschätzen, ob ein Pflichtverstoß derart gravierend ist, dass er die außerordentliche Kündigung nach § 626 BGB rechtfertigt, trägt aber grundsätzlich der Arbeitnehmer. Dabei ist ferner zu berücksichtigen, dass der außerordentlichen Kündigung wegen Pflichtverletzung entweder eine Abmahnung vorausgegangen ist oder diese nur deshalb entbehrlich war, weil der Arbeitnehmer von vorneherein nicht mit einer Billigung seines Verhaltens rechnen durfte und sich bewusst sein musste, dass er seinen Arbeitsplatz aufs Spiel setzt[1080].

Vergleichbar ist diese Konstellation im Übrigen mit den so genannten Rückzahlungsklauseln. In solchen werden üblicherweise die Rückzahlungspflicht und -modalitäten von besonderen Leistungen, beispielsweise den Kosten besonderer Aus- oder Fortbildungsmaßnahmen, für den Fall geregelt, dass der Arbeitnehmer in relativ kurzer Zeit nach diesen vom Arbeitgeber übernommenen Leistungen aus dem Arbeitsverhältnis ausscheidet. Gegen solche Klauseln hat das BAG jedenfalls dann keine Bedenken, wenn sie ausschließlich an Beendigungstatbestände, die aus dem Verantwortungsbereich des Arbeitnehmers stammen, anknüpfen, also insbesondere auch verhaltensbedingte ordentliche und außerordentliche arbeitgeberseitige Kündigungen[1081].

1077 Ebenfalls kritisch zu BAG 21.04.2005, NZA 2005, S. 1053 ff.: *Bauer/Krieger*, SAE 2006, S. 11 ff.

1078 So schon BAG 23.05.1985, AP Nr. 9 zu § 339 BGB.

1079 *Bauer/Krieger*, SAE 2006, S. 11 (12).

1080 Vgl. ErfK/*Müller-Glöge*, § 626 BGB, Rn. 48 und 49 m.w.N.

1081 BAG 11.04.2006, NJW 2006, S. 3083 (3085); mit zustimmender Anmerkung von *Grobys*, NJW 2006, S. 3087.

c) Konkretisierung durch Beispiele

Möglicherweise genügt jedoch auch eine Auflistung einiger Beispiele, um eine allgemein gehaltene Beschreibung wie etwa *„gravierender Pflichtverstoß"* so zu konkretisieren, dass die Klausel damit insgesamt hinreichend transparent wird. Das BAG äußert sich in diesem Punkt nicht ganz eindeutig[1082]. Der Arbeitgeber hatte in dem entschiedenen Fall die Klausel wie folgt formuliert: *„Der Mitarbeiter hat im Falle eines gravierenden Vertragsverstoßes (etwa gegen das Wettbewerbsverbot, die Geheimhaltungspflicht oder bei einem Überschreiten der Befugnisse aus seinen Vollmachten) für jeden Einzelfall eine Vertragsstrafe in Höhe des ein- bis dreifachen Betrages des jeweiligen Monatsgehaltes (..) zu bezahlen. Die genaue Höhe wird von der R festgesetzt und richtet sich nach der Schwere des Verstoßes."*[1083]

Die Besonderheit dieses Falls bestand nun darin, dass der Arbeitnehmer gerade gegen eines der aufgelisteten Beispiele – nämlich das Wettbewerbsverbot – verstoßen hatte. Dies veranlasste das BAG, nachdem es ausgeführt hatte, dass die Bezeichnung „gravierender Vertragsverstoß" für sich genommen intransparent ist, festzustellen, dass im Streitfall diese Bezeichnung durch die in der Klammer genannte Beispielsaufzählung konkretisiert werde, so dass klargestellt sei, dass von den Vertragsparteien ein Verstoß gegen das Wettbewerbsverbot als gravierender Vertragsverstoß angesehen werde[1084].

Dies ist nun in zweierlei Hinsicht interpretierbar. Man könnte das BAG entweder so verstehen, dass durch die Angabe der beispielhaften Pflichtverstöße in dem Klammerzusatz, der Begriff *„gravierender Vertragsverstoß"* für den Arbeitnehmer derart konkretisierbar geworden ist, dass eine Intransparenz nicht mehr vorliegt[1085]. Der Arbeitnehmer wäre also in der Lage, den von ihm begangenen Pflichtverstoß mit den Beispielen zu vergleichen und so zu ermitteln, ob er einen „gravierenden" Verstoß begangen und dadurch die Vertragsstrafe verwirkt hat.

Oder aber das BAG ist davon ausgegangen, dass die Klausel im Hinblick auf den Begriff des *„gravierenden Vertragsverstoßes"* nach wie vor intransparent ist, hiervon allerdings die drei konkret benannten Pflichtverstöße ausgenommen sind[1086]. Die Vertragsstrafe wäre bei dieser Deutungsalternative lediglich dann verwirkt, wenn der Arbeitnehmer einen der aufgeführten Beispielstatbestände verwirklichte, sofern diese ihrerseits klar und verständlich formuliert wären.

1082 BAG 18.08.2005, NZA 2006, S. 34 (36 f.).
1083 BAG 18.08.2005, NZA 2006, S. 34 (35).
1084 BAG 18.08.2005, NZA 2006, S. 34 (37).
1085 In diesem Sinne wohl *Preis/Roloff*, ZfA 2007, S.
1086 So *Thüsing*, BB 2006, S. 661 (663).

Gegen die erste Deutungsmöglichkeit, also die vollständige Transparenz der Klausel, spricht bereits, dass trotz einiger Beispiele es dem Arbeitnehmer nach wie vor sehr schwer fallen dürfte, darüber hinausgehende Pflichtverstöße danach zu bemessen, ob sie nun gravierend im Sinne der Vertragsstrafenklausel sind oder nicht. Hierbei verbleibt auch gerade im Hinblick auf die Unterschiedlichkeit denkbarer Vertragsverstöße ein erheblicher Wertungsspielraum. Hinzu kommt, dass es dem Arbeitgeber ohne große Mühe möglich ist, diejenigen Vertragspflichten konkret zu benennen, deren Verletzung eine Vertragsstrafe nach sich ziehen soll. Schließlich ist ein Flexibilisierungsinteresse, das eine offene Tatbestandsformulierung rechtfertigen könnte, nicht ersichtlich. Es mögen die tatsächlichen Rahmenbedingungen, unter denen die Arbeitsleistung erbracht und der Lohn geschuldet wird, regelmäßig einem nicht prognostizierbarem Wandel unterliegen, für die rechtlich kategorisierbaren Vertragspflichten als solche gilt dies jedoch nicht. Diese sind bereits bei Vertragsschluss und damit auch bei Vertragsformulierung weitestgehend abschätzbar. Des Weiteren betreffen Vertragstrafen auch nicht das vertragliche Austauschverhältnis, vielmehr geben sie dem Arbeitgeber ein zusätzliches Sanktionierungsinstrument an die Hand und dienen überwiegend der Schadenspauschalierung, insbesondere dann, wenn durch das sanktionierte Verhalten dem Arbeitgeber typischerweise ein Schaden entsteht und der Nachweis des Schadens oder seiner Höhe nicht oder nur mit unverhältnismäßig hohem Aufwand möglich ist[1087]. All dies ist gut prognostizierbar und bedarf auch bei langer Vertragslaufzeit kaum einer Anpassung. Damit vermag im Ergebnis auch eine Beispielsaufzählung den an sich intransparenten Begriff des „gravierenden Vertragsverstoßes" nicht derart zu konkretisieren, dass er dadurch insgesamt transparent im Sinne des § 307 Abs. 1 S. 2 BGB würde.

Zu diskutieren bleibt die zweite Deutungsalternative, wonach zwar der vor die Klammer gezogene Begriff des „gravierenden Vertragsverstoßes" auf Grund seiner Intransparenz unwirksam ist, sich dies aber nicht auf die in der Klammer aufgelisteten einzelnen Verstöße erstreckt. Diese hat zugegebenermaßen einen gewissen Charme, denn unbestreitbar kann der Durchschnittsarbeitnehmer bei Lektüre der Klausel klar erkennen, dass im Falle des Verstoßes gegen das Wettbewerbsverbot eine Vertragsstrafe verwirkt ist. Dogmatisch stellt sich jedoch die Frage, ob die Unwirksamkeit infolge der intransparenten Formulierung „gravierender Vertragsverstoß" nicht auch die Beispiele miterfasst und so zu einer Gesamtnichtigkeit der Vertragsstrafenklausel führt. Im Grundsatz gilt das Verbot der geltungserhaltenden Reduktion. Der Verwender unangemessener Vertragsbedingungen soll nicht den Vorteil erhalten, dass das

1087 *Lakies*, AGB im Arbeitsrecht, 2006, Rn. 833.

Gericht sie auf das gerade noch Zulässige beschränkt[1088]. Dieses Prinzip ist in der Rechtsprechung des BGH seit langem anerkannt[1089]. Dabei rechtfertigt der BGH das Verbot der geltungserhaltenden Reduktion einerseits mit dem soeben beschriebenen Präventionsgedanken[1090] und andererseits mit dem Transparenzgebot, da der Vertragspartner im Falle einer geltungserhaltenden Reduktion gerade nicht imstande sei, die Rechtslage unmittelbar der Klauselformulierung zu entnehmen[1091]. Das BAG ließ indessen die geltungserhaltende Reduktion vor Wegfall der Bereichsausnahme des AGB-Rechts für das Arbeitsrecht zu[1092]. Nach Erstreckung des AGB-Rechts auch auf Arbeitsverträge hielt das BAG diese Rechtsprechung nicht aufrecht und sah in ihr auch keine Besonderheit des Arbeitsrechts[1093].

Von dem Grundsatz der Gesamtunwirksamkeit einer unangemessenen Benachteiligung wird jedoch dann eine Ausnahme gemacht, wenn sich die Unwirksamkeit nur auf Teile der Klausel beschränkt, diese grammatikalisch von dem Rest der Klausel trennbar sind und der verbleibende Klauselteil für sich genommen eine sinnvolle, rechtswirksame Regelung bildet[1094].

Auf den Fall übertragen bedeutete dies, dass die Beispielsfälle von dem generalisierenden Begriff des gravierenden Vertragsverstoßes getrennt werden und als eigenständige Tatbestandsregelung fortbestehen. Dieses Ergebnis wird man jedenfalls für den vom BAG entschiedenen Fall als sachgerecht ansehen können. Jedem verständigen Durchschnittsarbeitnehmer war auf Grund der Klauselformulierung ohne weiteres klar, dass jedenfalls ein Verstoß gegen die aufgeführten Beispiele zu einer Verwirkung der Vertragsstrafe führte. Somit liegt bei der Aufrechterhaltung der Klausel in diesem eingegrenzten Anwendungsbereich gerade keine geltungserhaltende Reduktion, jedenfalls was den Transparenzgedanken betrifft. Differenzierter ist die Sache jedoch hinsichtlich des Präventionsgedankens zu beurteilen. Dieser gelangt zumindest dort deutlich zur Geltung, wo der wegfallende Regelungsteil den eigentlichen Schwerpunkt der Regelung ausmachte. Anders ist dies jedoch dann, wenn die beispielhafte Aufzählung der erfassten Vertragspflichtverletzungen nahezu vollstän-

---

1088 *Ohlendorf/Salomon*, RdA 2006, S. 281 (282); *Thüsing*, BB 2006, S. 661.

1089 Vgl. nur BGH 17.05.1982, NJW 1982, S. 2309 (2310).

1090 BGH 17.05.1982, NJW 1982, S. 2309 (2310).

1091 BGH 19.09.1983, NJW 1984, S. 48 (49).

1092 BAG 10.05.1962, AP Nr. 23 zu § 611 BGB Gratifikation.

1093 BAG 25.05.2005, NZA 2005, S. 1111 (1114); BAG 12.01.2005, NZA 2005, S. 465 (468); kritisch *Bayreuther*, NZA 2004, S. 953 ff.

1094 BGH 31.10.1984, NJW 1985, S. 320 (326); sog. *„blue-pencil-test"*, im Anschluss an die ständige Rechtsprechung des BGH auch BAG 21.04.2005, NZA 2005, S. 1053; kritisch hierzu *Thüsing*, BB 2006, S. 661 (662 f.).

digen und abschließenden Charakter hat. Je umfangreicher die Beispielsaufzählung wird, desto eher verliert sie ihren Charakter als Konkretisierung des Begriffs „gravierende Vertragsverletzung", da sich dessen Anwendungsbereich immer stärker eingrenzt. Der unbestimmten Formulierung kommt dann nur noch eine Auffangfunktion hinsichtlich nicht bedachter Fälle zu. Eine solche ist aber wegen der erheblichen Wertungsspielräume, die diese Formulierung zulässt, und wegen des fehlenden Anpassungsinteresses bei einer Vertragsstrafenregelung nicht zu rechtfertigen. Eine isolierte Teilnichtigkeit der generalklauselartigen Formulierung bei gleichzeitiger Aufrechterhaltung der facettenreichen Beispielsformulierungen birgt die Gefahr der Umgehung des Verbots der geltungserhaltenden Reduktion. Einer solchen ist im Einzelfall durch das Umgehungsverbot des § 306a BGB zu begegnen[1095]. Zählt demnach eine Vertragsstrafenvereinbarung nahezu alle denkbaren Vertragsverstöße auf, so gibt der Verwender hierdurch zu erkennen, eine abschließende Regelung treffen zu wollen. Wählt der Verwender hierbei die Formulierungskonstruktion, dass die ganzen Anwendungsfälle als Konkretisierungsbeispiele für einen allgemeinen, generalklauselartigen Begriff fungieren sollen, so spricht eine tatsächliche Vermutung für ein Umgehungsgeschäft[1096]. Sowohl § 306a BGB als auch der Präventionsgedanke des § 307 Abs. 1 S. 2 BGB verwehren dem Verwender dann eine Berufung auf den Grundsatz der Teilbarkeit und Teilnichtigkeit der Klausel. Der Verwender hat lediglich die Möglichkeit, die Vermutung zu erschüttern[1097].

Abschließend sei darauf hingewiesen, dass sich diese Grundsätze nicht auf die Intransparenz einer einzelnen, beispielhaft aufgeführten Vertragspflicht übertragen lassen. Hierbei bleibt es regelmäßig bei einer sprachlichen Teilbarkeit, die lediglich zur Unwirksamkeit der intransparent beschriebenen Vertragspflicht als Verwirkungstatbestand für die Vertragsstrafe führt.

2. Transparente Rechtsfolgenbestimmung

Eine Vertragsstrafenklausel muss nicht nur hinsichtlich ihres Verwirkungstatbestandes, sondern auch bezüglich ihrer Rechtsfolge, also der Art und des Maßes der Strafe hinreichend transparent formuliert sein[1098].

1095 So auch *Ohlendorf/Salomon*, RdA 2006, S. 281 (284).
1096 *Ohlendorf/Salomon*, RdA 2006, S. 281 (284).
1097 *Ohlendorf/Salomon*, RdA 2006, S. 281 (284).
1098 *Junker*, BB 2007, S. 1274 (1278).

a) Vertragliche Strafrahmen

Problematisch ist es indessen, wenn der Arbeitgeber sich vorbehält, die Höhe der Vertragsstrafe im jeweils konkreten Einzelfall innerhalb eines vertraglich festgesetzten Rahmens festzulegen. Dies wäre etwa der Fall, wenn als Vertragsstrafe „ein bis drei Monatsgehälter" vorgesehen wären, wobei die genaue Höhe vom Arbeitgeber nach der Schwere des jeweiligen Vertragsverstoßes festgelegt wird[1099]. Eine solche Klausel ist vorrangig einer materiellen Angemessenheitskontrolle zu unterziehen. Der BGH geht generell davon aus, dass Vertragsstrafenvereinbarungen, bei denen der Gläubiger die Strafhöhe individuell bis zu einem bestimmten Höchstbetrag nach §§ 315, 317 BGB bestimmen kann, zulässig sind, sofern sich die konkret festgelegte Strafe in einem angemessenen Rahmen bewegt[1100]. Es ist also zunächst zu prüfen, ob der vorgesehene Strafrahmen überhaupt angemessen ist oder nicht eine Übersicherung vorliegt[1101]. Hierbei handelt es sich zunächst um eine Frage der Angemessenheit des arbeitgeberseitigen Leistungsbestimmungsrechts sowie der möglichen Übersicherung. Dabei wird man regelmäßig zu dem Ergebnis gelangen, dass eine variable, vom Arbeitgeber festzusetzende Vertragsstrafenhöhe bereits inhaltlich unangemessen benachteiligend ist. Darüber hinaus wäre sie jedoch auch mit dem Transparenzgebot nicht vereinbar.

b) Dauer- und Einzelverwirkungstatbestände

Besondere Formulierungsprobleme ergeben sich ferner dann, wenn im Hinblick auf die Vertragstrafenhöhe zwischen der einmaligen Verletzung einer Vertragspflicht und einer fortgesetzten Pflichtverletzung differenziert wird. Diese Konstellation ergibt sich häufig bei strafbewehrten vertraglichen Wettbewerbsverboten. So hatte das BAG beispielsweise über folgenden Fall zu entscheiden[1102]:

Ein Außendienstmitarbeiter, der bei Kunden vor Ort leichte Dellen und Beulen an PKWs entfernte, kündigte sein Arbeitsverhältnis mit dem Ziel, sich mit eben dieser Tätigkeit selbständig zu machen. Daraufhin wurde er bis zum Ablauf der Kündigungsfrist frei gestellt und verstieß in der Freistellungsphase unstreitig mehrfach gegen das vertragliche Wettbewerbsverbot. Dem Arbeitnehmer war durch das umfassende Wettbewerbsverbot zum einen untersagt,

1099 So die Klausel in dem vom BAG entschiedenen Fall, BAG 18.08.2005, NZA 2006, S. 34 ff.

1100 BGH 12.07.1984, NJW 1985, S. 191.

1101 BAG 18.08.2005, NZA 2006, S. 34 (37).

1102 BAG 14.08.2007, NZA 2008, S. 170 ff.

für ein Konkurrenzunternehmen in irgendeiner Weise tätig zu werden bzw. sich an einem solchen zu beteiligen, und zum anderen auf eigene Rechnung Tätigkeiten im Geschäftsbereich des Arbeitgebers anzubieten.

Das BAG hielt die Zusammenschau von untersagten Wettbewerbshandlungen und Sanktionsregelungen aus folgenden Gründen für intransparent[1103]: Es werde nicht hinreichend deutlich, wie der geradezu typische Fall zu behandeln ist, dass der Arbeitnehmer für ein Konkurrenzunternehmen tätig wird, etwa auf Grund eines weiteren Arbeitsvertrages. Allein das Tätigwerden, also schon der Abschluss eines entsprechenden Vertrages, könnte als einzelner Wettbewerbsverstoß zu werten sein. Daneben wäre das Konkurrenzarbeitsverhältnis aber auch für die Dauer seines Bestehens ein fortwährender Wettbewerbsverstoß und schließlich stellte jede vorgenommene Reparatur eine einzelne wettbewerbswidrige Handlung und damit wieder ein Einzelverstoß dar. In einer solchen Konstellation ist nach der Vertragsbestimmung unklar, ob Einzel- und Dauerverstoß nebeneinander sanktioniert werden sollen oder z.B. der Dauertatbestand die Einzelverstöße konsumiert. Daher wurde dem Arbeitnehmer aus der Klauselformulierung die Rechtsfolge eines Wettbewerbsverstoßes nicht hinreichend klar und es verblieben ungerechtfertigte Beurteilungsspielräume.

Das BAG bestätigt erneut, dass der Preis für die generelle Zulässigkeit von Vertragsstrafenabreden ein besonders strenger inhaltlicher wie formeller Kontrollmaßstab ist.

Die eigentliche Formulierungsschwäche der streitgegenständlichen Vertragsstrafenabrede ist die unzureichende Definition der einzelnen Wettbewerbshandlungen, auch wenn es zunächst um die Regelung der Höhe der vereinbarten Vertragstrafe geht. Grundsätzlich entspricht es durchaus einem berechtigten Interesse, zwischen Einzel- und Dauerverstößen zu unterscheiden und jeweils unterschiedliche Strafhöhen vorzusehen. Es macht qualitativ durchaus einen wesentlichen Unterschied, ob der Arbeitnehmer nebenbei einmal einen PKW auf eigene Rechnung ausbeult, oder ob er dies planmäßig und dauerhaft auf Basis eines Zweitarbeitsverhältnisses oder eigener Selbständigkeit macht. Letzteres bedarf regelmäßig einer höheren Abschreckung. Für beide Verstöße die gleiche Vertragsstrafenhöhe vorzusehen, wäre je nach Höhe der einheitlichen Strafe entweder inhaltlich für die erste Variante unangemessen oder für die zweite Variante nicht effektiv genug. Die einzelnen Verstöße sollten deshalb klar und präzise bezeichnet und jeweils unterschiedlich (angemessen) sanktioniert werden.

1103 BAG 14.08.2007, NZA 2008, S. 170 (172).

IV. Ausschlussfristen

Ausschluss- oder Verfallfristen bestimmen abweichend von den gesetzlichen Verjährungsvorschriften kürzere Fristen, innerhalb derer Ansprüche aus dem Arbeitsvertrag – zumeist schriftlich – geltend gemacht werden müssen. Auch in den Rechtsfolgen reichen Ausschlussfristen über die Verjährungsregelungen hinaus. Der Verjährungseintritt nach § 241 Abs. 1 BGB führt nur zu einem Leistungsverweigerungsrecht des Schuldners, auf welches er sich im Wege der Einrede ausdrücklich berufen muss[1104]. Eine vertragliche Ausschlussfrist führt demgegenüber unmittelbar zum Untergang des Anspruchs und stellt eine von Amts wegen zu berücksichtigende Einwendung dar[1105]. Dies und die regelmäßig sehr kurz bemessenen Fristen machen Ausschlussfristen zu einem beliebten und besonders bedeutsamen Mittel der Vertragsgestaltung.

1. Einbeziehungs- und Inhaltskontrolle

Wegen der gravierenden Rechtsfolgen sind nach Ansicht des BAG Ausschlussfristen in einem umfangreichen Formulararbeitsvertrag regelmäßig dann überraschend im Sinne des § 305c Abs. 1 BGB, wenn sie in den Schlussbestimmungen nach salvatorischen Klauseln und Schriftformklauseln geregelt sind[1106]. Sie werden folglich nicht Vertragsbestandteil.

Das BAG hatte bisher mehrfach die Gelegenheit, zur AGB-rechtlichen Wirksamkeit formularmäßiger Ausschlussfristen Stellung zu nehmen[1107]. So sind Ausschlussfristen, die nur einseitig die Ansprüche des Arbeitnehmers gegen den Arbeitgeber betreffen, grundsätzlich unangemessen benachteiligend gemäß § 307 Abs. 1 S. 1 BGB[1108]. Hinsichtlich der Länge der Frist nimmt das BAG in Anlehnung an die Rechtsprechung des BGH[1109] an, dass diese mindestens drei Monate betragen muss[1110].

Ebenfalls grundsätzlich zulässig sind so genannte zweistufige Ausschlussklauseln[1111]. Diese sehen in der Regel vor, dass der Anspruch, der innerhalb der ersten Ausschlussfrist geltend gemacht wurde, dann verwirkt ist, wenn die an-

---

1104 Palandt/*Heinrichs*, § 241 BGB, Rn. 4.
1105 ErfK/*Preis*, §§ 194–218 BGB, Rn. 33.
1106 BAG 31.08.2005, NZA 2006, S. 324.
1107 Vgl. hierzu ausführlich *Mohr*, SAE 2006, S. 156 ff.
1108 BAG 31.08.2005, NZA 2006, S. 324.
1109 BGH 09.11.1989, NJW 1990, S. 761 (764); BGH 19.05.1988, NJW 1988, S. 2888 (2889); BGH 20.03.1973, NJW 1978, S. 1314.
1110 BAG 28.09.2005, NZA 2006, S. 149 ff.; BAG 25.05.2005, NZA 2005, S. 1111 ff.
1111 BAG 25.05.2005, NZA 2005, S. 1111 ff.

dere Vertragspartei diesen ablehnt oder nicht auf die Geltendmachung reagiert und der Anspruch nicht innerhalb einer zweiten Frist eingeklagt wird[1112]. Dabei findet § 309 Nr. 13 BGB entgegen der Ansicht eines Großteils des Schrifttums[1113] keine Anwendung, da das Erfordernis der Klageerhebung weder eine Anzeige gegenüber dem Arbeitgeber noch eine bestimmte Form der Erklärung diesem gegenüber sei[1114]. Das BAG sieht auch hinsichtlich der zweiten Stufe die Grenze zur unangemessenen Benachteiligung im Sinne des § 307 Abs. 1 S. 1 BGB bei einer Fristdauer unter drei Monaten überschritten[1115].

Schließlich ist für den Beginn der Ausschlussfrist nach der Rechtsprechung des BAG auf die Fälligkeit der Ansprüche abzustellen, so dass Ausschlussfristen, wonach die Beendigung des Arbeitsverhältnisses die Frist in Gang setzt, regelmäßig unwirksam sind[1116].

2. *Transparenzkontrolle*

Insgesamt ist dem Transparenzgebot bei der Vereinbarung von Ausschlussfristen in besonderem Maße Rechnung zu tragen[1117]. Hinsichtlich der Anforderungen, die das Transparenzgebot an die Formulierung von Ausschlussfristen stellt, ist zwischen den erfassten Ansprüchen einerseits und der Rechtsfolge, nämlich dem Untergang des Anspruchs nach Fristablauf andererseits, zu unterscheiden.

Hinsichtlich der Bestimmtheit der von der Ausschlussfrist erfassten Ansprüche gelten die Ausführungen zur Vertragsstrafe entsprechend. Problematisch ist dabei insbesondere, wenn der Arbeitgeber in der Formulierung „*alle*" oder „*sämtliche*" Ansprüche aus dem Arbeitsverhältnis der Ausschlussfrist unterwirft. Für sich genommen ist diese Regelung klar und unmissverständlich. Allerdings wären damit vom Wortlaut her auch Ansprüche aus einer Vorsatzhaftung erfasst, was jedoch wiederum mit § 202 Abs. 1 BGB kollidiert. Danach ist es nicht zulässig, die Verjährung wegen Vorsatzhaftung durch Rechtsgeschäft im Voraus zu begrenzen oder gänzlich auszuschließen. Die Klausel wäre demnach zu weit gefasst und folglich wegen § 307 Abs. 1 S. 1 BGB insgesamt

---

1112 Vgl. *Preis*, Der Arbeitsvertrag, II A 150, Rn. 41 ff.

1113 *Annuß*, BB 2002, S. 453 (463); *Däubler*, NZA 2001, S. 1329 (1336); *Hümmerich*, NZA 2003, S. 753 (755); *Nägele/Chwalisz*, MDR 2002, S. 1341 (1343); *Schrader*, NZA 2003, S. 345 (350); *a.A.*: *Preis*, Der Arbeitsvertrag, II A 150, Rn. 16; *Gotthardt*, Arbeitsrecht nach der Schuldrechtsreform, 2003, Rn. 289.

1114 BAG 25.05.2005, NZA 2005, S. 1111 ff.

1115 BAG 25.05.2005, NZA 2005, S. 1111 ff.

1116 BAG 28.09.2005, NZA 2006, S. 149.

1117 *Thüsing*, AGB-Kontrolle im Arbeitsrecht, 2007, Rn. 168.

unwirksam. Das BAG geht indessen ohne weitere Begründung davon aus, dass die Klausel „alle Ansprüche" ohne weiteres in den Bereich der von § 202 BGB erfassten und den aller übrigen Ansprüche teilbar sei, so dass eine Nichtigkeit auch nur hinsichtlich der ersten Anspruchsgruppe in Frage käme[1118]. Eine solche Interpretation des Begriffs der Teilbarkeit ist aber jedenfalls mit dem Transparenzgebot unvereinbar. Eine solche Bedeutung der Klausel erschließt sich dem Durchschnittsarbeitnehmer nicht. Zwar muss der Arbeitgeber grundsätzlich nicht über § 202 BGB aufklären, aber er darf andererseits auch keine Formulierung wählen, die eine mit § 202 BGB nicht zu vereinbarende Interpretation der Vertragsklausel zulässt, beziehungsweise eine solche sogar nahe legt.

Weiterhin muss der Arbeitgeber klarstellen, dass der Anspruch bei fehlender fristgerechter Geltendmachung unwiderruflich untergeht[1119]. Da das Transparenzgebot aber nicht soweit reicht, eine Rechtsbelehrungspflicht zu statuieren, genügt es, wenn sich diese Folge der Fristversäumung insgesamt hinreichend klar aus der Klausel ergibt. So ist nach Ansicht des BAG beispielsweise die Überschrift „*Ausschlussfrist*" über der Klausel hinreichend deutlich, beziehungsweise kann sich bei zweistufigen Ausschlussfristen aus der zwingenden Anordnung der Klageerhebung ergeben[1120]. Insgesamt wird man hier in der Anwendung des Transparenzgebots großzügiger sein können. Dem durchschnittlichen Arbeitnehmer ist bereits der Sinn einer Frist an sich verständlich. Aus diesem folgt beinahe naturgemäß, dass das Versäumen einer solchen Frist mit erheblichen Nachteilen verbunden ist. Dies bedarf regelmäßig keiner gesonderten Ausführungen.

1118 BAG 25.05.2005, NZA 2005, S. 1111 (1112).
1119 BAG 31.08.2005, NZA 2006, S. 324 (326).
1120 BAG 25.05.2005, NZA 2005, S. 1111 (1113).

Zusammenfassende Schlussthesen

Die Kodifikation des Transparenzgebotes in § 307 Abs. 1 S. 2 und Abs. 3 S. 2 BGB stellt nicht die bloße Fixierung eines etablierten Rechtsinstituts dar. Hierzu sind die Kriterien der Transparenzkontrolle in ihren Grundlagen und Grenzen noch nicht Gegenstand einer einheitlichen Dogmatik in Rechtsprechung und Literatur gewesen.

Die Kodifikation des Transparenzgebotes bedeutet vielmehr eine wesentliche Zäsur und Weichenstellung in der Entwicklung einheitlicher Prinzipien der Transparenzkontrolle. Diese liegen vor allem darin, dass der Gesetzgeber deutlich zum Ausdruck bringt, dass die Transparenzkontrolle ein eigenständiges Kontrollinstrument im Rahmen der Inhaltskontrolle ist. Schlüssel zum Verständnis der Transparenzkontrolle ist dabei der Umstand, dass der Grund für die Unwirksamkeit intransparenter AGB in der unangemessenen Benachteiligung des Vertragspartners liegt.

Der Begriff der unangemessenen Benachteiligung ist das die Konkretisierung der Anforderungen an eine transparente Gestaltung von AGB leitende Prinzip. Dies findet überdies in der Gesetzesformulierung, dass eine unangemessene Benachteiligung auch im Falle unklarer und unverständlicher Bestimmungen vorliegen „kann", seinen Ausdruck. Damit kommt es von vorneherein auf die Bestimmung der „unangemessenen Intransparenz" an.

Eine unangemessene Intransparenz liegt vor, wenn das Risiko, den Regelungsgehalt der Bestimmung nicht oder falsch zu verstehen, in unangemessener Weise den Vertragspartner trifft. Ausgangspunkt der Bestimmung eines unangemessenen Verständnisrisikos ist der erforderliche intellektuelle Erkenntnisaufwand eines durchschnittlichen Vertragspartners. Wichtigstes Indiz hierfür ist der Auslegungsaufwand, mithin die Auslegungsbedürftigkeit der Bestimmung. Davon ausgehend konkretisieren der Klauselinhalt, der Erwartungshorizont des Vertragspartners und das Rationalisierungsinteresse den Grad des noch zumutbaren Verständnisrisikos.

Bisher gebräuchliche Konkretisierungsansätze, wie etwa das Irreführungs- und Täuschungsverbot, das Vollständigkeits- oder das Bestimmtheitsgebot sind bei der Interpretation des § 307 Abs. 1 S. 2 BGB nur wenig aussagekräftig, da es sich ganz überwiegend um allgemeine Prinzipien handelt, die eine Transparenzkontrolle im Rahmen der Inhaltskontrolle überhaupt erst legitimiert haben, als diese noch nicht kodifiziert war. § 307 Abs. 1 S. 1 BGB ist umgekehrt als AGB-spezifische Konkretisierung dieser Prinzipien zu verstehen.

Insbesondere mit Blick auf das Bestimmtheitsgebot gibt nicht die Transparenzkontrolle den Konkretisierungsmaßstab von so genannten Anpassungsklauseln vor. Die Reichweite solcher Anpassungsvorbehalte bestimmt sich ausschließlich nach der materiellen Inhaltskontrolle. Die nach den Vorgaben der materiellen Inhaltskontrolle erforderlichen Einschränkungen eines Anpassungsvorbehalts sind dann wiederum hinsichtlich ihrer Darstellung an dem Transparenzgebot zu messen.

Eine unangemessene Intransparenz kann auch dann vorliegen, wenn die Bestimmung den Vertragspartner ausschließlich bevorteilt.

Der materiellen Inhaltskontrolle wie der Transparenzkontrolle ist notwendig die Auslegung vorgelagert, insbesondere die Auslegungsregel des § 305c Abs. 2 BGB. Dabei betrifft die so genannte Unklarheitenregel den eng begrenzten Anwendungsfall, dass zwei oder mehrere Auslegungsvarianten rechtlich vertretbar sind und nach Ausschöpfung sämtlicher zulässiger Auslegungsmethoden keine den Vorzug verdient. Grundsätzlich sind Unklarheitenregel und Transparenzgebot nebeneinander anzuwenden. Kommen beide Sanktionsfolgen in Betracht, ist ein Anwendungsvorrang jeweils nach dem effektivsten, d.h. höchstmöglichen Kundenschutz zu bestimmen. Dieser bemisst sich nach der jeweils für den Kunden günstigsten Sanktionsfolge. Daneben können Unklarheitenregel und Transparenzgebot auch jeweils eigenständig auf dieselbe Klausel angewandt werden. Dies ist zum einen der Fall, wenn trotz Mehrdeutigkeit kein Transparenzverstoß vorliegt, und zum anderen, wenn sich die Klausel hinsichtlich anderer als der mehrdeutigen Formulierung als (möglicherweise) intransparent erweist.

Handelt es sich bei der zu kontrollierenden Klausel um eine solche in einem Verbrauchervertrag, sind über § 310 Abs. 3 Nr. 3 BGB die den Vertragsschluss begleitenden Umstände bei der Transparenzkontrolle generell zu berücksichtigen. Allerdings ist die Anwendung auf besondere Ausnahmefälle begrenzt, die im Übrigen auch ohne die Vorschrift des § 310 Abs. 3 Nr. 3 BGB über die Grundsätze der missbräuchlichen, gegen Treu und Glauben verstoßenden Rechtsausübung nach § 242 BGB angemessen berücksichtigt werden könnten.

Im Hinblick auf die mit § 310 Abs. 1 BGB bezweckte Flexibilisierung des kaufmännischen und sonstigen unternehmerischen Geschäftsverkehrs und die damit verbundene Notwendigkeit einer gewissen Rechtssicherheit unterfallen auch vorformulierte Vertragsbedingungen innerhalb des unternehmerischen Geschäftsverkehrs der Transparenzkontrolle. Im Rahmen der Kontrolle entsprechender Vertragsbedingungen ist grundsätzlich auf die Verständnismöglichkeiten des Durchschnittsunternehmers abzustellen, jedoch gegebenenfalls danach zu differenzieren, inwieweit die jeweilige Klausel gegenüber unterschiedlichen Gruppen von Vertragspartnern verwandt wird.

Eine Transparenzkontrolle findet gemäß § 307 Abs. 3 S. 2 BGB sowohl auf deklaratorische wie auf Hauptleistungsbestimmungen Anwendung. Eine teleologische Reduktion der Vorschrift dahingehend, dass ausschließlich Hauptleistungspflichten der Transparenzkontrolle unterfallen, ist abzulehnen.

Das in § 307 Abs. 1 S. 1 BGB enthaltene absolute Präjudiz inhaltlicher Angemessenheit kommt nur den vom Wortlaut her nahe liegenden Gesetzen im materiellen Sinne zu. So genannte deklaratorische Klauseln, die allgemein anerkannte Regelungen eines gesetzlich nicht geregelten Vertragstypus wiedergeben, sind ebenso wenig als kontrollfrei anzusehen wie richterrechtliche Rechtssätze. Die Auslegung von Klauseln, die lediglich den Inhalt einer einschlägigen gesetzlichen Regelung wiedergeben, richtet sich nach ganz herrschender Meinung ausnahmsweise nach den allgemeinen für die Gesetzesauslegung geltenden Grundsätzen. Für die Transparenzkontrolle schließlich ist danach zu differenzieren, ob es sich bei der deklaratorischen Klausel um eine gesetzesrezitierende Klausel, eine Verweisung auf eine bestimmte gesetzliche Vorschrift, die sinngemäße Wiedergabe gesetzlicher Vorschriften oder gesetzlich eröffnete Gestaltungsspielräume handelt.

Eine so genannte Preisnebenabrede wird nicht allein auf Grund ihrer transparenten Gestaltung inhaltskontrollfrei.

Im Falle intransparenter Hauptleistungspflichten hat der Vertragspartner ein Wahlrecht, ob er an dem Vertrag, so wie er sich nach der Auslegung als geschlossen darstellt, festhalten oder ob er sich von diesem lösen will. Ist der Kern einer Leistungszusage in Folge intransparenter Klauselgestaltung in Allgemeinen Geschäftsbedingungen unwirksam, ist die Aufrechterhaltung des Rechtsgeschäfts regelmäßig ausgeschlossen, das Regel-Ausnahmeverhältnis des § 306 Abs. 1 BGB kehrt sich um. Allerdings sind auch weder die Gesamtnichtigkeit, noch die Aufrechterhaltung des Vertrages im Wege ergänzender Vertragsauslegung in Anbetracht des Schutzzwecks der Transparenzkontrolle von Hauptleistungsklauseln geeignete Rechtsfolgen. Im Fall der Unwirksamkeit einer in Allgemeinen Geschäftsbedingungen niedergelegten Hauptleistungspflicht in Folge der Intransparenz der jeweiligen Klausel sind gleichermaßen die Haftungsbegründenden Voraussetzungen der §§ 280 Abs. 1, 311 Abs. 2 Nr. 1 BGB gegeben, die dem Vertragspartner nach den Grundsätzen der schadensrechtlichen Vertragsaufhebung die Möglichkeit bieten, sich von dem Vertrag zu lösen.

Verstoßen – nur – einzelne Teile der Preis- oder Leistungsbestimmungen gegen das Transparenzgebot und führt die Unwirksamkeit dieser intransparenten Hauptleistungsteilklausel nicht zu einer Verschiebung von Leistung und

Gegenleistung eindeutig zu Gunsten des Vertragspartners, ist die schadensrechtliche Vertragsaufhebung neben § 306 Abs. 1 BGB möglich. Es kann hinsichtlich der Anspruchsvoraussetzungen keinen Unterschied machen, ob die Hauptleistungspflichten einheitlich intransparent gestaltet sind, oder ob einzelne Teile der Preis- oder Leistungsbestimmungen gegen das Tarnsparenzgebot verstoßen.

Das Lösungsrecht im Rahmen des Schadensersatzanspruchs begründet jedoch keinen Anspruch auf Vertragsanpassung in dem vom Kunden verstandenen Sinne.

Das Transparenzgebot ist uneingeschränkt auf Arbeitsverträge anwendbar, die Besonderheiten des Arbeitsrechts gemäß § 310 Abs. 4 S. 2 BGB stehen dem nicht entgegen. Die Transparenzkontrolle ist – wie auch die materielle Inhaltskontrolle – hinreichend wertungsoffen, um die im Arbeitsrecht geltenden Besonderheiten angemessen zu berücksichtigen.

Abweichungen ergeben sich jedoch im Hinblick auf die Verbrauchereigenschaft des Arbeitnehmers. Die Grundsätze der Transparenzkontrolle sind im Verbraucherrecht zu modifizieren. Dies betrifft insbesondere die Heilung der Intransparenz durch Individualaufklärung sowie die Berücksichtigung individuellen Sonderwissens über § 310 Abs. 3 Nr. 3 BGB.

Bezugnahmeklauseln in Arbeitsverträgen sind sowohl hinsichtlich der Bezugnahme als auch bezüglich des Bezugnahmeobjekts einer uneingeschränkten Transparenzkontrolle zu unterziehen. Dies gilt auch bei in Bezug genommenen Tarifverträgen, unabhängig davon, ob nur ein Teil desselben oder das Tarifwerk insgesamt einbezogen wird.

Arbeitsrechtliche Änderungsvorbehalte sind nicht anders zu behandeln als solche im allgemeinen Zivilrecht. Dies bedeutet insbesondere, dass die Reichweite des Vorbehalts ausschließlich nach Kriterien der materiellen Inhaltskontrolle zu bestimmen ist. Das Erfordernis, in einem Widerrufsvorbehalt Gründe zu benennen ist Folge der materiellen Angemessenheitskontrolle und nicht des Transparenzgebots.

Ausschlussfristen und Vertragsstrafen stellen besondere Anforderungen an die transparente Gestaltung von Tatbestand und Rechtsfolge. Diesen kann dadurch genügt werden, dass entweder ein gesonderter Hinweis auf die Rechtsfolge (Verwirkung einer Vertragsstrafe oder Verlust des Anspruchs) aufgenommen oder zumindest die entsprechende Klausel mit einer aussagekräftigen Überschrift versehen wird.

Literaturverzeichnis

Adams, Michael: Ökonomische Begründung des AGB-Gesetzes. BB 1989, S. 781–788

Annuß, Georg: AGB-Kontrolle im Arbeitsrecht: Wo geht die Reise hin?. BB 2002, S. 458–464

–: Die einzelvertragliche Bezugnahme auf Tarifverträge. BB 1999, S. 2558–2562

–: Tarifbindung durch arbeitsvertragliche Bezugnahme?. ZFA 2005, S. 405–457

Armbrüster, Christian: Das Transparenzgebot im Hinblick auf die Überschussermittlung und -beteiligung in der Lebensversicherung. ZVersWiss 2003, S. 745–781

–: Das Transparenzgebot für Allgemeine Geschäftsbedingungen nach der Schuldrechtsmodernisierung. DNotZ 2004, S. 427–447

–: Transparenzgebot und deklaratorische Klauseln. Festschrift für Helmut Kollhosser, Band I, Karlsruhe 2004, S. 3–13

Artz, Markus: Schuldrechtsmodernisierung 2001/2002 – Integration der Nebengesetze in das BGB. JuS 2002, S. 528–535

Bambergrer, Heinz Georg; Roth, Herbert: Kommentar zum Bürgerlichen Gesetzbuch, Band 1. §§ 1–610, CISG. 2. Auflage, München, 2007

Basedow, Jürgen: Transparenz als Prinzip des (Versicherungs-)Vertragsrechts. VersR 1999, S. 1045–1088

Bauer, Jobst-Hubertus; Haußmann, Katrin: Tarifwechsel durch Branchenwechsel. DB 2003, S. 610–614

–: Schöne Bescherung: Abschied von der Gleichstellungsabrede!. DB 2005, S. 2815–2816

Bauer, Jobst-Hubertus; Kock, Martin: Arbeitsrechtliche Auswirkungen des neuen Verbraucherschutzrechts. DB 2002, S. 42–46

Bauer, Jobst-Hubertus; Krieger, Steffen: AGB-Kontrolle und kein Ende – Weshalb sich Arbeitgeber nicht durch Vertragsstrafenvereinbarungen vor vertragswidrigem Verhalten von Arbeitnehmern schützen dürfen. SAE 2006, S. 11–16

Bauer, Jobst-Hubertus; Diller, Martin: Nachvertragliche Wettbewerbsverbote: Änderungen durch die Schuldrechtsreform. NJW 2002, S. 1609–1615

Baums, Theodor: Zur Transparenz der Berechnung von Darlehenszinsen. ZIP 1989, S. 7–8

Bayreuther, Frank: Die Rolle des Tarifvertrags bei der AGB-Kontrolle von Arbeitsverträgen. RdA 2003, S. 81–91
–: Das Verbot der geltungserhaltenden Reduktion im Arbeitsrecht. NZA 2004, S. 953–956
–: Vertragskontrolle im Arbeitsrecht nach der Entscheidung des BAG zur Zulässigkeit zweistufiger Ausschlussfristen. NZA 2005, S. 1337–1340
Benecke, Martina: Flexibilisierungsklauseln im Arbeitsrecht und AGB-Kontrolle. AuR 2006, S. 337–342
Benedict, Jörg: Beschränkte Privatautonomie bei Barterverträgen – oder zur „Intransparenz" richterlicher Inhaltskontrolle. NJW 2000, S. 190–192
Berger, Klaus Peter; Kleine, Lucas: AGB-Gestaltung und Transparenzgebot – Beispiele aus der jüngeren BGH-Rechtsprechung zum unternehmerischen Geschäftsverkehr. NJW 2007, S. 3526–3530
–: AGB-Kontrolle im unternehmerischen Geschäftsverkehr. BB 2007, S. 2137–2140
Bergwitz, Christoph: Zur Wirksamkeit von Widerrufsvorbehalten in Formulararbeitsverträgen. AuR 2005, S. 210–216
Billing, Tom: Garantieübernahme durch Gesellschafter des Franchisenehmers in der AGB-Kontrolle – Zugleich eine Besprechung des Urteils des BGH vom 26.10.2005 = WM 2006, 585 –. WM 2007, S. 245–251
Birk, Rolf: Das Nachweisgesetz zur Umsetzung der Richtlinie 91/533/EWG in das deutsche Recht. NZA 1996, S. 281–290
Birnbaum, Christian: Was sind die „im Arbeitsrecht geltenden Besonderheiten"?. NZA 2003, S. 944–950
Boemke, Burkhard: Höhe der Verzugszinsen für Entgeltforderungen des Arbeitnehmers. BB 2002, 96–97
Borges, Georg: Die Inhaltskontrolle von Verbraucherverträgen. Berlin, 2000
–: Preisanpassungsklauseln in der AGB-Kontrolle. DB 2006, S. 1199–1205
–: Neue Trends in der AGB-Kontrolle von Preisanpassungsklauseln. ZIP 2007, S. 1437–1444
Börner, Andreas: Die „Heilung" von AGB durch die Berücksichtigung vertragsabschlußbegleitender Umstände nach § 24a Nr. 3 AGBG. JZ 1997, S. 595–601
Borzutski-Pasing, Werner: Klauselkontrolle in der Gewerberaummiete. NZM 2004, S. 161–169
Boudon, Ulrich: AGB-Kontrolle – neue Regeln für den Entwurf von Arbeitsverträgen. ArbRB 2003, S. 150–153
Brandner, Hans Erich: Transparenz als Maßstab der Inhaltskontrolle? Eine Problemskizze. Festschrift für Horst Locher, Düsseldorf 1990, S. 317–324

–: Maßstab und Schranken der Inhaltskontrolle bei Verbraucherverträgen. MDR 1997, S. 312–315

–: Schadensersatzpflichten als Folge der Verwendung Allgemeiner Geschäftsbedingungen. Festschrift für Walter Oppenhoff, 1985, S. 11–24

Brors, Christiane: Zweifelhafte Zulässigkeit der gestaffelten individualvertraglichen Verweisung auf die Zeitarbeitstarifverträge der Christlichen Gewerkschaften und des DGB. BB 2006, S. 101–105

Bruchner, Helmut; Metz, Rainer: Variable Zinsklauseln. Köln, 2002

Bunte, Hermann-Josef: Das Urteil des BGH zur Gestaltung von Automobilvertragshändlerverträgen. NJW 1985, S. 600–602

Canaris, Claus-Wilhelm: Zinsberechnungs- und Tilgungsverrechnungsklauseln beim Annuitätendarlehen – Zugleich ein Beitrag zur Abgrenzung von § 8 und § 9 AGB-Gesetz. NJW 1987, S. 609–617

–: Wandlungen des Schuldvertragsrechts – Tendenzen zu seiner „Materialisierung". AcP 200 (2000), S. 273–296

Coester, Michael: AGB-rechtliche Inhaltskontrolle im Lichte des europäischen Gemeinschaftsrechts. Festschrift für Helmut Heinrichs, München 1998, S. 99–114

Coester-Waltjen, Dagmar: Die Inhaltskontrolle von Verträgen außerhalb des AGBG. AcP 190 (1990), S. 1–33

Conein-Eikelmann, Karin: Erste Rechtsprechung zur Wirksamkeit von Vertragsstrafenabreden nach der Schuldrechtsreform. DB 2003, S. 2546–2548

Däubler, Wolfgang: Zielvereinbarungen und AGB-Kontrolle. ZIP 2004, S. 2209–2214

–: Die Auswirkungen der Schuldrechtsmodernisierung auf das Arbeitsrecht. NZA 2001, S. 1329–1337

Däubler, Wolfgang; Dorndorf, Eberhard; Bonin, Birger; Deinert, Olaf: AGB-Kontrolle im Arbeitsrecht. Kommentierung zu den §§ 305 bis 310 BGB. 2. Auflage, München, 2008

Dauner-Lieb, Barbara: Kodifikation von Richterrecht. Beiträge zum Symposium Zivilrechtswissenschaft und Schuldrechtsreform, Regensburg 2000, S. 305–328

Derleder, Peter: Transparenz und Äquivalenz bei bankvertraglicher Zinsanpassung. WM 2001, S. 2029–2041

Diederichsen, Uwe: Zur gesetzlichen Neuordnung des Schuldrechts. AcP 182 (1982), S. 101–125

Diehn, Thomas: AGB-Kontrolle von arbeitsrechtlichen Verweisungsklauseln. NZA 2004, S. 129–135

Diekmann, Sabine; Bieder, Marcus A.: Wirksamkeit von Widerrufsvorbehalten in Formulararbeitsverträgen bei der Gewährung freiwilliger Leistungen –.

Zugleich Besprechung des BAG-Urteils vom 12. 1. 2005 – 5 AZR 364/04. DB 2005, S. 722–727

Dreher, Meinrad: Der Verbraucher – Das Phantom in den Opera des europäischen und deutschen Rechts?. JZ 1997, S. 167–178

–: Die Auslegung von Rechtsbegriffen in Allgemeinen Geschäftsbedingungen. AcP 189 (1989), S. 342–385

Dreißigacker, Markus: Sprachenfreiheit und Verbrauchervertragsrecht. Heidelberg, 2002

Drexl, Josef: Die wirtschaftliche Selbstbestimmung des Verbrauchers. Eine Studie zum Privat- und Wirtschaftsrecht unter Berücksichtigung gemeinschaftsrechtlicher Bezüge. Tübingen 1998

Dylla-Krebs, Corinna: Schranken der Inhaltskontrolle Allgemeiner Geschäftsbedingungen. Baden-Baden, 1990

Ebel, Hans-Rudolf: Preisänderungsklauseln in Stromlieferungsverträgen für Sonderabnehmer nach Aufhebung des Preisstops von 1936. DB 1982, S. 2607–2610

Eidenmüller, Horst: Rechtswissenschaft als Realwissenschaft. JZ 1999, S. 53–61

Erfurter Kommentar zum Arbeitsrecht: herausgegeben von Thomas Dieterich u.a. 8. Auflage, München, 2008

Erman, Walter: Bürgerliches Gesetzbuch, Band 1, §§ 1–758. 12. Auflage, Köln, 2008

Ernst, Gundula: Tarifverträge und ihre Transparenzkontrolle bei arbeitsvertraglichen dynamischen Globalverweisungen. NZA 2007, S. 1405–1408

Esser, Josef: Richterrecht, Gerichtsgebrauch und Gewohnheitsrecht. Festschrift für Fritz v.Hippel, Tübingen 1967, S. 95–130

Evermann, Manja: Die Anforderungen des Transparenzgebots an die Gestaltung Allgemeiner Versicherungsbedingungen. Karlsruhe, 2002

Fastrich, Lorenz: Richterliche Inhaltskontrolle im Privatrecht. München, 1992

Faust, Florian: Garantie und Haftungsbeschränkung in § 444 BGB. ZGS 2002, S. 271–274

Fenn, Herbert: Formulararbeitsverträge, gesamteinheitliche Arbeitsbedingungen und das AGBG. Festschrift für Alfred Söllner, München 2000, S. 333–365

Fischer, Gero: Die Bürgschaft auf erstes Anfordern. NZM 2003, S. 497–501

Fleischer, Holger: Konkurrenzprobleme um die culpa in contrahendo – Fahrlässige Irreführung versus arglistige Täuschung. AcP 200 (2000), S. 91–120

–: Informationsasymmetrie im Vertragsrecht. München, 2001

Freihube, Dirk: Neue Spielregeln für arbeitsvertragliche Vereinbarungen von Sonderzahlungen – Zugleich Besprechung des BAG-Urteils vom 24.10.2007 – AZR 825/06, DB 2008 S. 126 –. DB 2008, S. 124–126

Frey, Kaspar: Wie ändert sich das AGB-Gesetz?. ZIP 1993, S. 572–580

Fritz, Jürgen: Wohnraummietverträge in der Klauselkontrolle. NZM 2002, S. 713–719

Gaul, Björn: Bezugnahmeklauseln – zwischen Inhaltskontrolle und Nachweisgesetz. ZFA 2003, S. 75–101

–: Einzelvertragliche Bezugnahmeklausel beim Übergang des Arbeitsverhältnisses auf nicht tarifgebundenen Arbeitgeber. BB 2000, S. 1086–1088

–: Gestaltungsrisiken bei der arbeitsvertraglichen Bezugnahme auf Tarifverträge. DB 2007, S. 2594–2698

Gaul, Björn; Naumann, Eva: Widerrufs- und Anrechnungsvorbehalte im Lichte der AGB-Kontrolle. ArbRB 2005, S. 146–150

Gaul, Dieter: Erstreckungsinhalt und Umfang einer tariflichen Bezugnahmeklausel auf den BAT. ZTR 1991, S. 188–197

Giesen, Richard: Bezugnahmeklauseln – Auslegung, Formulierung und Änderung. NZA 2006, S. 625–696

Gotthardt, Michael: Der Arbeitsvertrag auf dem AGB-rechtlichen Prüfstand. ZIP 2002, S. 277–289

–: Arbeitsrecht nach der Schuldrechtsreform. 2. Auflage, München, 2003

Gottschalk, Eckart: Das Transparenzgebot und allgemeine Geschäftsbedingungen. AcP 206 (2006), S. 555–597

Gottwald, Peter: Die Haftung für culpa in contrahendo. JuS 1982, S. 877–885

Grabitz, Eberhard; Hilf, Meinhard: Das Recht der Europäischen Union Kommentar. Band 1: Texte EUV/EGV, Komm. EUV Art. 1–53, Komm. EGV Art. 1–38. Loseblattsammlung, Stand Oktober 2007, 33. Ergl.

Grigoleit, Hans Christoph: Neuere Tendenzen zur schadensrechtlichen Vertragsaufhebung. NJW 1999, S. 900–904

Grobys, Marcel: AGB-Kontrolle von Arbeits- und Dienstverträgen nach dem Schuldrechtsmodernisierungsgesetz. DStR 2002, S. 1002–1009

–: Anmerkung zu BAG, Urt. v. 11.04.2006 – 9 AZR 610/05. NJW 2006, S. 3087

Grunsky, Wolfgang: Allgemeine Geschäftsbedingungen und Wettbewerbswirtschaft. BB 1971, S. 1113–1121

Habersack, Mathias: Zinsänderungsklauseln im Lichte des AGBG und des VerbrKrG. WM 2001, S. 753–762

Hadding, Walter; Hopt, Klaus J.: Verbraucherkreditrecht, AGB-Gesetz und Kreditwirtschaft. Bankrechttag 1990. Frankfurt am Main, 1991

Hanau, Peter: Die Rechtsprechung des BAG zur arbeitsvertraglichen Bezugnahme auf Tarifverträge – Wem sie nützt, wem sie schadet und wie man das ändern kann. NZA 2005, S. 489–494

Hanau, Peter; Hromadka, Wolfgang: Richterliche Kontrolle flexibler Entgeltregelungen in Allgemeinen Arbeitsbedingungen. NZA 2005, S. 73–78

Hanau, Peter; Kania, Thomas: Die Bezugnahme auf Tarifverträge durch Arbeitsvertrag und betriebliche Übung. Festschrift für Günter Schaub, München 1998, S. 239–262

Haußmann, Katrin: Tarifwechsel und Bezugnahmeklauseln. Festschrift für Peter Schwerdtner, München 2003, S. 89–98

Hauck, Friedrich: Die Vertragsstrafe im Arbeitsrecht im Lichte der Schuldrechtsreform. NZA 2006, S. 816–819

Hebestreit, Christoph: Transparenz im AGB-Recht der Bundesrepublik Deutschland?. 1995

–: Das Gespenst der marktbezogenen AGB-Transparenz im Kofferraum des Jahreswagens?. BB 1994, S. 281–283

Heinrichs, Helmut: Das neue AGB-Recht und seine Bedeutung für das Mietverhältnis. NZM 2003, S. 6–13

–: Die Entwicklung des Rechts der Allgemeinen Geschäftsbedingungen im Jahre 1995. NJW 1996, S. 1381–1390

–: Das neue AGB-Recht und seine Bedeutung für das Mietverhältnis. WuM 2002, S. 643–648

–: Die EG-Richtlinie über mißbräuchliche Klauseln in Verbraucherverträgen. NJW 1993, S. 1817–1822

–: Das Transparenzgebot und die EG-Richtlinie über mißbräuchliche Klauseln in Verbraucherverträgen. Festschrift für Reinhold Trinkner, Heidelberg 1995, S. 157–177

–: Das Gesetz zur Änderung des AGB-Gesetzes Umsetzung der EG-Richtlinie über mißbräuchliche Klauseln in Verbraucherverträgen durch den Bundesgesetzgeber. NJW 1996, S. 2190–2197

Hellner, Thorwald: Quo vadis AGB-Recht?. Festschrift für Ernst Steindorff, Berlin 1990, S. 573–587

Henssler, Martin: Arbeitsrecht und Schuldrechtsreform. RdA 2002, S. 129–140

Henssler, Martin; Muthers, Christof: Arbeitsrecht und Schuldrechtsmodernisierung – Das neue Leistungsstörungsrecht. ZGS 2002, S. 219–225

Henssler, Martin; Heiden, Ralph: Wirkung kleiner dynamischer Bezugnahmeklauseln bei Verbandsaustritt des Arbeitgebers. RdA 2004, S. 241–246

Herbert, Manfred; Oberrath, Jörg-Dieter: Arbeitsrecht nach der Schuldrechtsreform – eine Zwischenbilanz. NJW 2005, S. 3745–3753

Hinz, Werner: Pauschale Abwälzung von Betriebskosten und Schönheitsreparaturen im Lichte des neuen Schuldrechts. ZMR 2003, S. 77–81

Hönn, Günther: Zu den „Besonderheiten“ des Arbeitsrechts. ZfA 2003, S. 325–359

Horn, Norbert: Die richterliche Kontrolle von Entgeltklauseln nach dem AGB-Gesetz am Beispiel der Kreditwirtschaft. WM 1997, Sonderbeilage Nr. 1, S. 3–23

Hoyningen-Huene, Gerrick von: Die Inhaltskontrolle nach § 9 AGBG. Heidelberg, 1991

–: Unwirksamkeit von AGB bei bloßer Intransparenz?. Festschrift für Reinhold Trinkner, Heidelberg 1995, S. 179–191

Hromadka, Wolfgang: Schuldrechtsmodernisierung und Vertragskontrolle im Arbeitsrecht. NJW 2002, S. 2523–2530

–: Inhaltskontrolle von Arbeitsverträgen. Festschrift für Thomas Dieterich, München 1999, S. 251–278

–: „Pacta sunt servanda" und „Gesetzesumgehung" – AGB-Kontrolle von Leistungsbestimmungsrechten im Arbeitsvertrag. Festschrift für Horst Konzen zum siebzigsten Geburtstag, Tübingen 2006, S. 321–329

Hromadka, Wolfgang; Maschmann, Frank; Wallner; Franz: Der Tarifwechsel. Tarifvertrag und Arbeitsvertrag bei Änderung von Verbandsmitgliedschaft, Betriebszweck und Betriebsinhaber. München, 1996

Hübner, Ulrich: Der gerechte Preis: Preisfreiheit und rechtliche Instrumente der Preiskontrolle in der sozialen Marktwirtschaft. Festschrift für Ernst Steindorff, Berlin 1990, S. 589–610

Hümmerich, Klaus: Gestaltung von Arbeitsverträgen nach der Schuldrechtsreform. NZA 2003, S. 753–764

–: Widerrufsvorbehalte in Formulararbeitsverträgen. NJW 2005, S. 1759–1761

Hümmerich, Klaus; Holthausen, Joachim: Der Arbeitnehmer als Verbraucher. NZA 2002, S. 173–181

Isenhardt, Udo: Individualrechtliche Flexibilisierung von Arbeitsbedingungen. Festschrift für Peter Hanau, Köln 1999, S. 221–245

Joachim, Willi E.: Haftungsfreizeichnungen im modernen Mietrecht. NZM 2003, S. 387–392

Joost, Detlev: Der Ausschluss der Inhaltskontrolle bei Entgeltregelungen in Allgemeinen Geschäftsbedingungen. ZIP 1996, S. 1685–1693

–: Allgemeine Geschäftsbedingungen und Arbeitsvertrag. Festschrift für Peter Ulmer, Berlin 2003, S. 1199–1210

Junker, Abbo: AGB-Kontrolle von Arbeitsvertragsklauseln in der neueren Rechtsprechung des Bundesarbeitsgerichts. BB 2007, S. 1274–1281

Kapnopoulou, Ellissavet N.: Das Recht der missbräuchlichen Klauseln in der Europäischen Union. Das griechische Verbraucherschutzgesetz als Beitrag zum Europäischen Privatrecht. Tübingen, 1997

Kappus, Andreas: Mustertexters Mühe mit Miet-AGB. NZM 2002, S. 761–767

–: Inhaltskontrolle gesetzesrezitierender Klauseln – Beispiele aus dem Miet- und Reisevertragsrecht. NJW 2003, S. 322–324

–: BGH „sucurrit ignoranti" – Transparenz des „Kardinalpflichten"-Begriffs im Unternehmerverkehr. NJW 2006, S. 15–17

Kieninger, Eva-Maria: Inhaltskontrolle der AVB einer Arbeitslosigkeitsversicherung – zugleich Anmerkung zum Urteil des OLG Hamburg vom 11–03–1998 (5 U 211/96). VersR 1998, S. 1071–1076

Kinne, Harald: Formularmäßige Abwälzung von Schönheitsreparaturen und Transparenzgebot. ZMR 2004, S. 245–247

Klebeck, Ulf: Unklarheiten bei arbeitsvertraglicher Bezugnahme – zur angekündigten Anwendbarkeit des § 305 c II auf arbeitsvertragliche Bezugnahmeklauseln. NZA 2006, S. 15–21

Klevemann, Joachim: Vertragsstrafen in vorformulierten Arbeitsverträgen. AiB 2002, S: 579–582

Koch, Robert: Auswirkungen der Schuldrechtsreform auf die Gestaltung Allgemeiner Geschäftsbedingungen. WM 2002, S. 2173–2183

Koch, Ulrich: Der fehlende Hinweis auf tarifliche Ausschlußfristen und seine Folgen. Festschrift für Günter Schaub, München 1998, S. 421–441

Koller, Ingo: Das Transparenzgebot als Kontrollmaßstab Allgemeiner Geschäftsbedingungen. Festschrift für Ernst Steindorff, Berlin 1990, S. 667–686

Köndgen, Johannes: Die Entwicklung des privaten Bankrechts in den Jahren 1999–2003. NJW 2004, S. 1288–1301

–: Grund und Grenzen des Transparenzgebots im AGB-Recht – Bemerkungen zum „Hypothekenzins-" und zum „Wertstellungs-Urteil" des BGH. NJW 1989, S. 943–952

Konzen, Horst: Die AGB-Kontrolle im Arbeitsvertragsrecht. Festschrift für Walther Hadding, 2004, S. 145–166

Koppenfels, Katharina von: Vertragsstrafen im Arbeitsrecht nach der Schuldrechtsmodernisierung. NZA 2002, S. 598–602

Kornau, Dagmar: Schadenseratzansprüche bei Verwendung Allgemeiner Geschäftsbedingungen. Erlangen-Nürnberg, 1998

Kreienbaum, Birgit: Transparenz und AGB-Gesetz. Berlin, 1997

Kretschmar, Christian: Die Richtlinie 93/13 EWG des Rates vom 5.4.1993 über missbräuchliche Klauseln in Verbraucherverträgen und das deutsche AGB-Recht. Nürnberg/Erlangen, 1998

Küttner, Wolfdieter (Hrsg.): Personalbuch 2006. 14. Auflage, München, 2007

Lakies, Thomas: Inhaltskontrolle von Vergütungsvereinbarungen im Arbeitsrecht. NZA-RR 2002, S. 337–342

–: AGB im Arbeitsrecht. Heidelberg, 2006

Langheid, Theo: § 8 AGB-Gesetz im Lichte der EG-AGB-Richtlinie: Kontrollfähigkeit von Leistungsbeschreibungen durch Intransparenz. NVersZ 2000, S. 63–68

Lapp, Thomas: Transparenzgebot bei Online-AGB. ITRB 2004, S. 187–189

Larenz, Karl: Bemerkung zur Haftung für „culpa in contrahendo". Festschrift für Kurt Ballerstedt, Berlin 1975, S. 397–419

Larenz, Karl; Wolf, Manfred: Allgemeiner Teil des Bürgerlichen Rechts. 9. Auflage, München, 2004

Leitner, Max: Das Transparenzgebot. Wien, 2005

Lettl, Tobias: Die Anpassung von Verträgen des Privatrechts – 5. Teil. Wirksamkeitsvoraussetzungen für vertragliche Ansprüche. JuS 2001, S. 559–565

Lieb, Manfred: Sonderprivatrecht für Ungleichgewichtslagen?. AcP 178 (1978), S. 196–226

–: AGB-Recht und Arbeitsrecht nach der Schuldrechtsmodernisierung. Festschrift für Peter Ulmer, Berlin 2003, S. 1231–1244

Linde, Klaus; Lindemann, Viola: Der Nachweis tarifvertraglicher Ausschlussfristen. NZA 2003, S. 649–656

Lindemann, Viola: Neuerungen im Arbeitsrecht durch die Schuldrechtsreform. AuR 2002, S. 81–87

–: Flexible Gestaltung von Arbeitsbedingungen nach der Schuldrechtsreform. Köln, 2003

Lingemann, Stefan: Allgemeine Geschäftsbedingungen und Arbeitsvertrag. NZA 2002, S. 181–192

Locher, Horst: Das Recht der Allgemeinen Geschäftsbedingungen. 3. Auflage, München, 1997

Lorenz, Stephan: Haftungsausfüllung bei der culpa in contrahendo: Ende der „Minderung durch c.i.c."?. NJW 1999, S. 1001–1002

–: Vertragsaufhebung wegen culpa in contrahendo – Schutz der Entscheidungsfreiheit oder des Vermögens?. ZIP 1998, S. 1053–1057

Löwisch, Manfred: Auswirkungen der Schuldrechtsreform auf das Recht des Arbeitsverhältnisses. Festschrift für Herbert Wiedemann, München 2002; S. 311–332

Löwisch, Manfred: Zweifelhafte Folgen des geplanten Leistungsstörungsrechts für das Arbeitsvertragsrecht. NZA 2001, S. 465–467

Lutz, Reinhard: AGB-Kontrolle im Handelsverkehr unter der Berücksichtigung der Klauselverbote. München, 1991

Maties, Martin: Freiwilligkeits- und Widerrufsvorbehalte in Arbeitsverträgen und bei der betrieblichen Übung. DB 2005, S. 2689–2695

Medicus, Dieter: Allgemeiner Teil des BGB. 7. Auflage, Heidelberg, 1997

Metz, Rainer: Tilgungsverrechnung: Transparenz durch AGB-Recht und Preisangabenverordnung. NJW 1991, S. 668–675

Michalski, Lutz: Die Berücksichtigung von vertragsabschlußbegleitenden Umständen nach § 24a Nr. 3 AGB-Gesetz. DB 1999, S. 677–680

Moderegger, Christian: Möglichkeiten der Kürzung oder Streichung von Zulagen – Neuerungen nach der Schuldrechtsreform. ArbRB 2002, S. 210–213

Mohr, Jochen: Neue Rechtsprechung des BAG zur Kontrolle von Ausschlussfristen in Formulararbeitsverträgen. SAE 2006, S. 156–170

Möller, Reinhard: Gleichstellungsrechtsprechung „Der Anfang vom Ende?". NZA 2006, S. 579–611

Morgenroth,Sascha, Leder, Tobias: Die Besonderheiten des Arbeitsrechts im allgemeinen Zivilrecht. NJW 2004, S. 2797–2799

–: Die Vertragsstrafe im Formulararbeitsvertrag. NZA 2002, S. 952–957

Müller-Glöge, Rudi: Zur Umsetzung der Nachweisrichtlinie in nationales Recht. RdA 2001, Sonderbeilage zu Heft 5, S. 46–56

Münchener Kommentar zum Bürgerlichen Gesetzbuch: Band 2, §§ 241–432. 5. Auflage, München, 2007

Nägele, Stefan; Chwalisz, Patrizia: Schuldrechtsreform – Das Ende arbeitsvertraglicher Ausschlussfristen. MDR 2002, S. 1341–1348

Natzel, Ivo: Schutz des Arbeitnehmers als Verbraucher?. NZA 2002, S. 595–597

–: Neues zur AGB-Kontrolle von Vorbehaltsklauseln. SAE, S. 225–228

Niebling, Jürgen: Die Schranken der Inhaltskontrolle nach § 8 AGBG. Tübingen, 1988

–: Die Inhaltskontrolle von Preisen und Leistungen nach dem AGBG. WM 1992, S. 845–852

Oetker, Hartmut: Dynamische Verweisungen in Allgemeinen Geschäftsbedingungen als Rechtsproblem. JZ 2002, S. 337–342

–: Arbeitsvertragliche Bezugnahme auf Tarifverträge und AGB-Kontrolle. Festschrift für Herbert Wiedemann, München 2002, S. 384–400

Ohlendorf, Bernd; Salomon, Erwin: Die Aufrechterhaltung unwirksamer Formulararbeitsbedingungen – das Verhältnis des Verbots geltungserhaltender Reduktion zur ergänzenden Vertragsauslegung im Arbeitsrecht. RdA 2006, S. 281–288

Palandt, Otto: Bürgerliches Gesetzbuch. 66. Auflage, München, 2007

Pfeiffer, Thomas: Die Reichweite der Inhaltskontrolle nach Art. 4 Abs. 2 RL 93/13/EWG und § 8 AGBG im Kontext der „Schuldrechtsmodernisierung". VuR 2001, S. 95–99

Pfeiffer, Thomas; Schinkels, Boris: Schuldrechtsmodernisierung und AGB-Gesetz. In Micklitz/Pfeiffer/Tonner/Willingmann (Hrsg.), Schuldrechtsreform und Verbraucherschutz, Baden-Baden 2001, S. 133–190

Pfeilschifter, Jürgen: Inhaltskontrolle preisbestimmender und leistungsbeschreibender Vertragsklauseln nach Aufhebung des AGB-Gesetzes. WuM 2002, S. 73–77

Pflug, Hans-Joachim: Allgemeine Geschäftsbedingungen und „Transparenzgebot". AG 1992, S. 1–19

Picker, Eduard: Positive Forderungsverletzung und culpa in contrahendo – Zur Problematik der Haftungen „zwischen" Vertrag und Delikt. AcP 183 (1983), S. 369–520

Präve, Peter: Zu den Auswirkungen des Transparenzgebotes für die von Lebensversicherern verwendeten Allgemeinen Versicherungsbedingungen. VersR 2001, S. 846–848

–: Die VAG-Novelle 2000/2001. VersR 2001, S. 133–142

–: Das AGB-Recht auf dem Prüfstand. NVersZ 2001, S. 5–8

–: Anmerkung zu OLG Stuttgart vom 28.05.1999 (2 U 219/98). VersR 1999, S. 837–838

Preis, Ulrich: Kernprobleme individualrechtlicher Vertragsgestaltung. Brennpunkte des Arbeitsrechts 2005 – Thesen und Ergebnisse der 16. Arbeitsrechtlichen Jahrestagung vom November 2005 in Köln, S. 109–150. Köln, 2005

–: Arbeitsrecht.
Lehrbuch zum Individualarbeitsrecht, 2. Auflage, Köln 2003
Lehrbuch zum Kollektivarbeitsrecht, Köln 2003

–: Kompensation von Ungleichgewichtslagen in der Rechtsprechung der Arbeitsgerichte und Zivilgerichte – ein Vergleich. AuR 1994, S. 139–152

–: Widerrufsvorbehalte auf dem höchstrichterlichen Prüfstand. NZA 2004, S. 1014–1019

–: Das erneuerte BGB und das Bundesarbeitsgericht. Festsschrift 50 Jahre Bundesarbeitsgericht, München 2004, S. 123–152

–: Grundfragen der Vertragsgestaltung im Arbeitsrecht. Neuwied, 1993

Preis, Ulrich: Arbeitsvertragliche Verweisungen auf Tarifverträge. Festschrift für Herbert Wiedemann, München 2002, S. 425–448

–: Weihnachtsgratifikation – Arbeitsvertragliche Ausschlußfrist. RdA 2002, S. 42–46

–: Anrechnung und Widerruf über- und außertariflicher Entgelte – vertragsrechtlich betrachtet. Festschrift für Otto Rudolf Kissel, München 1994, S. 879–913

–: Arbeitsrecht, Verbraucherschutz und Inhaltskontrolle. NZA 2003, Sonderbeilage zu Heft 16, S. 19–33

Preis, Ulrich (Hrsg.): Der Arbeitsvertrag. 2. Auflage, Köln, 2005

Preis, Ulrich; Roloff, Sebastian: Die Inhaltskontrolle vertraglicher Ausschlussfristen. RdA 2005, S. 144–159

–: Die neueste Entwicklung der Vertragskontrolle im Arbeitsrecht – Zwischenbilanz und Ausblick –. ZfA 2007, S. 43–86

Preis, Ulrich; Lindemann, Viola: Änderungsvorbehalte – Das BAG durchschlägt den gordischen Knoten. NZA 2006, S. 632–638

Prölss, Jürgen: 50 Jahre BGH – ein Streifzug durch die höchstrichterliche Rechtsprechung zu den AVB. VersR 2000, S. 1441–1453

Raiser, Ludwig: Das Recht der Allgemeinen Geschäftsbedingungen. Bad Homburg vor der Höhe, 1961 (unveränderter Neudruck der Auflage 1935)

Redeker, Helmut: Allgemeine Geschäftsbedingungen und das neue Schuldrecht. CR 2006, S. 433–438

Reich, Norbert: Kreditbürgschaft und Transparenz. NJW 1995, S. 1857–1861

Reichel, Michael E.: Die arbeitsvertragliche Bezugnahme auf den Tarifvertrag. Köln, 2001

Reichold, Hermann: Anmerkungen zum Arbeitsrecht im neuen BGB. ZTR 2002, S. 202–209

Reiff, Peter: Anmerkung zu BGH v. 09.05.2001. ZIP 2002, S. 1058

Reinecke, Gerhard: Kontrolle Allgemeiner Arbeitsbedingungen nach dem Schuldrechtsmodernisierungsgesetz. DB 2002, 583–588

–: Vertragskontrolle im Arbeitsrecht nach dem Schuldrechtsmodernisierungsgesetz in der Rechtsprechung des Bundesarbeitsgerichts. JbArbR, Bd. 43 (2006), S. 23–44

Reinecke, Gerhard: Flexibilisierung von Arbeitsentgelt und Arbeitsbedingungen nach dem Schuldrechtsmodernisierungsgesetz. NZA 2005, S. 953–961

Reinicke, Michael: Das Verhältnis der Ausschlußfrist des § 124 zu der Verjährung von Vertragsaufhebungsansprüchen aus Delikt und cic. JA 1982, S. 1–7

Rellermeyer, Klaus: Objektive Bezugsgrößen für die Bewertung von Kreditsicherheiten. WM 1994, S. 1053–1062

Richardi, Reinhard: Richterrecht als Rechtsquelle. Festschrift für Wolfgang Zöllner, München 1998, S. 935–948

–: Gestaltung der Arbeitsverträge durch Allgemeine Geschäftsbedingungen nach dem Schuldrechtsmodernisierungsgesetz. NZA 2002, S. 1057–1064

Ricken, Oliver: Betriebliche Übung und Vertragskontrolle im Arbeitsrecht. DB 2006, S. 1372–1376

Rieble, Volker; Klumpp, Steffen: Widerrufsrecht des Arbeitnehmer-Verbrauchers?. ZIP 2002, S. 2153–2161

Rolfs, Christian: Arbeitsrechtliche Vertragsgestaltung nach der Schuldrechtsreform. ZGS 2002, S. 409–412

Römer, Wolfgang: Gerichtliche Kontrolle Allgemeiner Versicherungsbedingungen nach den §§ 8, 9 AGBG. NVersZ 1999, S. 97–104

Rosenow, Jörg; Schaffelhuber, Kai: Neues zur Transparenzkontrolle im AGB-Recht. ZIP 2001, S. 2211–2223

Roth, Herbert: Funktion und Anwendungsbereich der Unklarheitenregel des § 5 AGBG, Teil I. WM 1991, S. 2085–2089

–: Funktion und Anwendungsbereich der Unklarheitenregel des § 5 AGBG, Teil II. WM 1991, S. 2125–2135

Schäfer, Carsten: Vertragsschluß unter Einbeziehung von Allgemeinen Geschäftsbedingungen gegenüber Fremdsprachlern. JZ 2003, S. 879–883

Schäfer, Hans-Bernd; Ott, Claus: Lehrbuch der ökonomischen Analyse des Zivilrechts. 4. Auflage, Berlin, 2005

Schäfer, Jürgen: Das Transparenzgebot im Recht der Allgemeinen Geschäftsbedingungen. Frankfurt, 1992

Schaub, Günter: Arbeitsrechtshandbuch. 11. Auflage, München, 2005

Schebasta, Michael: Zinsklauseln im Spiegel der aktuellen Rechtsprechung. BKR 2005, S. 217–225

Schimansky, Herbert: Zinsanpassungsklauseln in AGB. WM 2001, S. 1169–1176

–: Zinsanpassung im Aktivgeschäft. WM 2003, S. 1449–1453

Schimikowski, Peter: Das rechtliche Gebot zu transparenter und inhaltlich angemessener Gestaltung von AVB. r+s 1998, S. 353–360

Schimmelpfennig, Hans-Christoph: Inhaltskontrolle eines formularmäßigen Änderungsvorbehalts – Zum Widerrufsvorbehalt in Arbeitsverträgen nach der Schuldrechtsreform. NZA 2005, S. 603–610

Schlechtriem, Peter: Die sogenannte Unklarheitenregel des § 5 AGBG. Festschrift für Helmut Heinrichs, München 1998, S. 503–510

Schlodder, Antje: Der Arbeitsvertrag im neuen Schuldrecht. Heidelberg, 2004

Schmid; Ronald: Die (intransparenten) Urteile des BGH zu Reisepreisänderungsklauseln – Kerosinzuschlag I und II – Bewertungen und Folgerungen. NJW 2003, S. 947–949

Schmidt, Eike: AGB-Gesetz und Schuldvertragsrecht des BGB. ZIP 1987, S. 1505–1509

Schmidt, Joachim: „Neues Gesicht" für gewerbliche Mietverträge – Definitionen, Standards, Bezugnahmen, Transparenz. NZM 2003, S. 505–508

Schmidt-Rimpler, Walter: Grundfragen einer Erneuerung des Vertragsrechts. AcP 147 (1941), S. 130–197

Schmidt-Salzer, Joachim: Das textliche Zusatzinstrumentarium des AGB-Gesetzes gegenüber der EG-Richtlinie über mißbräuchliche Klauseln in Verbraucherverträgen. NJW 1995, S. 1641–1645

Schmiedl, Wolfgang: Freiwilligkeits- und Widerrufsvorbehalt – überkommene Rechtsinstitute?. NZA 2006, S. 1195–1199

Schnitker, Elmar; Grau, Timon: Klauselkontrolle im Arbeitsvertrag. BB 2002, S. 2120–2126

Schöne, Steffen: Die Zulässigkeit von Vertragsstrafenabreden in Formulararbeitsverträgen. SAE 2006, S. 272–275

Schöne, Thomas: Einseitige Preisänderungsvorbehalte – am Beispiel der Stromversorgungswirtschaft. WM 2004, S. 262–271

Schrader, Peter: Die arbeitsvertragliche Bezugnahme auf Tarifverträge. BB 2005, S. 714–716

–: Neues zu Ausschlussfristen. NZA 2003, S. 345–351

Schrader, Peter; Schubert, Jens M.: AGB-Kontrolle von Arbeitsverträgen – (Teil 1): Tätigkeit, Arbeitszeit und Vergütung. NZA-RR 2005, S. 169–179

–: AGB-Kontrolle von Arbeitsverträgen – Grundsätze der Inhaltskontrolle arbeitsvertraglicher Vereinbarungen(Teil 2): Gestaltung des Arbeitsverhältnisses, Vertragsstrafe und Ausschlussfristen. NZA-RR 2005, S. 225–237

Schulte-Nölke, Hans: Anforderungen an haftungseinschränkende Beschaffenheitsvereinbarungen beim Verbrauchsgüterkauf. ZGS 2004, S. 184–188

–: Vertragsfreiheit und Informationszwang nach der Schuldrechtsreform. ZGS 2002, S. 72–78

Schumacher, Ulrich: Schuldrechtreform – Materielle Neuregelungen im Recht der Allgemeinen Geschäftsbedingungen. MDR 2002, S. 973–980

–: Die Aufwertung des Transparenzgebots und die Konsequenzen für das Mietrecht – Neun Thesen. NZM 2003, S. 13–17

Schuster, Norbert: Zulässigkeit von Vertragsstrafen in Arbeitsverträgen (f). AiB 2003, S. 708

Schwab, Martin: Grundfälle zu culpa in contrahendo, Sachwalterhaftung und Vertrag mit Schutzwirkung für Dritte nach neuem Schuldrecht. JuS 2002, S. 773–778

Schwarze, Roland: Praktische Handhabung und dogmatische Einordnung des Nachweisgesetzes. ZfA 1997, S. 43–66

Schwintowski, Hans-Peter: Ausschluss krankhafter Störungen infolge psychischer Reaktionen in AUB. NVersZ 2002, S. 395–397

–: Zu den Anforderungen an eine Nachmeldepflichtklausel bei Krankenversicherungsverträgen. VuR 1999, S. 166–167

–: Zum Rechtscharakter eines Versicherungsscheins – Zum Transparenzgebot. VuR 1999, S. 207

–: Transparenz in der Lebensversicherung. NVersZ 2001, S. 337–340

Seel, Henning-Alexander: Freiwilligkeits- und Widerrufsvorbehalte im Arbeitsvertrag. MDR 2004, S. 1393–1396

Singer, Reinhard: Arbeitsvertragsgestaltung nach der Reform des BGB. RdA 2003, S. 194–204

Soergel, Theodor: Bürgerliches Gesetzbuch.
Band 1, Allgemeiner Teil 1, 12. Auflage, Stuttgart, 1987
Band 2, Allgemeiner Teil 2, 13. Auflage, Stuttgart, 1999
Band 3. Schuldrecht I, 12. Auflage, Stuttgart, 1990

Soiné, Marcus: Die AGB-Kontrolle von Gesamtzusagen und betrieblichen Übungen. ZTR 2006, S. 465–469

Staudinger, Ansgar: Das Transparenzgebot im AGB-Gesetz: Klar und verständlich?. WM 1999, S. 1546–1553

Staudinger, Julius von: Kommentar zum Bürgerlichen Gesetzbuch mit Einführungsgesetz und Nebengesetzen.
Gesetz zur Regelung des Rechts der Allgemeinen Geschäftsbedingungen (AGBG); 13. Auflage, Berlin, 1998
§§ 305–310; UklaG – Recht der Allgemeinen Geschäftsbedingungen; Neubearbeitung 2006

Steinau-Steinrueck, Robert von; Hurek, Christoph R.: Die im Arbeitsrecht geltenden Besonderheiten – Der Nebel lichtet sich!. NZA 2004, S. 965–967

Stoffels, Markus: AGB-Recht. München, 2003

–: Schranken der Inhaltskontrolle. JZ 2001, S. 843–849

–: Gestaltungsmöglichkeiten durch Änderungskündigungen. ZfA 2002, S. 401–426

–: Vertragsgestaltung nach der Schuldrechtsreform – eine Zwischenbilanz. NZA Sonderbeilage 1/2004, S. 19–28

–: Gesetzlich nicht geregelte Schuldverträge. Tübingen, 2001

Strick, Kerstin: Freiwilligkeitsvorbehalt und Widerrufsvorbehalt – Der Wille als Bedingung. NZA 2005, S. 723–726

Stück, Volker: Verschlechternde Änderung und Vereinheitlichung freiwilliger Sozialleistungen am Beispiel von Jubiläumsleistungen. DB 2006, S. 782–785

Terno, Wilfried: Gerichtliche Inhaltskontrolle Allgemeiner Geschäftsbedingungen. r+s 2004, S. 45–52

Thode, Reinhold: Die wichtigsten Änderungen im BGB-Werkvertragsrecht: Schuldrechtsmodernisierungsgesetz und erste Probleme – Teil 2. NZBau 2002, S. 360–399

Thüsing, Gregor: AGB-Kontrolle im Arbeitsrecht. München, 2007

–: Inhaltskontrolle von Formulararbeitsverträgen nach neuem Recht. BB 2002, S. 2666–2674

–: Unwirksamkeit und Teilbarkeit unangemessener AGB – Kritisches zum sog. „blue-pencil-test“. BB 2006, S. 661–664

–: Was sind die Besonderheiten des Arbeitsrechts?. NZA 2002, S. 591–595

Thüsing. Gregor; Lambrich, Thomas: AGB-Kontrolle arbeitsrechtlicher Bezugnahmeklauseln. NZA 2002, S. 1361–1370

Tiedtke, Klaus: Die Haftung der Banken für unberechtigte Zusagen ihrer Sachbearbeiter. WM 1993, S. 1228–1232

Ulmer, Peter; Brandner, Erich; Hensen, Horst-Diether: AGB-Gesetz, 9. Auflage, Köln 2001

AGB-Recht, 10. Auflage, Köln 2006

Ulrici, Bernhard: Betriebliche Übung und AGB-Kontrolle. BB 2005, S. 1902–1905

Wackerbarth, Ulrich: Unternehmer, Verbraucher und die Rechtfertigung der Inhaltskontrolle vorformulierter Verträge. AcP 200 (2000), S. 45–90

Wagner-Wieduwilt, Klaus: Das „Transparenzgebot" als Angemessenheitsvoraussetzung im Sinne des § 9 AGBG. WM 1989, S. 37–45

Wandt, Manfred: Ersetzung unwirksamer ALB im Treuhänderverfahren gem. § 172 VVG. VersR 2001, S. 1449–1461

Weick, Günter: Schuldrechtsreform, Transparenz und Gesetzgebungstechnik. JZ 2002, S. 442–445

Westermann, Harm Peter: Das Transparenzgebot – ein neuer Oberbegriff der AGB-Inhaltskontrolle?. Festschrift für Ernst Steindorff, Berlin 1990, S. 817–832

Westphalen, Friedrich Graf von: Die Entwicklung des AGB-Rechts im Jahr 2001. NJW 2002, S. 1688–1698

–: AGB-Recht im Jahr 2002 – Allgemeiner Teil, Transparenzgebot, Generalklausel. NJW 2003, S. 1635–1641

–: Nach der Schuldrechtsreform: Neue Grenzen für Haftungsfreizeichnungs- und Haftungsbegrenzungsklauseln. BB 2002, S. 209–216

–: AGB-Recht ins BGB – Eine erste Bestandsaufnahme. NJW 2002, S. 12–25

Wiedemann, Herbert: Das Rechtsinstitut der culpa in contrahendo bedarf keines zusätzlichen Tatbestandsmerkmals „Schaden". JZ 1998, S. 1176–1177

Willemsen, Heinz Josef; Grau, Timon: Alternative Instrumente zur Entgeltflexibilisierung im Standardarbeitsvertrag. NZA 2005, S. 1137–1142

Witt, Alexander: Keine AGB-Kontrolle tariflicher Regelungen?. NZA 2004, S. 135–138

Wolf, Manfred: Rechtsgeschäftliche Entscheidungsfreiheit und vertraglicher Interessenausgleich. München, 1970

Wolf, Manfred: Vertragsfreiheit und Vertragsrecht im Lichte der AGB-Rechtsprechung des Bundesgerichtshofs. Festschrift 50 Jahre Bundesgerichtshof, Festgabe aus der Wissenschaft, Band 1, München 2000, S. 111–127

–: Inhaltskontrolle von Arbeitsverträgen am Beispiel der Befristung einzelner Arbeitsbedingungen. RdA 1988, S. 270–276

Wolf, Manfred; Horn, Norbert; Lindacher, Walter F.: AGB-Gesetz, Kommentar. 4. Auflage, München, 1998

Ziegler, Benno; Rieder, Markus S.: Vertragsgestaltung und Vertragsanpassung nach dem Schuldrechtsmodernisierungsgesetz. ZIP 2001, S. 1789–1799

Ziemann, Werner: Schuldrechtsreform 2001 – und Kontrolle vorformulierter Arbeitsbedingungen. ArbRB 2001, S. 46–49

Zöllner, Wolfgang: Immanente Grenzen arbeitsvertraglicher Regelungen. RdA 1989, S. 152–162

–: Vorsorgende Flexibilisierung durch Vertragsklauseln. NZA 1997, S. 121–129

Osnabrücker Schriften zum Unternehmens- und Wirtschaftsrecht

Herausgegeben von Andreas Fuchs, Markus Stoffels und Dirk A. Verse

Band 1 Malte Richter: Die Verwendung von Ratings zur Regulierung des Kapitalmarkts. Eine vergleichende Untersuchung nach US-amerikanischem und deutschem Recht. 2008.

Band 2 Dietmar Haffa: Lock-up Vereinbarungen – Veräußerungsbeschränkungen für Altaktionäre beim Börsengang. 2008.

Band 3 Martin Eimer: Zeichnungsverträge und Zeichnungsvorverträge. Zu den Rechten und Pflichten aus dem Vertrag über die Vorerhöhungsgesellschaft. 2009.

Band 4 Tobias Mischitz: Die Bedeutung von Nachfragemacht für die Beurteilung von Einkaufskooperationen im EG-Kartellrecht. 2008.

Band 5 Matthias Decker: Öffentlich-rechtlicher Rechtsschutz der Zielgesellschaft und ihrer Aktionäre in Übernahmesituationen. Eine materiell- und prozessrechtliche Analyse. 2009.

Band 6 Tim Gero Joppich: Die Kodifikation des Transparenzgebots in § 307 BGB. Die Prinzipien der Transparenzkontrolle unter besonderer Berücksichtigung der Arbeitsvertragskontrolle. 2009.

www.peterlang.de

Peter Lang · Internationaler Verlag der Wissenschaften

Jens Günther

AGB-Kontrolle von Arbeitsverträgen

Analyse der deutschen Rechtslage nach der Schuldrechtsreform und vergleichende Betrachtung des österreichischen Kontrollsystems

Frankfurt am Main, Berlin, Bern, Bruxelles, New York, Oxford, Wien, 2007.
360 S.
Schriften zum Arbeitsrecht und Wirtschaftsrecht.
Herausgegeben von Abbo Junker. Bd. 43
ISBN 978-3-631-57331-0 · br. € 59.70*

Seit der Schuldrechtsreform müssen Arbeitsverträge den Anforderungen des AGB-Rechts genügen. Der Autor vergleicht die früheren gerichtlichen Kontrollmaßstäbe mit den im AGB-Recht zu beachtenden Anforderungen. Die Frage nach „Besonderheiten des Arbeitsrechts", Kriterien der Angemessenheitskontrolle und die Rolle von Tarifverträgen sind weitere Schwerpunkte. Am Beispiel von Vertragsstrafevereinbarungen werden künftige Gestaltungsmöglichkeiten aufgezeigt. Ein Blick über die Grenze in das österreichische Kontrollsystem rundet die Arbeit ab.

Aus dem Inhalt: Allgemein zur Inhaltskontrolle · Arbeitsrechtliche Vertragskontrolle vor der Schuldrechtsreform · Reformgründe des Gesetzgebers · Gegenstand der AGB-Kontrolle · Arbeitnehmer als Verbraucher? · Aufhebungsvertrag · Tarifvertrag · Bezugnahmeklausel · Arbeitsrechtliche Besonderheiten · Entgeltkontrolle? · Kriterien der Angemessenheitskontrolle · Rechtsfolge bei Nichteinbeziehung und Unwirksamkeit · Vertragsstrafeklausel · Kontrolle von Arbeitsverträgen in Österreich

Frankfurt am Main · Berlin · Bern · Bruxelles · New York · Oxford · Wien
Auslieferung: Verlag Peter Lang AG
Moosstr. 1, CH-2542 Pieterlen
Telefax 0041(0)32/3761727

*inklusive der in Deutschland gültigen Mehrwertsteuer
Preisänderungen vorbehalten

Homepage http://www.peterlang.de

www.ingramcontent.com/pod-product-compliance
Ingram Content Group UK Ltd.
Pitfield, Milton Keynes, MK11 3LW, UK
UKHW021927290926
8980IPUK00016B/1499

9 783631 590874